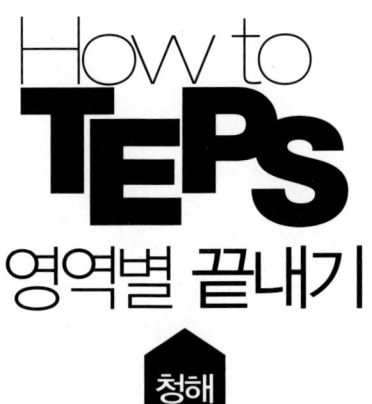

영역별 끝내기

청해

How to TEPS 영역별 끝내기 청해

지은이 테리 홍
펴낸이 안용백
펴낸곳 (주)넥서스

초판 1쇄 발행 2008년 5월 5일
초판 10쇄 발행 2010년 1월 20일

2판 1쇄 발행 2010년 12월 10일
2판 5쇄 발행 2012년 7월 20일

출판신고 1992년 4월 3일 제311-2002-2호
121-840 서울시 마포구 서교동 394-2
Tel (02)330-5500 Fax (02)330-5555

ISBN   978-89-5797-409-4 18740
       978-89-5797-415-5 세트

본책은 〈How to TEPS 파이널 1000제 청해편1〉의 개정판입니다.

www.nexusbook.com

최신 출제 경향을 반영한

How to TEPS

하우 투 텝스

영역별 끝내기

청해

테리 홍 지음

넥서스

Preface

이제 TEPS는 명실 공히 학교, 일반 기업체의 신입사원 선발이나 인사고과 및 정부기관 그리고 각종 고시와 자격증에 이르기까지 여러 분야에서 그 위용을 자랑하고 있습니다. 이에 부응하여 서점에는 여러 TEPS 관련 책들이 기발한 제목과 디자인 등의 다양한 접근 방식으로 무장하여 독자들의 선택을 기다리고 있습니다.

필자 또한 TOEIC, TOEFL, TEPS, 회화책들을 집필하면서 많은 수험서 저자들 중에서도 이름있는 저자가 되었고 학생들에게 올바른 학습 플랜을 제공하기 위해 늘 고민해 왔습니다. TEPS 강사들과 저자들의 고민은 두 가지로 정리될 수 있습니다. 학생들이 원하는 고득점을 빠른 시간 내에 얻게 하는 것이 하나고, 다른 하나는 이와 동시에 그에 걸맞는 실력을 갖추게 하는 것입니다.

TEPS는 각 영역을 막론하고 기본 실력 없이는 쉽게 점수를 올릴 수 없는 문제로 구성되어 있고, 특히 청해 문제는 그 자체로 실용 회화 교재로 바로 활용 가능합니다. 즉, TEPS 청해 공부만 잘해도 다른 청취 강의나 회화 강의를 들을 필요가 없을 정도로 싱싱한 실력을 갖출 수 있습니다.

다른 영역과 마찬가지로 TEPS의 청해 문제 역시 쉽지 않습니다. 다른 시험과 마찬가지로 점수를 위한 얕은 공부나 훈련으로는 본인이 원하는 만큼의 소득을 얻기가 쉽지 않습니다. 그래서 기본에 충실하고 유형을 제대로 파악해야 하며 온몸의 근육을 자극하는 입체적인 학습 방법을 터득해야 합니다.

이를 위해 본책을 집필하게 되었습니다. 아무쪼록 본서를 통해 원하는 TEPS 점수 획득과 순수한 청취력 향상이라는 두 마리 토끼를 모두 잡을 수 있길 바랍니다. 이 책을 위해 애써주신 모든 분들께 감사 드리며 하나님께 영광 돌립니다.

테리 홍

Contents

I Actual Test

Ⅱ 정답 및 해설

TEPS

Test of English Proficiency
developed by
Seoul National University

TEPS Q & A

1 / TEPS란?

TEPS는 'Test of English Proficiency developed by Seoul National University'의 약자이며, 서울대학교 TEPS 관리위원회에서 주관, 시행하는 국가 공인 영어 시험입니다. 또한 정부기관 및 기업의 직원 채용, 인사고과, 해외 파견 근무 자 선발과 더불어 대학과 특목고 입학 및 졸업 자격 요건, 국가고시 및 자격 시험의 영어 대체 시험으로 활용되고 있습니다. 본 시험은 수험생들의 영어 실력을 Listening, Grammar, Vocabulary, Reading 총 4개의 영역으로 나누어 평가하는 시 험이며, 총 200문항, 990점 만점입니다. 시험은 지역에 따라 다소 다르나 매달 한 번, 또는 두 번 토요일 혹은 일요일에 있 으며 접수는 인터넷 접수(www.teps.or.kr) 또는 방문 접수가 가능합니다. 성적 확인은 시험 후 2주 이내에 가능합니다.

2 / TEPS 시험 구성

영역	Part별 내용	문항수	시간/배점
청해 Listening Comprehension	**Part I** : 문장 하나를 듣고 이어질 대화 고르기 **Part II** : 3문장의 대화를 듣고 이어질 대화 고르기 **Part III** : 6~8 문장의 대화를 듣고 질문에 해당하는 답 고르기 **Part IV** : 담화문의 내용을 듣고 질문에 해당하는 답 고르기	15 15 15 15	55분 400점
문법 Grammar	**Part I** : 대화문의 빈칸에 적절한 표현 고르기 **Part II** : 문장의 빈칸에 적절한 표현 고르기 **Part III** : 대화에서 어법상 틀리거나 어색한 부분 고르기 **Part IV** : 단문에서 문법상 틀리거나 어색한 부분 고르기	20 20 5 5	25분 100점
어휘 Vocabulary	**Part I** : 대화문의 빈칸에 적절한 단어 고르기 **Part II** : 단문의 빈칸에 적절한 단어 고르기	25 25	15분 100점
독해 Reading Comprehension	**Part I** : 지문을 읽고 빈칸에 들어갈 내용 고르기 **Part II** : 지문을 읽고 질문에 가장 적절한 내용 고르기 **Part III** : 지문을 읽고 문맥상 어색한 내용 고르기	16 21 3	45분 400점
총계	13개 Parts	200	140분 990점

☆ **IRT**(Item Response Theory)에 의하여 최고점이 990점, 최저점이 10점으로 조정됨.

TEPS의 특징

✚ 한국인에게 알맞은 영어 시험

우리 국민 대다수가 초·중·고교에서 10년 동안 영어를 배우고, 대학과 직장에서 또다시 영어 교육을 받지만 한국은 아시아에서도 한참 뒤떨어진 영어 후진국 신세를 면치 못하고 있습니다.

미국과 영국에서 개발한 영어 교육 체계와 어학검정시험을 좇아 매년 수십만 명이 동분서주하지만 눈에 띄는 성과를 거두지는 못했습니다. 사고방식과 언어 습관이 다른 외국인이 한국인의 고민을 알기는 어렵습니다.

TEPS는 영어와 한국어를 다 잘하는 국내 최고의 연구진이 영어와 한국어의 언어적 특성을 대조·분석하고 한국인들이 범하기 쉬운 오류를 찾아 출제에 적극 반영합니다. 따라서 TEPS는 한국인에게 가장 필요한 영어 학습 지침을 제공하는 시험이라고 할 수 있습니다.

✚ 편법이 통하지 않는 시험

개인의 어학 능력은 결코 단기간에 급속도로 향상되지 않습니다. 그런데도 실력 배양은 아랑곳하지 않고 영어 성적만을 올리기 위해 요령과 편법을 가르치는 교육 기관이 많습니다.

TEPS는 있는 그대로의 영어 능력을 정확하게 진단합니다. 예를 들어 청해 시험은 인쇄된 질문지 및 선택지 없이 방송으로만 들려주기 때문에 미리 문제를 보고 답을 예측하는 요령이 통하지 않습니다. 또한 독해 시험에 있어서는 '1지문 1문항 원칙'을 지켜 한 문제로 다음 문제의 답을 유추할 수 있는 가능성을 원천적으로 배제하고 있습니다. 따라서 TEPS는 편법이 통하지 않는 시험입니다.

✚ 활용 능력을 중시하는 시험

외국인과 영어로 대화할 때 상대방이 질문을 던질 경우, 한참 동안 문법과 어휘를 고민해서 대답할 수는 없는 노릇입니다. 암기식으로 배운 영어로는 실제 상황에서 제 실력을 발휘할 수 없습니다.

TEPS는 일상생활에서의 활용능력을 정확하게 측정해 주는 시험입니다. TEPS는 기존의 다른 시험에 비해 많은 지문을 주고 이를 짧은 시간 내에 이해하여 풀어낼 수 있는지를 측정합니다. 이는 실제 생활에서 활용할 수 없는 암기식 영어가 아니라 완전히 습득해 자유롭게 구사할 수 있는 '살아 있는' 영어 실력을 평가하기 위한 것입니다.

✚ 경제성과 효율성을 갖춘 시험

TEPS는 서울대학교 TEPS관리위원회에서 자체 개발한 시험으로 외국에 비싼 로열티를 지불하는 다른 시험에 비해 응시 비용이 매우 저렴합니다.

✛ 채점 방식이 다른 시험

TEPS는 첨단 어학 능력 검증 기법인 문항반응이론(IRT: Item Response Theory)을 도입했습니다. 문항반응이론은 문항을 개발할 때 문항별로 1차 난이도를 정의하고 시험 시행 후 전체 수험자들이 각각의 문항에 대해 맞고 틀린 것을 종합해 그 문항의 난이도를 재조정한 다음, 이를 근거로 다시 한 번 채점해 최종 성적을 내게 됩니다. 이 과정에서 최고점은 990점, 최하점은 10점으로 조정됩니다.

문항반응이론은 맞은 개수의 합을 총점으로 하는 전근대적인 평가 방식과는 달리, 각 문항의 난이도와 변별도에 대한 수험자의 반응 패턴을 근거로 영어 능력을 추정하는 확률 이론입니다.

문항반응이론을 적용할 경우, 낮은 난이도의 문제를 많이 틀린 수험자가 높은 난이도의 문제를 맞힐 경우 실력에 관계없이 추측이나 우연히 맞힐 가능성이 높다고 보고 감점 처리합니다. 이러한 문항반응이론은 가장 선진적인 검정 방식으로서 TEPS는 이 이론에 기초한 국내 최초의 영어 능력 평가 시험입니다.

✛ 실용영어 능력 평가

실용영어는 사소한 대화를 위주로 하는 생활영어와는 다른 범주입니다. 평균적인 교양을 갖춘 일반인이 가정, 직장, 공공장소 등 일상적인 환경과 생활에서 사용하는 영어를 뜻합니다. 일상적인 대화는 물론, 신문, 잡지, 방송, 매뉴얼, 예약, 주문, 구매, 일반적인 상담 등이 모두 실용영어의 범주에 포함됩니다.

TEPS는 누구나 쉽게 접하는 상황에서 추출된 소재를 중심으로 문제를 구성하여, 범용적인 영어 능력을 평가합니다. 따라서 성별, 직업, 나이에 관계없이 일반 대중들의 영어 능력을 객관적으로 평가할 수 있는 시험입니다.

✛ 신속한 결과 통보, 학습 방향을 제시해주는 성적 진단

TEPS는 점수만 알려주고 끝나는 시험이 아닙니다. 청해, 문법, 어휘, 독해 등 영역별로 점수를 산출하고, 다시 각 영역을 기능, 소재, 문체별로 세분하여 18개 부문에서 항목별 성취도를 알려줍니다. 따라서 성적표를 통해 수험자의 강점, 약점은 물론 추후 학습 방향을 명확하게 제시합니다.

+ 통합식 시험 (Integrative Test)

지엽적인 학습을 조장할 우려가 있는 분리식 시험(Discrete-Point Test) 유형을 배제하고 실제 의사소통 상황과 문맥 파악을 중시하는 통합식 시험(Integrative Test) 유형을 강조함으로써 수험자의 폭넓은 어학 능력을 평가할 수 있습니다.

+ 국부 독립성 (Local Independence)

첨단 테스트 기술인 문항반응이론(IRT: Item Response Theory)을 활용하여 각 부분의 독립성을 보장합니다. 예를 들어 '1지문 1문항'의 원칙에 따라 다양한 내용의 지문을 수험생들이 접할 수 있게 하고, 동시에 어느 한 지문을 이해하지 못함으로써 몇 개의 문항을 연이어 틀리는 일이 없도록 했습니다. 국부 독립성에 따른 문항반응이론은 환상의 어학 능력 평가로 기대를 모으고 있는 컴퓨터 개별 적응 언어 평가(CALT: Computer Adaptive Language Test)의 핵심 요소이기도 합니다.

+ 속도화 시험 (Speeded Test)

간접적인 의사소통 능력 평가로서 문법 및 어휘 시험에서는 속도 시험의 속성을 극대화하여 언어학적 지식(Learning)이 아닌 잠재적인 의사소통 능력(Acquisition)을 평가합니다.

+ 진단 평가 (Diagnostic Test)

세부 영역별로 평가 결과를 제시하여 수험자 개인의 능력을 정확하게 진단합니다. 교육과 평가가 마치 실과 바늘처럼 서로 맞물려 발전해야 한다는 원칙에 따라 최대한 자세히 검정 결과를 분석해 수험생들의 향후 학습 방향을 알려줍니다.

+ ## 청해 (Listening Comprehension) – 60문항

정확한 청해 능력을 측정하기 위하여 문제와 보기 문항을 문제지에 인쇄하지 않고 들려줌으로써 자연스러운 의사소통의 인지 과정을 최대한 반영하였습니다. 다양한 의사소통 기능(Communicative Functions)의 대화와 다양한 상황(공고, 방송, 일상생활, 업무 상황, 대학 교양 수준의 강의 등)을 이해하는 데 필요한 전반적인 청해력을 측정하기 위해 대화문(dialogue)과 담화문(monologue)의 소재를 균형 있게 다루었습니다.

+ ## 문법 (Grammar) – 50문항

밑줄 친 부분 중 오류를 식별하는 유형 등의 단편적이며 기계적인 문법 지식 학습을 조장할 우려가 있는 분리식 시험 유형을 배제하고, 의미 있는 문맥을 근거로 오류를 식별하는 유형을 통하여 진정한 의사소통 능력의 바탕이 되는 살아 있는 문법, 어법 능력을 문어체와 구어체를 통하여 측정합니다.

+ ## 어휘 (Vocabulary) – 50문항

문맥 없이 단순한 동의어 및 반의어를 선택하는 시험 유형을 배제하고 의미 있는 문맥을 근거로 가장 적절한 어휘를 선택하는 유형을 문어체와 구어체로 나누어 측정합니다.

+ ## 독해 (Reading Comprehension) – 40문항

교양 있는 수준의 글(신문, 잡지, 대학 교양과목 개론 등)과 실용적인 글(서신, 광고, 홍보, 지시문, 설명문, 도표, 양식 등)을 이해하는 데 요구되는 총체적인 독해력을 측정하기 위해서 실용문 및 비전문적 학술문과 같은 독해 지문의 소재를 균형 있게 다루었습니다.

🎧 **Listening** Comprehension 60문항

PART I

Choose the most appropriate response to the statement. (15문항)

문제유형 질의 응답 문제를 다루며 한 번만 들려주고, 내용은 일상의 구어체 표현으로 구성되어 있다.

> W   I wish my French were as good as yours.
>
> M   _____

   (a) Yes, I'm going to visit France.
✔ (b) Thanks, but I still have a lot to learn.
   (c) I hope it works out that way.
   (d) You can say that again.

번역   W   당신처럼 프랑스어를 잘하면 좋을 텐데요.
       M   _____

   (a) 네, 프랑스를 방문할 예정이에요.
   (b) 고마워요. 하지만 아직도 배울 게 많아요.
   (c) 그렇게 잘 되기를 바라요.
   (d) 당신 말이 맞아요.

PART II

Choose the most appropriate response to complete the conversation. (15문항)

문제유형 두 사람이 A–B–A–B 순으로 대화하는 형식이며, 한 번만 들려준다.

> W   I wish I earned more money.
>
> M   You could change jobs.
>
> W   But I love the field I work in.
>
> M   _____

   (a) I think it would be better.
✔ (b) Ask for a raise then.
   (c) You should have a choice in it.
   (d) I'm not that interested in money.

번역   W   돈을 더 많이 벌면 좋을 텐데요.
       M   직장을 바꾸지 그래요?
       W   하지만 난 지금 일하고 있는 분야가 좋아요.
       M   _____

   (a) 더 좋아질 거라고 생각해요.
   (b) 그러면 급여를 올려 달라고 말해요.
   (c) 그 안에서 선택권이 있어야 해요.
   (d) 돈에 그렇게 관심이 있지는 않아요.

PART III

Choose the option that best answers the question. (15문항)

문제유형   비교적 긴 대화문. 대화문과 질문은 두 번, 선택지는 한 번 들려준다.

> M   Hello. You're new here, aren't you?
> W   Yes, it's my second week. I'm Karen.
> M   What department are you in?
> W   Customer service, on the first floor.
> M   I see. I'm in sales.
> W   So, you'll be working on commission, then.
> M   Yes. I like that, but it's very stressful sometimes.

Q: Which is correct according to the convorcation?

(a) The man and woman work in the same department.

✔ (b) The woman works in the customer service department.

(c) The man thinks the woman's job is stressful.

(d) The woman likes working for commissions.

번역   M 안녕하세요. 새로 오신 분이시죠?

W 예, 여기 온 지 2주째예요. 전 캐런이에요.

M 어느 부서에서 근무하시나요?

W 1층 고객 지원부에서 일해요.

M 그렇군요. 전 영업부에서 일해요.

W 그러면 커미션제로 일하시는군요.

M 네. 좋기는 하지만 가끔은 스트레스를 많이 받아요.

Q: 대화에 따르면 옳은 것은?

(a) 남자와 여자는 같은 부서에서 일한다.

(b) 여자는 고객 지원부에서 일한다.

(c) 남자는 여자의 일이 스트레스가 많다고 생각한다.

(d) 여자는 커미션제로 일하는 것을 좋아한다.

Choose the option that best answers the question. (15문항)

문제유형   담화문의 주제, 세부 사항, 사실 여부 및 이를 근거로 한 추론 등을 다룬다.

> Confucian tradition placed an emphasis on the values of the group over the individual. It also taught that workers should not question authority. This helped industrialization by creating a pliant populace willing to accept long hours and low wages and not question government policies. The lack of dissent helped to produce stable government and this was crucial for investment and industrialization in East Asian countries.

Q: What can be inferred from the lecture?
(a) Confucianism promoted higher education in East Asia.
(b) East Asian people accept poverty as a Confucian virtue.
✔ (c) Confucianism fostered industrialization in East Asia.
(d) East Asian countries are used to authoritarian rule.

번역   유교 전통은 개인보다 조직의 가치를 강조했습니다. 또한 노동자들에게 권위에 대해 의문을 제기하지 말라고 가르쳤습니다. 이것은 장시간 노동과 저임금을 기꺼이 감수하고 정부의 정책에 의문을 제기하지 않는 고분고분한 민중을 만들어 냄으로써 산업화에 도움이 되었습니다. 반대의 부재는 안정적인 정부를 만드는 데 도움이 되었고, 이는 동아시아 국가들에서 투자와 산업화에 결정적이었습니다.

Q: 강의로부터 유추할 수 있는 것은?
(a) 유교는 동아시아에서 고등교육을 장려했다.
(b) 동아시아 사람들은 유교의 미덕으로 가난을 받아들인다.
(c) 유교는 동아시아에서 산업화를 촉진했다.
(d) 동아시아 국가들은 독재주의 법칙에 익숙하다.

Grammar 50문항

PART I

Choose the best answer for the blank. (20문항)

문제유형 A, B 두 사람의 짧은 대화 중에 빈칸이 있다. 동사의 시제 및 수 일치, 문장의 어순 등이 주로 출제되며, 구어체 문법의 독특한 표현들을 숙지하고 있어야 한다.

> A   Should I just keep waiting _____ me back?
> B   Well, just waiting doesn't get anything done, does it?

(a) for the editor write
✔ (b) until the editor writes
(c) till the editor writing
(d) that the editor writes

번역 A 편집자가 나한테 답장을 쓸 때까지 기다리고만 있어야 합니까?
B 글쎄요, 단지 기다리고 있다고 해서 무슨 일이 이루어지는 건 아니겠죠?

PART II

Choose the best answer for the blank. (20문항)

문제유형 문어체 문장을 읽고 어법상 빈칸에 적절한 표현을 고르는 유형으로 세부적인 문법 자체에 대한 이해는 물론 구문에 대한 이해력도 테스트한다.

> All passengers should remain seated at _____ times.

(a) any
(b) some
✔ (c) all
(d) each

번역 모든 승객들은 항상 앉아 있어야 합니다.

17

PART III

Identify the option that contains an awkward expression or an error in grammar. (5문항)

문제유형　대화문에서 어법상 틀리거나 어색한 부분이 있는 문장을 고르는 문제로 구성되어 있다.

> (a)　A Where did you go on your honeymoon?
> (b)　B We flew to Bali, Indonesia.
> ✔ (c)　A Did you have good time?
> (d)　B Sure. It was a lot of fun.

번역
(a)　A 신혼여행은 어디로 가셨나요?
(b)　B 인도네시아 발리로 갔어요.
(c)　A 좋은 시간 보내셨어요?
(d)　B 물론이죠. 정말 재미있었어요.

PART IV

Identify the option that contains an awkward expression or an error in grammar. (5문항)

문제유형　한 문단 속에 문법적으로 틀리거나 어색한 문장을 고르는 유형이다.

> (a) Morality is not the only reason for putting human rights on the West's foreign policy agenda. (b) Self-interest also plays a part in the process. (c) Political freedom tends to go hand in hand with economic freedom, which in turn tends to bring international trade and prosperity. (d) A world in which more countries respect basic human rights would be more peaceful place.

번역
(a) 서양의 외교정책 의제에 인권을 상정하는 유일한 이유가 도덕성은 아니다. (b) 자국의 이익 또한 그 과정에 일정 부분 관여한다. (c) 정치적 자유는 경제적 자유와 나란히 나아가는 경향이 있는데, 경제적 자유는 국제 무역과 번영을 가져오는 경향이 있다. (d) 더 많은 국가들이 기본적인 인권을 존중하는 세상은 더 평화로운 곳이 될 것이다.

Vocabulary 50문항

PART I

Choose the best answer for the blank. (25문항)

문제유형 A, B 대화 빈칸에 가장 적절한 단어를 넣는 유형이다. 단어의 단편적인 의미보다는 문맥에서 어떻게 쓰였는지 아는 것이 중요하다.

> A   Let's take a coffee break.
> B   I wish I could, but I'm _____ in work.

✔ (a) up to my eyeballs
   (b) green around the gills
   (c) against the grain
   (d) keeping my chin up

번역   A 잠깐 휴식 시간을 가집시다.
        B 그러면 좋겠는데 일 때문에 꼼짝도 할 수가 없네요.

    (a) ~에 몰두하여
    (b) 안색이 나빠 보이는
    (c) 뜻이 맞지 않는
    (d) 기운 내는

PART II

Choose the best answer for the blank. (25문항)

문제유형 문어체 문장의 빈칸에 가장 적절한 단어를 고르는 유형이다. 고난도 어휘의 독특한 용례를 따로 학습해 두어야 고득점이 가능하다.

> It takes a year for the earth to make one _____ around the sun.

   (a) conversion
   (b) circulation
   (c) restoration
✔ (d) revolution

번역   지구가 태양 주위를 한 번 공전하는 데 일 년이 걸린다.
    (a) 전환
    (b) 순환
    (c) 복구
    (d) 공전

Reading Comprehension 40문항

PART I

Choose the option that best completes the passage. (16문항)

문제유형 지문의 논리적인 흐름을 파악하여 문맥상 빈칸에 가장 적절한 선택지를 고르는 문제이다.

> This product is a VCR-sized box that sits on or near a television and automatically records and stores television shows, sporting events and other TV programs, making them available for viewing later. This product lets users watch their favorite program _____. It's TV-on-demand that actually works, and no monthly fees.

✔ (a) whenever they want to
(b) wherever they watch TV
(c) whenever they are on TV
(d) when the TV set is out of order

번역 이 제품은 텔레비전 옆에 놓인 VCR 크기의 상자로 TV 쇼, 스포츠 이벤트 및 다른 TV 프로그램을 자동으로 녹화 저장하여 나중에 볼 수 있게 해준다. 이 제품은 사용자가 자신이 가장 좋아하는 프로그램을 원하는 시간 언제나 볼 수 있게 해준다. 이것은 실제로 작동하는 주문형 TV로 매달 내는 시청료도 없다.

(a) 원하는 시간 언제나
(b) TV를 보는 곳 어디든지
(c) TV에 나오는 언제나
(d) TV가 작동되지 않을 때

PART II

Choose the option that best answers the question. (21문항)

문제유형 지문에 대한 이해를 측정하는 유형으로 주제 파악, 세부 내용 파악, 논리적 추론을 묻는 문제로 구성되어 있다.

> The pace of bank mergers is likely to accelerate. Recently Westbank has gained far more profit than it has lost through mergers, earning a record of $2.11 billion in 2003. Its shareholders have enjoyed an average gain of 28% a year over the past decade, beating the 18% annual return for the benchmark S&P stock index. However, when big banks get bigger, they have little interest in competing for those basic services many households prize. Consumers have to pay an average of 15% more a year, or $27.95, to maintain a regular checking account at a large bank instead of a smaller one.

Q: What is the main topic of the passage?
(a) Reasons for bank mergers
✔ (b) Effects of bank mergers
(c) The merits of big banks
(d) Increased profits of merged banks

번역

은행 합병 속도가 가속화될 전망이다. 최근 웨스트 뱅크가 2003년 21억 1천만 달러의 수익을 기록함으로써 합병으로 잃은 것보다 훨씬 더 많은 수익을 얻었다. 웨스트 뱅크 주주들은 지난 10년간 S&P 지수의 연간 수익률 18%를 웃도는 연평균 수익률 28%를 누려왔다. 하지만 규모가 더욱 커진 대형 은행들은 많은 가구가 중요하게 생각하는 기본 서비스에 대한 경쟁에는 별 관심을 두고 있지 않다. 소비자들은 작은 은행 대신 대형 은행의 보통 당좌예금 계정을 유지하기 위해 연평균 15% 이상, 즉 27달러 95센트를 지불해야 한다.

Q: 지문의 소재는?
(a) 은행 합병의 이유
(b) 은행 합병의 영향
(c) 대형 은행의 장점
(d) 합병된 은행들의 수익 증가

Identify the option that does NOT belong. (3문항)

문제유형 한 문단에서 전체의 흐름상 어색한 내용을 고르는 유형이다.

> Communication with language is carried out through two basic human activities: speaking and listening. (a) These are of particular importance to psychologists, for they are mental activities that hold clues to the very nature of the human mind. (b) In speaking, people put ideas into words, talking about perceptions, feelings, and intentions they want other people to grasp. (c) In listening, people decode the sounds of words they hear to gain the intended meaning. ✔ (d) Language has stood at the center of human affairs throughout human history.

번역 언어로 이루어지는 의사소통은 두 가지 기본적인 인간 활동인 말하기와 듣기에 의해 수행된다. (a) 이 두 가지는 심리학자들에게 각별한 중요성을 지니는데, 이는 두 가지가 인간의 심성 본질 자체에 대한 단서를 쥐고 있는 정신적 활동이기 때문이다. (b) 말할 때 사람들은 다른 사람들이 이해하기를 원하는 지각과 감정, 의도 등을 말하면서 아이디어들을 단어로 표현한다. (c) 들을 때 사람들은 의도된 뜻을 간파하기 위해 들리는 단어의 소리를 해독한다. (d) 언어는 인류의 역사를 통틀어 인간 활동의 중심에 있어 왔다.

TEPS 등급표

등급	점수	영역	능력검정기준(Description)
1+급 Level 1+	901-990	전반	외국인으로서 최상급 수준의 의사소통 능력 : 교양 있는 원어민에 버금가는 정도로 의사소통이 가능하고 전문분야 업무에 대처할 수 있음. **(Native Level of Communicative Competence)**
1급 Level 1	801-900	전반	외국인으로서 거의 최상급 수준의 의사소통 능력 : 단기간 집중 교육을 받으면 대부분의 의사소통이 가능하고 전문분야 업무에 별 무리 없이 대처할 수 있음. **(Near-Native Level of Communicative Competence)**
2+급 Level 2+	701-800	전반	외국인으로서 상급 수준의 의사소통 능력 : 단기간 집중 교육을 받으면 일반분야 업무를 큰 어려움 없이 수행할 수 있음. **(Advanced Level of Communicative Competence)**
2급 Level 2	601-700	전반	외국인으로서 중상급 수준의 의사소통 능력 : 중장기간 집중 교육을 받으면 일반분야 업무를 큰 어려움 없이 수행할 수 있음. **(High Intermediate Level of Communicative Competence)**
3+급 Level 3+	501-600	전반	외국인으로서 중급 수준의 의사소통 능력 : 중장기간 집중 교육을 받으면 한정된 분야의 업무를 큰 어려움 없이 수행할 수 있음. **(Mid Intermediate Level of Communicative Competence)**
3급 Level 3	401-500	전반	외국인으로서 중하급 수준의 의사소통 능력 : 중장기간 집중 교육을 받으면 한정된 분야의 업무를 다소 미흡하지만 큰 지장은 없이 수행할 수 있음. **(Low Intermediate Level of Communicative Competence)**
4급 Level 4	201-400	전반	외국인으로서 하급수준의 의사소통 능력 : 장기간의 집중 교육을 받으면 한정된 분야의 업무를 대체로 어렵게 수행할 수 있음. **(Novice Level of Communicative Competence)**
5급 Level 5	101-200	전반	외국인으로서 최하급 수준의 의사소통 능력 : 단편적인 지식만을 갖추고 있어 의사소통이 거의 불가능함. **(Near-Zero Level of Communicative Competence)**

Test of English Proficiency
developed by
Seoul National University

SCORE REPORT

NAME	**REGISTRATION NO.**
HONG GIL DONG	0123456
DATE OF BIRTH	**TEST DATE**
JAN. 01. 1980	MAR. 02. 2008
GENDER	**VALID UNTIL**
MALE	MAR. 01. 2010

NO : RAAAA0000BBBB

TOTAL SCORE AND LEVEL

SCORE	LEVEL
768	2+

SECTION	SCORE	LEVEL	%	0%	100%
Listening	307	2+	77 / 59		
Grammar	76	2+	76 / 52		
Vocabulary	65	2	65 / 56		
Reading	320	2+	80 / 61		

■ your percentage ■ average

OVERALL COMMUNICATIVE COMPETENCE

768

89.89%

A score at this level typically indicates an advanced level of communicative competence for a non-native speaker. A test taker at this level is able to execute general tasks after a short-term training.

SECTION			PERFORMANCE EVALUATION
Listening	PART I PART II PART III PART IV	86% 66% 86% 66%	A score at this level typically indicates that the test taker has a good grasp of the given situation and its context and can make relevant responses. Can understand main ideas in conversations and lectures when they are explicitly stated, understand a good deal of specific information and make inferences given explicit information.
Grammar	PART I PART II PART III PART IV	84% 75% 99% 21%	A score at this level typically indicates that the test taker has a fair understanding of the rules of grammar and syntax and has internalized them to a degree enabling them to carry out meaningful communication.
Vocabulary	PART I PART II	72% 56%	A score at this level typically indicates that the test taker has a good command of vocabulary for use in everyday speech. Able to understand vocabulary used in written contexts of a more formal nature, yet may have difficulty using it appropriately.
Reading	PART I PART II PART III	68% 90% 66%	A score at this level typically indicates that the test taker is at an advanced level of understanding written texts. Can abstract main ideas from a text, understand a good deal of specific information and draw basic inferences when given texts with clear structure and explicit information.

THE TEPS COUNCIL

국내 최초 통합 영어능력 평가
*i*ntegrated-TEPS

⇨ **의사소통에 필요한 듣기, 말하기, 읽기, 쓰기 능력을 통합하여 평가한다.**

듣기, 말하기, 읽기, 쓰기 능력은 서로 밀접한 관계를 가진 요소로 듣기, 읽기 능력 혹은 말하기, 쓰기 능력만을 단순히 측정해서는 정확한 영어능력을 평가하기 어렵다. *i*-TEPS는 유기적인 연관성을 지닌 이 네 가지 의사소통 능력을 통합적으로 측정하여 수험자의 영어능력을 정확하게 평가한다.

⇨ **변별력과 신뢰도가 있는 시험이다.**

i-TEPS는 국내 최고 권위의 영어능력 평가로 듣기, 읽기 분야에서 탁월한 변별력을 인정받은 TEPS와 국내 최초 CBT 방식의 영어 말하기·쓰기 시험인 TEPS-Speaking & Writing의 성공 노하우를 바탕으로 개발되었다. 실전 영어능력을 보다 정밀하게 측정할 수 있도록 세분화된 채점 요소를 적용하고 있으며, 출제자와 채점자를 어학 분야의 최고 전문가들로 선정하여 높은 신뢰도와 탁월한 변별력을 지니고 있다.

⇨ **실전 영어능력을 측정한다.**

간단한 대화를 할 수 있는 능력부터 도표를 보고 발표하는 분석력과 구성력까지, 접하는 상황에 따라 필요한 영어능력도 다양하다. *i*-TEPS는 유학이나 비즈니스 등 특정한 분야에서의 영어 활용 능력을 집중적으로 평가하는 타 시험과는 달리, 비즈니스 상황을 포함한 다양한 영어 사용 환경을 재현하여 실질적으로 활용 가능한 영어능력을 평가한다.

⇨ **경제성과 효율성을 갖춘 시험이다.**

i-TEPS는 타 통합 영어능력 평가시험에 비해 응시료가 저렴하다. 한 번의 시험으로 듣기, 말하기, 읽기, 쓰기 능력을 종합적으로 평가하여 각각의 영역을 별도로 평가해야 하는 타 시험과 비교해도 응시료 부담이 적다. *i*-TEPS는 최소의 시간과 비용으로 수험자의 영어능력을 정확히 측정하는 높은 효율성을 갖춘 시험이다.

i-TEPS 영역별 유형 및 설명

i-TEPS는 기존의 TEPS와 TEPS-Speaking & Writing 시험을 토대로 듣기, 말하기, 읽기, 쓰기 능력을 종합적으로 측정하는 통합형 시험으로 개발되었다. Listening, Grammar & Vocabulary, Reading, Speaking, Writing의 5개 영역에 걸쳐 약 3시간 동안 진행되며, 총 143문항, 400점 만점으로 구성되어 있다.

영역		문제유형	문항수	시간		총점
Listening	Part 1	짧은 대화를 듣고 이어질 대화로 가장 적절한 답 고르기	15	35분		80점
	Part 2	긴 대화를 듣고 질문에 가장 적절한 답 고르기	15			
	Part 3	담화를 듣고 질문에 가장 적절한 답 고르기	10			
Grammar & Vocabulary	Part 1	대화문의 빈칸에 가장 적절한 답 고르기	15	20분		20점
	Part 2	단문의 빈칸에 가장 적절한 답 고르기	15			
	Part 3	대화문의 빈칸에 가장 적절한 어휘 고르기	15			20점
	Part 4	단문의 빈칸에 가장 적절한 어휘 고르기	15			
Reading	Part 1	지문을 읽고 빈칸에 가장 적절한 답 고르기	10	40분		80점
	Part 2	지문을 읽고 질문에 가장 적절한 답 고르기 (1지문 1문항)	19			
	Part 3	지문을 읽고 질문에 가장 적절한 답 고르기 (1지문 2문항)	6			
Speaking	Part 1	간단한 질문에 대답하기	1(3)	답변 10초		100점
	Part 2	소리내어 읽기	1	준비 30초	답변 45초	
	Part 3	일상 대화 상황에서 질문에 답하기	1(5)	준비 15초	답변 10초	
	Part 4	그림 보고 연결하여 이야기하기	1	준비 60초	답변 60초	
	Part 5	도표 보고 발표하기	1	준비 120초	답변 90초	
Writing	Part 1	받아쓰기	1	10분		100점
	Part 2	이메일 쓰기	1	15분		
	Part 3	의견 쓰기	1	30분		
계						400점

● TEPS 청해를 위한 기본적인 학습법

1 / 기출 표현을 묶어서 외우자.

모든 시험에는 그 시험에 나오는 어휘와 표현이 비교적 정해져 있다. TOEIC은 비즈니스 위주의 어휘가, TOEFL은 각 학문에 관한 어휘력이 필요하다. TEPS는 TOEIC과 TOEFL을 합친 것보다 더 다양한 상황과 많은 분야에서 문제가 출제되는 비교적 실용적인 시험이다. 청해와 어휘, 문법 문제는 생활에서 쓰이는 어휘와 표현이 출제의 기본 방향이다.

시험 대비를 위해서는 유사 표현을 모아서 같이 외워야 응용문제도 순조롭게 풀 수 있다. 반복해서 나오는 표현을 같이 묶어 외우도록 하자.

2 / 출제 유형을 익히자.

TEPS를 공부할 때 가장 비효율적인 방법 중의 하나는 무작정 많은 모의고사를 풀고 점수가 오르기를 바라는 것이다. 모든 시험이 그렇듯 자주 출제되는 유형은 정해져 있다. 이를 알고 대비를 하면 훨씬 쉽게 문제를 풀 수 있다.

Part I, II, III는 대화문에 관한 문제이다. 대화로 자주 나오는 상황, 그 상황에 따른 표현은 어느 정도 정해져 있다. Part I, II, III에서 가장 많이 나오는 상황은 학교, 직장, 여행 등이다. 이 상황만 잘 정리하면 무작정 많은 문제를 풀지 않아도 귀에 잘 들어오기 마련이다.

Part IV는 Part I, II, III와는 다른 담화문 문제이다. Part III와는 다르지만 이 역시 분야별로 외워야 할 어휘나 표현이 어느 정도 정해져 있다. TOEIC에서 많이 출제되는 광고, 뉴스, 공지 사항과 관련된 어휘와 TOEFL에서 출제되는 모든 학문분야가 이에 속한다. 또한 Part IV 문제를 풀기 위해서는 시사상식이나 지식도 필요하다. 미국사에 대한 문제를 예로 들자면, 미국사에 대해 잘 아는 사람과 그렇지 않은 사람을 비교하면 미국사를 잘 아는 사람이 당연히 정답을 쉽게 고를 수 있을 것이다.

3 / 자투리 시간을 이용하자.

수강생들은 '시간이 없어서 공부를 못했다'라는 변명을 가장 많이 한다. 하지만 특이한 것은 바쁜 직장인 수강생과 다소 시간이 많은 대학생들을 비교해봤을 때 비교적 여유 시간이 많은 대학생들이 시험 점수가 잘 나올 것 같지만 결과는 그렇지 않은 경우가 많았다. 왜 그럴까? 일단 시험에 대한 '절박함'이다. 이 시험이 아니라면 난 끝이라는 생각으로 매달린 수강생들의 성적이 훨씬 올랐다. 이 절박함이 없으면 시간이 아무리 많아도 점수가 크게 향상되지는 않는다.

시간이 없으나 마음은 절박한 직장인들은 어떻게 공부했을까? 직장까지의 이동 시간, 하루에 나도 모르게 그냥 낭비되는 시간들을 합치면 아무리 없어도 2시간은 낼 수 있다. 그들은 이런 시간을 잘 이용한다.

4 / 미쳐야 이룰 수 있다.

모든 일이 그렇듯 대충해서는 쉽게 좋은 결과가 나오지 않는다. 학생들로부터 듣는 가장 안타까운 상담 중 하나는 '시간은 없는데 점수를 빨리 올릴 수 있는 비법'을 알려달라는 내용이다. 분명 요령과 방법이 어느 정도 있기 때문에 이 책에 무수한 팁들을 넣었으나 사실 이런 팁들을 소화하기 위해서는 어느 정도 기본기가 있어야 한다. 요령은 열심히 하는 사람에게 유용하게 쓰일 수 있지 기본기 없이 요령만을 쫓는다면 결국 실패한다.

TEPS는 TOEIC에 비해 어려운 여정이다. 나도 모르게 미쳐 있어야 고지에 다가간다. 어떤 일이든 즐거워야 쉽게 이룰 수 있다. TEPS는 하면 할수록 재미있는 시험이다. 즐거운 마음으로 생활에 쓰일 영어라 생각하고 즐겁게 미쳐보자.

5 / 다양한 종류의 글을 읽고 듣자.

고득점을 획득하기 위해서는 단순히 TEPS 공부만으로 부족할 때가 많다. 특히 청취 Part IV나 독해에 나오는 큰 주제나 분야는 반복적이지만 세부적인 내용은 가늠하기 힘들 정도로 방대하다. 이런 어려움을 극복하기 위한 가장 좋은 방법은 평소에 많은 글을 읽고 많이 듣는 것이다. 가장 도움이 되는 읽기 자료는 영자 신문이다. 우리나라에서 발행되는 신문은 비교적 우리 생활과 관련된 주제가 많기 때문에 쉽게 접근할 수 있다. 하루에 2~3개의 기사만 꾸준히 정독해도 나중에는 이것들이 모여 큰 재산이 된다. 인터넷 홈페이지에서 몇 개씩만 출력해서 매일 공부를 해보자.

포괄적인 듣기 연습을 원한다면 비교적 알아듣기 쉬운 Arirang News나 AP News, CNN 등을 듣는다. 인터넷에서 찾아서 공부할 수 있는 방법도 좋지만 시중에 있는 친절하게 설명이 달린 학습서도 큰 도움이 된다.

뉴스가 어렵고 재미없다면 가장 권하고 싶은 방법 중의 하나는 '영어 자막으로 DVD 보기'이다. 이것은 즐기면서 공부할 수 있는 좋은 방법 중의 하나이다. 대신 자막을 영어로만 보자. 해석이 되지 않아도 그 상황에 미루어 어떤 말이 나올지 감으로 느껴보자.

6 / 듣기의 첩경은 받아쓰기다.

받아쓰기도 요령이 있다. 첫째, 어떤 글이든 전체를 처음부터 끝까지 다 듣고 대충이라도 어떤 내용인지 파악할 때까지 듣는다. 만약 이렇게 하지 않고 곧바로 받아쓰기를 한다면 전체 내용을 모르고 부분적인 것만 공부하게 된다. 마치 숲을 보지 못하고 나무만 연구하는 꼴이 된다. 아무리 어려운 지문이라도 열 번 정도 들으면 말하는 사람의 감정이 살아나서 어느 정도 '감'을 느낄 수 있다. 두 번째, 들리는 대로 받아쓴다. 내 귀에 이상하게 들렸더라도 영어든 우리말이든 쓰자. 듣기의 기본은 내가 아는 단어 중 하나로 내가 인식한다는 것이다. 받아쓰기를 할 때 비효율적인 방법 중의 하나는 모르는 부분을 전부 빈칸으로 비워 놓는 사람이다. 잘 들은 부분만 쓰고 안 들리는 부분은 비워 놓는다면 공부가 될 리가 없다. 그래서 받아쓰기 후 원문과 맞춰 보며 정확하게 내가 못 들었던 발음, 연음, 축약 등과 듣기 어려운 어휘도 한꺼번에 정리해야 한다. 받아쓰기를 오래 하면 실력도 늘고 동시에 받아쓰기를 하지 않았을 때보다 훨씬 또박또박 들리는 것을 경험하게 될 것이다. 그러면서 자신감이 생기고 한 걸음 한 걸음 고득점으로 가는 길이 눈앞에 보일 것이다.

● 목표 점수별 공부 방법

1 / 600점대 목표

600점대는 결코 어려운 점수가 아니다. 짧은 시간 안에 이 점수대를 원하는 사람은 Part I, II, III를 집중적으로 공부하면 효율적이다. 물론 Part IV는 담화문으로 배점도 더 높고 중요하다. 하지만 TEPS를 처음 시작하는 초보자들에게는 Part IV 공부가 고통스럽기만 하다. 그래서 가장 기본적인 어휘 실력을 튼튼히 하면서 Part I, II, III를 집중 공략하면 그다지 어렵지 않게 나올 수 있는 점수이다.

2 / 700점대 목표

700점대 역시 객관적으로 보아 크게 어렵지는 않으나 또한 쉽지 않은 점수이다. 유형에 맞춰 공부를 했다면 많은 모의고사를 풀어봐야 한다. 그러나 이 점수대가 쉽게 나오지 않는다면 요령을 배우기 전에 지겹도록 들어줘야 한다.

이 단계에서 가장 극복하기 어려운 부분이 Part IV이다. Part I, II, III에 나오는 유형은 비교적 정해져 있어 표현이나 어휘를 먼저 익히고 들으면 단기간에 극복 가능하지만, Part IV는 그렇지 않다. 가장 좋은 방법은 이동하는 시간에 Part IV 위주로 듣는 것이다. Part IV처럼 어려운 부분을 앉아서 독해 공부하듯 하면 금방 지친다. 항상 대의파악 위주로 듣고 무슨 말인지 모른다면 대충이라도 주제가 무엇인지 파악될 때까지 듣자. 지쳐서 이내 지문을 보게 되면 독해 실력만 늘 뿐이다.

3 / 800점대 이상 목표

열심히 공부해서 600점에서 700점에 4달 만에 도달했다고 하자. 그렇다면 700점대에서 800점대로 진입하기 위해서는 어느 정도 기간이 필요할까? 불행히도 전자에 비해서 보통 두 배, 세 배의 시간과 노력이 필요하다. 모든 시험이 그렇듯이 고득점자가 될수록 단 1점을 올리기가 몹시 어려워진다. 700점대부터는 단순히 TEPS 모의고사만 많이 푼다고 쉽게 점수가 오르지 않는다. 특히 Part IV의 분야별 정리(정치, 경제, 사회문제, 의학, 환경 등)를 관련 시사상식, 자주 나오는 표현과 함께 묶어서 공부하고 좀 더 다양한 지문을 접해야 점수 향상이 가능하다.

4 /900점대 이상

900점 이상을 받기 위해서는 절반은 TEPS 공부를, 나머지 절반은 출제될 수 있는 모든 분야를 폭넓고 풍부하게 공부해야 한다. 사실 850~900점 이상의 점수는 내 의지나 노력으로 안 되는 경우도 있을 정도로 오랫동안 영어에 노출되어 있거나 깊은 내공이 필요하다. 영자 신문, CNN이나 AP News, 영화 등 많은 글을 읽고 듣기 연습을 많이 해서 내 것으로 만들지 않으면 이 점수는 절대 나올 수 없다는 점을 기억하자.

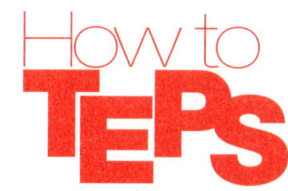

Actual Test

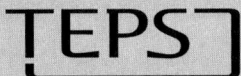

LISTENING COMPREHENSION

DIRECTIONS

1. In the Listening Comprehension section, all content will be presented orally rather than in written form.

2. This section contains 4 parts. In parts I and II, each passage will be read only once. In parts III and IV, each passage and its corresponding question will be read twice. But in all sections, the options will be read only once. After listening to the passage and question, listen to the options and choose the best answer.

★
pretest

Part I **Questions 1—5**

You will now hear five conversation fragments, each made up of a single spoken statement followed by four spoken responses. Choose the most appropriate response to the statement.

1	(a)	(b)	(c)	(d)
2	(a)	(b)	(c)	(d)
3	(a)	(b)	(c)	(d)
4	(a)	(b)	(c)	(d)
5	(a)	(b)	(c)	(d)

Part II **Questions 6—10**

You will now hear five conversation fragments, each made up of three spoken statements followed by four spoken responses. Choose the most appropriate response to complete the conversation.

6	(a)	(b)	(c)	(d)
7	(a)	(b)	(c)	(d)
8	(a)	(b)	(c)	(d)
9	(a)	(b)	(c)	(d)
10	(a)	(b)	(c)	(d)

Part III **Questions 11—15**

You will now hear five complete conversations. For each item, you will hear a conversation and its corresponding question, both of which will be read twice. Then you will hear four options which will be read only once. Choose the option that best answers the question.

11	(a)	(b)	(c)	(d)
12	(a)	(b)	(c)	(d)
13	(a)	(b)	(c)	(d)
14	(a)	(b)	(c)	(d)
15	(a)	(b)	(c)	(d)

Part IV **Questions 16—20**

You will now hear five spoken monologues. For each item, you will hear a monologue and its corresponding question, both of which will be read twice. Then you will hear four options which will be read only once. Choose the option that best answers the question.

16	(a)	(b)	(c)	(d)
17	(a)	(b)	(c)	(d)
18	(a)	(b)	(c)	(d)
19	(a)	(b)	(c)	(d)
20	(a)	(b)	(c)	(d)

actual test 1

Part I **Questions 1—15**

You will now hear fifteen conversation fragments, each made up of a single spoken statement followed by four spoken responses. Choose the most appropriate response to the statement.

Part II **Questions 16—30**

You will now hear fifteen conversation fragments, each made up of three spoken statements followed by four spoken responses. Choose the most appropriate response to complete the conversation.

Part III Questions 31—45

You will now hear fifteen complete conversations. For each item, you will hear a conversation and its corresponding question, both of which will be read twice. Then you will hear four options which will be read only once. Choose the option that best answers the question.

Part IV Questions 46—60

You will now hear fifteen spoken monologues. For each item, you will hear a monologue and its corresponding question, both of which will be read twice. Then you will hear four options which will be read only once. Choose the option that best answers the question.

★
Actual Test 2

Part I **Questions 1—15**

You will now hear fifteen conversation fragments, each made up of a single spoken statement followed by four spoken responses. Choose the most appropriate response to the statement.

Part II **Questions 16—30**

You will now hear fifteen conversation fragments, each made up of three spoken statements followed by four spoken responses. Choose the most appropriate response to complete the conversation.

LISTENING COMPREHENSION

Part III Questions 31—45

You will now hear fifteen complete conversations. For each item, you will hear a conversation and its corresponding question, both of which will be read twice. Then you will hear four options which will be read only once. Choose the option that best answers the question.

Part IV Questions 46—60

You will now hear fifteen spoken monologues. For each item, you will hear a monologue and its corresponding question, both of which will be read twice. Then you will hear four options which will be read only once. Choose the option that best answers the question.

★
Actual Test 3

Part I **Questions 1—15**

You will now hear fifteen conversation fragments, each made up of a single spoken statement followed by four spoken responses. Choose the most appropriate response to the statement.

Part II **Questions 16—30**

You will now hear fifteen conversation fragments, each made up of three spoken statements followed by four spoken responses. Choose the most appropriate response to complete the conversation.

Part III   **Questions 31—45**

You will now hear fifteen complete conversations. For each item, you will hear a conversation and its corresponding question, both of which will be read twice. Then you will hear four options which will be read only once. Choose the option that best answers the question.

Part IV   **Questions 46—60**

You will now hear fifteen spoken monologues. For each item, you will hear a monologue and its corresponding question, both of which will be read twice. Then you will hear four options which will be read only once. Choose the option that best answers the question.

★
Actual Test 4

Part I **Questions 1—15**

You will now hear fifteen conversation fragments, each made up of a single spoken statement followed by four spoken responses. Choose the most appropriate response to the statement.

Part II **Questions 16—30**

You will now hear fifteen conversation fragments, each made up of three spoken statements followed by four spoken responses. Choose the most appropriate response to complete the conversation.

Part III Questions 31—45

You will now hear fifteen complete conversations. For each item, you will hear a conversation and its corresponding question, both of which will be read twice. Then you will hear four options which will be read only once. Choose the option that best answers the question.

Part IV Questions 46—60

You will now hear fifteen spoken monologues. For each item, you will hear a monologue and its corresponding question, both of which will be read twice. Then you will hear four options which will be read only once. Choose the option that best answers the question.

★
ACtual Test 5

Part I **Questions 1—15**

You will now hear fifteen conversation fragments, each made up of a single spoken statement followed by four spoken responses. Choose the most appropriate response to the statement.

Part II **Questions 16—30**

You will now hear fifteen conversation fragments, each made up of three spoken statements followed by four spoken responses. Choose the most appropriate response to complete the conversation.

44

Part III Questions 31—45

You will now hear fifteen complete conversations. For each item, you will hear a conversation and its corresponding question, both of which will be read twice. Then you will hear four options which will be read only once. Choose the option that best answers the question.

Part IV Questions 46—60

You will now hear fifteen spoken monologues. For each item, you will hear a monologue and its corresponding question, both of which will be read twice. Then you will hear four options which will be read only once. Choose the option that best answers the question.

★
Actual Test 6

Part I **Questions 1—15**

You will now hear fifteen conversation fragments, each made up of a single spoken statement followed by four spoken responses. Choose the most appropriate response to the statement.

Part II **Questions 16—30**

You will now hear fifteen conversation fragments, each made up of three spoken statements followed by four spoken responses. Choose the most appropriate response to complete the conversation.

Part III Questions 31—45

You will now hear fifteen complete conversations. For each item, you will hear a conversation and its corresponding question, both of which will be read twice. Then you will hear four options which will be read only once. Choose the option that best answers the question.

Part IV Questions 46—60

You will now hear fifteen spoken monologues. For each item, you will hear a monologue and its corresponding question, both of which will be read twice. Then you will hear four options which will be read only once. Choose the option that best answers the question.

★
Actual Test 7

Part I   **Questions 1—15**

You will now hear fifteen conversation fragments, each made up of a single spoken statement followed by four spoken responses. Choose the most appropriate response to the statement.

Part II   **Questions 16—30**

You will now hear fifteen conversation fragments, each made up of three spoken statements followed by four spoken responses. Choose the most appropriate response to complete the conversation.

Part III Questions 31—45

You will now hear fifteen complete conversations. For each item, you will hear a conversation and its corresponding question, both of which will be read twice. Then you will hear four options which will be read only once. Choose the option that best answers the question.

Part IV Questions 46—60

You will now hear fifteen spoken monologues. For each item, you will hear a monologue and its corresponding question, both of which will be read twice. Then you will hear four options which will be read only once. Choose the option that best answers the question.

★
Actual Test 8

Part I **Questions 1—15**

You will now hear fifteen conversation fragments, each made up of a single spoken statement followed by four spoken responses. Choose the most appropriate response to the statement.

Part II **Questions 16—30**

You will now hear fifteen conversation fragments, each made up of three spoken statements followed by four spoken responses. Choose the most appropriate response to complete the conversation.

Part III Questions 31—45

You will now hear fifteen complete conversations. For each item, you will hear a conversation and its corresponding question, both of which will be read twice. Then you will hear four options which will be read only once. Choose the option that best answers the question.

Part IV Questions 46—60

You will now hear fifteen spoken monologues. For each item, you will hear a monologue and its corresponding question, both of which will be read twice. Then you will hear four options which will be read only once. Choose the option that best answers the question.

[TEPS] Test of English Proficiency Seoul National University

청해 Listening Comprehension

Actual Test 1

Actual Test 2

Actual Test 3

Actual Test 4

[EPS] Test of English Proficiency Seoul National University

청해 Listening Comprehension

Actual Test 5

Actual Test 6

Actual Test 7

Actual Test 8

TEPS

정답 및 해설

Part I

1 M **Have you had lunch yet?**
W _____

(a) Yes, I'll take you this time.
(b) Yes, I'll have something light.
(c) No, it's on me.
(d) No, I've been very busy.

해석 M 점심 드셨어요?
W _____
(a) 네, 이번에는 당신을 데려갈게요.
(b) 네, 부담스럽지 않은 것으로 먹을 겁니다.
(c) 아니요, 제가 낼게요.
(d) 아니요, 너무 바쁘네요.

해설 점심을 먹었냐는 질문에 적절한 답변은 바빠서 아직 먹지 못했다고 말하는 (d)다. (b)는 먹었다는 대답 후에 무엇을 먹겠다는 언급이어서 적절하지 못하다.

어구 light (양이) 적은

정답 (d)

2 M **Would you care for some dessert?**
W _____

(a) I'm full. May I have the bill?
(b) I ordered some for you.
(c) I don't like the sweets.
(d) Did you enjoy your meal?

해석 M 디저트를 좀 드시겠어요?
W _____
(a) 너무 많이 먹었어요. 계산서 좀 부탁할까요?
(b) 당신을 위해 주문했어요.
(c) 저 사탕 좋아하지 않아요.
(d) 식사는 즐거우셨어요?

해설 디저트를 먹을 건지에 대한 질문에 배가 부르니 계산서를 갖다 달라고 한 (a)가 정답이다. (c)는 개인의 취향을 말하고 있고 (d)는 (a)에 대해 남자가 할 말로 적절하다.

어구 sweets 단것, 사탕

정답 (a)

3 M **What flight are you on, ma'am?**
W _____

(a) I prefer an aisle seat.
(b) I'm in a queue for this flight.
(c) The plane will land soon.
(d) My flight has been delayed.

해석 M 어떤 항공편을 타십니까?
W _____
(a) 저는 통로 쪽 좌석을 원해요.
(b) 이 비행기를 타려고 줄 서 있습니다.
(c) 비행기가 곧 착륙합니다.
(d) 제 항공편이 지연되었습니다.

해설 어떤 항공편을 탈 건지에 대한 질문에 적절한 답변은 (b)다. (a)는 선호 좌석을 물을 때 할 수 있는 대답이고 (c)와 (d)는 상황에 맞지 않는 답변이다.

어구 aisle 복도, 통로
in a queue 줄을 서서
land 착륙하다

정답 (b)

4 M **Are you traveling alone?**
W _____

(a) My family went before me.
(b) I find it difficult to travel alone.
(c) No, I'm with friends.
(d) I'm used to this.

해석 M 홀로 여행 중이십니까?
W _____
(a) 제 가족은 저보다 먼저 갔습니다.
(b) 혼자 여행하는 것은 힘듭니다.
(c) 아니요, 친구들과 함께 여행 중입니다.
(d) 저는 이것에 익숙합니다.

해설 혼자 여행을 하고 있느냐에 대한 질문에 적절한 답변은 친구들과 같이 여행을 하고 있다고 말한 (c)다.

어구 be used to ~에 익숙해지다

정답 (c)

5 M What is all that noise down the road?

    W _____

(a) I'll pick you up over there.
(b) It's the Young People's Festival.
(c) I can't stand that noise anymore.
(d) I hope they will let us through.

해석 M 길 아래쪽에서 나는 저 소음들은 무엇입니까?

    W _____
    (a) 제가 저쪽에서 당신을 태울게요.
    (b) 그것은 젊은이의 축제입니다.
    (c) 저는 더 이상 소음을 참을 수가 없어요.
    (d) 그들이 우리들을 통과시켜 주길 바랍니다.

해설 소음의 정체를 묻고 있으므로 소음의 원인 또는 소음의
진원지를 말해주는 선택지를 고르면 된다. 정답은 (b)다.

어구 pick up 데리러 가다
    stand 참다
    let A through A를 통과시키다

정답 (b)

Part II

6 M Hi, Beth. I want to go shopping tomorrow.
    Would you like to join me?

    W I'd love to.

    M Shall we meet at 10 in the morning?

    W _____

(a) I'd rather shop on-line.
(b) Sure, I'll be there before 10.
(c) I have doubts about shopping.
(d) I'll bring extra money.

해석 M 안녕, 베스. 내일 쇼핑하러 가고 싶은데. 같이 갈래?
    W 좋지.
    M 오전 10시에 만날까?
    W _____
    (a) 나는 인터넷 쇼핑이 더 나아.
    (b) 물론이지, 10시 전에 가 있을 게.
    (c) 난 쇼핑 별로야.
    (d) 여유 돈을 가져갈게.

해설 쇼핑하러 가기 위해 10시에 만나자는 남자의 말이 핵심
이며 이에 가장 적절한 답변은 (b)다. (a)와 (c)는 대화
의 흐름과 어울리지 않고 (d)는 대화의 shopping을 관
련시킨 함정용 오답이다.

어구 go shopping 쇼핑하러 가다

정답 (b)

---

7 M Do you ever wear jeans?

    W I do, when I go other places except the
    office.

    M What makes you wear them?

    W _____

(a) There is no question about it.
(b) I feel comfortable in them.
(c) The color fades when washed.
(d) My mother likes them.

해석 M 청바지 입나요?
    W 네, 사무실 아닌 다른 곳에 갈 때요.
    M 입는 이유라도 있나요?
    W _____
    (a) 의심의 여지가 없어요.
    (b) 입으면 편해서요.
    (c) 세탁됐을 때 색이 바래져서요.
    (d) 엄마가 좋아하셔서요.

해설 청바지를 입는 이유를 묻고 있으므로 입으면 편하다
고 말하는 (b)가 가장 자연스럽다. (a)는 There is no
doubt about it으로 바꿔 말할 수 있다.

어구 fade (색이) 바래다; (소리가) 사라지다

정답 (b)

---

8 M How long have you been away from your
    family?

    W Not too long.

    M How often do you get in touch with them?

    W _____

(a) I write to them whenever I find the time.
(b) I can't email them from the office.
(c) I usually use my cell phone.
(d) There's a pay phone over there.

해석 M 당신은 가족과 얼마나 떨어져 있었습니까?
    W 그리 오랫동안은 아닙니다.
    M 얼마나 자주 그들과 연락하시나요?
    W _____
    (a) 시간이 날 때마다 그들에게 편지를 씁니다.
    (b) 저는 사무실에서 가족들에게 이메일을 보낼 수가 없
        어요.
    (c) 저는 보통 휴대전화를 사용해요.
    (d) 저쪽에 공중전화가 있어요.

해설 가족들과 얼마나 자주 연락을 하느냐는 질문이므로 빈도
가 드러나 있는 선택지를 골라야 한다. 가장 적절한 답변
은 시간 날 때마다 편지를 쓴다고 답한 (a)다.

어구 get in touch with ~와 연락을 취하다

email 이메일을 보내다
cell phone 휴대전화
pay phone 공중전화

정답 (a)

9　W　Could I make an appointment with Dr. Smith?

　　M　Would you like to see him today at 11:00?

　　W　Could you make that 2 in the afternoon?

　　M　＿＿＿＿＿＿＿＿＿＿＿＿＿＿＿＿＿

(a) Yes, I need to see him badly.
(b) Yes, I wanted to consult a doctor.
(c) Yes, he is available at the time requested.
(d) Yes, I've seen the doctor regularly.

해석 W　스미스 박사님과 약속을 잡아주시겠어요?
　　M　오늘 11시에 박사님을 만나시겠어요?
　　W　오후 2시로 약속을 잡아주실 수 있나요?
　　M　＿＿＿＿＿＿＿＿＿＿＿＿＿＿
　　(a) 네, 저는 그를 꼭 만나야 해요.
　　(b) 네, 저는 박사님과 상담을 받기를 원했어요.
　　(c) 네, 그 시간에 만나실 수 있습니다.
　　(d) 네, 저는 주기적으로 박사님을 만났습니다.

해설 오전 11시 보다는 오후 2시로 약속을 잡을 수 있냐는 여자의 질문에 적절한 답변은 그 시간이 괜찮다고 답한 (c)다.

어구 make an appointment 약속을 정하다
　　badly 대단히, 몹시
　　consult ~와 상담하다

정답 (c)

10　M　Are you going anywhere this weekend?

　　W　I rarely go out on weekends.

　　M　I am going to invite you to watch a play.

　　W　＿＿＿＿＿＿＿＿＿＿＿＿＿＿＿＿＿

(a) No, thank you. Plays bore me to death.
(b) Hey, take that back.
(c) What should I bring?
(d) I will spend my weekend at the beach.

해석 M　이번 주말에 어디 가십니까?
　　W　저는 주말에 거의 나가지 않습니다.
　　M　연극 관람에 당신을 초대하겠습니다.
　　W　＿＿＿＿＿＿＿＿＿＿＿＿＿＿
　　(a) 사양할게요. 연극은 정말 날 지루하게 해요.
　　(b) 이봐요, 그 말 취소하세요.
　　(c) 무엇을 가져 가야 하나요?

(d) 저는 주말을 해변에서 보낼 겁니다.

해설 이번 주말 연극 관람에 초대하겠다는 남자 말에 적절한 답변은 연극을 별로 좋아하지 않는다고 말하는 (a)다. (b)는 상대가 무례한 말을 했을 경우 쓸 수 있고 (c)는 집에 초대받았을 때 가능한 답변이다.

어구 rarely 거의 ~하지 않다
　　play 연극
　　bore 지루하게 하다

정답 (a)

Part III

11　W　Honey, are you ready to go to the mall? I heard there are some sales going on right now.

　　M　I don't feel like shopping today. I think I need to catch up on my sleep.

　　W　We're supposed to purchase a new washing machine today. Did you forget your promise by any chance?

　　M　Okay, I guess we can buy one from an Internet shopping mall. I think it is very convenient because we don't have to go to the shop. We can also save time.

　　W　What are you thinking? Okay, Internet shopping is very convenient. But we could get a 50% discount there.

　　M　Now you mean that we could buy one at half price? Okay, let's go!

　　W　Now you're talking.

　　Q　Why did the man decide to go to the mall?

(a) Because the mall has a great choice of goods
(b) Because he can't access the Internet
(c) Because the woman can't go there by herself
(d) Because he could get a good deal on the item

해석 W　여보, 쇼핑센터 갈 준비 됐나요? 지금 세일하고 있다고 들었어요.
　　M　난 오늘 쇼핑하고 싶지가 않아요. 부족한 잠을 좀 자고 싶거든요.
　　W　오늘 새 세탁기 사기로 했잖아요. 혹시 약속을 잊은 거예요?
　　M　알았어요, 인터넷에서 세탁기를 살 수도 있잖아요.

쇼핑센터까지 갈 필요가 없으니 정말 편리해요. 시간도 아낄 수 있고요.

W 뭘 생각하는 거예요? 좋아요, 인터넷 쇼핑이 아주 편리하지만, 쇼핑센터에서는 50% 할인을 받을 수 있다고요.

M 세탁기를 반값으로 살 수 있다는 말이에요? 좋아요, 갑시다.

W 이제야 말이 통하는군요.

Q 남자는 왜 쇼핑센터에 갈 결정을 했는가?

(a) 좋은 상품을 고를 수 있어서
(b) 인터넷에 접속할 수가 없어서
(c) 여자 혼자 갈 수 없어서
(d) 좋은 가격에 물건을 구입할 수가 있어서

해설 남자가 쇼핑센터에 가기로 결정한 이유를 묻고 있다. 남자는 편리한 인터넷으로 쇼핑을 하기를 원했지만 쇼핑센터에서는 50%의 할인을 받을 수 있다는 부인의 말에 따라 쇼핑센터로 가기로 결정한 것이므로 정답은 (d)다.

어구 feel like ~ing ~하고 싶다
catch up on (일, 공부, 잠 따위의) 부족을 채우다
by any chance 혹시, 만일
at half price 절반 가격에

정답 (d)

12 M How may I help you, ma'am?

W I'm looking for a pair of soccer shoes for my son.

M Do you have any particular brand in mind?

W Actually, he wants Nice soccer shoes so badly. The brand is endorsed by one of his favorite soccer players.

M I see. What size does he wear?

W Size nine, please.

Q What is the woman doing?

(a) Locating soccer shoes
(b) Purchasing sports shoes
(c) Working at the shop
(d) Getting information from the clerk

해석 M 무엇을 도와드릴까요?

W 네, 아들에게 줄 축구화를 찾고 있어요.

M 마음에 두고 있는 특정 브랜드가 있나요?

W 사실, 제 아들이 나이스 축구화를 정말 가지고 싶어 해요. 그 브랜드는 아들이 가장 좋아하는 축구선수들 중 한 명이 광고에서 홍보하는 것이거든요.

M 알겠습니다. 사이즈가 어떻게 되지요?

W 9 사이즈로 주세요.

Q 여자는 무엇을 하고 있는가?

(a) 축구화의 위치를 찾고 있다.
(b) 스포츠화를 구입하고 있다.
(c) 상점에서 일하는 중이다.
(d) 점원으로부터 정보를 얻고 있다.

해설 전체적인 대화의 흐름을 파악해야 풀 수 있는 문제이다. 여자가 아들에게 줄 축구화를 구입하고 있는 상황이므로 정답은 (b)다.

어구 have in mind 마음에 두다
brand 브랜드, 상표
endorse 상품을 광고하다

정답 (b)

13 M Would you like me to put this cabinet next to the bookshelf?

W No, I think I'll place this flower pot there. Why don't you put the cabinet next to the door?

M Okay. Then what am I going to do with the computer over there?

W The computer is too old. I need to purchase a new model. My secretary is supposed to come and take care of it.

M Is there anything else I can do for you today?

W Well, the fax machine isn't working at all. I don't know what's wrong with that. Do you think you could fix it for me?

M Sure, let me examine it first.

Q Which is correct according to the conversation?

(a) The woman is trying to move a cabinet into her workplace.
(b) The woman is asking the man to place a flower pot next to the bookshelf.
(c) The woman wants the man to fix the computer.
(d) The woman wants to fax some documents now.

해석 M 제가 책장 옆에 이 캐비닛을 둘까요?

W 아뇨, 제가 이 화분을 거기에 둘 거예요. 캐비닛은 문 옆에 두는 게 어때요?

M 좋아요. 저쪽에 있는 컴퓨터는 어떻게 할까요?

W 그 컴퓨터는 너무 오래됐어요. 새 모델을 하나 구입해야겠어요. 제 비서가 와서 처리할 겁니다.

M 오늘 제가 할 또 다른 일이 있나요?

W 팩스기가 전혀 작동하지 않아요. 문제가 뭔지 모르겠어요. 수리할 수 있을 것 같으세요?

M 물론이죠. 우선 한 번 살펴보죠.

Q 대화의 내용으로 옳은 것은 무엇인가?

(a) 여자는 캐비닛을 그녀의 작업 공간으로 옮기려 하고 있다.

(b) 여자는 남자에게 책장 옆에 화분을 놓도록 부탁하고 있다.

(c) 여자는 남자가 컴퓨터를 고쳐주기를 원한다.

(d) 여자는 지금 서류를 팩스로 보내기를 원한다.

해설 대화의 내용으로 옳은 것을 묻고 있다. 내용 자체는 어렵지 않으나 옮기는 물건과 장소 등 세부 사항들을 기억하고 있어야 풀 수 있는 문제다. 캐비닛을 옮길 장소를 정하고 있으므로 정답은 (a)다. 화분은 책장 옆에 여자 본인이 둘 거라고 했으므로 (b)는 맞지 않으며, 수리를 원하는 것은 팩스기이므로 (c)역시 맞지 않다. (d)는 대화의 내용으로는 알 수 없는 정보다.

어구 bookshelf 책장
flower pot 화분
purchase 구입하다
take care of ~을 처리하다
document 문서, 서류

정답 (a)

---

14 M Have you ever traveled to a foreign country, Jessie?

W When I was a college student, I had an opportunity to study at Tokyo University in Japan as an exchange student.

M Oh, really? I'm leaving for Japan next month.

W Wow! Terrific! How long are you staying there?

M I'm not too sure. Maybe around a year.

W What are you supposed to do during your stay in Japan?

M My company is planning to open up a new branch in Tokyo. I'll be working as a deputy branch manager.

W I wish I could go abroad to work. I envy you.

Q Which is correct according to the conversation?

(a) The man had a chance to study abroad.

(b) The man will continue his study at Tokyo University.

(c) The woman wants to study abroad.

(d) The man is supposed to work in Japan.

해석 M 외국으로 여행 가본 적 있나요, 제시?

W 제가 대학 다닐 때, 교환학생으로 일본의 동경대에서 공부할 기회가 있었죠.

M 오, 정말이요? 저는 다음 달에 일본으로 떠나거든요.

W 와! 멋지요! 거기에서 얼마나 머물 건가요?

M 모르겠어요. 아마도 1년 정도요.

W 일본에서 머무는 동안 무엇을 할 건가요?

M 저희 회사는 동경에 새 지사를 설립할 계획이에요. 저는 부지사장으로 일을 할 거고요.

W 저도 외국에 가서 일을 했으면 좋겠어요. 정말 부럽군요.

Q 대화에 따르면 다음 중 옳은 것은?

(a) 남자는 해외에서 공부할 기회가 있었다.

(b) 남자는 도쿄대학에서 공부를 계속 할 것이다.

(c) 여자는 해외에서 공부하길 원한다.

(d) 남자는 일본에서 일하기로 되어 있다.

해설 남자가 일본에 가는 이유는 새로운 지사에서 부지사장으로 업무를 보기 위해서이므로 정답은 (d)다. 또한 일본에서 유학을 했던 것은 여자이므로 (a)는 맞지 않다.

어구 branch 지점
deputy branch manager 부지사장

정답 (d)

---

15 W What do you say to the election?

M It turned out to be terrible. It was worse than I expected.

W Yeah, I thought it would come out well. But the final result was awful.

M As a result, we failed to replace the ruling party.

W Right, the ruling party remained unchanged.

M Anyway I wonder if the newly elected president will deliver on his promises.

Q What is the conversation mainly about?

(a) Election results

(b) The ruling party

(c) The result of the game

(d) The newly elected president

해석 W 선거 어땠어요?

M 아주 끔찍했죠. 제 예상보다 더 나빴어요.

W 네, 좋은 결과가 나오리라 생각했었어요. 하지만 최종 결과는 정말 끔찍했어요.

M 결과적으로 우리는 정권 교체에 실패했어요.

W 맞아요, 여당은 존속하게 됐어요.

M 어떻든 새 대통령 당선자가 공약을 지킬 지가 의문이에요.

Q 화자들은 무엇에 대해서 이야기를 하고 있는가?

(a) 선거 결과

(b) 여당

(c) 경기의 결과

(d) 새로 선출된 대통령

해설 화자들은 정권 교체를 이루지 못한 선거 결과에 대해 이야기를 하고 있으므로 정답은 (a)다.

어구 election 선거
turn out (결과가) ~이 되다
replace 바꾸다
ruling party 여당
deliver on one's promise 약속을 이행하다

정답 (a)

16 Mr. Robert is currently working freelance for this company and for 4 months he once worked with them in their office in Seoul. His responsibilities include editing, proofreading and copywriting. He has worked on projects for Samsung. This report recently won a Bronze medal at the Annual Report Awards in New York City. He was the main copywriter and editor. He was responsible for editing student essays as well as proofreading longer projects that include academic papers and medical research.

Q Which is correct about Mr. Robert according to the talk?

(a) He used to work freelance for a company in Seoul.

(b) His report on the Samsung projects was placed third at the Annual Report Awards in N.Y.C.

(c) He has been working for a company for 4 years.

(d) He is editing student essays at the moment.

해석 그는 현재 이 회사에서 프리랜서로 일하고 있고 한때 서울에서 4개월간 근무를 한 적이 있습니다. 그의 책무는 편집, 교정 그리고 광고 문안 작성입니다. 그는 삼성을

위한 프로젝트 작업을 했습니다. 이 보고서는 뉴욕시의 연간 보고서 시상식에서 동메달을 수상했습니다. 그는 메인 카피라이터 겸 편집자였습니다. 그는 논문과 의학 연구서와 같은 좀 더 긴 프로젝트를 교정하는 것은 물론 학생들의 에세이를 편집하는 책임자였습니다.

Q 담화의 내용으로 옳은 것은 무엇인가?

(a) 그는 서울에 있는 회사에서 프리랜서로 일한 적이 있다.

(b) 그의 삼성 프로젝트에 관한 보고서는 뉴욕시의 연간 보고서 시상식에서 3위를 차지했다.

(c) 그는 4년 동안 회사에서 일했다.

(d) 그는 현재 학생들의 에세이를 편집하고 있다.

해설 담화의 세부 내용을 기억하지 못하면 조금은 어려울 수 있는 문제다. 내용으로 옳은 것은 삼성 프로젝트의 보고서가 뉴욕시가 주최하는 연간 보고서 시상식에서 동메달을 차지했다고 했으므로 정답은 (b)다. (a)는 현재도 프리랜서로 일하고 있으므로 맞지 않다. (c)는 이 회사에서 계속 일을 하고 있고 한때 한국 지사에서만 일한 것이 4개월이므로 맞지 않다. (d) 또한 과거에 했던 일이므로 담화의 내용과 일치하지 않는다.

어구 freelance 프리랜서로
proofreading 교정
copywriting 광고 문안 작성
at the moment 지금, 현재

정답 (b)

17 Most people mistake the Romance Languages for those only spoken in Rome, or for those that the romance genre is written in. In fact, Italian is spoken in Rome and romance can be written in any language as love is universal. What then is a Romance Language? Better explained, the Romance Languages are those originating from Latin and which are spoken in Southern Europe. Hence, this is often misunderstood for the group of languages including Spanish, French, Portuguese and Italian.

Q What is the speaker's main point?

(a) Romance languages have developed from the northern part of Europe.

(b) Most people know that in Rome people speak Italian.

(c) Romance languages are not associated with Rome.

(d) English belongs to the group of Romance languages.

해석 대부분의 사람들은 로망스어를 로마에서만 사용되는 로마어나 로맨스 소설 장르가 쓰여진 언어로 착각합니다. 사실, 이태리어는 로마에서 사용되고 로맨스 소설은 사랑이 보편적이듯이 어느 언어로도 표기될 수 있습니다. 그렇다면 로망스어는 무엇일까요? 좀 더 잘 설명하자면, 로망스어는 라틴어에서 기원하고 남유럽에서 사용됩니다. 따라서 가끔 스페인어, 프랑스어, 포루투갈어와 이태리어를 포함한 언어군과 오해를 하게 됩니다.

Q 화자의 요점은 무엇인가?
(a) 로망스어는 북유럽지방으로부터 발전되어 왔다.
(b) 대부분의 사람들은 로마 사람들이 이태리어를 한다고 알고 있다.
(c) 로망스어는 로마와 관련이 없다.
(d) 영어는 로망스어군에 속한다.

해설 로망스어는 라틴어에서 기원하고 또한 여러 언어의 형태로 표기가 되지만 초반부에 대부분의 사람들이 로마에서 사용되는 로마어와 로망스어를 착각한다는 내용이 등장하므로 정답은 (c)다.

어구 mistake A for B A를 B로 착각하다
Romance Language 로망스어
genre 장르
universal 보편적인
hence 따라서

정답 (c)

됩니다. 수면장애 전문가 데이빗 로스에 의하면, 오늘 밤에 1시간 수면을 못하게 되고, 그 다음 날 1시간, 또 그 다음 날 1시간 수면을 못 취하면 하룻밤에 3시간 수면을 못 취하는 것과 같다고 합니다. 부모들은 어린 자녀들이 주말에 12시까지 잠을 자는 것을 게으르다고 착각합니다. 청소년들은 종종 주중에 수면이 부족하게 되는 경우 그들의 신체가 부족한 잠을 보충하도록 해야 합니다.

Q 지문의 내용으로 옳은 것은 무엇인가?
(a) 수면 부족은 축적되는 경향이 있다.
(b) 젊은이들은 수면 장애와 무관하다.
(c) 수면 부족을 보충할 필요는 없다.
(d) 젊은이들이 어른들보다 더 자야 한다.

해설 담화의 내용으로 옳은 것을 묻고 있으므로 담화의 세부 사항들을 기억해야 한다. 전반부에 수면 부족은 축적된다고 했으므로 이것을 달리 표현한 (a)가 정답이다. (b), (c), (d)는 담화의 내용과 관련이 없다.

어구 despite ~에도 불구하고
requirement 필요, 요구, 요건
accumulate 축적하다
equate to ~와 동등하다
deprive A of B A에게서 B를 빼앗다
catch up on (잠 등을) 채우다, 보충하다
cumulative 누적하는

정답 (a)

18 Despite the fact that sleep requirements vary widely, most people sleep around 7-8 hours a night. Furthermore, sleep loss accumulates. According to sleep disorder specialist, David Roth, losing an hour tonight, another tomorrow and another the next equates to losing three hours in a single night. Parents often mistake their young children sleeping till noon on weekends for being lazy. Youngsters often deprive themselves of sleep during the week and need their bodies to catch up on the weekends.

Q Which is correct according to the talk?

(a) Sleep loss tends to be cumulative.
(b) Youngsters are not related to sleep disorder.
(c) Sleep loss doesn't need to be supplemented.
(d) Young people should sleep more than adults.

해석 수면의 필요량은 광범위하게 차이가 난다는 사실에도 불구하고 대부분의 사람들은 하루 밤에 7시간에서 8시간 정도 수면을 취합니다. 더욱이, 수면 부족은 축적이

19 Hello, Robin? This is John. Listen, we originally used to study well together and help each other out as language exchange partners. That's how it all started. We've been friends for almost 4 years now. Don't you know? I guess some stuff happened along the way, but yeah, that's life. Anyway, my point is you're welcome to ask me anything anytime. That was kind of what we've been for years anyway, so why would it be different now? Email, call, and text me. I really don't mind. Hope I made my point.

Q Which is the speaker's attitude towards Robin?

(a) Sarcastic
(b) Favorable
(c) Assertive
(d) Passive

해석 안녕, 로빈? 나는 존이야. 들어봐, 우리는 원래 같이 공부를 열심히 하곤 했고 언어 교환 파트너로 서로를

많이 도와줬지. 그게 시작이었어. 우리가 친구가 된 지 이제 4년이 됐지. 모르겠니? 그러던 중 일이 생겼지. 하지만 뭐 그게 인생이잖니. 어쨌든, 내 요점은 어느 때고 나에게 뭐든지 물어보는 것에 대해 환영이라는 거야. 그게 우리가 몇 년 동안 지내온 방식이었어. 그런데 지금 와서 달라질 이유가 없지. 이메일이나 전화나 문자나 아무거나 해. 내 말이 잘 전해졌기를 바랄게.

Q 로빈에 대한 화자의 태도는 무엇인가?
(a) 빈정대는
(b) 호의적인
(c) 단정적인
(d) 수동적인

해설 로빈과 잘 지내다가 문제가 발생한 상황에서 존이 로빈에게 전화 메시지를 남기는 정황으로 볼 때 관계개선을 위해 노력하고 있으므로 화자의 태도로 가장 적절한 것은 (b)다.

어구 originally 원래, 처음부터
text 문자 메시지를 보내다

정답 (b)

---

20 Thank you for calling Northwest Airlines. As of February 1, 2008, there has been a policy change regarding the restrictions of carry-on liquids. For security reasons, all passengers on international flights departing from the U.S. will be prohibited from bringing on board any liquids, pastes, gels, and creams carried in containers larger than 150ml. However, baby milk and lotions are acceptable only if a baby is travelling. Liquid, pastes, gels and creams purchased in duty-free shops in airports can be brought on board without any restrictions. Thank you for your cooperation and enjoy your flight!

Q Which item can be allowed on board, according to this information?
(a) A baby cream over 150ml
(b) Baby lotion without a baby
(c) French wine in 500ml bottle
(d) Perfume bought at a duty-free shop less than 100ml

해석 노스웨스트 항공사에 전화해 주셔서 감사합니다. 2008년 2월 1일부로 액체의 기내 반입 제한에 대한 방침의 변경사항이 있습니다. 보안을 이유로, 미국에서 출발하는 국제 항공을 이용하는 모든 승객들은 용기에 든 액체, 반죽, 젤, 그리고 크림이 150ml를 초과하는 경우 기내 반입을 할 수 없습니다. 하지만, 아기 우유나 아기 로션은 아기가 동반할 경우에만 허용됩니다. 공항 면세점에서 구입한 액체, 반죽물, 젤 그리고 크림은 이러한 제한의 구속을 받지 않습니다. 협조에 감사 드리며 즐거운 비행 되십시오.

Q 정보에 따르면 기내에 반입이 가능한 물품은 무엇인가?
(a) 150ml 이상의 아기 크림
(b) 아기를 동행하지는 않은 상태에서의 아기 로션
(c) 500ml 병에 든 프랑스 와인
(d) 면세점에서 구매한 100ml 이하의 향수

해설 정보에 따르면 150ml를 초과하고 면세점에서 구입하지 않는 액체인 경우 기내 반입이 안 된다고 했으므로 150ml이하의 액체에 해당하는 (d)가 답이다.

어구 as of ~부로
regarding ~에 관해
restriction 규제, 제약
carry-on 기내의
security 안전, 보안
depart from ~에서 출발하다
prohibit 금지하다
duty-free shop 면세점

정답 (d)

ACTUAL TEST 1

Part I

1 M **What do you usually have for breakfast?**
W _____

(a) I usually sleep very late at night.
(b) Of course, I'd like to eat breakfast with you.
(c) Sure, I like eating cereal.
(d) I usually drink milk in the morning.

해석 M 아침식사로 무엇을 주로 먹나요?
W _____
(a) 저는 밤에 주로 늦게 잠을 잡니다.
(b) 물론, 당신과 같이 아침식사를 하고 싶어요.
(c) 물론이죠, 저는 씨리얼 먹는 것을 좋아해요.
(d) 저는 아침에 주로 우유를 마십니다.

해설 아침식사로 먹는 것이 무엇이냐는 질문에 적절한 것은 (d)다. (a)는 묻는 행위와 시간대가 일치하지 않는다. (b)는 같은 발음 breakfast가 반복되어 있는 함정이다. (c)는 씨리얼이 등장하지만, 의문사 what으로 묻고 있으므로 sure는 적절한 답변이 아니다.

어구 would like to+V ～하고 싶다

정답 (d)

2 M **How old were you when you started reading?**
W _____

(a) Yes, of course. I know how to read.
(b) Last night I read the newspaper.
(c) I was six when I learned it.
(d) I read newspaper every day.

해석 M 읽기를 시작한 게 몇 살이었죠?
W _____
(a) 네, 물론이죠, 저는 읽을 줄 알아요.
(b) 어젯밤, 저는 신문을 읽었어요.
(c) 제가 그걸 배울 때가 6살이었어요.
(d) 저는 매일 신문을 읽어요.

해설 읽기를 시작한 나이를 묻고 있으므로 적절한 답변은 (c)다. (a)는 How로 묻고 있으므로 Yes로의 답변이 불가능하다. (b)는 신문을 읽었던 때를 알려줄 뿐 나이에 대한 단서는 없다. (d)는 유사 발음 read가 소리의 혼동만 유도할 뿐 읽기를 시작한 나이에 대한 적절한 답변이 아니다.

어구 how to read 읽는 법

정답 (c)

3 M **Hello, may I speak with Mrs. Cartridge?**
W _____

(a) Oh, yes, I think you are nice!
(b) Oh, yes, of course, one moment please!
(c) Go speak now!
(d) I'll tell her you called.

해석 M 여보세요, 카트리지씨와 통화를 할 수 있을까요?
W _____
(a) 오, 네, 멋지시군요!
(b) 오, 네, 물론이죠, 잠시만요!
(c) 지금 가서 말하세요!
(d) 전화했다고 전해드리죠.

해설 누군가와 전화 통화를 할 수 있는지에 대한 질문에 적절한 답변은 (b)다. (d)는 찾는 사람이 없다고 답한 후에 가능한 대답이다.

어구 one moment 잠시만요

정답 (b)

4 M **May I take you out to dinner tonight?**
W _____

(a) Oh, no, that can wait.
(b) Of course, what time will you pick me up?
(c) That's not true, isn't it?
(d) Sorry, I don't have time right now.

해석 M 오늘밤 저녁식사에 모실 수 있을까요?
      W _____
      (a) 오, 아뇨, 급할 거 없잖아요.
      (b) 물론이죠, 몇 시에 데리러 올 건가요?
      (c) 그것은 사실이 아니에요, 그렇지 않나요?
      (d) 죄송합니다, 저는 지금 시간이 없어요.

해설 저녁식사 초대에 대한 답변으로 적절한 것은 (b)다. (a)는 '어떤 상황이 급하지 않다'는 의미로 대화의 흐름상 적절치 않은 응답이다. (c) 역시 진위여부를 물은 것이 아니므로 질문의 의도와는 맞지 않는 오답이다. (d)는 초대 시점이 저녁이므로 맞지 않다.

어구 pick up (차로) 데리러 가다

정답 (b)

---

5 M Hello, ma'am. I think I'm lost. Can you help me?

W

(a) Where are you going to stay?
(b) Yes, what kind of help can I offer you?
(c) Yes, let's go.
(d) I'm very helpful. That's right.

해석 M 이봐요 선생님, 제가 길을 잃은 것 같은데요, 좀 도와주실래요?
      W _____
      (a) 어디에 머무실 건가요?
      (b) 네, 어떤 도움을 드릴까요?
      (c) 네, 갑시다.
      (d) 저는 상당히 도움이 됩니다. 맞아요.

해설 도움을 요청하는 질문에 적절한 답변은 (b)다. (a)에서 Where are you going 부분까지만 듣고 답을 하면 곤란하다. (c) 역시 무작정 '가자'는 말은 대화의 흐름과 맞지 않다.

어구 helpful 도움이 되는, 유익한

정답 (b)

---

6 M What time do you usually go to bed at night?

W _____

(a) It's time to sleep when it's dark.
(b) I go to sleep at about 9:30 p.m.
(c) I didn't fall asleep.
(d) Rest comes at 10 p.m.

해석 M 당신은 주로 저녁 몇 시에 잠자리에 드나요?
      W _____
      (a) 어두워지면 잠을 잘 시간이에요.

(b) 9시 30분 경에 잠자리에 듭니다.
(c) 전 잠들지 않았어요.
(d) 휴식은 저녁 10시에요.

해설 잠자리에 드는 시각을 묻는 질문에 적절한 답변은 (b)다. (a)에서는 sleep이 의미적인 혼동을 유도하고 있다. (c)는 시제가 과거이므로 적합하지 않다. (d)는 구체적인 시각이 등장하지만 잠자리에 드는 시점이 아니므로 맞지 않다.

어구 go to bed 잠자리에 들다
      fall asleep 잠들다
      rest 휴식

정답 (b)

---

7 M What position are you applying for?

W _____

(a) I am a janitor.
(b) I'll manage better than he.
(c) I want a position with more responsibility.
(d) I enclosed a resume.

해석 M 어떤 직책에 지원을 하실 건가요?
      W _____
      (a) 저는 수위에요.
      (b) 그보다 잘 해나갈 거예요.
      (c) 좀 더 책임 있는 직책을 원해요.
      (d) 이력서를 동봉했어요.

해설 지원하는 직책이 무엇인가를 묻는 질문에 적절한 답변은 (c)다. (a)는 현재 직업을 말하고 있으므로 맞지 않다. (d)는 질문의 의도와 맞지 않는 오답이다.

어구 apply for ~에 지원하다
      janitor 수위
      responsibility 책임
      enclose 동봉하다
      resume 이력서

정답 (c)

---

8 M How many days to go before your big birthday party?

W _____

(a) Only five days left.
(b) I am so excited!
(c) You don't have to buy me a present.
(d) It is important to count the days.

해석 M 당신의 거창한 생일파티까지 며칠 남았나요?
      W _____
      (a) 5일 밖에 안 남았어요.

(b) 저는 정말 흥분돼요!
(c) 저에게 선물을 사줄 필요는 없어요.
(d) 날짜를 세는 것은 중요해요.

해설 생일파티까지 남은 날 수를 묻는 질문에 적절한 답변은 (a)다. 나머지는 의미적인 혼동만 유도할 뿐 질문의 의도와 맞지 않는 오답이다.

어구 count (수를) 세다, 계산하다

정답 (a)

9 M **How much is the pretty pair of red shoes?**
W _____

(a) It's on sale.
(b) It's 30 dollars, sir.
(c) It's pretty. Yes, I know.
(d) I have plans for it. It is not for sale.

해석 M 그 빨간 신발 얼마죠?
W _____
(a) 세일 중이에요.
(b) 30달러입니다.
(c) 예뻐요, 네, 저도 알아요.
(d) 저는 계획이 있어요. 그것은 판매를 위한 것이 아니에요.

해설 신발 가격을 묻는 질문에 적절한 답변은 (b)다. 가격 자체를 묻고 있으므로 (a)를 답으로 하지 않도록 유의하자.

어구 be on sale 세일 중이다
for sale 팔려고 내놓은

정답 (b)

10 M **How was the movie yesterday?**
W _____

(a) It was funny and very entertaining.
(b) It sounds fantastic!
(c) What about the movie?
(d) I haven't seen it yet.

해석 M 어제 영화는 어땠나요?
W _____
(a) 웃기고 정말 재미있었어요.
(b) 환상적으로 들리는군요!
(c) 그 영화 어때요?
(d) 아직 못봤어요.

해설 영화가 어땠냐는 질문에 적절한 답변은 (a)다. (b)는 동사 sounds 부분을 잘 들어야 피해갈 수 있는 오답이다. (c)는 질문과 같은 의미이며 (d)는 영화를 봤다는 전제 하에 한 질문이므로 논리적으로 어울리지 않는 선택지다.

어구 entertaining 재미있는

정답 (a)

11 M **How many people are in your family?**
W _____

(a) There are six.
(b) I don't care how many.
(c) We usually leave home at nine.
(d) We are truly a happy family.

해석 M 가족이 몇 명이죠?
W _____
(a) 6명입니다.
(b) 저는 몇 명인지 신경 쓰지 않아요.
(c) 우리는 주로 9시에 집에서 떠나요.
(d) 우리는 정말 행복한 가족이에요.

해설 가족의 수를 묻는 질문에 적절한 답변은 (a)다. (b)는 상황에 맞지 않는 엉뚱한 대답이다. (c)는 숫자 nine이 등장하지만 가족 수가 아니라 시간을 나타내므로 오답이다. (d) 역시 질문과 관계 없는 답이므로 오답이다.

어구 care 걱정하다, 신경 쓰다

정답 (a)

12 M **How much driving experience do you have?**
W _____

(a) I drive my own car.
(b) I always experience traffic jam.
(c) Since I was 20.
(d) I plan to drive tomorrow.

해석 M 운전 경험이 얼마나 있죠?
W _____
(a) 저는 제 차를 운전해요.
(b) 저는 항상 교통 체증을 겪어요.
(c) 20살 때부터요.
(d) 저는 내일 운전을 할 계획이에요.

해설 운전한 기간을 묻는 질문이므로 기간이 언급된 (c)가 정답이다. 질문을 다르게 표현하면 How long have you been driving?이 된다.

어구 traffic jam 교통 체증

정답 (c)

13 M **What books do you like reading during your free time?**
W _____

(a) I love to read all the time.

(b) I like to read science fiction.
(c) There are books I love to read.
(d) I'd like to book a room for this weekend.

해석 M 여가 때 어떤 책을 즐겨 읽나요?
　　 W ＿＿＿＿＿＿＿＿＿＿＿＿＿＿
　　 (a) 저는 항상 책 읽기를 좋아해요.
　　 (b) 저는 공상 과학 소설 읽기를 좋아해요.
　　 (c) 제가 읽고 싶은 책들이 있어요.
　　 (d) 주말에 방을 하나 예약하고 싶어요.

해설 여가 때 어떤 책을 읽느냐고 묻는 질문에 적절한 답변은 (b)다. (a), (c)는 질문의 의도를 살짝 비껴간 선택지이고 (d)는 book이 동사로 쓰여 혼동을 유도하는 선택지다.

어구 science fiction 공상 과학 소설
　　 book 예약하다

정답 (b)

---

14 M I decided who I will vote for.
　　 W ＿＿＿＿＿＿＿＿＿＿＿＿＿＿＿

(a) It's important that everyone votes.
(b) I didn't vote.
(c) I haven't made up my mind yet.
(d) I'm running for the presidency.

해석 M 나 누구에게 투표할지 결정했어요.
　　 W ＿＿＿＿＿＿＿＿＿＿＿＿＿＿
　　 (a) 모든 사람이 투표를 한다는 것은 중요합니다.
　　 (b) 저는 투표하지 않았어요.
　　 (c) 저는 아직 결정하지 못했어요.
　　 (d) 저는 대통령에 출마해요.

해설 '투표 대상자를 결정했다'는 말에 '난 아직 정하지 못했다'는 (c)가 가장 자연스럽다. (a), (b)는 vote란 단어가 들리긴 하지만 오답을 유도하는 선택지다.

어구 vote for ~에게 투표하다
　　 make up one's mind 결심하다
　　 run for ~에 입후보하다
　　 presidency 대통령 지위

정답 (c)

---

15 M How do you want your hair done?
　　 W ＿＿＿＿＿＿＿＿＿＿＿＿＿＿＿

(a) No, just shampoo my hair first.
(b) I don't want my hair colored.
(c) Just a little off the top and sides, please.
(d) I normally use hair gel.

해석 M 당신 머리 어떻게 해 드릴까요?

　　 W ＿＿＿＿＿＿＿＿＿＿＿＿＿＿
　　 (a) 아뇨, 그냥 먼저 샴푸를 해 주세요.
　　 (b) 머리를 염색하고 싶지 않아요.
　　 (c) 윗머리와 옆머리를 좀 잘라 주세요..
　　 (d) 저는 보통 헤어 젤을 사용해요.

해설 머리를 어떻게 할까라는 질문에 적절한 답변은 (c)다. (a)는 how로 시작하는 의문문이므로 No로 답변하는 건 불가능하다.

어구 color 염색하다
　　 normally 보통

정답 (c)

Part II

16 M How do I get to the Eiffel Tower?
　　 W Take the cab to Trocadcro, and you'll get there easily.
　　 M How long will it take by taxi?
　　 W ＿＿＿＿＿＿＿＿＿＿＿＿＿＿

(a) It won't take more than 30 minutes.
(b) The cab is the fastest way to get there.
(c) Twenty years or so.
(d) Just follow the road.

해석 M 에펠탑까지 어떻게 가죠?
　　 W 트로까데로까지 택시를 타고 가면 쉽게 갈 수 있어요.
　　 M 택시 타면 얼마나 걸리죠?
　　 W ＿＿＿＿＿＿＿＿＿＿＿＿＿＿
　　 (a) 30분 이상 걸리진 않을 거예요.
　　 (b) 택시가 그곳까지 가는 가장 빠른 방법입니다.
　　 (c) 20년 정도요.
　　 (d) 그냥 길 따라 가세요.

해설 남자의 질문만 알아들으면 쉽게 풀 수 있는 문제다. 에펠탑까지 택시로 얼마나 걸리느냐를 묻고 있으므로 정답은 구체적으로 시간을 언급한 (a)다.

어구 take a cab 택시를 타다

정답 (a)

---

17 W I saw a terrible car accident last night.
　　 M Where did it happen?
　　 W On Southridge Street.
　　 M ＿＿＿＿＿＿＿＿＿＿＿＿＿＿

(a) Were you there to see it?
(b) Around what time did you see the accident happen?
(c) Did you enjoy watching it?

(d) Never mind. Just come back after lunch.

18 W **I'm planning to buy a pair of shoes for my mother's birthday.**
　　M **Really? There's a big bargain sale at Metro Mall.**
　　W **So when will that be?**
　　M ＿＿＿＿＿＿＿＿＿＿＿＿＿＿＿＿
　　(a) There was a bargain sale last week.
　　(b) It's going to be this coming Monday.
　　(c) They are not yet sure when to come.
　　(d) I don't think I can make it this time.

19 M **How much did the clerk charge for that belt?**
　　W **Thirty dollars.**

M **Do you think it's worth your money?**
W ＿＿＿＿＿＿＿＿＿＿＿＿＿＿＿＿＿
(a) No, but I paid it in cash.
(b) I think it's worth it. The material looks expensive.
(c) It looks fine to me.
(d) This belt is too red.

20 W **My husband has some bad habits.**
　　M **What does he have?**
　　W **He snores and talks in his sleep.**
　　M ＿＿＿＿＿＿＿＿＿＿＿＿＿＿＿＿
　　(a) Really, what about it?
　　(b) So, what do you plan to do about it?
　　(c) It's not bad for his health.
　　(d) Oh, I'm glad he talks to you!

어구 snore 코를 골다

정답 (b)

21 W **So, what are you going to do after lunch?**
 M **Let's walk down to the beach!**
 W **Okay, but I think I need to bring a thick
   sweater with me.**
 M _____

(a) Hurry before it's too late.
(b) You'll be needing that. It's cold outside.
(c) It's cold, you do not need it.
(d) I'm fine, let's go.

해석 W 그럼, 점심식사 후에 뭘 할 건가요?
   M 해변을 따라 함께 걸어요!
   W 좋아요, 그런데 두꺼운 스웨터를 가져가야 할 것 같
    는네요.
   M _____
   (a) 너무 늦기 전에 서두르세요.
   (b) 필요할 것 같아요. 밖이 춥네요.
   (c) 춥지만 당신은 스웨터가 필요하지 않을 것 같군요
   (d) 전 괜찮아요. 가시죠.

해설 점심식사 후에 해변을 걸으려고 하고 그에 따라 여자는
  두터운 스웨터를 가져가야 한다고 말하고 있다. 이에 대
  해 추우니까 필요할 것이라고 답한 (b)가 정답이 된다.
  (a)는 서둘러야 할 상황이라 볼 수 없고 (c)는 앞뒤의 내
  용이 서로 모순된다.

어구 thick 두꺼운

정답 (b)

22 M **Which do you prefer— listening to music
   or reading a book?**
 W **It depends. When I'm tired, I usually just
   lie down to listen to music.**
 M **What kind of music are you fond of
   listening to?**
 W _____

(a) Classical music soothes my spirit best.
(b) I don't like just any kind of music.
(c) A nice love story will do.
(d) I dislike loud rock music.

해석 M 음악 듣는 것을 더 좋아하세요, 아니면 독서를 더
    좋아하세요?
   W 때에 따라 다르죠. 피곤할 땐 보통 누워서 음악을
    들어요.
   M 어떤 음악을 듣기 좋아하나요?

W _____
(a) 클래식 음악이 기분을 좋게 해 줘요.
(b) 어떤 종류의 음악도 좋아하지 않아요.
(c) 아름다운 사랑 이야기라면 충분할 거예요.
(d) 저는 시끄러운 록 음악은 싫어해요.

해설 like의 대체표현인 fond of(~를 좋아하다)를 들었다면
  쉽게 해결할 수 있는 문제다. 정답은 구체적 음악장르와
  그 이유가 나타나 있는 (a)다.

어구 prefer 선호하다
   It depends 형편에 따라 다르다
   be fond of ~를 좋아하다
   soothe 달래다, 위로하다

정답 (a)

23 M **Are you planning to cook dinner tonight?**
 W **No, I'd like to eat in a restaurant.**
 M **Why not cook instead?**
 W _____

(a) I am glad you like my cooking.
(b) I don't feel like doing it.
(c) You said it.
(d) It's my turn to cook.

해석 M 오늘 밤 저녁 요리를 준비할 계획인가요?
   W 아뇨, 레스토랑에서 먹고 싶어요.
   M 그보다 요리를 하는 건 어떨까요?
   W _____
   (a) 제 요리가 맘에 드신다니 기뻐요.
   (b) 요리하고 싶지 않아요.
   (c) 두말하면 잔소리죠.
   (d) 제가 요리할 차례군요.

해설 여자의 첫 번째 대답에서 '식당에서 먹고 싶다'는 의사 표
  현을 하고 있으므로 갑자기 동의를 하는 (c)는 정답이 될
  수 없다. (b)가 자연스런 정답이 된다.

어구 feel like ~ing ~하고 싶은 기분이다
   You said it 그렇고 말고요

정답 (b)

24 W **I heard you are going away this holiday
   season?**
 M **Yes, I'm spending a week in Boracay this
   December.**
 W **Are you taking your family along ?**
 M _____

(a) Yes, I need that vacation alone.
(b) Family outings are fun.
(c) No, actually I am going with some friends.

(d) I would love to take you along too.

해석 W 이번 연휴에 여행 가신다면서요?
　　 M 예, 이번 12월에 보라카이에서 한 주를 보내려고요.
　　 W 가족들도 함께 가는 건가요?
　　 M _____
　　 (a) 네, 저에겐 홀로 즐기는 휴가가 필요해요.
　　 (b) 가족과 함께 하는 야유회는 재미있어요.
　　 (c) 아뇨, 사실 친구들과 함께 가요.
　　 (d) 당신도 함께 데리고 가고 싶네요.

해설 12월에 보라카이로 여행을 가는 남자에게 여자가 가족들을 데려 갈 거냐고 묻고 있으므로 그에 적절한 답변은 (c)다. (a)는 Yes 이후의 대답이 모순된 선택지다.

어구 go away 여행을 떠나다
　　 outing 소풍

정답 (c)

25　M Hello, Ann. This is Dan, can you talk for a minute?
　　 W I'm sorry, Dan. I'm doing my homework. Can you call back later?
　　 M Sure how much longer will you be studying?
　　 W _____
　　 (a) Who knows that?
　　 (b) You shouldn't have asked, thank you!
　　 (c) I'll probably be done with this in a jerk.
　　 (d) Don't call me. I will be too tired by then.

해석 M 여보세요, 앤? 나 댄인데, 잠시 통화 할 수 있을까?
　　 W 댄, 미안한데 나 숙제 중이거든, 나중에 다시 전화 할래?
　　 M 그래. 얼마나 더 공부할 건데?
　　 W _____
　　 (a) 누가 알겠어?
　　 (b) 물어보지 말았어야 했어, 고마워!
　　 (c) 아마 곧바로 끝날 거야.
　　 (d) 전화하지 마. 그 때쯤에 난 너무 피곤할 거야.

해설 얼마나 시간이 더 걸릴지 물어보고 있으므로 곧 끝날 것이라고 답한 (c)가 정답이다. (a)는 무례한 응답으로 답이 될 수 없다.

어구 do homework 숙제 하다
　　 call back 다시 전화하다
　　 in a jerk 즉시, 곧바로

정답 (c)

26　W Hi, could you do me a favor?
　　 M Sure. What is it?
　　 W I have to fix my front steps and I don't have a hammer. Could I possibly borrow yours?
　　 M _____
　　 (a) Sure, I'd be happy to lend you theirs.
　　 (b) My hammer is very heavy.
　　 (c) Mr. Palmer brought it yesterday.
　　 (d) I can't fix it for you. I don't know how.

해석 W 안녕하세요, 부탁 좀 들어주시겠어요?
　　 M 그러죠. 부탁이 뭡니까?
　　 W 앞 계단을 고쳐야 하는데 망치가 없어요. 망치 좀 빌려도 될까요?
　　 M _____
　　 (a) 그럼요. 그들의 것을 빌려주게 되어 기쁩니다.
　　 (b) 제 망치는 대단히 무거워요.
　　 (c) 파머 씨가 어제 가져 왔어요.
　　 (d) 고쳐줄 수가 없어요. 어떻게 하는지 몰라요.

해설 망치를 빌려달라고 했지만 빌려주고 없다고 대답한 (c)가 가장 적절한 응답이다. (a)는 끝까지 들어봐야 알 수 있는 함정이다.

어구 do A a favor A의 부탁을 들어주다
　　 be happy to+V 기꺼이 ~하다

정답 (c)

27　M What book did you borrow from the library?
　　 W Oh, this one is interesting! It is titled, "Souls."
　　 M What is it about then?
　　 W _____
　　 (a) That's the point.
　　 (b) It's a steady seller to this day.
　　 (c) All souls are reading it.
　　 (d) It can sum it up in two words: human mind.

해석 M 도서관에서 빌린 책이 무엇인가요?
　　 W 오, 이 책 재미있어요. 제목이 '영혼'이에요.
　　 M 무엇에 관한 건가요?
　　 W _____
　　 (a) 바로 그거예요.
　　 (b) 그 책은 오늘날까지 스테디 셀러예요.
　　 (c) 모든 영혼들이 그 책을 읽고 있죠.
　　 (d) 두 단어로 요약할 수 있어요. "인간의 마음"이죠.

해설 책의 내용을 묻고 있으므로 두 단어로 요약한 (d)가 답이다. (a)는 어떤 것에 대한 목적이나 생각, 사실 등을 강조할 때 쓰는 표현이며 (c)는 대화 중의 단어를 이용한 오답이다.

어구 to this day 오늘날까지
sum up 요약하다

정답 (d)

28　M　Where are you going to take your family this Christmas vacation?
　　W　We are visiting a relative in Vietnam.
　　M　Really? How long will your flight be?
　　W　_____

(a) Around 10 hours.
(b) I don't mind long flights.
(c) I'm sure the flight will be long.
(d) I sleep the whole time so I won't feel afraid.

해석 M 이번 크리스마스 연휴 때 가족들과 어디에 갈 거예요?
　　W 베트남에 있는 친척을 방문할 겁니다.
　　M 정말이요? 비행 시간은 몇 시간이나 됩니까?
　　W _____
　　(a) 10시간 정도요.
　　(b) 저는 비행 시간이 길어도 괜찮아요.
　　(c) 비행 시간이 길 거라고 확신 합니다.
　　(d) 무섭지 않으려고 내내 잠을 잡니다.

해설 비행 시간을 묻고 있는 문제다. (c)처럼 막연히 비행 시간이 길 거라고 답하기 보다는 구체적인 시간이 나와 있는 (a)가 더 적절한 답이다.

어구 flight 비행, 비행 거리(시간)

정답 (a)

29　W　What time will you be arriving tomorrow?
　　M　I'll be there at noon so we could spend a lot of time together.
　　W　Are we going anywhere?
　　M　_____

(a) If you want me to come.
(b) Just follow me. I'll lead you.
(c) I'd like to see the museum if it's fine with you.
(d) Somewhere else is fine, too.

해석 W 내일 몇 시에 도착하세요?
　　M 낮 12시에 도착할 거예요. 그러니 함께 있을 시간이 많을 거예요.
　　W 어디에라도 갈 건가요?
　　M _____

(a) 내가 오길 당신이 원한다면 말이죠.
(b) 따라만 와요. 내가 안내할게요.
(c) 당신이 괜찮다면 박물관을 보고 싶어요.
(d) 다른 곳도 좋아요.

해설 어디 갈 거냐는 질문에 박물관에 가고 싶다고 답한 (c)가 가장 적절한 응답이다. 지나치게 비약되어 있는 (b)를 답으로 하지 않도록 주의한다.

어구 spend a lot of time 많은 시간을 보내다

정답 (c)

30　W　Good afternoon sir. May I help you?
　　M　Yes, I'd like a donut and a coffee please!
　　W　What flavor of donut do you like?
　　M　_____

(a) Brewed, please.
(b) No idea what you're saying.
(c) Two donuts to go, please!
(d) I'd like to have cinnamon this time.

해석 W 좋은 오후입니다 손님, 무엇을 도와드릴까요?
　　M 예, 도넛 한 개와 커피 한 잔 주세요.
　　W 어떤 맛 도넛을 드릴까요?
　　M _____
　　(a) 원두커피로 주세요.
　　(b) 당신이 무슨 말을 하는지 모르겠어요.
　　(c) 도넛 2개만 싸주세요.
　　(d) 이번에는 계피 맛으로 할게요.

해설 어떤 맛의 도넛을 원하는가에 대한 답으로 (d)가 가장 적절하다. (a)는 커피에 쓰이는 표현이고, 포장해가겠다고 하는 (c)는 엉뚱한 대답이다.

어구 flavor 풍미, 향미, 맛
to go 싸가지고 갈

정답 (d)

Part III

31 M I heard you have plans of going into formal schooling this year?

W Yes, definitely!

M Why did you decide to attend regular schooling?

W I wanted to feel normal like everyone else.

M What are your future plans?

W I'm planning to become a pediatrician.

Q What can be inferred from the conversation?

(a) The man thinks home schooling is better than formal schooling.

(b) She wants to receive formal school education.

(c) The woman has problems about her future plans.

(d) The future of the school is hopeful.

해석 M 올해 정규 수업을 수강할 계획이라면서요?

W 예, 그렇습니다.

M 왜 정규 수업을 듣기로 결정을 했나요?

W 다른 모든 사람들처럼 평범한 생활을 하고 싶었어요.

M 앞으로의 계획은 어떻습니까?

W 소아과 의사가 될 계획이에요.

Q 대화에서 추론할 수 있는 것은?

(a) 남자는 홈 스쿨링이 정규 교육보다 좋다고 생각한다.

(b) 그녀는 정규 교육을 받고 싶어 한다.

(c) 여자는 자신의 향후 계획에 문제가 있다.

(d) 학교의 장래는 희망적이다.

해설 여자가 학교에서 정규 수업을 듣기로 한 것을 통해 (b)를 답으로 선택할 수 있다.

어구 formal[regular] schooling 정규 교육
pediatrician 소아과 의사

정답 (b)

32 W Where are we now, are we lost?

M No, I don't think so.

W How sure are you that we aren't lost yet?

M It says here, an 8-minute walk from the Omotesando Subway could take us to Ota Memorial museum of Art.

W Then we're really close?

M I really think so. That's what it says here.

Q Which is NOT correct according to the conversation?

(a) They are lost in the middle of nowhere.

(b) They're on their way to Ota Museum.

(c) They carry a guidebook with them.

(d) They are following directions from the guidebook.

해석 W 우리 지금 어디 있는 거예요? 길을 잃은 건가요?

M 아뇨, 그런 건 아닙니다.

W 어떻게 아직 길을 잃지 않았다고 자신합니까?

M 여기에, 오모테산도 지하도에서 도보로 8분 거리에 오타 기념 미술 박물관이 있다고 되어 있네요.

W 그럼 거의 다 온 건가요?

M 그런 것 같아요. 여기 그렇다고 되어 있네요.

Q 대화에 따르면 옳지 않은 것은 무엇인가?

(a) 외딴 곳에서 길을 잃었다.

(b) 오타 박물관으로 가는 길이다.

(c) 안내서를 갖고 있다.

(d) 안내서에 나와 있는 방향대로 가고 있다.

해설 대화의 세부 사항을 기억해야 풀 수 있는 문제다. (a)는 안내서를 보고 목적지에 거의 다 왔다고 했으므로 옳지 않다. 따라서 답은 (a)다. (b) 오타 기념 미술 박물관을 찾고 있으므로 올바른 선택지다. (c) 정황 상 안내서를 보고 길을 찾고 있으므로 대화와 일치한다. (d) 안내서를 확인하고 목적지로 가고 있으므로 대화와 일치한다.

어구 be lost 길을 잃다
in the middle of nowhere 외딴 곳
on one's way to ~로 가는 도중(에)
guidebook 안내서
direction 방향

정답 (a)

33 W Do you have homework for Monday?

M Yes, mom. We have to bring a pet in class for "Show and Tell."

W What pet will you bring to show and tell this Monday?

M I'll bring Fifi along with me.

W Are you sure your classmates will like her?

M Most probably. Fifi can dance the "Hula" very well. And she is a very funny dog, too.

Q What is "Show and Tell" according to the conversation?

(a) A show on TV

(b) A class assignment where they are to bring their pet in class.

(c) A movie

(d) A magic show

해석 W 월요일에 숙제 있니?

M 네, 엄마. "보여주고 이야기하기" 때문에 학교에 애완동물을 데려 가야 해요.

W 월요일에 어떤 애완동물을 데려가서 보여주고 이야기할거니?

M 저는 피피를 데려가려고요.

W 너희 반 친구들이 피피를 좋아할까?

M 아마 그럴걸요. 피피는 훌라 댄스를 잘 추잖아요. 그리고 아주 재미있는 강아지이니까요.

Q 대화에 따르면 "보여주고 이야기하기"라는 것은 무엇인가?

(a) 텔레비전 쇼

(b) 학생들이 교실에 애완동물을 데려오는 학교 숙세

(c) 영화

(d) 마술 쇼

해설 특정 정보를 묻는 문제다. "보여주고 이야기하기"라는 학교 숙제(homework)를 위해서 애완동물을 가져갈 거라는 내용이 전반부에 등장하므로 정답은 (b)다.

어구 pet 애완동물
assignment 과제물

정답 (b)

34 M **Since when did you find out you have cancer?**

W **Five years ago, after my first baby was born.**

M **Did you immediately believe you have it?**

W **No, it was a very hard thing to take at first.**

M **So what did you do?**

W **I asked another doctor, and then another, all of them having the same findings. After so many years of struggling, I decided to just take each day at a time.**

M **So how do you feel about it now?**

W **I am positive I can get through this thing, after all. I have a child to take care of. So, I could get over this soon.**

Q **What can be inferred about the woman from the conversation?**

(a) The woman is very pessimistic.

(b) The woman is contented with what she has

already.

(c) She is still in denial but will accept the situation.

(d) She is likely to fight the disease aggressively.

해석 M 언제 암이라는 사실을 알았나요?

W 5년 전, 제 첫아이를 낳고 나서 알았어요.

M 암에 걸렸다는 것이 바로 믿어지던가요?

W 아뇨, 처음에는 인정하기 매우 힘든 일이었어요.

M 그래서 어떻게 하셨어요?

W 다른 의사에게 물어보고 또 다른 의사에게 물어봤지만 그들 모두 같은 소견을 주었어요. 정말 여러 해 동안 버둥대다가, 이젠 편하게 하루씩 받아들이기로 결정했어요.

M 그래서 이제 암에 걸렸다는 것에 대해 어떻게 생각하세요?

W 저는 결국 이것을 이겨낼 수 있다고 확신해요. 그리고 제게는 키워야 할 아이가 있잖아요. 그래서 곧 싸워 이길 수 있을 거예요.

Q 대화로부터 여자에 대해 추론할 수 있는 것은 무엇인가?

(a) 여자는 매우 비관적이다.

(b) 여자는 자신이 이미 가진 것에 만족한다.

(c) 아직도 부정하고 있지만 상황을 받아들일 것이다.

(d) 여자는 적극적으로 병에 대처해 싸워 나갈 것이다.

해설 추론 문제다. 여자는 암에 걸려 처음에는 힘들었지만 현재는 치유를 확신하고 있다. 정답은 (d)다. (a) 현재 여자는 긍정적이다. (b) 만족하는지에 대한 추론의 근거가 없다. (c) 현재는 상황을 받아들이고 있다.

어구 struggle 발버둥치다, 분투하다
get through[over] ~을 극복하다
pessimistic 비관적인
contented 만족하는
denial 부정

정답 (d)

35 M **I thought you are sick. Why did you come to work?**

W **I just feel a bit under the weather. But I can still work, I'm fine.**

M **Oh! I see. Then, you'd better finish this report and file all those manuals.**

W **Yes, boss! No problem.**

M **I need them on my desks as soon as possible. Can you do that?**

W **Alright!**

Q **According to the conversation what should**

the woman do?

(a) Attending a meeting
(b) Paperwork
(c) Phone call
(d) Sending an email

해석 M 아픈 줄 알았는데 왜 나왔나요?
　　 W 몸이 약간 안 좋은 것뿐이에요. 하지만 일할 수 있어요, 괜찮아요.
　　 M 아, 그래요. 그럼, 이 보고서 끝내고 저 메뉴얼들도 다 정리해서 보관해 두세요.
　　 W 예, 사장님! 그러죠.
　　 M 가능한 한, 빨리 끝내주세요. 그렇게 해줄 수 있나요?
　　 W 알겠습니다!
　　 Q 대화에 따르면, 여자는 무엇을 해야 하는가?
　　 (a) 회의 참석
　　 (b) 서류일
　　 (c) 전화 통화
　　 (d) 메일 보내기

해설 여자가 해야 할 일을 묻는 특정 정보 문제다. 대화 중반부에 finish this report and file이라는 단서가 나와 있다. 따라서 정답은 (b)다.

어구 under the weather 몸이 좋지 않은

정답 (b)

36 M I am afraid that we are not able to supply your orders at present.
　 W Yes, that is why I called you.
　 M There has been an industrial dispute at the factory which manufactures the items.
　 W When are you planning to deliver the goods we ordered?
　 M We are discussing it with our plant managers. Maybe we could supply your orders in a week or two.
　 W If you say so. But please make sure of that.

　 Q According to the conversation, what caused the delivery problem?

(a) A shortage of material
(b) Workers' conflict with the management
(c) A mechanical breakdown
(d) The laziness of workers

해석 M 현재 손님께서 주문하신 것을 공급해 줄 수가 없을 것 같습니다.
　　 W 예, 그게 제가 전화한 이유입니다.

M 물건들을 생산하는 공장에서 노동 쟁의가 있었거든요.
W 저희가 주문한 물품들은 언제 배송할 계획인가요?
M 공장장들과 논의 중에 있습니다. 주문한 것은 1주에서 2주 정도 지나면 배송할 수 있을 겁니다.
W 그래요 그럼. 하지만 제발 확실히 해주세요.
Q 대화에 따르면 무엇이 배송 문제를 초래했는가?
(a) 재료 부족
(b) 노동자들과 경영진 사이의 갈등
(c) 기계 고장
(d) 노동자들의 태만

해설 주문품이 배송되지 못한 이유를 묻고 있는 특정 정보 찾기 문제이다. 전반부에 an industrial dispute이라는 단서가 있으므로 이것을 paraphrase한 (b)가 정답이다.

어구 dispute 논쟁, 분쟁, 쟁의
　　 shortage 부족
　　 management 경영진
　　 mechanical breakdown 기계 고장

정답 (b)

37 M I must say I really had a good interview with Mr. Lee. I think he might be the man for us.
　 W Why do you think so?
　 M He seems to know the market very well, and he already does business all over South America.
　 W Which countries exactly?
　 M Argentina, Venezuela, Chile, Colombia, Ecuador and Brazil.

　 Q What is the conversation about?

(a) Countries found in South America
(b) Hiring someone for the business
(c) A business trip in South America
(d) The markets in South America

해석 M Mr. Lee와 정말 좋은 인터뷰를 가졌습니다. 그는 틀림없이 우리 회사에 적합한 분이라고 생각합니다.
W 왜 그렇게 생각하십니까?
M 그는 시장을 아주 잘 알고 있으며 게다가 남미 전체에서 이미 사업을 하고 있잖아요.
W 정확히 남미 어느 나라입니까?
M 아르헨티나, 베네수엘라, 칠레, 콜롬비아, 에콰도르와 브라질입니다.
Q 대화는 무엇에 관한 것인가?

(a) 남미에 있는 국가들
(b) 사업을 위해 누군가를 고용하는 것
(c) 남미 출장
(d) 남미 시장

해설 대화문의 주제를 묻는 문제다. 남미 여러 나라에서 사업을 한 경험이 있는 사람에 대해서 면접을 본 이야기를 하고 있고 그 사람이 회사에 도움이 될 것이라는 것이 대화의 주제이므로 정답은 (b)다.

어구 business trip 출장

정답 (b)

38　M　I would like you to tell your parents that we will have a meeting.
　　W　When will the meeting be held, sir?
　　M　The meeting will be on Friday, December 14.
　　W　What time will the meeting be?
　　M　The meeting will start at exactly 3:00 p.m. Tell them they must come on time.

　　Q　Which is correct according to the conversation?

(a) The man is the woman's neighbor.
(b) The meeting will be held next Friday.
(c) The meeting will be in the afternoon.
(d) The woman will attend the meeting.

해석　M　부모님께 회의가 있을 거라고 전해 줘.
　　W　회의가 언제 열릴 건가요. 선생님?
　　M　회의는 12월 14일 금요일이야.
　　W　몇 시에요?
　　M　3시 정각에 시작할거야. 부모님께 늦지 않게 오시라고 말씀드려.

　　Q　대화에 따르면 옳은 것은 무엇인가?

(a) 남자는 여자의 이웃이다.
(b) 회의는 다음 주 금요일에 열릴 것이다.
(c) 회의는 오후에 열릴 것이다.
(d) 여자는 회의에 참석할 것이다.

해설 내용 일치 문제는 정확히 세부 사항을 들어야 한다. (b)에서 회의는 금요일이긴 하지만 '다음 주'라는 단서는 없다. (d)에서 여자가 회의에 참석할 지는 나와 있지 않다. 회의가 오후 3시에 시작된다고 했으므로 정답은 (c)다.

어구 be held 열리다, 개최되다
on time 정각에, 시간에 맞춰
attend a meeting[conference] 회의에 참석하다

정답 (c)

39　W　Hello, sir. May I take your order, please?
　　M　I would like to order some fries, please!
　　W　Would you like some mayo with your fries?
　　M　Yes, and a double cheeseburger, please.
　　W　Alright, would that be all?
　　M　Yes, that's all.

　　Q　What is the man trying to do?

(a) Buy the woman food
(b) Offer the woman help
(c) Ask for some food
(d) Advise the woman to order fries

해석　W　안녕하세요, 손님. 주문하시겠습니까?
　　M　감자튀김 주세요
　　W　감자튀김에 마요네즈를 곁들이겠습니까?
　　M　예, 그리고 더블 치즈 버거 주세요.
　　W　알았습니다. 다 주문하신 건가요?
　　M　예, 그렇습니다.

　　Q　남자는 무엇을 하려고 하는가?

(a) 여자에게 음식 사주기
(b) 여자에게 도움 주기
(c) 음식 요청하기
(d) 여자에게 감자튀김을 주문할 것을 권하기

해설 식당에서 벌어지고 있는 대화다. 남자가 감자튀김과 치즈 버거를 주문하고 있다. 따라서 정답은 (c)다.

어구 May I take your order? 주문하시겠습니까?
Would that be all? 다 주문하신 건가요?

정답 (c)

40　W　Dude, you are starting to freak me out.
　　M　Why?
　　W　I don't know but, you are showing up wherever I am.
　　M　So? I don't see anything wrong with that.
　　W　But you are also wearing the same clothes I wear. Look at you.
　　M　Well, maybe it is just coincidence.
　　W　And now you are also doing the same thing I do. And you call this a coincidence?

　　Q　What can be inferred from the conversation?

(a) Both of the them want the same thing.
(b) The man is imitating the woman.
(c) The woman and the man are twins.
(d) The man wants to become a fashion model.

W 이봐, 너 날 화나게 하고 있어.

M 왜?

W 모르긴 몰라도 내가 있는 곳마다 네가 나타나고 있어.

M 그래서? 그게 뭐 잘못된 일이라고 생각되지 않는데?

W 하지만 넌 또 내가 입은 것과 같은 옷을 입고 있어. 널 봐.

M 글쎄, 단지 우연일 뿐이겠지

W 그리고 이젠 내가 하는 일도 똑같이 하고 있잖아. 그런데도 이걸 우연이라 생각해?

Q 대화에서 추론할 수 있는 것은 무엇인가?

(a) 두 사람 다 같은 것을 원한다.

(b) 남자는 여자를 흉내 내고 있다.

(c) 여자와 남자는 쌍둥이다.

(d) 남자는 패션모델이 되고 싶어한다.

해설 대화문의 전체 내용을 이해해야 풀 수 있는 문제다. 남자가 여자 주위에 맴돌고 있고 옷도 똑같이 입고 있으므로 여자를 흉내낸다고 추론할 수 있다. 따라서 정답은 (b)다.

어구 dude 녀석, 사내
coincidence 우연의 일치
freak out 흥분시키다, 화나게 하다

정답 (b)

---

41 W So when are you teaching me how to skate?

M Oh, I'm knee-deep in research right now. I'm sorry.

W But you promised to teach me today.

M Yes, I promised but, that can wait. This is more important to me.

W But skating is really important to me, too.

Q What are the two speakers discussing?

(a) An appointment to teach how to skate

(b) When to do the research

(c) Whether to keep the promise or not

(d) Where to buy skates

해석 W 스케이트 타는 법을 언제쯤 가르쳐 줄 겁니까?

M 오, 지금 내가 연구조사에 몰두해 있거든, 미안해

W 하지만 오늘 가르쳐준다고 약속했잖아요.

M 그래, 약속은 했지만 그건 급한 게 아니잖아. 지금 나에겐 이게 더 중요해.

W 하지만 스케이트 타는 게 저에게 역시 진짜 중요하단 말이에요!

Q 화자들은 무엇에 대해 이야기하고 있는가?

(a) 스케이트 타는 법을 가르쳐 준다는 약속

(b) 연구조사를 언제 할지

(c) 약속을 지킬지 안 지킬지

(d) 스케이트를 어디에서 살지

해설 연구조사에 몰두해 있는 남자에게 스케이트 타는 법을 가르쳐 주겠다던 약속을 지키라고 여자가 조르고 있으므로 (a)가 가장 적절한 답이다.

어구 knee-deep 무릎 깊이의, 열중하여, 깊이 빠져
how to ~하는 법

정답 (a)

---

42 W Good morning. Hi! I'm Jane Reyes.

M Good morning! How can I be of help to you?

W I'd like to ask about the Hong Kong tour that your agency offers.

M For how many persons, ma'am?

W I will be traveling with my husband and two children.

M Yes, you can use our three day stay in the Kowloon area and a free day tour in Hong Kong Disneyland.

Q Which is correct according to the conversation?

(a) The man is good at attracting customers.

(b) The agency is in Hong Kong.

(c) She is asking how to get to Kowloon area.

(d) There are four in the woman's family.

해석 W 안녕하세요, 저는 제인 레예스라고 합니다.

M 안녕하세요. 무엇을 도와드릴까요?

W 여행사에서 팔고 있는 홍콩 여행 상품에 대해서 여쭤 볼 게 있어요.

M 몇 분이 여행하실 건가요, 손님?

W 저와 제 남편 그리고 두 아이와 함께 갈 건데요.

M 예, 쿨룬 지역에 3일 계실 수 있고, 홍콩 디즈니랜드 1일 관광이 무료입니다.

Q 대화의 내용으로 옳은 것은 무엇인가?

(a) 남자는 고객들을 끌어 모으는데 능숙하다.

(b) 여행사는 홍콩에 있다.

(c) 여자는 쿨룬 지역에 가는 방법을 묻고 있다.

(d) 여자의 가족은 4명이다.

해설 대화의 세부 사항을 기억해야 풀 수 있는 문제다. 여행사에서 남편과 두 자녀와 함께 갈 홍콩 여행 상품에 관해 문의하고 있으므로 정답은 (d)다. (a)는 확인할 수 없으므로 정답이 아니다. (b)도 단서가 없으므로 답이 될 수 없다. (c)도 쿨룬 지역에 관한 언급이 있긴 하지

만 홍콩 여행 상품에 관해서만 묻고 있으므로 역시 맞지
않다.

어구 be of help 도움이 되다
attract customers 고객을 끌어모으다

정답 (d)

43 W Hey, little boy, why are you crying?

M I think I am lost. I can't seem to find my mother.

W When did you see her last?

M I saw her just a few minutes ago. I just went over there to take a look at a toy, and then, she was gone.

W Oh, you poor boy! Would you like to come with me? I could find your mother.

M Maybe you can just help me find the Information Desk of this store, ma'am.

Q What is the woman going to do?

(a) She is going to find the boy's mom for herself.

(b) She is going to take the boy to the information booth.

(c) She is going to leave the boy alone.

(d) She is going to call the police.

해석 W 꼬마야, 왜 울고 있니?

M 길을 잃어버린 것 같은데 저희 엄마를 못 찾겠어요.

W 엄마를 언제 마지막으로 봤는데?

M 겨우 몇 분전에 봤어요. 장난감 보러 잠깐 저쪽에 갔는데 엄마가 없어졌어요.

W 이런, 안됐구나! 나를 따라 오겠니? 너희 어머니를 찾을 수 있을 지도 몰라.

M 글쎄요 아주머니, 이 백화점의 안내소 찾는 것만 좀 도와주세요.

Q 여자는 무엇을 하려고 하는가?

(a) 여자는 혼자 힘으로 소년의 엄마를 찾을 것이다.

(b) 여자는 소년을 안내소에 데려갈 것이다.

(c) 여자는 소년을 홀로 내버려 둘 것이다.

(d) 여자는 경찰에 전화할 것이다.

해설 마지막 소년의 대답에서 소년이 여자에게 안내소를 찾는 걸 도와달라고 했으므로 여자가 소년을 데리고 안내소로 가리라는 것을 예측할 수 있다. 따라서 정답은 (b)다.

어구 information desk[booth] 안내소
for oneself 혼자 힘으로, 스스로

정답 (b)

44 M How many days to go before Christmas, mom?

W Ten days to go. What do you want for Christmas, son?

M I want a bicycle, a new roller skate and there is someone I really want to meet. Would you like to guess who he is?

W Well, let me guess. Is it Spiderman?

M No. He is the one who brings us gifts always.

W Oh, I guess that would be Santa Claus, am I right?

M Yes, I can't wait to see the real Santa!

Q What can be inferred from the conversation?

(a) The woman will not buy her son presents.

(b) The boy looks forward to seeing Santa.

(c) The boy loves Spiderman.

(d) The boy will meet the real Santa.

해석 M 크리스마스까지 며칠 남았어요, 엄마?

W 열흘 남았지. 크리스마스 때 뭐 갖고 싶니, 아들아?

M 자전거랑 롤러스케이트를 갖고 싶고, 제가 진짜 만나고 싶은 사람이 있어요. 누군지 알아맞혀 보실래요?

W 글쎄, 맞혀볼까. 스파이더맨?

M 아뇨, 그는 언제나 우리에게 선물을 가져다주시는 분이죠.

W 오, 산타클로스구나, 맞지?

M 네, 진짜 산타클로스를 만나고 싶어 죽겠어요.

Q 대화로부터 추론할 수 있는 것은?

(a) 여자는 그녀의 아들에게 선물을 사주지 않을 것이다.

(b) 소년은 산타클로스를 만나기를 고대한다.

(c) 소년은 스파이더맨을 좋아한다.

(d) 소년은 진짜 산타클로스를 만날 것이다.

해설 추론문제다. 소년의 마지막 대화에서 소년은 산타클로스를 간절히 만나고 싶어 한다는 것을 추론할 수 있다. (a)와 (d)는 추론할 만한 근거가 전혀 없다.

어구 look forward to~ing ~하기를 고대하다

정답 (b)

45

M Have you read the novel "Alchemist?"

W I don't want to spend my time reading it. Jan said it is boring.

M But why? Almost all the students in World Literature are interested in it.

W If that is true, then, have you read it yourself?

M Well, I tried reading it, but I did not have the chance to finish it.

W And why may I ask did you not finish it?

M It's too unrealistic.

Q Which of the following is correct according to the conversation?

(a) Both of them have finished the book.

(b) The man is not interested in reading books.

(c) The man has not read only one line.

(d) The man is not satisfied with the book.

해석 M "연금술사"라는 소설을 읽어보셨나요?
　　W 그 책 읽는데 제 시간을 낭비하고 싶지 않아요. 잰이 그러던데 재미없대요.
　　M 왜요? 세계 문학반에 있는 모든 학생들이 그 책에 흥미를 갖고 있는데.
　　W 그게 사실이라면, 당신은 그 책을 읽었나요?
　　M 그게, 읽기는 했는데 끝까진 못 읽었어요.
　　W 왜 끝까지 읽지 않았는지 물어봐도 될까요?
　　M 너무 비현실적이에요.

　　Q 대화에 따르면 다음 중 옳은 것은 무엇인가?
　　(a) 두 사람 모두 그 책을 다 읽었다.
　　(b) 남자는 책을 읽는 것에 관심이 없다.
　　(c) 남자는 겨우 한 줄을 못 읽었다.
　　(d) 남자는 그 책에 만족하지 않는다.

해설 남자는 연금술사라는 소설에 대해서 듣고 읽어보려 했으나 끝까지는 읽지 못했다고 했고 그 이유로 너무 비현실적이라고 했으므로 정답은 (d)다.

어구 alchemist 연금술사
spend time ~ing ~하는데 시간을 보내다
be satisfied with ~에 만족하다

정답 (d)

Part IV

46

One of the mysterious creatures that live underneath our sea waters is the coral reefs. They form a varied, complex structure that serves as a habitat for the marine animals. Among the most spectacular and visible life forms on the reefs are the numerous and beautiful fish, echinoderms, mollusks and crustaceans.

Q What is the main topic of the lecture?

(a) The use of coral reefs

(b) Various marine animals

(c) Coral reefs as a helper

(d) The life of coral reefs

해석 바다 아래에 살고 있는 신비한 생물체 중 하나는 산호초입니다. 산호초는 해양 동물들을 위한 서식지로 이용되는 다양하고 복잡한 구조를 만들어냅니다. 산호초에서 사는 가장 멋지고 눈으로 볼 수 있는 생물에는 수많은 아름다운 물고기, 극피 동물, 연체 동물 그리고 갑각류가 있습니다.

　　Q 강의의 주제는 무엇인가?
　　(a) 산호초의 이용
　　(b) 다양한 해양 동물들
　　(c) 조력자로서의 산호초
　　(d) 산호초의 삶

해설 주제 문제는 내용을 요약하면 쉽게 답을 찾을 수 있다. 주의할 점은 지나치게 지엽적이거나 포괄적인 답은 피해야 한다는 것이다. 산호초가 해양 동물들에게 서식지를 제공한다는 것이 주된 내용이므로 정답은 (c)다.

어구 mysterious 신비한, 불가사의한
creature 생물
underneath ~의 아래에
coral reef 산호초
form 구성하다, 만들어 내다
varied 여러 가지의
complex 복잡한
habitat 서식지
spectacular 장관의
numerous 수많은, 셀 수 없이 많은
echinoderm 극피 동물
mollusk 연체 동물
crustacean 갑각류 동물

정답 (c)

47 The division of labor engages in work or tasks among different persons or groups. Tasks require the sharing of duties and responsibilities. When there is the division of labor, tasks become easier to execute. Everyone is responsible for his duties.

Q **What is the main idea of the talk?**

(a) The division of labor makes work easier to conduct.

(b) Everyone is responsible for his duties.

(c) The division of labor makes tasks harder.

(d) The division of labor means sharing tasks to make work easier and faster.

해석 분업은 이질적인 사람들과 그룹 사이의 업무에 관여합니다. 일에는 의무와 책임의 공유가 요구됩니다. 분업이 있을 경우, 업무는 실행하기가 더 용이해집니다. 모든 사람은 자신의 의무에 대한 책임이 있습니다.

Q 담화의 요지는 무엇인가?

(a) 분업은 업무를 실행하기 더 용이하게 만든다.

(b) 모든 사람은 자신의 의무에 책임이 있다.

(c) 분업은 일을 좀 더 어렵게 만든다.

(d) 분업은 업무를 더 용이하고 빠르게 업무를 공유하는 것을 의미한다.

해설 주제를 묻는 문제다. 분업이 있는 경우, 업무를 실행하기 더 용이해진다는 내용이 등장하므로 정답은 (a)다. (b)는 끝에 잠깐 언급되었을 뿐 요지는 아니다.

어구 division of labor 분업
engage in ~에 종사하다, 관여하다
execute 실행하다
be responsible for ~에 책임이 있다

정답 (a)

48 Thailand is an agricultural country and a very fertile place to live in. Their staples are: rice, fish, vegetables, and other produce that comprise most of the ingredients. A good recipe for Thai dishes and desserts naturally contains some of the herb and spices that nurture your health. For instance, Tom-yam-kung is one of the most popular and favorite Thai dishes among Thai visitors.

Q **What is the title of the talk?**

(a) Thailand, A Place to Visit

(b) Thai Cuisine, A Healthy Food

(c) Thailand's Tourism

(d) Tom-yam-kung, A Thai food

해석 타이는 농업 국가이자 살기에 상당히 비옥한 곳입니다. 그들의 주요 식품은 쌀, 생선, 채소 그리고 대부분의 (음식) 성분을 이루는 농산물입니다. 타이 음식과 디저트의 조리법에는 건강에 좋은 허브와 향신료가 포함됩니다. 예를 들어 톰얌쿵은 타이 방문객들에게 가장 인기 있고 가장 좋아하는 타이 음식들 중 하나입니다.

Q 담화의 제목은 무엇인가?

(a) 방문해야 할 곳, 타이

(b) 건강 음식, 타이 요리

(c) 타이 관광

(d) 타이 요리, 톰얌쿵

해설 제목을 묻는 문제이므로 담화의 주제를 파악하는 것이 중요하다. 타이 음식은 건강에 좋은 허브와 향신료를 넣어 조리한 것이고 그 요리들 중 하나가 톰얌쿵이므로 제목으로 가장 적절한 것은 (b)다.

어구 agricultural 농업의
fertile 기름진
staples 주요 식품
produce 농산물
comprise 포함하다, (전체를) 이루다
ingredient 성분, 재료
recipe 조리법
spice 양념, 향신료
nurture 양육하다, 기르다

정답 (b)

49 Orchids are exceptional flowers to arrange in many different ways for home as well as decorative accessories for memorable occasions. Orchids are relatively expensive flowers to purchase, but they are in fact, of good value since they last for a long time indoors if kept cool and well watered.

Q **Which is NOT correct according to the lecture?**

(a) Orchids are fine decors for special occasions.

(b) Orchids are a bit pricey.

(c) Orchids are really hard to arrange.

(d) Orchids will last for ages if well taken care of.

해석 난초는 기억에 남을 행사를 위한 장식물뿐 아니라 집에서 여러 가지 다양한 방법으로 꽃꽂이를 할 수 있는 특별한 꽃입니다. 난초는 구입하기에 비교적 비싼 꽃이지

만 사실상, 서늘하게 보관하고 물만 잘 준다면 오랫동
안 유지되기 때문에 가치가 있습니다.

Q 강의의 내용으로 맞지 않는 것은 무엇인가?

(a) 난초는 특별한 행사를 위한 좋은 장식물이다.

(b) 난초는 다소 비싸다.

(c) 난초는 꽃꽂이하기 어렵다.

(d) 난초는 잘 관리되면 오랫동안 지속된다.

해설 난초에 관한 세부 강의 내용을 기억해야 한다. 난초는
여러 가지 다양한 방법들로 꽃꽂이를 할 수 있다고 했고
꽃꽂이 하기에 어려운지 쉬운지에 대한 언급이 없으므
로 (c)가 정답이다.

어구 orchid 난초
arrange flowers 꽃꽂이하다
decorative 장식의
relatively 상대적으로, 비교적
decor 장식
pricey 비싼, 돈이 드는

정답 (c)

50 Mornings and evenings are the two times you
can exercise at home if you work. Mornings
are better because you will have more excuses
not to work out in the day. Waking up 30
minutes earlier than the usual solves the
problem of finding time to exercise. Of course
this means adjusting your sleeping time.

Q What is the main topic of the speaker?

(a) Evenings are better than mornings to
exercise.

(b) You can find time to exercise by adjusting
sleeping time.

(c) Getting up 30 minutes earlier is easy.

(d) Exercise is not possible for busy people.

해석 당신이 일을 한다면 아침과 저녁때가 집에서 운동할 수
있는 두 번의 기회입니다. 낮에는 운동을 안 할 더 많
은 변명을 할 수 있으므로 아침이 더 낫습니다. 평소보
다 30분 먼저 일어나는 것도 운동할 시간을 찾는 문제
를 해결해 줍니다. 물론 이것은 당신의 수면 시간을 조
절한다는 의미입니다.

Q 화자의 요지는 무엇인가?

(a) 저녁때가 아침보다 운동하기에 더 낫다.

(b) 잠자는 시간을 조절하여 운동할 수 있는 시간을 찾
을 수 있다.

(c) 30분 더 일찍 일어나는 것은 쉽다.

(d) 운동은 바쁜 사람들에게는 불가능하다.

해설 요지를 묻는 문제다. 아침과 저녁이 운동하기에 적절한
데 아침이 저녁보다 더 좋고 30분 일찍 일어나면 운동
시간을 찾을 수 있다는 내용이다. 따라서 정답은 (b)다.

어구 exercise 운동하다
excuse 변명
work out 운동하다
adjust 조절하다

정답 (b)

51 "Ginza" is a sophisticated shopping area with
a blend of tradition and vogue in Japan. A
cool and splendid atmosphere is created by a
line-up of long established department stores
and cafes, and also luxurious boutiques and
art galleries. Many theaters are located here,
including the "Kabukiza", the symbol of
Ginza.

Q What is the purpose of this talk?

(a) To give people information about a city

(b) To warn tourists not to travel the city

(c) To inform people about the city's history

(d) To advertise movie theaters

해석 긴자는 일본의 전통과 유행이 혼합되어 있는 멋진 쇼핑
구역입니다. 멋지고 현란한 분위기는 줄지어 있는 오
래된 백화점들, 카페, 또한 호화스런 부티크와 미술 갤
러리들로 만들어집니다. 긴자의 상징인 "가부키자"를
포함한 많은 극장들이 이곳에 위치해 있습니다.

Q 이 담화의 목적은 무엇인가?

(a) 사람들에게 도시에 관한 정보주기

(b) 관광객들에게 그 도시를 여행하지 말 것을 경고
하기

(c) 사람들에게 그 도시의 역사에 관해 알려주기

(d) 영화관을 홍보하기

해설 비교적 쉬운 문제다. 일본의 긴자에 대해 홍보하는 내
용이므로 정답은 (a)다.

어구 blend 혼합
vogue 대유행
splendid 화려한
luxurious 호화스런, 사치스런

정답 (a)

52 Greeting a person, giving a helping hand and accepting an invitation properly are marks of politeness and respect. They show people that we are sensitive to their needs and concerned about their difficulties. Our words and actions communicate to others that we are responsive and we care for them.

Q **Which is NOT correct according to the talk?**

(a) Giving a helping hand is polite behavior.
(b) Our polite gestures show that we care for people around us.
(c) It is better to use polite words than gestures.
(d) One of the ways to show respect is greeting a person.

해석 사람에게 인사를 하고, 도움을 주고 그리고 초대에 적절히 응하는 것은 공손함과 존경의 표시입니다. 그것들은 우리가 그들의 필요성에 민감하고 그들의 어려움에 대해서 걱정을 한다는 것을 보여줍니다. 우리의 말과 행동은 우리가 다른 사람들에게 반응하고 그들에게 관심을 가진다는 것을 전합니다.

Q 담화의 내용으로 맞지 않는 것은 무엇인가?
(a) 도움을 주는 것은 예의바른 행동이다.
(b) 우리의 공손한 몸짓은 우리 주위의 사람들을 배려한다는 것을 보여준다.
(c) 몸짓보다는 공손한 단어를 사용하는 게 더 낫다.
(d) 존경을 보여주는 방법 중 하나는 인사하는 것이다.

해설 세부 사항을 묻는 문제다. 모든 선택지가 맞는 진술이지만 (c)는 말과 행동 모두 공손한 태도로 응대해야 한다고 했으므로 담화의 내용과 맞지 않다.

어구 greet 인사하다
politeness 공손함
be concerned about ~에 관심을 가지다, ~을 걱정하다
responsive 바로 대답하는, 반응하는
care for ~에 관심을 갖다

정답 (c)

53 Aaron Russo's new movie is imaginative and thought-provoking. The film, which operates on the premise that people can delete bad relationships from their memories, moves backward down the story's time line. While the main plotline plays out mostly within the brain of Jay, the main character, many similarly interesting subplots evolve which have to do with the memory-erasing workers. The most interesting point is that we don't always know where they're going, but in the end, they tie up all the loose ends and attempt to answer the philosophical questions based on the complicated plots.

Q **What can be inferred from this movie review?**

(a) This movie was a huge success.
(b) The acting in the movie was well.
(c) This movie is a romantic comedy.
(d) This movie is based on surreal concepts.

해석 아론 루소의 새 영화는 상상력이 풍부하고 많은 생각을 하게 한다. 이 영화는 사람들이 그들의 기억에서 좋지 않은 관계를 지울 수 있다는 가정에서 출발한다. 이야기는 시간을 거슬러 올라간다. 줄거리가 제이라는 영화 속 주인공의 기억에 의해 대부분 전개되고 있지만 기억을 지워나가는 일꾼들의 얘기 등 많은 유사한 재미있는 부연 줄거리도 있다. 가장 재미있는 부분은 그들이 어디를 향해 가고 있는지는 모르지만 결국 모든 해결하지 못한 끈들을 묶고 복잡한 줄거리에 근거한 철학적인 문제에 답을 하려는 데에 있다.

Q 이 영화 평론을 통해 추론할 수 있는 것은?
(a) 이 영화는 큰 성공을 거두었다.
(b) 영화에서의 연기가 좋았다.
(c) 이 영화는 로맨틱 코미디다.
(d) 이 영화는 초현실적인 상상에 기초했다.

해설 나쁜 기억을 지울 수 있다는 가정에서 출발한 영화이므로 이를 잘 표현한 (d)가 정답이다. surreal은 '초현실적인'이란 뜻으로 이 같은 영화의 특징을 잘 반영한 단어다.

어구 imaginative 상상력이 풍부한
thought-provoking 생각을 하게 만드는
premise 가정
delete 삭제하다
plotline 줄거리
memory-erasing 기억을 지우는

정답 (d)

54 Scientists have long known that moderate intake of alcohol and red wine in particular is associated with a lower risk of heart disease and other benefits. More recently they began to suspect Resveterol, a natural substance found in red wine, had particularly powerful effects of high calorie diet. Resveterol is a unique anti-oxidant found predominantly in the skin of red grapes.

Q What is Resveterol?
(a) Juice
(b) A painkiller
(c) An anti-aging drug
(d) A substance

해석 과학자들은 오랫동안 술과 특히 적포도주의 적당한 섭취가 심장병의 위험을 낮추고 또 다른 좋은 점들과 관계가 있다고 알고 있습니다. 좀 더 최근에 과학자들은 적포도주에서 발견된 천연 물질인 리스버테롤이 특히 고칼로리 식이요법의 강력한 효능이 있다고 생각을 하고 있습니다. 리스버테롤은 적포도 껍질에서 주로 발견되는 독특한 항산화제입니다.

Q 리스버테롤은 무엇인가?
(a) 주스
(b) 진통제
(c) 노화방지 약
(d) 일종의 물질

해설 리스버테롤은 '적포도 껍질에서 발견되는 항산화제이며 천연 물질'이라는 언급이 있었으므로 정답은 (d)다.

어구 moderate 절제 있는, 알맞은
intake 섭취
be associated with ~와 관련되다
suspect 짐작하다, 추측하다
substance 물질
anti-oxidant 항산화제
predominantly 우세하게, 탁월하게

정답 (d)

55 The Philippines is known for its rich marine biodiversity. It has thousands of fish species and hundreds of coral species. Its 24 major fishing bays and gulfs yield an annual catch of 50 million metric tons.

Q What can be inferred from the talk?
(a) The Filipinos eat only seafood.
(b) The Philippines consists of many islands.
(c) The Philippines has a lot of tourist attractions.
(d) Fishing industry is one of the main sources of foods for the Filipinos.

해석 필리핀은 풍부한 해양 생물의 다양성으로 유명합니다. 필리핀에는 수천 종의 물고기와 수백 종의 산호가 있습니다. 24개의 주요 어업만은 연간 5천만 톤의 어획량을 산출합니다.

Q 담화로부터 추론할 수 있는 것은 무엇인가?
(a) 필리핀 사람들은 해산물만 먹는다.
(b) 필리핀은 많은 섬들로 이루어져 있다.
(c) 필리핀에는 관광 명소들이 많다.
(d) 어업은 필리핀 사람들의 주된 식량원 중 하나다.

해설 담화의 세부 내용을 기억해야 풀 수 있는 추론 문제다. 필리핀은 풍부한 해양 자원이 있고 5천만 톤의 어획량을 산출한다고 했으므로 가장 적절한 것은 (d)다.

어구 be known for ~로 유명하다
marine 해양의
biodiversity 생물의 다양성
species 종
coral 산호
yield (작물, 제품 등을) 산출하다, (이자, 이익 등을) 가져오다

정답 (d)

56 Modern sleep research began with the use of the electroencephalograph, a word meaning, "electrical brain writing." Groups of nerve cells in the brain generate electrical impulses and as these discharge, the EEG records them as lines on a sheet or roll of paper. This kind of research activities may be helpful to people suffering from insomnia at night.

Q Who will be most likely to benefit from the EEG?
(a) People who have sleep deprivation
(b) People who can't write
(c) People who have problems in their brain cells
(d) People who sleep very well

해석 현대의 수면 연구는 "전기 두뇌 기록"의 의미인 뇌파 전위 기록 장치의 사용과 더불어 시작됐습니다. 두뇌의 신경 세포군들은 전기 자극을 발생시키고 이 전기 자극들이 방출되면서 전기 두뇌 기록 장치는 종이나 두

루마리에 선으로 기록을 합니다. 이러한 연구 활동은 밤에 불면증에 시달리는 사람들에게 도움이 될 수 있습니다.

Q EEG로부터 가장 혜택을 받을만한 사람은 누구인가?

(a) 수면이 부족한 사람들
(b) 글씨를 쓸 줄 모르는 사람들
(c) 뇌세포에 문제가 있는 사람들
(d) 너무 잘 자는 사람들

해설 초반부의 sleep research라는 부분을 들었다면 EEG가 수면과 관련있다는 것을 직감할 수 있고 (a)와 (d) 중에서 마지막 부분에 EEG가 불면증에 도움이 된다는 단서가 있으므로 정답은 (a)다.

어구 electroencephalograph 뇌파 전위 기록 장치
nerve 신경
generate 발생시키다
impulse 충격, 자극
discharge 배출하다, 방출하다
deprivation 부족, 손실

정답 (a)

57 The word 'robot' comes from a Czech word 'robota' meaning, "compulsory labor."
The name was first used in 1920 in a play "Rossum's Universal Robots" written by Karel Capek. He was a Czech author. In the play, robot was described as a kind of consumption goods that were able to work mentally and physically just like human beings but not able to have emotion or spirit.

Q Which is correct about robot according to the lecture?

(a) It was first made by a Czech scientist.
(b) It means human beings.
(c) It was first used in a novel written by Czech author.
(d) It cannot have spirit or emotion.

해석 로봇이라는 말은 체코어로 "강제 노동"의 의미인 '로보타'에서 유래된 것입니다. 1920년 체코슬로바키아의 카렐 차페크가 쓴 희곡 '로섬의 유니버설 로봇'에 처음 사용되었습니다. 그는 체코의 극작가였습니다. 작품 속에서 로봇은 인간과 똑같이 정신노동과 육체노동을 할 수 있으나 인간의 정서나 영혼은 가지지 못하는 일종의 소비재로 묘사됐습니다.

Q 강의에 따르면 로봇에 관해 옳은 것은 무엇인가?
(a) 그것은 체코 과학자에 의해 처음 만들어졌다.

(b) 그것은 인간을 의미한다.
(c) 그것은 체코의 작가가 쓴 소설에 처음으로 사용되었다.
(d) 그것은 영혼이나 감정이 없다.

해설 세부 내용을 기억해야 풀 수 있는 문제다. 로봇이라는 단어는 체코슬로바키아의 극작가가 쓴 희곡에서 처음으로 쓰여졌고, 체코어로 강제노동을 의미하며 인간처럼 일할 수는 있지만 감정과 영혼은 가지지 못한다. 따라서 정답은 (d)다.

어구 compulsory 강제적인, 필수의
consumption goods 소비재

정답 (d)

58 Your skin is a complex fabric of tissues working together to form a basic control system. Skin helps control your body temperature by sweating and dilating its blood vessels to cool you down. When you are cold, those blood vessels constrict to conserve heat deep inside your body. The skin is also a sensory organ. In addition, the skin helps ward off infection by way of its Langerhans cells – a part of the immune system that fights off foreign invaders such as bacteria and viruses.

Q Which is correct according to the lecture?

(a) Blood vessels contract when you feel hot.
(b) Skin is infected easily.
(c) Skin helps regulate body temperature.
(d) Aging starts with your skin.

해석 당신의 피부는 기본적인 조절 체계를 함께 구성하는 작용을 하는 복잡한 조직 구조입니다. 피부는 몸을 식히기 위해서 땀을 배출하고 혈관을 확장시킴으로써 체온을 조절하기도 합니다. 추울 때 혈관은 몸 안 깊숙이 열을 지키기 위해서 수축합니다. 피부는 또한 감각 기관입니다. 또한 피부는 박테리아와 바이러스와 같은 외부 침입자들과 싸우는 면역 체계 부분인 랑게르한스 세포로 감염을 막아줍니다.

Q 강의에 따르면 옳은 것은 무엇인가?
(a) 혈관은 더우면 수축한다.
(b) 피부는 쉽게 감염된다.
(c) 피부는 체온을 조절하는 것을 돕는다.
(d) 노화는 피부로 시작한다.

해설 피부의 다양한 기능에 관해 언급한 담화다. 정답은 (c)다. (a)와 (b)는 정반대의 내용이어서 옳지 않고 (d)는 상식적인 내용으로 혼동을 주는 선택지다.

어구 fabric 직물, 구조, 조직

sweat 땀을 흘리다
dilate 넓히다, 팽창시키다
blood vessel 혈관
constrict 수축하다
sensory 감각(상)의, 지각의
ward off (위험, 타격 등을) 피하다, 막다, 물리치다
by way of ~을 위하여, ~으로서
Langerhans cell 랑게르한스 세포 (췌장 속에서 인슐린을 분비하는 세포)
immune system 면역 체계
invader 침입자
regulate 조절하다

정답 (c)

asthma 천식
bronchitis 기관지염
heartburn 흉통
solitude 고독, 외로움
pungent (혀, 코를) 톡 쏘는
carcinogenic 발암성의
emission 방출, 배출
drive away 몰아내다, 쫓아내다
all evil and no good 백해무익

정답 (d)

59 Watch all those black and white movies occasionally shown on TV in which the best actors and actresses smoke. Even though they look cool, smoking causes many diseases: heart disease, stroke, a whole range of cancers, asthma, bronchitis, heartburn, and so on. If you enjoy solitude, you absolutely love smoking. But your pungent smell and carcinogenic emissions will drive everyone away except fellow smokers.

Q What can be inferred from the talk?

(a) In years to come smokers will disappear.
(b) Celebrities like smoking.
(c) Smoking is a good friend when you feel lonely.
(d) Smoking produces all evil and no good.

해석 가끔씩 최고의 남, 녀 배우들이 흡연을 하는 TV 방영 흑백 영화를 보십시오. 그들이 멋져 보일지 모르지만 흡연은 많은 질병을 초래합니다. 심장 질환, 모든 종류의 암, 천식, 기관지염, 흉통 등. 고독을 즐긴다면 분명 애연가일 겁니다. 하지만 당신의 악취와 암을 일으키는 담배연기의 배출은 같은 흡연자를 제외하고 모두를 쫓아낼 겁니다.

Q 담화로부터 추론할 수 있는 것은 무엇인가?
(a) 앞으로 몇 년 안에 흡연자들은 사라질 것이다.
(b) 유명인사들은 흡연을 좋아한다.
(c) 외로울 때 흡연은 좋은 친구이다.
(d) 흡연은 백해무익하다.

해설 추론 문제는 이면에 깔린 의미를 심도 있게 유추해 보아야 한다. 전반적으로 흡연은 해롭다는 것이 주제이므로 답은 (d)다.

어구 stroke 뇌졸중

60 Asking kids to do physical exercise instead of sitting in front of the television and computer is easier said than done. The suggestion to involve them in exercise by making it a family affair holds weight, but giving them rewards due to the exercise could not serve the purpose. Children would exercise only for the material reward and wouldn't understand its importance of keeping fit.

Q Which of the following is best summarizing the speaker's view?

(a) Asking kids to work out is very important.
(b) To make kids exercise, the role of family is required.
(c) Rewards are one of the best ways to make kids exercise.
(d) Family members should wait until kids find exercise necessary.

해석 아이들에게 텔레비전과 컴퓨터 앞에 앉아 있는 것 대신 운동을 하도록 요구하는 것은 말처럼 쉬운 것은 아닙니다. 가족이 하는 일로 만듦으로써 아이들이 운동에 참여하도록 하는 제안이 중요합니다, 하지만 아이들에게 운동 대신 보상을 해 주는 것은 목적에 도움이 되지 못합니다. 아이들은 물질적인 보상을 위해서만 운동을 하고 건강을 유지하게 하는 운동의 중요성은 이해하지 못할 겁니다.

Q 화자의 견해를 가장 잘 요약한 것은 무엇인가?
(a) 아이들에게 운동할 것을 요구하는 것은 매우 중요하다.
(b) 아이들에게 운동을 시키기 위해 가족의 역할이 필요하다.
(c) 보상은 아이들이 운동하도록 하는 가장 좋은 방법들 중 하나이다.
(d) 가족 구성원들은 아이들이 운동이 필요하다는 것을 알 때까지 기다려야 한다.

해설 아이들의 운동 유도에 관한 화자의 의견을 나타낸 담화
이다. 가족이 참여하여 아이들이 운동을 하도록 유도하
는 것이 중요하다고 했으므로 (b)가 이것을 가장 잘 요약
하였다.

어구 easier said than done 말처럼 쉬운 것은 아니다
involve in 참가시키다
serve 소용이 되다, ~에 이바지(공헌)하다, 도움이 되
다, (목적을) 만족시키다
material 물질적인
reward 보상
keep fit 건강을 유지하다
necessary 필요한, 없어서는 안 될

정답 (b)

ACTUAL TEST 2

Part I

1 M **I bought a latest MP3 player for you.**
W _____

(a) That's really thoughtful of you.
(b) How did you find it?
(c) Don't mind me.
(d) Sounds like fun.

해석 M 당신을 위해 최신 MP3 플레이어를 구입했어요.
　　　W _____
　　　(a) 정말 사려가 깊으시군요.
　　　(b) 그것을 어떻게 찾았어요?
　　　(c) 신경쓰지 마세요.
　　　(d) 재미있겠는데요.

해설 최신 MP3플레이어를 구입했다는 말에 적절한 답변은 감사를 표현하는 (a)다. (b), (c), (d)는 선물을 주는 상황에서 쓰이기 어려운 표현들이다.

어구 latest 최신의
　　　thoughtful 사려 깊은, 인정 있는

정답 (a)

---

2 M **Would you like to go to the cinema for the weekend?**
W _____

(a) I found the movie interesting.
(b) I'd love to.
(c) I can't decide what to see.
(d) I'm sorry, but I have to get going.

해석 M 주말에 영화 보러 가실래요?
　　　W _____
　　　(a) 영화가 재미있었어요.
　　　(b) 그러고 싶어요.
　　　(c) 뭘 볼지 결정 못했어요.
　　　(d) 죄송합니다만 저는 가야 합니다.

해설 영화를 보러 가겠느냐는 질문에 적절한 답변은 그러고 싶다고 답한 (b)다. (a)는 영화에 대한 평이고, (c)는 영화를 선택할 때 쓰는 표현이다. (d)는 '가봐야 한다'는 뜻으로 역시 부적절한 대답이다.

어구 go to the cinema 영화 보러 가다
　　　I'd love to 그러고 싶어요

정답 (b)

---

3 M **Oh! Your cell phone is so old!**
W _____

(a) I'll get back to you as soon as possible.
(b) The new one will be released soon.
(c) I'd like to report a problem with my phone.
(d) I know, but I can't afford to change it.

해석 M 오! 당신 휴대전화는 상당히 오래됐군요!
　　　W _____
　　　(a) 가능한 한 빨리 다시 전화 드리겠습니다.
　　　(b) 신형이 곧 출시될 거예요.
　　　(c) 제 휴대전화에 있는 문제점을 알리고 싶어요.
　　　(d) 알지만 바꿀만한 여유가 없어요.

해설 '휴대전화가 낡았다'는 말에 대한 적절한 응답은 '알지만 살 여유가 없다'고 한 (d)다.

어구 get back to ~에게 다시 전화하다
　　　release 발매하다, 출시하다
　　　afford ~을 할(살) 여유가 있다

정답 (d)

4 W **Excuse me, sir, but are you being served?**

M _____

(a) Thanks. I'm full.

(b) I lost my appetite.

(c) No, I'd like to have a cheese sandwich.

(d) Bring me the check, please.

해석 W 실례합니다, 혹시 주문하셨어요?

M _____

(a) 고마워요. 배가 부르네요.

(b) 식욕을 잃었어요.

(c) 아뇨, 치즈 샌드위치를 먹을래요.

(d) 계산서 좀 갖다주세요.

해설 Are you being served?는 주로 식당에서 '주문하셨습니까?'라는 의미로 많이 쓰이는 표현이다. 따라서 정답은 주문을 하겠다는 (c)다.

어구 appetite 식욕

chook 계산서

정답 (c)

5 W **I'm sorry to hear that you won't be able to join me at the party.**

M _____

(a) I'll be free at that night.

(b) Me, too, but thank you for inviting me.

(c) Can you pick me up at seven?

(d) I'd be delighted to.

해석 W 당신이 파티에 올 수 없다는 소식을 들어 유감이에요.

M _____

(a) 저는 그날 밤 한가해요.

(b) 저도 그래요, 하지만 초대해 줘서 고마워요.

(c) 7시에 저를 데리러 올 수 있나요?

(d) 기꺼이 그렇게 하죠.

해설 파티에 올 수 없어서 유감이라는 말에 적절한 답변은 (b)다. 나머지 선택지들은 내용상 맞지 않다.

어구 pick up (차로) 데리러 가다

be delighted to 기쁘게 ～하다

정답 (b)

6 M **Let's take a coffee break, shall we?**

W _____

(a) That sounds good to me!

(b) I'm not sure what to say.

(c) Yes, I'm doing my best right now.

(d) This is my turn to do it.

해석 M 커피 타임 가질까요?

W _____

(a) 좋습니다.

(b) 무슨 말을 할 지 모르겠어요.

(c) 네, 저는 지금 최선을 다하고 있어요.

(d) 제가 할 차례에요.

해설 커피 마시는 시간을 갖자는 말에 적절한 답변은 (a)다. 제안, 권유에 대한 전형적인 답변이라고 할 수 있다.

어구 take a break 휴식을 취하다

do one's best 최선을 다하다

turn 순서

정답 (a)

7 M **I only slept three hours last night.**

W _____

(a) It's not my business.

(b) How come you always sleep late?

(c) It was not your fault.

(d) Wow, you must be dead tired.

해석 M 저는 지난밤에 3시간밖에 못 잤어요.

W _____

(a) 제가 상관할 바가 아니에요.

(b) 왜 당신은 항상 늦게 자나요?

(c) 당신 잘못이 아니었어요.

(d) 와, 당신은 정말 피곤하겠어요.

해설 3시간 밖에 자지 못했다고 했으므로 그것에 대한 이유나 (d)와 같이 피곤하겠다고 맞장구를 치는 것이 자연스럽다.

어구 fault 잘못

be dead tired 녹초가 되다(=be worn out, be exhausted)

정답 (d)

8 W **I'll babysit while you're out of town.**

M _____

(a) What are friends for?

(b) Let me help you then.

(c) I am grateful to you.

(d) I'm glad you like it.

해석 W 출장 가 계신 동안 애를 봐드리겠습니다.

M _____

(a) 친구 좋다는 게 뭐에요?

(b) 그때 도와드릴게요.

(c) 고마워요.

(d) 당신이 맘에 들어하니 저도 좋네요.

해설 아기를 봐주겠다는 말에 적절한 답변은 감사를 표현하는 (c)다. 그밖에 How nice of you, I appreciate it. 등도 답이 될 수 있다. (a)는 감사에 대한 답변으로 쓸 수 있는 표현이다.

어구 babysit 애를 봐주다
grateful 감사하는

정답 (c)

9 W **I heard it will rain all day.**

M _____

(a) Don't mind. You can go there.
(b) I like staying at home.
(c) Then I've got to cancel the tennis game.
(d) I prefer snow to rain.

해석 W 하루종일 비가 올 거라고 들었어요.
M _____
(a) 신경 쓰지 마세요. 거기에 갈 수 있어요.
(b) 저는 집에서 머무는 것을 좋아해요.
(c) 그럼 테니스 경기를 취소해야 겠어요.
(d) 전 비보다 눈을 좋아해요.

해설 비가 온다는 정보가 있으므로 테니스 경기를 취소해야 겠다는 대답이 논리적으로 가장 타당하다. 따라서 답은 (c)다. (b)는 남자가 평상시 좋아하는 것을 말한 것 뿐이므로 답이 될 수 없다.

어구 all day 하루 종일
prefer 오히려 ～을 좋아하다

정답 (c)

10 M **I hate to bother you, but my name was misspelled on the list.**

W _____

(a) How do I address you?
(b) Oh, I'm sorry about that.
(c) What's all this bother about?
(d) Okay, I'll put your name on the list.

해석 M 죄송합니다만, 제 이름이 철자가 잘못 기재되었네요.
W _____
(a) 당신을 뭐라 불러야 하죠?
(b) 오, 죄송합니다.
(c) 대체 이게 무슨 소동이에요?
(d) 알겠습니다. 당신 이름을 명단에 올려 놓겠습니다.

해설 이름 철자가 잘못 기재되었다는 말에 적절한 답변은 (b)다. (a)는 '이름이 뭐죠?'라는 뜻으로 처음 대면 시 쓸 수 있는 표현이다. (d)는 이름이 누락되었다고 할 때 쓸 수 있는 표현이다.

어구 misspell ～의 철자를 잘못 쓰다
address (～을 ～라) 부르다
What's all this bother about? 대체 이게 무슨 소동이에요?

정답 (b)

11 W **You should forward your detailed resume and cover letter.**

M _____

(a) Didn't you read my resume?
(b) I will rewrite it until it's perfect.
(c) How's your job search going?
(d) I'll e-mail them to you right away.

해석 W 자세한 이력서와 본인 소개서를 보내야 합니다.
M _____
(a) 제 이력서를 안 읽어보셨나요?
(b) 완벽할 때까지 다시 쓸 거예요.
(c) 구직은 어떻게 되어가고 있나요?
(d) 지금 당장 이메일로 보내겠습니다.

해설 이력서와 자기 소개서를 보내야 한다고 했으므로 보내겠다고 답한 (d)가 자연스러운 대답이다.

어구 forward 전송하다
resume 이력서
cover letter 자기 소개서
e-mail 이메일을 보내다

정답 (d)

12 M **Could you tell me when the next flight to LA leaves?**

W _____

(a) I hope you have a nice flight.
(b) It will take about 10 hours.
(c) Let me check it for you.
(d) You can get there around 3:30.

해석 M LA로 가는 다음 비행기가 언제 출발하는지 말씀해 주실래요?
W _____
(a) 멋진 비행 되시길 바랍니다.
(b) 약 10시간 정도 걸릴 거예요.
(c) 제가 확인해 보겠습니다.
(d) 3시 30분경에 거기에 도착할 수 있어요.

해설 LA로 가는 비행기의 출발시각을 묻는 질문에 적절한 답변은 (c)다. 구체적인 시각이 등장하지 않은 우회적인 답변에 유의해야 한다. (b)와 (d)는 구체적인 시각을 등장시킴으로써 오답을 유도하는 함정이다.

어구 check 확인하다

정답 (c)

13 W **Did you check the rear door and the burglar alarm?**

M _____

(a) I'll do it right away.

(b) I'll get the door for you.

(c) I set the alarm yesterday.

(d) Someone broke into our house the other day.

해석 W 뒷문과 도난경보기 확인했어요?

M _____

(a) 지금 당장 확인할게요.

(b) 제가 문을 열게요.

(c) 저는 어제 경보기를 설치했어요.

(d) 일전에 누군가가 우리 집에 침입했었어요.

해설 뒷문과 도난경보기를 점검했는지 묻고 있다. (d)는 점검 안 했으니 지금 하겠다는 뜻으로 정답이 된다. (c)의 경보기를 설치했다는 대답은 질문이 경보기가 이미 있다는 것을 내포하므로 부적절한 답이다.

어구 burglar alarm 도난경보기

get the door 문을 열다

break into 침입하다

정답 (a)

14 W **Can I use your computer?**

M _____

(a) Let me show you another.

(b) There's no free lunch.

(c) Be my guest.

(d) Yes, it's mine.

해석 W 당신의 컴퓨터를 사용해도 될까요?

M _____

(a) 다른 것을 보여드릴게요.

(b) 세상에 공짜는 없어요.

(c) 그러세요.

(d) 예, 제 거예요.

해설 컴퓨터를 사용해도 되는지 묻고 있다. (c)의 Be my guest는 '그러세요'라는 뜻으로 허락을 할 때 쓰는 관용표현이다. (b)는 '세상에 공짜는 없는 법이지'라는 뜻으로 이 상황에 쓰기에 적절하지 않다.

어구 Be my guest 그러세요

정답 (c)

15 W **I need something for my headache.**

M _____

(a) I'll go to the hospital.

(b) Why don't you take some aspirin?

(c) It works well.

(d) My aunt runs a pharmacy.

해석 W 두통에 쓸 무언가가 필요해요.

M _____

(a) 저는 병원에 갈 거예요.

(b) 아스피린을 먹어보는 게 어때요?

(c) 잘 되어가요.

(d) 제 숙모는 약국을 운영하세요.

해설 두통에 대한 해결책을 제시해준 (b)가 정답이다. (a)와 (d)는 두통에 대한 해결책이 될 수 없다.

어구 headache 두통

take aspirin 아스피린을 먹다

pharmacy 약국

정답 (b)

Part II

16 M Have you seen Maria lately?
   W No, I heard she's in hospital now.
   M Really? What happened to her?
   W _____

(a) She must be very sick.
(b) Actually, I have no idea.
(c) Yes, she went into hospital two days ago.
(d) You must have heard a lot about it.

해석 M 최근에 마리아 봤나요?
   W 아뇨, 그녀는 병원에 입원했다고 들었어요.
   M 정말이요? 무슨 일이 생긴 거죠?
   W _____
   (a) 그녀는 많이 아픈 게 틀림없어요.
   (b) 사실 잘 몰라요.
   (c) 네, 그녀는 이틀 전에 입원했어요.
   (d) 당신은 그것에 대해 많이 들었군요.

해설 마리아가 병원에 입원한 경위를 묻고 있으므로 적절한 답변은 잘 모른다는 (b)다. 잘 모른다는 표현(I have no idea, I don't know, I'm not sure, I'm not certain)은 답이 될 확률이 높다. (a)는 현재 마리아가 병원에 있는 상황에서 쓰기에는 부적절하다. (c)는 병원에 입원한 시점에 대해서 말하고 있으므로 맞지 않다.

어구 be in hospital 입원하다

정답 (b)

17 W Excuse me. How much is this digital camera?
   M Two hundred fifty dollars.
   W It's a bit steep for me.
   M _____

(a) Do you want me to show you something cheaper?
(b) It's a hot item.
(c) Oh, it's all sold out.
(d) It's too steep to climb.

해석 W 실례합니다. 이 디지털 카메라 얼마죠?
   M 250 달러입니다.
   W 저에게는 좀 비싸네요.
   M _____
   (a) 좀 더 저렴한 걸 보여 드릴까요?
   (b) 그것은 잘 팔리는 상품이에요.
   (c) 오, 그것은 다 팔렸어요.
   (d) 너무 가팔라서 올라가기 어렵네요.

해설 디지털 카메라가 비싸다는 말에 이어질 수 있는 내용으로 더 저렴한 걸 보겠다고 한 (a)가 자연스럽다. (b)와

(c)는 상점에서 쓰는 표현이긴 하지만 현상황과는 관련이 없다. (d)는 steep이 '언덕이 가파른'이란 의미로 쓰여 전혀 다른 뜻으로 쓰였다.

어구 steep 가격이 비싼, 가파른
   hot item 잘 팔리는 상품
   be sold out 품절되다

정답 (a)

18 M Sometimes the forecasts are incorrect.
   W That's right. Sometimes we get wrong information.
   M The weatherman didn't predict any rain but I got wet in the rain.
   W _____

(a) I always hear the weather forecast.
(b) My heart bleeds for you.
(c) Forecast is a hard job.
(d) I'd better take a hot shower right now.

해석 M 가끔씩 일기예보는 맞지 않아요.
   W 맞아요. 우리는 때때로 잘못된 정보를 얻기도 해요.
   M 기상통보관은 비가 안 온다고 했지만 저는 비를 맞았어요.
   W _____
   (a) 저는 항상 일기예보를 들어요.
   (b) 그것 참 안 됐군요.
   (c) 일기예보는 힘든 일이죠.
   (d) 저는 지금 뜨거운 샤워를 해야겠어요.

해설 틀린 일기예보로 인해 비에 맞았다고 불평하는 내용에 이어질 말은 '안됐다'고 맞장구를 치는 (b)다. 유사표현에는 I'm sorry, That's too bad 등이 있다. (c)는 일기예보에 대한 불평을 하는 상황이므로 어울리지 않는다.

어구 weatherman 기상통보관
   weather forecast 일기예보
   My heart bleeds for you 그것 참 안됐군요

정답 (b)

19 W Will you answer the phone? It's Mr. Kim from Hong Kong branch.
   M I'm on another line now. Can you ask him to hold?
   W Alright. But please hurry, you know, it's an international call.
   M _____

(a) I'll put you through to him.
(b) Tell him I'll call back in five minutes.

(c) You're right. Can you connect him with me?

(d) I had him call me back.

해석 W 전화 받으시겠어요? 홍콩 지사의 미스터 김입니다.
M 지금 다른 전화를 받고 있어요. 기다리라고 전해주실래요?
W 알겠습니다. 하지만 서두르세요. 국제 전화니까요.
M _____
(a) 그를 바꿔 드릴게요.
(b) 5분 후에 다시 전화하도록 하죠.
(c) 그렇군요. 그와 연결시켜 주세요.
(d) 그에게 다시 전화해달라고 했어요.

해설 국제전화가 왔지만 다른 전화를 받고 있는 상황이다. (a)는 연결 대상이 잘못되어 있고 (c)는 you를 me로 바꾸면 답으로 가능하다. (d)는 시제가 맞지 않다. 따라서 정답은 (b)가 된다.

어구 be on another line 다른 전화를 받다
get back to ~에게 다시 전화하다
connect A with A를 ~에게 연결해주다

정답 (b)

20 M **When will the next train arrive from Daegu?**

W **It's supposed to arrive any minute now.**

M **But it's already been delayed 10 minutes.**

W _____

(a) It'll take longer than that.

(b) Let me tell you about my daily schedule.

(c) Bus is the fastest way to get there.

(d) Really? The train is behind schedule today.

해석 M 대구에서 오는 다음 기차는 언제 도착하죠?
W 곧 도착할 거예요.
M 하지만 벌써 10분 지연됐잖아요.
W _____
(a) 그보다 더 오래 걸릴 거예요.
(b) 제 하루 일과를 말씀 드릴게요.
(c) 그곳에 가는 가장 빠른 방법은 버스에요.
(d) 정말이요? 기차는 오늘 예정보다 늦는군요.

해설 기차가 10분 지연됐다는 마지막 말에 예정보다 늦는다고 답한 (d)가 적절한 응답이다.

어구 be supposed to ~하기로 되어 있다
behind schedule 예정보다 늦게(cf. ahead of schedule 예정보다 먼저, on schedule 예정대로)

정답 (d)

21 W **Why didn't you ask me for the money?**

M **It was such a large amount. So I just got a**

---

bank loan.

W **But how are you going to pay the interest?**

M _____

(a) That's why I'm looking for another part-time job.

(b) I don't have enough money to lend you.

(c) You're very stingy.

(d) I'm not interested in interest rates.

해석 W 왜 저에게 돈을 부탁하지 않았나요?
M 금액이 너무 커서요. 그래서 그냥 은행대출 받았어요.
W 하지만 어떻게 이자를 내실 건가요?
M _____
(a) 그래서 파트타임 일자리를 찾고 있어요.
(b) 저는 당신에게 빌려 줄 충분한 돈이 없어요.
(c) 당신은 상당히 인색하군요.
(d) 저는 이율에 관심이 없어요.

해설 이자를 감당할 방법을 묻고 있으므로 구체적 방법을 제시한 (a)가 정답이다. (b)는 돈을 빌려달라고 할 때 쓸 수 있는 표현이고 (c)는 돈이 없다고 말했을 때 각각 쓸 수 있는 표현이다.

어구 get a loan 대출받다
interest 이자
stingy 인색한

정답 (a)

22 M **You shouldn't have handed in your resignation.**

W **I couldn't stand this kind of sexual discrimination anymore.**

M **I'm not a sexist at all, but you should have endured it.**

W _____

(a) They want me to hand in related documents.

(b) He's just a dummy boss.

(c) It's no use crying over spilt milk.

(d) Don't discriminate others.

해석 M 당신은 사표를 제출하지 말았어야 했어요.
W 저는 이런 성차별은 더 이상 참을 수 없었어요.
M 저는 성차별주의자는 아니지만, 당신이 참았어야 했어요.
W _____
(a) 그들은 제가 관련서류를 제출하기 원해요.
(b) 그는 그냥 허수아비 사장이에요.
(c) 이미 엎질러진 물이에요.
(d) 다른 사람들을 차별하지 하세요.

해설 여자는 이미 사표를 제출한 상태이고 남자가 그러지 말

앗어야 했다고 말하고 있다. 이에 대해 적절한 응답은 '지나간 일은 돌이킬 수 없다'는 뜻인 (c)다.

23 W You need to care about the non-smokers around you.
    M I know I'm a heavy smoker but it's not that easy to quit.
    W It is said that passive smoking is more harmful to health.
    M _____

(a) All right. I'll crush my cigarette out.
(b) Yes, smoking causes cancer.
(c) This is a smoking section.
(d) I've almost recovered my health.

해석 W 당신 주위에 있는 비흡연자들을 배려하셔야 해요.
     M 제가 담배 많이 피우는 건 알지만 끊기가 그렇게 쉽지 않네요.
     W 간접흡연이 건강에 더 해롭다고들 하잖아요.
     M _____
     (a) 알겠어요. 담배를 끌게요.
     (b) 네, 흡연은 암을 유발해요.
     (c) 이곳은 흡연구역입니다.
     (d) 저는 제 건강을 거의 회복했어요.

해설 여자는 남자에게 간접흡연이 안 좋다고 말하고 있고 이에 대해 담배를 끄겠다고 말한 (a)가 자연스러운 대답이다.

어구 passive smoking 간접흡연(=second-hand smoking)
harmful 해로운
crush one's cigarette out 담배를 비벼 끄다

정답 (a)

24 M Do you know anyone who has a good used car for sale?
    W Why don't you lease a new car instead?
    M That's a good idea! Why didn't I think of that!
    W _____

(a) Do you want to sell your car?

(b) When will the new lease expire?
(c) Whatever the cost, we can go for it!
(d) I just know you won't be sorry.

해석 M 괜찮은 중고차 팔려고 내놓은 사람 아세요?
     W 대신에 새 차를 임대하는 게 어때요?
     M 좋은 생각이에요. 왜 그 생각을 못 했을까요!
     W _____
     (a) 당신 차를 팔고 싶나요?
     (b) 임대 기간은 언제 끝나나요?
     (c) 비용이 얼마든, 진행할 수 있어요.
     (d) 후회하지 않을 거예요.

해설 여자가 자동차 임대를 권하고 있는 상황이고 이에 대해 남자가 맞장구를 쳐서 동의하고 있다. 이에 대해 '후회하지 않을거야'라는 말로 다시 한 번 신뢰를 주는 것이 자연스럽다.

어구 lease 임대하다
expire 만기가 되다

정답 (d)

25 W Can I copy your notes from last week's lecture?
    M Yes, you can. Why weren't you in class?
    W I had a family reunion last week in Busan.
    M _____

(a) The lecture has been postponed until tomorrow.
(b) You're lying to get out of class.
(c) How long have you been separated from your family?
(d) Did you enjoy the meal?

해석 W 지난 주 강의 노트 좀 베낄 수 있을까요?
     M 네, 그러세요. 왜 수업에 오지 않았어요?
     W 지난주에 부산에서 가족모임이 있었거든요.
     M _____
     (a) 강의는 내일로 연기됐어요.
     (b) 당신은 수업을 빼먹으려고 거짓말을 하고 있어요.
     (c) 얼마나 오랫동안 가족과 떨어져 있었던 거예요?
     (d) 식사 맛있게 하셨어요?

해설 대화문 전체를 이해해야 풀 수 있는 문제다. 부산에서의 가족 모임으로 수업에 빠진 대화내용이므로 이어질 적절한 말은 얼마나 가족과 떨어져 있었는지 물어보는 (c)다. '가족모임'이라고 언급했지 '식사'라는 언급은 없으므로 (d)는 정답이 될 수 없다.

어구 family reunion 가족모임
postpone 연기하다
get out of class 수업을 빼먹다

be separated from ~와 헤어지다

26 M **May I help you?**
  W **I'm looking for shoes.**
  M **Anything particular in mind?**
  W _____

(a) Don't worry. I'm on your side.
(b) There are so many shoes here.
(c) I think this one will suit you very well.
(d) Not really. What would you recommend?

해석 M 무엇을 도와드릴까요?
  W 신발을 찾고 있어요.
  M 특별히 찾는 게 있나요?
  W _____
  (a) 걱정하지 마세요. 전 당신 편이에요.
  (h) 여기에는 많은 신발들이 있어요.
  (c) 이것이 당신에게 아주 잘 맞을 거예요.
  (d) 없어요. 추천해 주실래요?

해설 신발가게에서 손님에게 특별히 무엇을 찾느냐고 묻고 있다. (a)는 '난 당신 편이다'라는 뜻으로 어색하고, (b)는 점원이 여자에게 할 말이다. 특별한 게 없으니 추천해 달라는 (d)가 답이 된다.

어구 look for ~을 찾다
(have) ~ in mind ~을 마음에 두다
suit ~에 잘 맞다, 어울리다

정답 (d)

27 W **I'm going to ask the boss for a raise.**
  M **Will he accept your demand?**
  W **Don't you think I deserve a raise?**
  M _____

(a) There'll be a wage increase of 5%.
(b) Sure. What do you want?
(c) I'm sure you do. A raise may improve
    employee morale.
(d) Boss will be busy.

해석 W 난 사장님께 봉급인상을 요구할 거예요.
  M 사장님이 당신의 요구를 받아들일까요?
  W 제가 봉급인상을 받을 만하다고 생각하지 않아요?
  M _____
  (a) 5%의 임금 인상이 있을 거예요.
  (b) 물론이에요. 무엇을 원하시죠?
  (c) 물론 그렇죠. 봉급인상은 직원들 사기를 높여 줄 수
    있죠.

(d) 사장님께서 바쁘실 거예요.

해설 봉급인상을 받을만 하냐고 묻고 있고 이에 대해 그럴만 하다고 답한 (c)가 답이다. (a)는 일반적인 봉급인상에 대한 언급이기 때문에 여자의 질문에 대한 답으로는 적절치 않다. (b)는 답을 Sure라고 했지만 연결되는 대답이 잘못되었다.

어구 ask for a raise 봉급인상을 요구하다
deserve ~할(받을) 만하다
wage increase 봉급인상
morale 사기

정답 (c)

28 M **Hello, may I speak to Tony Park?**
  W **He's out to lunch. Would you like to leave a message?**
  M **This is Charlie Shin. Could you just have him call me?**
  W _____

(a) I don't have time right now.
(b) Does he know your telephone number?
(c) I'll connect you with his room.
(d) There's no one here by that name.

해석 M 여보세요. 토니 박과 통화할 수 있나요?
  W 점심 드시러 나가셨어요. 메시지를 남기시겠어요?
  M 저는 찰리 신인데요. 저에게 전화해달라고 해주시겠어요?
  W _____
  (a) 저는 지금 시간이 없어요.
  (b) 그가 당신의 전화번호를 알고 있나요?
  (c) 그의 방으로 연결해드리죠.
  (d) 그런 이름의 사람은 없습니다.

해설 '전화하라고 해주세요'라고 했으므로 '그렇게 전하겠다' 혹은 (b)와 같이 전화할 사람이 번호를 알고 있는지 물어보는 것이 자연스럽다. (a)는 공손하지 못한 표현이고 (c)는 상황에 어울리지 않고 (d)는 찾는 사람이 없을 때 쓰는 표현이다.

어구 connect sb with one's room 누군가를 ~의 방으로 전화를 연결하다

정답 (b)

29 W **Are you being helped?**
  M **Big burger and coke, please.**
  W **For here or to go?**
  M _____

(a) I like coke. How about you?
(b) I don't like junk food.

(c) I really like the burgers here.
(d) I'd like to carry them home.

해석 W 주문하시겠어요?
M 빅버거랑 콜라 주세요.
W 여기서 드시겠어요 아니면 가지고 가시겠어요?
M _____
(a) 전 콜라가 좋아요. 당신은요?
(b) 저는 정크푸드를 좋아하지 않아요.
(c) 저는 여기 버거가 정말 좋아요.
(d) 집에 가져갈래요.

해설 음식점에서 흔히 일어나는 상황이다. '여기서 먹겠느냐 가져가겠느냐'는 질문에 가져가겠다고 답한 (d)가 정답이다.

어구 junk food 정크푸드
For here or to go? 여기서 드시겠어요, 아니면 가지고 가시겠어요?

정답 (d)

30 M **I'll take a driving test tomorrow.**
W **What're you talking about? You already have one, don't you?**
M **My driver's license was suspended because of my drunk driving.**
W _____

(a) It's not that easy to get a driver's license.
(b) You have to practice a lot to drive a car.
(c) Do not talk to the driver!
(d) Never drive under the influence!

해석 M 저는 내일 운전면허 시험을 볼 거예요.
W 무슨 소리에요? 이미 면허증 있잖아요, 그렇지 않나요?
M 제 운전면허증은 음주운전으로 정지됐어요.
W _____
(a) 운전면허증을 따는 것은 쉽지 않아요.
(b) 운전 하려면 연습을 많이 해야 해요.
(c) 운전자에게 말 걸지 마세요!
(d) 절대 음주운전 하지 마세요!

해설 음주운전으로 남자의 운전면허증이 정지됐다는 말에 적절한 답변은 (d)다. (a)와 같이 대화 중에 나온 표현이 선택지에 나오면 오답일 확률이 높다. (b)와 (c)는 운전에 관한 일반적인 표현으로 오답을 유도하고 있다. 절대 음주운전하지 말라는 (d)가 정답이다.

어구 suspend 중지하다
drunk driving 음주운전
under the influence 술에 취하여

정답 (d)

---

31 M **Good afternoon.**
W **Good afternoon. Here's my ticket.**
M **Thank you. Do you have any luggage?**
W **Yes, one suitcase and small backpack.**
M **The backpack is OK, but this suitcase looks heavy. Could you just put it on the scale, please?**
W **Sure. It's small enough and not that heavy.**
M **You can take this with you because it weighs under 10 kilos. So you have two carry-on bags.**
W **Thanks.**

Q **What is the woman most likely doing?**

(a) She is weighing her luggage.
(b) She is helping the man carry his suitcase.
(c) She is checking in.
(d) She is making a reservation.

해석 M 안녕하세요.
W 안녕하세요. 여기 표 있습니다.
M 고맙습니다. 짐이 있으신가요?
W 네, 옷가방 한 개와 작은 배낭이 하나 있어요.
M 배낭은 괜찮은데, 옷가방은 무거워 보이는군요. 저울 위에 올려 주시겠어요?
W 물론이죠. 이 가방은 작고 그렇게 무겁지 않아요.
M 10킬로그램 미만으로 나가니 기내에 가져가셔도 됩니다. 그럼 들고 탈 가방이 두 개가 되는군요.
W 고맙습니다.
Q 여자는 무엇을 하고 있는 것 같은가?
(a) 그녀의 짐의 무게를 재고 있다.
(b) 그녀는 남자가 그의 가방을 들고 가는 것을 돕고 있다.
(c) 그녀는 탑승 수속을 밟고 있다.
(d) 그녀는 예약을 하고 있다.

해설 ticket, luggage, suitcase, scale, carry-on bags 등으로 공항에서 수속하는 장면임을 알 수 있으므로 정답은 (c)다.

어구 backpack 배낭
scale 저울
carry-on (bag) 기내 휴대 수하물
check in 탑승 수속하다

정답 (c)

32

M Do you need anything else, ma'am? The kitchen will close in fifteen minutes.

W Oh, really? We need some side dishes. Can you recommend something light?

M How about some Nachos and a Caesar salad with broiled salmon?

W Good choice. We'll have those.

M Those are very popular here.

W Oh, can we also have another bottle of wine?

M Sure, I'll be right back with them.

Q Why did the woman order extra dishes?

(a) There is no longer chance to get food.

(b) The woman wants low-calorie food.

(c) They are very popular at this restaurant.

(d) The broiled salmon is the restaurant's special.

해석 M 더 필요한 것은 없으세요? 주방은 15분 있다 닫거든요.

W 오, 정말이요? 안주거리가 좀 필요하거든요. 가벼운 것으로 추천해 주실래요?

M 나초와 구운 연어를 곁들인 시저 샐러드가 어떠신가요?

W 좋은 선택이에요. 그것으로 하죠.

M 그 메뉴들은 저희 가게에서 정말 인기가 좋습니다.

W 오, 와인 한 병도 가져다주실래요?

M 알겠습니다. 곧 가져오겠습니다.

Q 여자는 왜 추가 요리를 주문했는가?

(a) 더이상 음식을 먹을 기회가 없다.

(b) 여자는 칼로리가 적은 음식을 원한다.

(c) 그것들은 이 레스토랑에서 인기가 많다.

(d) 구운 연어는 그 레스토랑의 특별메뉴이다.

해설 대화 첫 부분에 남자가 15분 후에 주방이 닫는 것을 알리고 추가 주문 여부를 묻고 있으므로 정답은 (a)다. (b)는 something light을 paraphrase한 매력적인 오답이고 (c) 역시 대화에서 등장하는 내용이지만 추가주문을 하는 이유는 아니다.

어구 broil 굽다
salmon 연어
low-calorie 저칼로리의

정답 (a)

33

W What's the necessary qualification for borrowing books here?

M Anyone who resides, works, pays property taxes, or attends school in Bucheon City, is eligible for a borrower's card.

W I'm a university student here in Bucheon.

M Could you show me your student ID?

W I don't have it with me at the moment.

M Just fill out this form and submit a copy of your student ID later. Then I'll issue a borrower's card.

W Is there any registration fee or something?

M No, it's free but you'll be fined for overdue books.

Q What is the woman trying to do?

(a) Borrow a borrower's card

(b) Have her ID renewed

(c) Check out books

(d) Register for a school

해석 W 여기서 책을 빌릴 수 있는 자격 요건은 무엇인가요?

M 부천시에서 살거나, 일을 하거나, 재산세를 내거나, 학교에 다니는 사람은 누구나 대출 카드를 받을 자격이 됩니다.

W 저는 이곳 부천에서 대학에 다녀요.

M 학생증을 좀 보여주실래요?

W 지금은 없어요.

M 이 양식을 작성하시고 학생증 사본은 나중에 제출하세요. 그럼 대출 카드를 발급해 드리겠습니다.

W 등록비 같은 게 있나요?

M 아뇨, 무료입니다만 늦게 책을 반환하면 벌금이 부과됩니다.

Q 여자는 무엇을 하려고 하는가?

(a) 대출 카드를 빌리려고

(b) 학생증을 갱신하려고

(c) 책을 대출하려고

(d) 학교에 등록하려고

해설 처음 여자 말에서 책을 빌릴 수 있는 자격요건을 묻고 있으므로 정답은 (c)다. check out은 borrow를 paraphrase한 표현이다. 나머지 선택지는 담화에 등장하는 단편적인 정보로 오답을 구성한 함정이다.

어구 qualification 자격
reside 거주하다
property tax 재산세
be eligible for ~자격이 있다
fill out 작성하다
issue 발급하다
registration fee 등록비
be fined 벌금이 부과되다
overdue 기한이 지난

renew 갱신하다
register for 등록하다

정답 (c)

34 M I'm here to deliver a package for Brian Brown.
   W He's out to lunch at the moment.
   M Where should I put this down?
   W Just give it to me. I'll take care of it.
   M Please be careful. It's very fragile.
   W What's in here?
   M I'm not sure, but it says it's made of glass. All I need is your signature here.

   Q What did the man warn the woman about?
   (a) There were some boxes behind the woman.
   (b) There was a brittle item in the box.
   (c) The package was too heavy to carry.
   (d) The man needed Mr. Brown's signature.

해석 M 브라이언 브라운 씨의 소포를 배달하려고 왔습니다.
   W 그는 지금 점심 식사하러 나가셨습니다.
   M 이걸 어디에 놓을까요?
   W 그냥 저에게 주세요. 제가 처리할게요.
   M 조심하세요. 깨지기 쉬운 거예요.
   W 이 안에 뭐가 들어있죠?
   M 잘 모르겠지만 유리로 만들어져 있다고 써 있네요. 여기에 서명만 하시면 됩니다.

   Q 남자는 여자에게 무엇에 대해 경고하는가?
   (a) 여자 뒤에 상자들이 있다는 것
   (b) 깨지기 쉬운 제품이 상자 안에 있다는 것
   (c) 소포는 나르기에 너무 무겁다는 것
   (d) 남자는 브라운 씨의 서명이 필요하다는 것

해설 남자의 말에 핵심 내용이 등장하는데 질문의 warn과 지문의 be careful에 착안해야 한다. 조심하라고 경고하는 이유는 배달품이 깨지기 쉽기 때문이므로 정답은 (b)다.

어구 take care of ~을 처리하다
   fragile 깨지기 쉬운
   brittle 깨지기 쉬운

정답 (b)

35 M You know, oil stocks posted a solid gain today as oil prices are predicted to move higher in the near future.
   W That's right. I saw that news on TV.
   M They said below average temperature in the northern part of the U.S. and some signs of unrest in the Middle East were cited as the reasons.
   W There is also feeling that the expansion of economies in Asia will increase the demand for oil.
   M The environmental groups seem to take action sooner or later.
   W I heard they're going to give pressure on governments to reduce CO2 emissions.

   Q What is the main topic of the conversation?
   (a) The fluctuation of stock prices
   (b) The troubles between U.S and Middle East
   (c) The odd climate
   (d) Reasons of the rise in oil prices

해석 M 장차 미래에 유가가 상승할 것이라고 예상되어서 오늘 정유회사의 주식이 올랐어요.
   W 맞아요. 저도 TV에서 그 뉴스를 봤어요.
   M 미 북부의 평균보다 낮은 기온과 중동의 불안 조짐 때문이라고 하더군요.
   W 아시아 경제 팽창이 석유의 수요를 증가시킬 거예요.
   M 환경 단체들은 조만간 조치를 취할 것 같아요.
   W 이산화탄소의 배출을 줄이라고 정부에 압력을 가할 것이라고 들었어요.

   Q 이 대화의 주제는 무엇인가?
   (a) 주가의 변동
   (b) 미국과 중동의 분쟁
   (c) 이상 기후
   (d) 유가 상승의 이유

해설 대화의 주제를 묻는 문제다. 유가 상승 가능성의 이유에 대해서 대화를 나누고 있으므로 정답은 (d)다. (a)는 정유회사 주식이 올랐다는 내용만 있을 뿐 등락폭이 심하다는 내용은 없다. (b)는 유가 상승의 요인으로 중동지역의 불안 조짐이란 내용만 등장하지 미국과 중동의 분쟁에 대해서는 언급되어 있지 않다. (c)역시 이산화탄소와 환경 단체에 대해서만 언급되어 있을 뿐 이상 기후에 대한 내용은 없으므로 오답이다.

어구 stock 주식
   post 공시하다
   solid 견고한, 견실한

gain 이익, 증가
unrest 불안
expansion 팽창, 확장
reduce 줄이다
emission 배출
fluctuation 변동

정답 (d)

어구 due 예정된
on time 정시에
meet the deadline 마감일을 맞추다
put aside 제쳐놓다

정답 (a)

36 W When are the reports due?

M Next Wednesday. I'm afraid we won't be able to have the report finished on time.

W We'll have to work late every night this week to meet the deadline.

M It's already seven o'clock. Let's go out and have something to eat.

W Yeah. Let's put it aside. I'm kind of hungry, too.

M What do you want to eat?

W How about Rafael's at the corner of First and Main? Its steak burgers are really good.

M Yeah, I haven't been there for a long time.

Q What are the speakers talking about?

(a) Taking a break for dinner
(b) Business trip plan
(c) Shift work
(d) Ordering some food

해석 W 보고서의 마감이 언제죠?

M 다음 주 수요일이에요. 수요일까지 못 끝낼 것 같아요.

W 마감일을 맞추기 위해서 이번 주 내내 야근을 해야 될 거예요.

M 벌써 7시네요. 나가서 뭣 좀 먹죠.

W 네. 일을 좀 제쳐 두죠. 저도 배가 고프거든요.

M 뭐 드실래요?

W 1번가와 메인가 모퉁이에 있는 라파엘스 어때요? 거기 스테이크 버거가 그만이거든요.

M 네, 저도 가본 지 오래 됐군요.

Q 화자들은 무엇에 대해 이야기를 하고 있는가?

(a) 저녁식사를 위해 쉬는 것
(b) 출장 계획
(c) 교대 근무
(d) 음식을 주문하는 것

해설 역시 대화의 주제를 묻는 문제다. 보고서와 그 마감일, 야근, 저녁식사로 이어지는 대화이므로 정답은 (a)다. (b)에서 출장 계획에 대한 언급은 전혀 없다. (d)는 직접 저녁식사 하러 나간다고 했으므로 맞지 않다.

37 M Did you get a check-up last week?

W Yes, they checked weight, vision and hearing problems, blood pressure, and so on. And there's something wrong with my vision.

M Your eyes are always bloodshot.

W And besides they're very dim because of distorted vision.

M What did the doctor say?

W He said the glasses I'm wearing aren't the right prescription.

M So what did the doctor suggest to you?

W I need to take the medicine he prescribed and need another pair of glasses.

Q What problem does the woman most likely have?

(a) Overweight
(b) Defective vision
(c) Impaired hearing
(d) High blood pressure

해석 M 지난주에 건강검진 받았어요?

W 네. 몸무게, 시력, 청력, 혈압 등을 검진 받았어요. 그리고 제 시력에 뭔가 문제가 있어요.

M 당신의 눈이 항상 충혈 되어 있어요.

W 게다가 난시 때문에 눈이 너무 침침해요.

M 의사는 뭐래요?

W 제가 쓰고 있는 안경 도수 처방이 잘못됐다고 하더 군요.

M 그래서 의사는 당신한테 어떤 처방을 했죠?

W 그가 처방한 약을 먹어야 하고 새로 안경도 하나 필요하대요.

Q 여자는 어떤 건강관련 문제를 가지고 있는 것 같은가?

(a) 과체중
(b) 불완전한 시력
(c) 손상된 청각
(d) 고혈압

해설 비교적 쉬운 문제다. 대화의 주된 내용이 시력에 관한 것 이므로 정답은 (b)다.

어구 check-up 건강검진
vision 시력

hearing 청력, 청각
bloodshot 충혈된
dim 침침한
distorted vision 난시

정답 (b)

---

38 W Where are you going? We were supposed to go hiking this weekend.

M I'm upset, but I'm afraid we have to cancel the plan. My boss called the meeting.

W Why?

M There are some problems with the contract. I'm the only one who made the contract.

W What time do you think you will be back?

M I'm not sure about that under the present circumstances. I'll call you when things get better.

W I'm equipping myself for a hike anyway.

Q What can be inferred from the conversation?

(a) The woman and the man will attend the meeting.

(b) The woman will go hiking with her boss.

(c) They might not go hiking.

(d) The contract will be made again.

해석 W 어디 가는 거예요? 우리는 이번 주말에 하이킹 가기로 되어 있었잖아요.

M 저도 화가 나지만 그 계획을 취소해야 할 것 같아요. 사장님께서 회의를 소집하셨거든요.

W 왜죠?

M 계약서에 문제가 좀 있어요. 그 계약서를 작성한 사람은 제가 유일하거든요.

W 몇 시에 돌아올 거예요?

M 현재 상황으로는 알 수 없어요. 상황이 나아지면 전화 할게요.

W 저는 어쨌든 하이킹 갈 채비를 하고 있을게요.

Q 대화로부터 추론할 수 있는 것은?

(a) 여자와 남자는 회의에 참석할 것이다.

(b) 여자는 그녀의 사장님과 하이킹을 갈 것이다.

(c) 그들은 하이킹을 가지 않을 지도 모른다.

(d) 재계약이 이루어질 것이다.

해설 하이킹 가기로 했지만 남자의 사장님의 갑작스런 회의 소집으로 하이킹을 갈 수 있을지 없을지 알 수 없는 상황이므로 (c)가 정답이 된다.

어구 be supposed to ~하기로 되어 있다
call a meeting 회의를 소집하다

---

under the present circumstances 현재 상황으로는
equip oneself for a hike 하이킹 할 채비를 하다

정답 (c)

---

39 M What is the fastest way to get to the downtown office in Seoul from the airport?

W It depends on what time of day it is.

M I'll be arriving at Incheon International Airport around 7 a.m.

W The traffic in Seoul is really terrible during rush hour, so you'd better use public transportation. There're lots of ways such as buses, taxies and subways.

M I'd better take the airport Limo.

W If I were you, I'll take the subway.

M Why is that? There're exclusive bus lanes in Korea.

W Right. But especially there's a lot of roadwork these days.

Q What are they discussing?

(a) The traffic congestion

(b) The public transportation in Seoul

(c) How to get to the Airport

(d) Which vehicle to choose

해석 M 공항에서 서울시내 사무실까지 가장 빠른 길이 무엇인가요?

W 하루 중 몇 시경인가에 달려 있어요.

M 저는 오전 7시경에 인천 공항에 도착 할 거예요.

W 출퇴근 시간대의 서울의 교통은 정말 끔찍하거든요, 그래서 대중 교통을 이용하는 게 나아요. 버스, 택시, 지하철과 같은 여러 방법들이 있어요.

M 저는 공항 리무진 버스를 타는 게 좋겠군요.

W 제가 당신이라면, 지하철을 탈 거예요.

M 왜 그럴죠? 한국에는 버스 전용차선이 있잖아요?

W 맞아요. 하지만 요즘 특히 도로 공사를 많이 하거든요.

Q 이들은 무엇에 대해 이야기하고 있는가?

(a) 교통 혼잡

(b) 서울의 대중 교통

(c) 공항에 가는 법

(d) 어느 교통편을 이용할지

해설 공항에서 시내까지 가기 위해 어느 교통편을 이용할지에 대해 이야기하고 있으므로 (d)가 정답이 된다. (a), (b)는 대화에 등장하긴 하지만 주된 화제는 아니다.

어구 public transportation 대중 교통

exclusive bus lane 버스 전용차선
roadwork 도로 공사

40 W Sorry to keep you waiting.

M No worries.

W Do you have enough room for all my luggage? I have more than 5 bags.

M Yes, the trunk is really spacious and there's also room on the roof rack.

W Great. Could you help me with my bags?

M Sure.

W I'd like to make it to the airport for 9:30 flight.

M We'd better hurry up! It's almost eight o'clock.

Q Which is correct according to the conversation?

(a) The man is still waiting for a customer.

(b) The woman can't take all her luggage.

(c) The woman is running out of time.

(d) The woman almost missed her flight.

해석 W 기다리게 해서 미안합니다.

M 별말씀을요.

W 제 짐을 넣을 공간이 충분한가요? 가방이 5개 이상 되거든요.

M 네, 트렁크는 아주 넓고 지붕 선반에도 공간이 있어요.

W 잘됐군요. 제 가방 좀 넣어 주실래요?

M 물론이죠.

W 저는 9시 30분 비행기를 타러 공항에 가야 합니다.

M 서둘러야겠군요. 8시가 거의 다 됐거든요.

Q 대화문의 내용으로 옳은 것은?

(a) 남자는 여전히 손님을 기다리고 있다.

(b) 여자는 가방을 다 가져갈 수 없다.

(c) 여자는 시간이 별로 없다.

(d) 여자는 비행기를 거의 놓칠 뻔했다.

해설 대화문의 세부 내용을 기억해야 하는 문제다. 9시 30분 비행기를 타기 위해 공항에 가야 하는데 택시기사로 보이는 남자가 8시가 다 됐고 서둘러야 한다는 내용이 등장하므로 정답은 (c)다. (a)는 짐을 싣고 있으므로 맞지 않다. (b)는 트렁크뿐 아니라 택시 지붕 위 선반에도 공간이 있다고 했으므로 오답이다. (d)는 시간이 없을 뿐 놓쳤는지 여부는 알 수 없으므로 옳지 않다.

어구 room 장소, 공간
spacious 넓은
rack 선반

make it to ~에 시간 내에 도착하다

41 M What happened to the plants near the window?

W They were all dead while I was out of town.

M Why didn't you ask someone to take care of them?

W I did, but I gave her a wrong key. I mean I gave her my warehouse key.

M So the hot sun withered up the plants, didn't it?

W Yes, they were the plants my husband gave me for my birthday.

M Your husband must be disappointed about it.

W I need to go out and buy the same plants.

Q Why were the plants all dead?

(a) The plants were in the warehouse.

(b) The plants were not watered.

(c) The woman watered plants too much.

(d) There was too much sun near the window.

해석 M 창가에 있는 식물이 어떻게 된 거죠?

W 제가 출장 간 사이에 다 죽었어요.

M 왜 누군가에게 식물을 돌보도록 부탁하지 않았죠?

W 했지만, 제가 그녀에게 열쇠를 잘 못 줬어요. 제 창고 열쇠를 준 거죠.

M 그래서 햇빛에 말라 죽었군요, 그렇지 않나요?

W 네, 그것들은 제 남편이 제 생일 선물로 준 것이었어요.

M 당신 남편이 실망하겠군요.

W 나가서 같은 식물들을 사야겠어요.

Q 왜 식물들이 다 죽었는가?

(a) 식물들이 창고에 있었다.

(b) 식물들에 물을 주지 않았다.

(c) 여자는 식물들에 물을 너무 많이 줬다.

(d) 창가에 햇빛이 너무 많이 들었다.

해설 식물이 죽은 이유를 찾는 문제다. 창가에 있는 식물이 햇빛으로 말라 죽었고 그 이유는 궁극적으로 사무실에 들어가 물을 주지 못했기 때문이므로 정답은 (b)다.

어구 be out of town 다른 곳에 가 있다
wither up 시들게 하다, 말라 죽게 하다

42
M Do you like your new roommate?

W I was about to tell you about it. It's just that my new roommate and I don't get along well.

M Is there any problem?

W She stays up all night working and watching TV and I can't sleep.

M Did you talk to her about it?

W I did, but it doesn't make any change at all.

M I'll talk to her about it myself. Where is she now?

W She just went out to dinner with her boyfriend.

Q What can be inferred from this conversation?

(a) The woman's roommate suffers from insomnia.

(b) The woman's roommate doesn't care about the woman.

(c) The TV in the room needs to be repaired.

(d) The woman and her roommate will go out to dinner.

해석 M 당신의 새 룸메이트는 괜찮나요?

W 제가 막 말하려던 참이에요. 제 룸메이트와 저는 잘 지내지 못해요.

M 문제라도 있나요?

W 그녀는 밤새 깨어서 일하거나 TV를 보니까 저는 잠을 잘 수가 없어요.

M 그녀에게 그것에 대해 이야기해 봤나요?

W 했지만 변한 게 전혀 없어요.

M 제가 한번 말해보죠. 그녀는 지금 어디에 있죠?

W 그녀의 남자친구와 저녁 먹으러 나갔어요.

Q 이 대화에서 무엇이 추론되는가?

(a) 여자의 룸메이트는 불면증에 시달린다.

(b) 여자의 룸메이트는 여자를 배려하지 않는다.

(c) 방에 있는 TV는 수리가 되어야 한다.

(d) 여자와 그녀의 룸메이트는 저녁 먹으러 나갈 것이다.

해설 대화의 내용에서 답을 추론해야 하는 문제다. (a)는 여자의 룸메이트 보다 본인이 잠을 못 자고 있는 상황이므로 맞지 않다. (b)는 여자의 룸메이트가 늦게까지 자지 않고 TV를 시청한다고 했으므로 정답이다. (c)는 대화의 내용만으로는 추론이 불가능한 정보다. (d)는 여자의 룸메이트가 그녀의 남자친구와 저녁 먹으러 나간 것이므로 맞지 않다.

어구 be about to 막 ～하려고 하다

get along 지내다
stay up 자지 않고 깨어 있다
insomnia 불면증

정답 (b)

43
W Good afternoon. California Dental Clinic.

M Hi. Is Dr. Stevenson available? I want to talk to him.

W I'm sorry, but he went to Boston for a seminar.

M Do you know when he'll be back?

W He's not supposed to return until next Tuesday. Would you like to wait till then?

M I guess I should.

W All right.

Q What will the man probably do next?

(a) He will go to another clinic.

(b) He will go to Boston to meet Dr. Stevenson.

(c) He will make an appointment with Dr. Stevenson.

(d) He will wait for Dr. Stevenson to return.

해석 W 안녕하세요. 캘리포니아 치과입니다.

M 안녕하세요? 스티븐슨 박사님 계신가요? 그와 통화 좀 하고 싶어서요.

W 죄송합니다만, 세미나 차 보스턴에 가셨습니다.

M 그가 언제 돌아오시는지 아시나요?

W 다음 주 화요일이나 되어야 오실 거예요. 그때까지 기다리겠어요?

M 그래야 할 것 같네요.

W 알겠습니다.

Q 남자는 대화 후에 무엇을 할 것인가?

(a) 그는 다른 진료소에 갈 것이다.

(b) 스티븐슨 박사를 만나러 보스턴에 갈 것이다.

(c) 스티븐슨 박사와 약속을 할 것이다.

(d) 스티븐슨 박사가 돌아올 때까지 기다릴 것이다.

해설 남자와 여자 말 모두 집중해서 흐름을 파악해야 한다. 세미나를 위해 보스턴에 간 스티븐슨 박사를 기다려겠다고 했으므로 정답은 (d)다.

어구 be supposed to ～하기로 되어 있다

정답 (d)

44 M Would you like to see a movie tonight?

W Sounds good to me. What would you like to see?

M How about *Lions For Lambs*?

W *Lions For Lambs*? It's starring Tom Cruise, right?

M That's right. It's costarring Robert Redford and Meryl Strip. It's playing at the Village Theater.

W What's it about?

M It's about a senator who knows nothing but political ambition, a journalist suffering between a truth and scoop, and a professor opposing the war and so on.

W It sounds quite exciting!

Q What can be inferred from the conversation?

(a) Many famous movie stars appear on the screen.

(b) This movie has been the number one attraction at the box office all this week.

(c) The man has seen the movie before.

(d) This is an anti-war movie.

해석 W 오늘밤 영화 보러 갈래요?
W 좋아요. 뭘 보실래요?
M '라이언스 포 램스' 어때요?
W '라이언스 포 램스'요? 탐 크루즈 주연하는 거군요, 맞죠?
M 맞아요. 로버트 레드포드와 메릴 스트립도 나오죠. 빌리지 극장에서 상영 중이에요.
W 무엇에 관한 것이죠?
M 정치적 야심만 아는 상원의원, 진실과 특종 사이에서 고뇌하는 저널리스트, 그리고 전쟁을 반대하는 교수 등에 관한 내용이에요.
W 정말 흥미진진하겠군요!
Q 이 대화에서 무엇이 추론되는가?
(a) 많은 유명 스타들이 출연한다.
(b) 이 영화는 이번 주 내내 박스오피스 1위였다.
(c) 남자는 전에 영화를 본 적이 있다.
(d) 이것은 반전 영화이다.

해설 대화의 세부 내용을 기억해서 추론해야 하는 문제다. 탐 크루즈, 로버트 레드포드, 메릴 스트립 등이 출연한다고 했으므로 정답은 (a)다. 나머지 선택지들은 대화의 내용만으로는 추론할 수 없는 정보들이다.

어구 star 주연을 하다
senator 상원의원

nothing but 단지 ~뿐
scoop 특종 기사
antiwar 반전의

정답 (a)

45 M Have you put in for your vacation yet?

W Yes, my first choice was late July, but I finally had to settle for the beginning of August due to a report that I have to turn in.

M Even so, you're lucky. I don't think I can take my vacation this year.

W Why is that?

M I have to finish my marketing research by mid-July.

W You can get away as soon as you finish it.

M But I also have to work on drafting my sales forecast for the fourth quarter by late August.

W I feel sorry for that.

Q Which of the following is correct according to the conversation?

(a) She has not decided when to take her vacation.

(b) She had to change her original vacation schedule.

(c) She is in charge of marketing research.

(d) She wanted to get away with him.

해석 M 휴가 신청 했나요?
W 네, 원래는 7월 말경이었지만, 제출해야 될 보고서 때문에 8월 초로 결정해야 했어요.
M 그래도 당신은 운이 좋은 거예요. 저는 올해 휴가를 못 갈 것 같아요.
W 왜 그렇죠?
M 7월 중순까지 시장 조사를 끝내야 하거든요.
W 그걸 끝내자마자 떠나면 되잖아요.
M 하지만 8월말까지 4/4분기 판매 예상안도 잡아야 하거든요.
W 안타깝네요.
Q 대화에서 옳은 것은?
(a) 그녀는 언제 휴가를 갈 지 결정하지 않았다.
(b) 그녀는 기존 휴가일정을 변경해야 했다.
(c) 그녀는 시장 조사의 책임을 맡고 있다.
(d) 그녀는 그와 함께 여행을 떠나기를 원했다.

해설 대화 초반부에 휴가를 7월 말경으로 신청했지만 8월초로 변경해야 했다고 했으므로 정답은 (b)다.

어구 put in for 신청하다
      settle 결정하다, 확정하다
      turn in 제출하다
      get away (여행 등을) 떠나다
      draft 초안을 잡다
      quarter 분기
      forecast 예보하다, 예상하다

정답 (b)

Part IV

46 For a long time, many people have believed
that rainy weather conditions cause flare-ups
of arthritis. Can rain affect joints? Actually,
the skins surrounding your joints are rather
impervious to water. Also, arthritis patients
do not experience changes in their symptoms
when taking baths or showers. Another factor
is humidity. However, people do not suffer
from the damp air of a humidifier or sauna.
Ultimately, people's beliefs may show more
about the processes of the mind than the body.
The tendency to identify patterns may bring
about a non-existing correlation.

Q What is the main topic of the talk?

(a) The myths about arthritis and weather

(b) The correlation between weather and
osteoporosis

(c) Weather affecting painful conditions like
arthritis

(d) Rheumatoid arthritis based on medical
research

해석 오랫동안, 많은 사람들은 습한 날씨가 관절염의 재발을
일으킨다고 믿어왔다. 비가 관절에 영향을 미칠까? 사
실, 우리 몸의 관절을 감싸는 피부는 물을 침투시키지
못한다. 또한, 관절염 환자들은 목욕을 하거나 샤워를
할 때 그들이 갖고 있는 증상에 있어서 변화를 경험하지
못한다. 다른 요소는 습도다. 하지만 사람들은 가습기나
사우나의 습한 공기로 인해 고통을 받지는 않는다. 궁극
적으로, 사람들의 신념은 몸이 아닌 마음의 영향을 받는
다는 것을 보여준다. 이러한 패턴을 알아내려는 경향은
실제로는 존재하지 않는 상관관계를 만들어내기도 한다.

Q 이 담화의 주제는 무엇인가?

(a) 관절염과 날씨 간의 잘못된 믿음

(b) 날씨와 골다공증 간의 상관관계

(c) 관절염과 같은 고통스런 질병에 영향을 끼치는 날씨

(d) 의학 연구에 기초한 류마티스 관절염

해설 관절염과 습한 날씨 사이에 관계가 있다는 일반 통념에
대해 의학적인 근거가 없다는 점을 예를 들어 설명하고
있다. 잘못된 믿음이라고 결론짓고 있으므로 (a)가 정
답이다.

어구 flare-up (병의) 재발
      arthritis 관절염
      joint 관절
      humidity 습도
      correlation 상관관계
      impervious 침투하지 못하는
      take a bath 목욕하다
      humidifier 가습기
      tendency 경향
      bring about 일으키다
      non-existing 존재하지 않는
      myth 잘못된 믿음
      osteoporosis 골다공증
      rheumatoid arthritis 류마티스 관절염

정답 (a)

47 I live in a place near a park where there
are many kinds of garden. There is a desert
garden, a Japanese garden, a rose garden and
many others. I always visit the rose garden.
There are many different kinds of rose bushes
in the garden. There are roses from the
ancient times to the modern times. There are
red roses, pink roses, and roses of every other
color. Many of them bloom in the summer.
The garden is full of the smell of roses.

Q What is the talk mainly about?

(a) Various kinds of garden

(b) Garden and roses

(c) The rose garden

(d) How to grow roses

해석 저는 여러 종류의 정원들이 있는 공원 가까이에 삽니다.
그곳은 사막 정원, 일본 정원, 장미 정원, 그리고 다른
여러 정원들이 있습니다. 저는 항상 장미 정원에 갑니
다. 여러 종류의 장미 넝쿨들이 있습니다. 오랜 옛날부
터 현대에 이르는 장미들이 있습니다. 빨강 장미, 분홍
장미 그리고 모든 다른 색깔들이 있습니다. 그들 중 대
다수는 여름에 꽃을 피웁니다. 정원은 장미향으로 가

득합니다.

Q 담화의 주제는 무엇인가?

(a) 다양한 종류의 정원들

(b) 정원과 장미

(c) 장미 정원

(d) 장미를 재배하는 법

해설 주제를 묻는 문제다. 여러 정원 중에 장미 정원에 주로 가고 장미 정원에 대해 묘사하고 있으므로 정답은 (c)다.

어구 ancient 고대의
be full of ~로 가득 차 있다

정답 (c)

48 Everyone in this country should get a good education for several good reasons. First, it is the fair thing to do. All people should have a chance for an education. Second, education is good for the country. A country is strong if everyone has a good education. Third, free education helps people's health. When people have a good education, they will exercise, stop smoking, and eat healthy foods. Everyone should have access to free education.

Q What best summarizes the speaker's view?

(a) Education should be free.

(b) The government should improve the quality of education.

(c) Education should be given increased funding.

(d) Good education should be given to all people.

해석 이 나라의 모든 사람들은 몇 가지의 정당한 이유로 인해 양질의 교육을 받아야만 합니다. 첫 번째, 그렇게 하는 것이 공평한 일이기 때문입니다. 모든 사람들은 교육의 기회를 가져야만 합니다. 두 번째, 교육은 국가에게 유익하다는 것입니다. 만약 모든 이들이 양질의 교육을 받고 있다면 그 나라는 부강한 나라입니다. 세 번째는 무상교육이 국민들을 건강하게 한다는 것입니다. 국민들이 양질의 교육을 받으면 그들은 운동을 하게 되고, 담배를 끊게 되며 건강식을 하게 될 겁니다. 모든 이들은 무상교육을 받아야만 합니다.

Q 화자의 견해를 가장 잘 요약한 것은?

(a) 교육은 무상이어야 한다.

(b) 정부는 교육의 질을 향상시켜야 한다.

(c) 교육 예산을 늘려야 한다.

(d) 양질의 교육은 모든 사람들에게 주어져야 한다.

해설 화자의 의견 즉, 전체를 포괄하는 지문의 주제를 묻는 문제다. 초반부에 모든 사람들이 양질의 교육을 받아야 한다고 했고 그 이유에 대해서 말하고 있으므로 정답은 (d)다.

어구 have access to ~에 접근[출입]하다

정답 (d)

49 Amazon.com was one of the first companies to try to sell products on the Internet. At the Amazon.com site, people can search for a book about a subject, find many different books about that subject, read what other people think about the books, order them by credit card, and get them in the mail in two days. This kind of bookstore was a new idea, but the business grew. In a few years, Amazon.com had 10 million different items in categories including books, CDs, toys, electronics, videos, DVDs, home improvement products, software and video games.

Q Which is correct according to the speaker?

(a) Amazon.com is the largest company on the Internet.

(b) People can't buy other items except books.

(c) Credit cards are not taken at the Amazon. com.

(d) Amazon.com sells numerous products.

해석 Amazon.com은 인터넷상에서 상품 판매를 시도한 최초의 회사들 중 하나이다. 아마존 사이트에선 사람들은 주제에 관련된 책을 조사할 수 있고 그 주제에 관련된 여러 종류의 책들을 찾을 수 있고, 그 책들에 대한 다른 사람들의 의견을 읽을 수도 있고, 신용카드로 그것들을 주문할 수 있습니다. 그리고 이틀 안에 우편으로 받을 수 있습니다. 이런 형태의 서점은 새로운 아이디어였습니다. 그러나 그 사업은 성장했습니다. 몇 년 안에 Amazon.com은 도서, CD, 장난감, 전자기기, 비디오, DVD, 가정용품, 소프트웨어, 비디오 게임 등이 포함된 영역 안에 천 만 가지의 다른 품목들을 갖췄습니다.

Q 화자에 따르면, 무엇이 옳은가?

(a) Amazon.com은 인터넷 상에서 가장 큰 회사이다.

(b) 서적 외 다른 물건들은 구입할 수 없다.

(c) Amazon.com에서는 신용카드를 취급하지 않는다.

(d) Amazon.com은 수많은 상품을 판다.

해설 세부내용을 묻는 문제다. 인터넷 상의 최초의 회사 중 하나라고 했으므로 (a)는 오답이다. 다양한 제품들을 판매하고 있고 신용카드로 구매가 가능하므로 (b)와 (c) 역시 오답이 된다. 천만 가지 품목이 있다고 했으므로 정답은 (d)다.

어구 home improvement product 가정 수리품

정답 (d)

---

50 The Japanese diet was very healthy for many years. People ate a lot of fish and vegetables. Now they're eating more and more beef, sugar, and dairy products – ice cream and cheese. The problem with this change in diet is not good for the health of the Japanese people.

Q What is likely to be the speaker's opinion?

(a) Eat only fish and vegetables.
(b) Avoid beef, sugar, and dairy products.
(c) Other countries are changing their diets.
(d) Go back to your healthy diet.

해석 일본 사람들의 식이요법은 오랫동안 매우 건강에 유익한 것이었습니다. 사람들은 많은 생선과 채소들을 먹었습니다. 현재 그들은 더욱 많은 소고기, 설탕 그리고 낙농제품인 – 아이스크림, 치즈를 섭취하고 있습니다. 식이요법에 있어 이러한 변화의 문제점은 일본 사람들의 건강에 유해하다는 것입니다.

  Q 화자의 견해는 무엇일까?
  (a) 생선과 채소만 먹어라.
  (b) 소고기, 설탕, 낙농제품을 피하라.
  (c) 다른 나라들은 그들의 식이요법으로 바꾸고 있다.
  (d) 건강한 식이요법으로 돌아가라.

해설 우회적으로 표현되어 있지만 역시 지문의 주제를 묻는 문제다. 고기, 설탕, 낙농 제품을 먹는 것보다 생선과 채소를 먹는 일본식 식이요법이 건강에 유익하다고 말하고 있으므로 정답은 (d)다.

어구 dairy product 낙농제품
    diet 일상의 음식물, 규정식, 식이 요법

정답 (d)

---

51 There is a great division among the people of Pakistan. Various groups support different visions that compete for the country's future. The only way to determine which of these visions is legitimate is to see which has the support of a majority of the population. Fair elections need to be conducted with the support of a strong media and judiciary.

Q What is the main idea of the speaker?

(a) Pakistan has a fair election system.
(b) Elections should be held to know the will of the people.
(c) The future of Pakistan depends on a legitimate vision that the people can support.
(d) To know which vision has the support of the people is to hold elections.

해석 파키스탄 국민들 사이엔 크나큰 분열이 있습니다. 다양한 그룹들이 국가의 미래에 대해 다른 경쟁적 비전들을 제시합니다. 이러한 비전들의 정당성을 결정짓는 유일한 방법은 어느 비전이 국민 대다수의 지지를 얻는지를 지켜 보는 것입니다. 공정한 선거는 막강한 매스컴과 사법제도의 지지로 치러져야만 합니다.

  Q 화자의 요지는 무엇인가?
  (a) 파키스탄은 공정한 선거 제도를 가지고 있다.
  (b) 선거는 국민의 의사를 알고자 하기 위해 치러져야 한다.
  (c) 파키스탄의 미래는 국민들의 지지를 받을 수 있는 정당한 비전에 달려 있다.
  (d) 사람들의 지지를 얻는 비전을 알기 위해선 선거를 치러야 한다.

해설 요지를 묻는 문제다. 공정한 선거를 통해 국민 대다수의 지지를 얻는 것이 국가 비전에 대한 정당함을 결정하는 유일한 방법이라고 말하고 있으므로 정답은 (c)다.

어구 compete 경쟁하다
    legitimate 합법적인, 정당한, 합리적인
    judiciary 사법부, 사법제도
    election system 선거제도

정답 (c)

---

52 Most high tech companies regard design as window dressing; something to make the product look good. *Job* has a different insight about design in technology. It takes it very seriously because it believes that good design is as important as technology. All the cool features of a product will make one feel smart and attractive using them.

Q What is the purpose of the talk?

(a) To advertise a product
(b) To emphasize the importance of technology
(c) To persuade people to buy a product

(d) To show that good design is as important as good technology

해석 고도의 첨단 기술을 가진 회사들은 디자인에 대해 상점의 쇼윈도 장식 정도로 생각하고 있다. 즉, 제품을 좋아 보이게 하는 것쯤으로 말이다. Job은 기술에 있어 디자인에 대해 다른 견해를 가지고 있다. 좋은 디자인은 기술만큼이나 중요하다고 확신하므로 디자인을 매우 진지하게 여긴다. 제품의 모든 근사한 특징들은 그들을 사용하는 사람들로 하여금 세련되고 매력적이게 느끼게 할 것이다.

Q 담화의 목적은 무엇인가?
(a) 제품을 광고하는 것
(b) 기술의 중요성을 강조하기 위한 것
(c) 사람들이 제품을 구입하도록 설득하는 것
(d) 좋은 디자인이 기술만큼 중요하다는 것을 알려주는 것

해설 정확히 듣고 판단해야 답을 고를 수 있는 문제다. (b)와 같이 기술력의 중요성 뿐만 아니라 디자인의 중요성도 언급하고 있으므로 정답은 (d)가 된다.

어구 regard A as B A를 B로 간주하다
window dressing 쇼윈도 장식;겉치레, 눈속임
insight 통찰(력), 간파, 식견
feature 특징, 특색, 주안점
attractive 사람의 마음을 끄는

정답 (d)

53 Throughout history, best minds have struggled to define what music is for. To Pythagoras, it was the sound of mathematical, cosmic harmony reverberating in the human soul; to Darwin, a function of sexual selection; to psychologist Steven Pinker, it is a kind of "auditory cheesecake… crafted to tickle the sensitive spots of at least six of our mental faculties." Like life itself, music is universally experienced yet ultimately eludes explanation.

Q What can be inferred from the lecture?
(a) Music is therapeutic.
(b) Music stimulates the human brain.
(c) People have different views about music.
(d) Music can be defined as human soul.

해석 역사를 통하여, 음악이 무엇을 위한 것인가를 정의하기 위해 지성인들이 애썼습니다. 피타고라스에게, 음악은 인간의 영혼에 울려 퍼지는 수학적이고, 우주적인 화합의 소리였습니다. 다윈에게는, 성적 도태의 기능이었고, 심리학자 스티븐 핀커에게는, 적어도 우리의 정신적 기

능들의 민감한 6개의 지점들을 만족시키는 정교하게 만들어진 일종의 청각적 치즈케이크입니다. 인생 자체와 같이, 음악은 보편적으로 체험되지만 아직 설명하기 어렵습니다.

Q 강연으로부터 무엇을 추론할 수 있는가?
(a) 음악은 치료를 한다.
(b) 음악은 인간의 뇌에 자극을 준다.
(c) 사람들은 음악에 관해 다른 견해를 갖고 있다.
(d) 음악은 인간의 영혼으로 정의될 수 있다.

해설 역사적 유명인물들이 음악에 대해 각자 내린 정의가 다양한 것처럼 음악에 대한 사람들의 견해가 다양하다는 것이 주제이므로 정답은 (c)다.

어구 struggle 분투하다, 전력을 다해서 하다, 애쓰다
define 정의하다
cosmic 우주의
reverberate 반향 하다, 울려 퍼지다
selection 두태
auditory 귀의, 청각의
craft 정교하게[공들여] 만들다
tickle 간질이다, 기쁘게 하다, 만족시키다
faculty (신체, 정신의) 기능
universally 보편적으로, 널리
elude 피하다, 벗어나다 회피하다, 자취를 감추다, 발견되지 않다. 이해되지 않다
therapeutic 치료상의, 건강 유지에 도움이 되는
stimulate 자극을 주다

정답 (c)

54 When the fifth book in the series, *Harry Potter and the Order of Phoenix*, was published in June 2003, it created a lot of excitement. There were Potter parties complete with owls, cloaks, and butterbeer. Kids wore their Potter pajamas. They even wanted to sleep in a "cupboard under the stairs," as Harry is forced to do by his creepy adopted family on Privet Drive. Some families ordered two or three books so that everyone could read the book at the same time. At close to 900 pages, *Harry Potter and the Order of Phoenix* is the longest children's book there is. It was the best seller online only two hours after it was possible for computer users to order copies of it.

Q Which is correct according to the speaker?
(a) Harry Potter threw parties called "Potter Parties."

(b) Some kids are forced to sleep in a "cupboard under the stairs."

(c) The book was published in the early 2000s.

(d) Harry Potter series consists of five books.

해석 2003년 6월 5번째 시리즈인, '해리포터와 불사조 기사단'이 발간되었을 때, 많은 재밌거리들을 만들어냈습니다. 그것은 올빼미, 망토, 버터 맥주들로 갖추어진 포터 파티라는 것이 생겼습니다. 아이들은 포터 잠옷을 입었고, 프리빗 가에 사는 그의 소름 끼치는 입양 가족이 해리에게 한 것처럼 그들도 계단아래의 벽장에서 잠을 자기를 원하기도 하였습니다. 어떤 가족들은 가족 모두가 동시에 책을 읽기 위해서 2권내지 3권의 책을 주문하기도 했습니다. 900페이지에 달하는 '해리포터와 불사조 기사단'은 어린이 도서 중에서 가장 긴 책입니다. 컴퓨터 이용자들이 그 책을 주문할 수 있게 된 이후 겨우 2시간 만에 온라인상에서 가장 많이 팔린 책이었습니다.

Q 화자에 따르면 옳은 것은 무엇인가?
(a) 해리포터는 '포터 파티'라는 파티를 열었다.
(b) 몇몇 어린이들은 '계단 아래의 벽장에서 잠자기'를 강요당한다.
(c) 책은 2000년대 초반에 출간되었다.
(d) 해리포터 시리즈는 5권으로 이루어져 있다.

해설 세부 내용을 정확히 기억해야 하고 필요시 메모하는 습관을 길러야 해결 가능한 문제 유형이다. (a)는 해리포터가 아니라 아이들이 파티를 연 것이고 (b)는 해리포터가 책 속에서 한 행위이며 (d)는 불사조 기사단이 제5권이라는 부분에서 오답을 유도한 선택지다. 2003년에 책이 출간된 것이므로 정답은 (c)다.

어구 phoenix 불사조
complete with ~이 완비된
cloak 소매 없는 외투, 망토
creepy 소름이 끼치는

정답 (c)

55 Quite clearly, America has gone back on a promise made to its colored citizens. Like a check that is sent back for lack of funds, this obligation has been dishonored all these years. It is ridiculous to even suggest that a great, enterprising country like America has too little stock of opportunity and security to offer its colored people. The time has come to keep its word. The Negro people demand that they be accorded the justice and freedom that is rightfully theirs. We ask for and expect this from our nation.

Q What is the tone of the speaker?
(a) Compromising
(b) Bored
(c) Assertive
(d) Sarcastic

해석 오늘날 미국이 유색 시민권자들에게 한 약속을 지키지 않았습니다. 지금 부족으로 수표가 반송되듯이, 이러한 의무는 오랫동안 지켜지지 않고 있습니다. 미국과 같이 거대하고 진취적인 나라가 유색 인종들에게는 아주 적은 기회와 안전을 보장한다는 것은 어처구니 없는 일입니다. 약속을 지켜야 할 때가 왔습니다. 흑인들은 정당하게 그들의 것인 정의와 자유가 주어지기를 요구합니다. 우리는 우리의 국가로부터 그것을 요구하고 기대합니다.

Q 화자의 어조는 무엇인가?
(a) 타협적인
(b) 지루한
(c) 단호한
(d) 빈정대는

해설 어조를 묻는 문제이므로 연설 전체에 산재되어 있는 화자의 의도를 파악하는 것이 중요하다. 유색인종으로서 공평하지 못한 대우에 대해서 그들 자신의 정의와 자유 권리를 찾으려고 하는 의지를 강하게 표현하고 있으므로 정답은 (c)다.

어구 go back on a promise 약속을 어기다
obligation 의무
dishonor 지급을 거절하다, 부도를 내다
enterprising 진취적인
stock 축적, 비축
accord 허용하다, 일치하다, 조화하다

정답 (c)

56 The new Portege R500 is practically a paradox in notebook engineering fully loaded power-user features in an astonishing 19.5mm super-slim, 979g durable body, plus up to 12.5 hours of battery performance, making it the slimmest and longest performing computer in its class. For on-the-go mobility, style and extreme productivity, the Portege R500 is as much a wonder to look at as a marvel to use.

Q What are special features about the R500?
(a) Solidity and price
(b) Technology and design
(c) Thickness and durability
(d) User-friendliness

해석 새로운 Portege R500은 노트북 기술공학에 있어 사실상 모순이다. 동급 대비 완전 탑재된 충분한 사양, 놀라운 19.5mm의 초슬림 외장, 무게 979g의 견고한 몸체, 여기에 더해서 수명이 12시간 30분간 지속되는 배터리 성능, 이 부문에서 가장 얇고 가장 오래가는 성능의 컴퓨터를 만드는 기술공학을 일컫기 때문이다. 이동성, 스타일 그리고 최고의 생산성에 있어서 Portege R500은 사용하기 위한 대리석을 보는 것과도 같은 놀라운 성과인 것이다.

Q R500에 관한 특징은 무엇인가?
(a) 견고함과 가격
(b) 기술력과 디자인
(c) 두께와 견고성
(d) 사용하기 쉬움

해설 광고되는 제품을 먼저 파악하고 그 제품의 특장점을 찾아내야 한다. 용량이 크고, 19.5mm의 초슬림이고 배터리 수명이 길다고 했으므로 정답은 (c)다.

어구 astonishing 놀라운
durable 오래 견디는
mobility 이동성
productivity 생산성
marvel 대리석

정답 (c)

57 An artist once said, "Some artists will paint for the sake of making money, but I disagree and I know a number of artists that feel the same way. I believe artists should not look at profit as a final goal. You're trying to create something spiritual, you're dealing with ideas. If you're only painting for money, then there will be something wrong with your work."

Q Which is correct about the artist's philosophy according to the talk?
(a) Artists paint to express ideas and feelings.
(b) Artists paint to please art collectors.
(c) Artists paint for a living.
(d) Artists paint for people to appreciate their work.

해석 한 예술가가 다음과 같이 말한 적이 있다. "어떤 예술가들은 돈을 벌기 위해서 그림을 그릴 것이다. 그러나 나는 동의하지 않는다. 그리고 그와 같이 느끼는 많은 예술들을 알고 있다. 나는 예술가들이 궁극적 목적으로 금전적 이득을 추구해서는 안 된다고 믿고 있다. 당신은 고상한 무엇인가를 창조하려는 중이다. 당신은 아이디어를 다루고 있는 것이다. 만약 당신이 단지 돈을 위해

서 그림을 그리는 것이라면, 그것은 당신의 작업이 뭔가 잘못 되어 가고 있을 것이다."

Q 담화에 따르면 예술가의 철학을 올바르게 묘사한 것은 무엇인가?
(a) 예술가는 아이디어와 감정을 표현하기 위해서 그림을 그린다.
(b) 예술가는 그림 수집가들을 기쁘게 하기 위해 그림을 그린다.
(c) 예술가는 생계를 위해 그림을 그린다.
(d) 예술가는 대중들이 자신의 작품에 경의를 표하게 하기 위해 그림을 그린다.

해설 돈을 벌기 위해 그림을 그리는 것에 대해 동의하지 않고 금전적 이득을 추구해서는 안 된다고 하고 또 돈만을 위해서 그림을 그리는 것에 대해서 반대하고 있으므로 정답은 (a)다.

어구 spiritual 영적인, 고상한, 숭고한

정답 (a)

58 Richard Davidson, a neuroscientist of Ekman and University of Wisconsin, using brain scans in his study, showed that spontaneous and joyful smile, which he calls Duchene smile, activates some parts of the brain associated with pleasure and happiness. He found that if people learned how to activate the muscles of the Duchene smile they could produce a brain activity that makes them feel better.

Q What can be inferred from the report?
(a) Smile lengthens muscles.
(b) Smile uses less muscles than frown.
(c) People will live happier in the future.
(d) A study on activation of the brain could enable people to make smile.

해석 에크만과 위스콘신 대학의 신경과학자인 리차드 데이비슨은 그의 연구에서 두뇌 단층 촬영을 통해 그가 Duchene 미소라고 일컫는 자연스럽고 기쁨에 찬 미소가 기쁨과 행복감에 연관되어 있는 두뇌의 어떤 부분을 활성화시킨다는 것을 보여 주었다. 그는 사람들이 Duchene미소 근육을 작용시키는 방법을 배운다면 사람들의 기분을 좋게 만드는 두뇌 작용을 활성화할 수 있다는 것을 알게 되었다.

Q 리포트로부터 추론할 수 있는 것은?
(a) 미소는 근육을 늘린다.
(b) 미소는 찡그린 표정보다 근육을 덜 움직인다.
(c) 사람들은 미래에 더 행복하게 살 것이다.
(d) 뇌의 활성화에 관한 연구는 사람들이 미소를 짓도록

할 수도 있을 것이다.

해설 두뇌 단층 촬영을 통해 기쁨과 행복감과 관련된 두뇌의 몇몇 부분의 작용을 활성화시킨다는 것을 발견했다는 내용이 등장하므로 이 연구가 성공하면 사람들이 미소짓는 것이 가능할 수 있게 될 것임을 추론할 수 있다. 따라서 (d)가 답이다.

어구 neuroscientist 신경과학자
spontaneous 자연스러운, 무의식적인
be associated with ~와 관련되다
activate 활성화하다, 활동(작동)시키다

정답 (d)

59 Create a legacy of experience that inspires generations. This is what great leaders do to make their employees understand and appreciate what their organizations stand for. They gather them together and share their companies' histories and success stories and the lives of people behind their successes. By doing this the employees understand and believe in their companies' mission statements and buzzwords.

Q   What can be inferred from the talk?

(a) Great leaders understand their employees well.
(b) Making employees understand their company is a way to be a good leader.
(c) Good leaders are not made in a day.
(d) Great leaders like telling success stories.

해석 여러 세대의 사람들에게 영감을 주는 경험의 유산을 창조하라. 이것이 훌륭한 리더들이 그들의 사원들이 그들의 회사가 무엇을 표방하는지를 이해하고 인정하게 하도록 하는 것이다. 리더들은 사원들을 모아 회사의 역사와 성공담을 서로 공유한다. 또한 성공 후에 그들의 삶에 대해 서로 공유한다. 이로 인해 사원들은 회사의 사명 문구와 전문 용어를 이해하게 되고 믿게 된다.

Q   담화로부터 추론할 수 있는 것은 무엇인가?
(a) 훌륭한 리더는 그들의 직원들을 잘 이해한다.
(b) 직원들이 그들의 회사를 이해하도록 하는 것은 훌륭한 리더가 되는 방법이다.
(c) 훌륭한 리더는 하루 아침에 만들어 지지 않는다.
(d) 훌륭한 리더는 성공담을 이야기하는 것을 좋아한다.

해설 훌륭한 리더는 직원들로 하여금 회사의 성공담과 역사를 이야기함으로써 회사를 믿고 신뢰하게 만든다고 하였으므로 회사를 이해하게 만드는 것이 훌륭한 리더의 요건이라고 추론할 수 있다. 따라서 정답은 (b)다.

어구 legacy 유산
inspire 고무(격려)하다, 고취하다, 영감을 주다
stand for ~을 나타내다
mission 사명, 임무
statement 성명, 주장
buzzword 전문 용어

정답 (b)

60 It has been found in one study by the Salk Institute for Biological Studies in California that a daily session of running helped the growth of new brain cells and improved memory and learning in adult mice. Fred Gage, a senior author of the study theorizes that running may increase the flow of oxygen and nutrients to the brain or release special substances that promote the growth of new neurons.

Q   What conclusion is likely to follow this report?

(a) Run daily to improve brain function.
(b) Exercise daily to stay mentally active.
(c) Do some physical activity to keep the brain active.
(d) Run to stay alert.

해석 매일 일정 시간 달리는 것이 어른 쥐의 새로운 두뇌 세포 성장을 촉진시키고 기억력과 학습을 향상시킨다는 것이 캘리포니아에 있는 생물학 연구 기관인 Salk의 연구 결과이다. 수석연구원인 Fred Gage는 달리기가 두뇌 조직의 산소와 영양의 흐름을 증가시키거나 새로운 신경 단위의 성장을 촉진시키는 특별한 물질을 만들어 낸다는 이론을 세웠다.

Q   이 리포트에 부합하는 결론은 무엇인가?
(a) 두뇌 기능을 향상시키기 위해 매일 달려라
(b) 정신적으로 활동적이게 하도록 매일 운동하라
(c) 두뇌 활동을 유지시키기 위해 어떤 육체적 활동을 하라
(d) 기민해지기 위해 달려라.

해설 달리기가 두뇌 성장과 기억을 향상시킨다는 내용이므로 정답은 (a)다. (b)와 (c)의 Exercise와 physical activity는 범위가 지나치게 포괄적이어서 정답으로 적절치 않다.

어구 session 기간, 시기
senior 수석의, 선임의
author 입안자, 저자
theorize 이론화하다

nutrient 영양소
substance 물질

ACTUAL TEST 3

Answers

Part I
1.(c) 2.(a) 3.(d) 4.(b) 5.(c) 6.(b) 7.(c) 8.(d)
9.(b) 10.(a) 11.(c) 12.(d) 13.(b) 14.(b) 15.(d)

Part II
16.(d) 17.(c) 18.(b) 19.(a) 20.(d) 21.(b)
22.(b) 23.(d) 24.(a) 25.(a) 26.(c) 27.(d)
28.(b) 29.(a) 30.(c)

Part III
31.(d) 32.(b) 33.(b) 34.(d) 35.(d) 36.(a)
37.(b) 38.(c) 39.(a) 40.(d) 41.(a) 42.(c)
43.(b) 44.(d) 45.(b)

Part IV
46.(b) 47.(c) 48.(c) 49.(c) 50.(b) 51.(a)
52.(c) 53.(b) 54.(b) 55.(d) 56.(c) 57.(c)
58.(b) 59.(c) 60.(a)

Part I

1 M **What made you come here?**
   W _____

   (a) I didn't make it.
   (b) I want to go to another place.
   (c) I came here for a change.
   (d) I made a promise.

   해석 M 당신은 여기 왜 왔나요?
       W _____
       (a) 저는 못 갔어요.
       (b) 다른 곳에 가고 싶어요.
       (c) 기분 전환하러 여기 왔어요.
       (d) 저는 약속했어요.

   해설 이곳에 온 이유를 묻고 있으므로 '기분 전환'하러 왔다고
       대답한 (c)가 답이다.

   어구 make it 제 시간에 도착하다, 제대로 수행하다, 성공
       하다
       make a promise 약속하다

   정답 (c)

2 M **How was your flight from New York?**
   W _____

   (a) In a word, long!
   (b) I'll go back to New York tomorrow.
   (c) I'm pleased to meet you.
   (d) Let me carry your bag.

   해석 M 뉴욕에서 오는 비행기 여행이 어땠나요?
       W _____
       (a) 한마디로, 길었어요.
       (b) 저는 내일 뉴욕으로 돌아갈 거예요.
       (c) 만나서 반가워요.
       (d) 당신의 가방을 들어줄게요.

   해설 'In a word, long!'은 '한마디로 길었다'는 뜻으로 비행
       이 어땠냐는 질문에 가장 적절한 대답이 된다.

   어구 in a word 한마디로

   정답 (a)

3 M **Can I talk to Mr. Benson?**
   W _____

   (a) I'll give you a call later.
   (b) This is Jane speaking.
   (c) I've been on hold for over five minutes.
   (d) There's no one here by that name.

   해석 M 벤슨 씨와 통화할 수 있나요?
       W _____
       (a) 제가 나중에 전화하죠.
       (b) 제인입니다.
       (c) 저는 5분 넘게 기다리고 있어요.
       (d) 그런 이름을 가진 분은 없어요.

   해설 벤슨 씨와의 통화를 원하는 질문에 적절한 답변은 (d)다.
       (a)는 상황에 어울리지 않는 표현이고 (b) 또한 전화 거
       는 사람이 누구냐고 물어볼 때 쓰는 표현이므로 옳지
       않다.

   어구 give a call 전화하다
       be on hold 전화를 끊지 않고 대기하다

   정답 (d)

4 M **Mind if I take this taxi first? I'm in such a
       hurry.**
   W _____

   (a) Hurry up!
   (b) Not at all. Go ahead.
   (c) I'll take you there.
   (d) I need time to think of it.

   해석 M 제가 먼저 택시를 타고 가면 안 될까요? 급해서요.
       W _____

(a) 서두르세요.

(b) 전혀요. 어서 타세요.

(c) 제가 당신을 거기에 데려다 줄게요.

(d) 생각해 볼 시간이 필요해요.

해설 ~ mind ~?에서 mind는 '꺼리다, 싫어하다'의 뜻이다. 따라서 택시를 먼저 타고 가면 안 되는가에 대한 답변으로 적절한 것은 (b)가 된다. (a)는 상대가 늑장을 부릴 때 쓸 수 있는 표현이다. (c)는 상황에 어울리지 않고 (d)는 급한 상황에서 쓰기에는 무리가 있는 표현이다.

어구 be in a hurry 서두르다

정답 (b)

5 M **Fred was looking for you, Amy.**

W _____

(a) I'm so glad you found me.

(b) I've known him since 2002.

(c) Oh, really? Do you know how I can reach him?

(d) Yes, I used to work with him.

해석 M 프레드가 당신을 찾고 있어요, 에이미.

W _____

(a) 당신이 나를 찾아내다니 정말 기쁘군요.

(b) 그를 2002년부터 알았어요.

(c) 오, 정말이요? 그에게 어떻게 연락하는지 아세요?

(d) 네, 저는 그와 일을 했었어요.

해설 누군가가 찾고 있다는 말에 적절한 답변은 (c)다. (a)는 의미적으로 혼동을 주어 오답을 유도하고 있고 (b)는 기간을 물어볼 때 할 수 있는 대답이다.

어구 reach (전화 등으로) 연락하다
used to+V ~하곤 했다

정답 (c)

6 M **What does Terry do?**

W _____

(a) He's living with his parents.

(b) He's a mechanic.

(c) He's not married.

(d) He'll be here in a minute.

해석 M 테리는 무슨 일을 하죠?

W _____

(a) 그는 그의 부모님과 살아요.

(b) 그는 정비사예요.

(c) 그는 결혼하지 않았어요.

(d) 그는 곧 여기에 올 거예요.

해설 직업을 묻는 관용표현이므로 정답은 (b)다.

어구 mechanic 정비사

정답 (b)

7 M **I want to cancel my dinner reservation.**

W _____

(a) You mean you'd like to confirm the reservation, huh?

(b) I don't like to cancel it.

(c) No problem, sir. What's your last name?

(d) How many will there be in your party?

해석 M 저는 저녁 예약을 취소하고 싶어요.

W _____

(a) 당신은 예약을 확인하고 싶은 거죠, 그렇죠?

(b) 그것을 취소하고 싶지 않아요.

(c) 걱정 마십시오. 성이 어떻게 되시죠?

(d) 일행이 몇 명이시죠?

해설 저녁 예약을 취소하고 싶다는 말에 적절한 답변은 (c)다. (a)는 취소하고 싶다고 했기 때문에 confirm이라고 확인하는 것은 부적절하다. (b)는 주객이 전도된 말로 정답과 거리가 멀다.

어구 confirm reservation 예약을 확인하다
party 일행

정답 (c)

8 M **I heard you're moving closer to the university.**

W _____

(a) I like moving.

(b) Have you gotten things organized for your move?

(c) Maybe you should move closer to the subway station.

(d) Yes, I'm moving next Monday.

해석 M 대학교 근처로 이사 갈 거라고 들었어요.

W _____

(a) 전 이사하는 걸 좋아해요.

(b) 이삿짐은 다 쌌나요?

(c) 당신은 지하철역 근처로 이사 가셔야 해요.

(d) 네, 저는 다음 주 월요일에 이사해요.

해설 대학교 근처로 이사간다는 것을 들었다는 말에 적절한 답변은 (d)다. (a)는 취향을 의미하므로 적절치 않다. (b)는 남자가 여자에게 물어볼 수 있는 질문으로 적절하다.

어구 organize 정리하다

정답 (d)

9 M **Will you go out with me tonight?**

W _____

(a) Why, what's wrong?

(b) I'd love to.

(c) I asked her to leave earlier tonight.

(d) Will you be my boy friend?

해석 M 오늘 밤 저와 데이트 할래요?

W _____

(a) 왜 그래요, 무슨 문제 있어요?

(b) 좋아요.

(c) 저는 그녀가 오늘밤 일찍 떠나도록 부탁했어요.

(d) 내 남자친구가 돼줄래요?

해설 남자의 데이트하자는 제안에 적절한 답변은 (b)다. (a)는 부정적 답변으로 상대방이 우울해하거나 화가 났을 때 쓸 수 있는 표현이다. (d)는 데이트하러 가자는 질문과는 어울리지 않는 답변이다.

어구 go out with ~와 데이트하다

정답 (b)

10 M **Excuse me. Is this the right way to the Hoyts theater?**

W _____

(a) No, you have to go to another block.

(b) Would you do me a favor?

(c) I don't have time to see a movie.

(d) It will take about an hour.

해석 M 실례합니다. 이게 호이츠 극장으로 가는 길이 맞나요?

W _____

(a) 아뇨, 한 블록 더 가셔야 해요.

(b) 부탁 좀 들어줄래요?

(c) 저는 영화를 볼 시간이 없어요.

(d) 약 1시간 정도 걸릴 거예요.

해설 극장으로 가는 길을 묻는 질문에 적절한 답변은 (a)다. (b)는 부탁할 때 쓰는 표현이고 (c)는 영화 보러 가자는 제안에 대해 할 수 있는 대답이다. (d)는 How long does it take ~?란 질문에 어울리는 답이다.

어구 do a favor 부탁을 들어주다

정답 (a)

11 M **I wonder if you could help me find my keys.**

W _____

(a) Thanks, I appreciate your help.

(b) It was timely help.

(c) I saw them on the shelf over the sink.

(d) You need to leave the door unlocked.

해석 M 제가 열쇠 찾는 것을 좀 도와줄 수 있나요?

W _____

(a) 고맙습니다. 도와 주셔서 감사합니다.

(b) 그것은 시기적절한 도움이었어요.

(c) 싱크대 위 선반에서 봤어요.

(d) 당신은 문을 잠그지 않은 채 두어야 합니다.

해설 열쇠 찾는 것을 도와 달라는 말에 적절한 답변은 (c)다. (a)는 도움을 받은 후 감사의 표시로 가능한 답변이다. (b) 역시 도움을 받은 후 가능한 답변이다.

어구 timely 적시의, 시기적절한

shelf 선반

정답 (c)

12 M **Can we start the meeting now?**

W _____

(a) We've got a lot to discuss.

(b) It's taking place in conference room C.

(c) A good beginning is important.

(d) We're still waiting for Mr. Smith.

해석 M 이제 회의를 시작할까요?

W _____

(a) 회의할 것이 많습니다.

(b) C 회의실에서 열리고 있어요.

(c) 시작이 중요합니다.

(d) 스미스 씨를 아직 기다리고 있어요.

해설 회의 시작을 제안하는 말에 적절한 답변은 (d)다. (a)는 남자가 이어서 할 말로 적절하고 (b)는 이미 회의가 진행되고 있다는 뜻이므로 흐름과 맞지 않다. (c)는 일반적인 사실로 혼동을 주는 선택지다.

어구 take place 일어나다, 개최되다

정답 (d)

13 M **Do you have a seating preference?**

W _____

(a) Sorry, no seats are available.

(b) Let me get an aisle seat.

(c) Thank you for helping me out.

(d) I'll seat you over there.

해석 M 원하는 좌석이 있으세요?

　　W _____

　　(a) 미안해요, 좌석이 없습니다.

　　(b) 통로 쪽에 앉을게요.

　　(c) 도와주셔서 감사합니다.

　　(d) 제가 저쪽으로 자리 안내를 해 드리겠습니다.

해설 원하는 좌석이 있느냐는 질문에 적절한 답변은 통로 쪽
에 앉겠다고 대답한 (b)다. (c)는 좌석을 안내 받은 후에
감사의 표시로 할 수 있는 답변이다. 참고로 창문 쪽 좌
석을 window seat이라 한다.

어구 preference 더 좋아함

　　seating 좌석(배치)

　　available 이용할 수 있는

　　seat 앉히다

정답 (b)

14 M **Care to go out for a drink after work?**

W _____

(a) How often do you drink?

(b) Yeah, I wouldn't mind.

(c) I've been so busy with work lately.

(d) I care to go with him.

해석 M 퇴근 후에 한 잔 하러 나가실래요?

　　W _____

　　(a) 얼마나 자주 드세요?

　　(b) 네, 개의치 않아요.

　　(c) 저는 최근 일 때문에 꽤 바빴어요.

　　(d) 그와 같이 갈래요.

해설 퇴근 후 한 잔 하러 나가자는 제안에 적절한 답변은 (b)
다. (a)는 제안에 대답을 한 후 여자의 질문으로 적절하
고, (c)는 흐름과는 동떨어진 응답이다. (d)는 him을
you로 바꾸면 정답으로 가능하다.

어구 go out for a drink 한잔 하러 가다

정답 (b)

15 M **Aren't you taking your laptop?**

W _____

(a) Mind your own business.

(b) I don't need any help.

(c) You just took it away.

(d) There's a computer in my office.

해석 M 노트북 컴퓨터 안 가져 가세요?

　　W _____

　　(a) 쓸데없는 참견 마세요.

　　(b) 어떤 도움도 필요하지 않아요.

　　(c) 당신이 그걸 그냥 가져갔잖아요.

　　(d) 사무실에 컴퓨터 있어요.

해설 노트북을 가져 갈 것인가에 대한 질문에 적절한 답변은
(d)다. (a)와 (b)는 지나치게 부정적인 답변으로 질문의
요지와는 거리가 멀고, (c)는 현재 컴퓨터가 있다는 전제
하에서의 대화이므로 적절하지 않다.

어구 laptop 노트북 컴퓨터

　　take away 가져가다

정답 (d)

Part II

16 M **Ms. Jamie Fisherman, please?**

W **Speaking.**

M **This is Jason Ford. I'm calling about your
help-wanted ad in the newspaper.**

W _____

(a) Yes, I'll put an ad in tomorrow's newspaper.

(b) Do you subscribe to a newspaper?

(c) I'm afraid I won't be able to make it.

(d) It's already been filled.

해석 M 제이미 피셔맨 씨 부탁드립니다.

　　W 접니다.

　　M 저는 제이슨 포드입니다. 신문에 난 구인 광고를 보
　　　고 전화 드리는 겁니다.

　　W _____

　　(a) 네, 저는 내일 신문에 광고를 낼 거예요.

　　(b) 신문을 정기 구독하시나요?

　　(c) 유감스럽게도 못 갈 것 같아요.

　　(d) 이미 충원됐습니다.

해석 전화상의 대화다. 구인 광고를 보고 문의하고 있으므로
정답은 (d)다. (a)는 이미 광고를 낸 것이므로 맞지 않
다. (b)는 구인 광고라고 했으므로 신문 구독과는 거리
가 멀다. (c)는 약속 시간에 못 맞추거나 장소에 갈 수
없을 때 쓸 수 있는 표현이다.

어구 help-wanted ad 구인 광고

　　put an ad 광고를 내다

　　subscribe to ~를 구독하다

정답 (d)

17

W How's my MP3 player? Does it cost too much to get it fixed?

M Well, it'll cost about 30 dollars.

W That doesn't make sense at all. I bought it for 50 dollars.

M _____

(a) I don't know the why.

(b) This one has more functions.

(c) Why don't you buy a new one?

(d) I'm sure you would like it.

해석 W 제 MP3 플레이어 어떤가요? 고치는데 돈이 많이 들까요?

M 음, 30달러 정도 들겠는데요.

W 말도 안 돼요. 50달러 주고 샀거든요.

M _____

(a) 이유를 모르겠어요.

(b) 이건 더 많은 기능들이 있어요.

(c) 새 것을 사는 게 어때요?

(d) 그걸 좋아할 거라 확신해요.

해설 50달러 주고 구입한 MP3 플레이어를 고치는데 드는 비용이 30달러가 된다는 것이 대화의 요지이므로 새 것을 사라고 권유하는 (c)가 정답이다. (a)는 여자가 마지막으로 말한 That doesn't make sense와 의미가 비슷한 표현이다.

어구 make sense 이치에 닿다, 뜻이 통하다

정답 (c)

18

M Kelly, haven't you seen my suit I picked up at the cleaner's?

W I saw Jonathan wearing this morning.

M Oh, you must be kidding. I'll have to wear it for my friend's wedding ceremony this afternoon.

W _____

(a) I don't know where he is.

(b) Why don't you call and ask him to bring it back?

(c) The black suit looks good on you.

(d) These things happen.

해석 M 켈리, 세탁소에서 찾아온 내 양복 못 봤나요?

W 오늘 아침에 조나단이 입고 있는 걸 봤어요.

M 농담이죠? 오늘 오후 제 친구 결혼식에서 입어야 하거든요.

W _____

(a) 그가 어디 있는지 몰라요.

(b) 그에게 전화해서 가져오라고 하는 게 어때요?

(c) 검정 양복은 당신한테 잘 어울려요.

(d) 이런 일도 있을 수 있어요.

해설 결혼식에 입으려고 세탁소에서 찾아 온 양복을 다른 사람이 입고 나간 상황이므로 (b)가 적절한 대답이다. (a)는 남자가 곤란한 상황에 있는 상태이므로 대화의 흐름과는 맞지 않다. (c)는 옷가게에서 점원이 손님에게 할 수 있는 말이다. (d)는 주로 상대가 미안해 할 때 또는 실수에 대해 걱정할 때 해줄 수 있는 말이다.

어구 pick up (옷, 티켓 등을) 찾다
wedding ceremony 결혼식

정답 (b)

19

W Could you tell me where the women's clothing department is?

M It's on the fourth floor. You can take the elevator over there.

W Does the escalator lead to the fourth floor as well?

M _____

(a) Yes, but it's temporarily out of order.

(b) It's on sale right now.

(c) The road leads to the department store.

(d) Going up the stairs is good for health.

해석 W 여성복 매장이 어디에 있는지 알려 주실래요?

M 4층에 있습니다. 저쪽에서 엘리베이터를 이용하시면 됩니다.

W 에스컬레이터도 4층으로 가나요?

M _____

(a) 네, 하지만 잠시 고장 났어요.

(b) 지금 세일 중입니다.

(c) 길은 백화점으로 연결돼요.

(d) 계단으로 올라가는 것이 건강에 좋아요.

해설 에스컬레이터가 4층으로 가느냐는 질문에 적절한 답변은 (a)다. (b)는 질문의 의도와 맞지 않다. (c)는 lead to와 department와 같은 단어로 혼동을 주고 있다. (d)는 일반적인 내용의 선택지로 길을 물어보는 것에 대한 응답으로는 부적절하다.

어구 women's clothing department 여성복 매장
lead to ~에 이르다
temporarily 일시적으로
out of order 고장 난

정답 (a)

20 M How come you were late again?

W I was caught in traffic because of rain.

M Rain always slows down traffic. You should have left home earlier in this bad weather.

W ＿＿＿＿＿＿＿＿＿＿＿＿＿＿＿＿＿

(a) OK. Let's just wrap it up.

(b) You can't be that serious about it.

(c) Keep that in mind.

(d) It won't happen again.

해석 M 왜 또 늦었나요?

　　 W 비 때문에 차가 막혔거든요.

　　 M 비가 오면 교통이 지체되죠. 날씨가 안 좋으면 집에서 좀 더 일찍 출발했어야죠.

　　 W ＿＿＿＿＿＿＿＿＿＿＿＿＿

　　 (a) 좋아요. 마무리 합시다.

　　 (b) 그것에 대해 그렇게 심각할 필요 없어요.

　　 (c) 명심하세요.

　　 (d) 다시는 그런 일 없을 거예요.

해설 지각에 대한 여자의 변명에 악천후에는 좀 더 일찍 떠나야 한다고 훈계하는 내용과 자연스럽게 연결되는 것은 (d)다. (a)는 '이것만 마무리하자'는 뜻으로 상황과 어울리지 않는다. (b)는 지각한 사람이 말하기에는 적절하지 않다. (c)는 남자가 여자에게 해야 할 말이다.

어구 be caught in traffic 교통이 막히다
　　 slow down 지체시키다
　　 keep in mind 명심하다

정답 (d)

21 W I'm going to the convenience store. Can I get you anything?

M Can you get me some cheese and biscuit?

W Sure. Is that all?

M ＿＿＿＿＿＿＿＿＿＿＿＿＿＿＿＿＿

(a) Who's going to the store?

(b) I'm out of milk, too.

(c) Yes, I really like sweets.

(d) No, I'm on a diet.

해석 W 저는 편의점에 갈 거예요. 뭐 좀 사다 줄까요?

　　 M 치즈와 과자 좀 사다 주실래요?

　　 W 그게 전부인가요?

　　 M ＿＿＿＿＿＿＿＿＿＿＿＿＿

　　 (a) 누가 가게에 갈래요?

　　 (b) 우유도 다 떨어졌네요.

　　 (c) 네, 저는 단 것을 정말 좋아해요.

　　 (d) 저는 다이어트 중이에요.

해설 편의점에서 사다 줄 것이 치즈와 과자가 전부인가라는

질문에 적절한 답변은 (b)다. (a)는 여자가 가게에 가는 것이 명백하므로 정답이 될 수 없다. (c)는 질문의 의도와 맞지 않다. (d) 역시 질문의 의도와는 맞지 않는 잘못된 대답이다.

어구 be out of ～이 다 떨어지다
　　 sweets 단 것
　　 be on a diet 다이어트 중이다

정답 (b)

22 M You look serious. What's eating you?

W The stocks I bought have been going down and down without striking any bottom.

M That's too bad.

W ＿＿＿＿＿＿＿＿＿＿＿＿＿＿＿＿＿

(a) Let's eat in tonight.

(b) You have no choice to wait and see.

(c) Bottoms up!

(d) Don't lose heart!

해석 M 심각해 보이네요. 무슨 걱정 있나요?

　　 W 제가 구입한 주식이 끝없이 하락하고 있어서요.

　　 M 참 안됐군요.

　　 W ＿＿＿＿＿＿＿＿＿＿＿＿＿

　　 (a) 오늘밤에는 집에서 식사를 하죠.

　　 (b) 기다리면서 관망하는 것 밖에 다른 방법이 없어요.

　　 (c) 쭉 들이켜요!

　　 (d) 낙심하지 말아요.

해설 eat이 '먹다'라는 뜻이 아니라 '초조하게 만들다'라는 뜻이라는 것을 정황으로 파악해야 오답들을 피할 수 있는 문제다. (d)는 남자가 여자에게 할 말로 '낙담하지 말라'는 뜻이다.

어구 eat 초조하게 만들다, 괴롭히다, 들볶다
　　 eat in 집에서 식사를 하다
　　 bottoms up! 건배, 쭉 들이켜요!

정답 (b)

23 W How much did you pay?

M I paid $25. Did I pay too much?

W No. The taxi fare from the airport is reasonable.

M ＿＿＿＿＿＿＿＿＿＿＿＿＿＿＿＿＿

(a) Will this be cash or charge?

(b) Keep the change.

(c) I'll take a bus next time.

(d) I thought the driver overcharged me.

해석 W 얼마를 지불했나요?

M 25달러를 지불했어요. 너무 많이 지불했나요?
W 아뇨. 공항에서 온 요금으로는 적당해요.
M _____

(a) 현금으로 하시겠어요, 카드로 하시겠어요?
(b) 잔돈 가지세요.
(c) 저는 다음번에 버스를 탈 거예요.
(d) 운전기사가 저에게 바가지 씌웠다고 생각했어요.

해설 공항에서 택시로 25달러를 지불했다는 내용과 자연스럽게 연결되는 것은 (d)다. (a)는 지불수단을 물어보는 표현이고 (c)는 대화에서 다음에 버스를 타게 만든 이유를 유추할 수 없다.

어구 fare 요금
reasonable 적당한
overcharge 바가지 씌우다

정답 (d)

24 M I can't do this anymore. I'm really sick and tired of my job.
W I also want to escape from the same routine.
M What are we supposed to do?
W _____

(a) We'd rather find more creative work then.
(b) I'll make an appointment with a doctor.
(c) I don't think I can make it this time.
(d) Don't judge a person by the job he has.

해석 M 저는 더 이상 이 일을 못하겠어요. 제 일이 너무 지겨워요.
W 저도 똑 같은 틀에 박힌 일에서 벗어나고 싶어요.
M 어떻게 해야 하죠?
W _____
(a) 더 창조적인 일을 찾는 게 좋겠어요.
(b) 저는 의사와 약속을 잡을 거예요.
(c) 저는 이번에 갈 수는 없을 것 같아요.
(d) 직업으로 그 사람을 판단하지 마세요.

해설 남자와 여자 모두 일에 싫증이 난 상태이다. 따라서 (a)가 자연스럽게 연결이 된다. (b)는 sick and tired의 의미를 잘 모르면 선택할 수도 있는 함정 문제다. (c)와 (d)는 질문의 논지에서 벗어난 선택지로 역시 답이 될 수 없다.

어구 be sick and tired of ~에 넌더리가 나다
routine 판에 박힌 일, 일상의 과정
make an appointment with ~와 약속을 잡다

정답 (a)

25 W Have you seen Mr. Goodman lately?
M Didn't you hear? He was hospitalized because he broke his leg skiing.
W I need to visit him in the hospital tomorrow.
M _____

(a) What time are you leaving tomorrow?
(b) He's really good at skiing.
(c) You need to take this pill after a meal.
(d) His wife is taking care of him now.

해석 W 최근에 굿맨 씨 보셨나요?
M 못 들었나요? 스키 타다가 다리가 부러져서 병원에 입원했어요.
W 내일 문병가봐야겠군요.
M _____
(a) 내일 몇 시에 출발 할 건가요?
(b) 그는 정말 스키를 잘 타요.
(c) 식후에 이 알약을 복용하세요.
(d) 그의 아내가 그를 돌보고 있어요.

해설 전체 내용도 중요하지만 여자의 마지막 말이 핵심이다. 내일 굿맨 씨 문병가겠다는 내용과 자연스럽게 이어지는 것은 (a)다. (b)는 굿맨이 스키를 잘 탄다는 정보일 뿐 문병가겠다는 것에 대한 답변으로는 부적절하다. (c) 역시 약을 먹을 대상은 환자이므로 적절치 않고 (d)는 병원에 지금 누가 함께 있느냐에 대한 답변으로 가능한 선택지다.

어구 be hospitalized 입원하다
visit sb in the hospital 문병가다
pill 알약

정답 (a)

26 M Do you know what time Mary's due in at the airport?
W I'll check it for you. Her plane arrives at 5:40.
M We should wait another 30 minutes.
W _____

(a) Her plane must be delayed.
(b) Maybe we can hang out sometime.
(c) Let's go and have some coffee at the cafeteria.
(d) How about spending time with me instead?

해석 M 메리가 언제 공항에 도착인지 아세요?
W 제가 확인해 보겠습니다. 그녀가 탄 비행기는 5시 40분에 도착해요.
M 30분 더 기다려야겠군요.

W _____
(a) 그녀의 비행기가 지연되는 게 틀림 없어요.
(b) 언제 한번 봐요.
(c) 카페테리아 가서 커피 좀 마시죠.
(d) 대신 저와 시간을 보내는 게 어때요?

해설 공항에서 비행기 도착까지 30분 정도 남아 있다고 했으므로 '커피를 마시자'고 하는 (c)가 자연스럽다. (a)는 비행기가 지연된 것에 대한 근거가 없고 (b)는 '언제 한번 보자'는 뜻으로 혼동을 주는 선택지다.

어구 be due in 도착 예정이다
hang out 많은 시간을 보내다

정답 (c)

27 W Where did you park your car?
   M I couldn't find a parking space, so I just parked it on the side of the road.
   W You'll get a ticket if you park there.
   M _____
(a) You can park underground below the building.
(b) Actually I'm considering buying a used car.
(c) I already made a reservation.
(d) Is there free parking in this building?

해석 W 차 어디에 주차했나요?
   M 주차 공간을 찾을 수 없어서, 도로변에 댔어요.
   W 그곳에 주차하면 딱지를 끊을 거예요.
   M _____
(a) 건물 지하에 주차할 수 있습니다.
(b) 사실 저는 중고차 사는 걸 고려하고 있어요.
(c) 저는 이미 예약을 했어요.
(d) 이 건물에 무료 주차장이 있나요?

해설 잘못 주차를 하여 주차위반 딱지를 끊을 것이라는 말에 대한 자연스런 흐름은 (d)다. (a)는 주차장소를 물어볼 때 할 수 있는 대답이다.

어구 get a ticket 딱지를 받다
underground 지하의
make a reservation 예약하다

정답 (d)

28 M Have you babysat before?
   W Yes, several times. Most of all, I like kids.
   M That's great. There's something to eat in the refrigerator, and I won't be back until ten.
   W _____

(a) I'd rather go to the grocery store right now.
(b) Don't worry about the kids and enjoy your time.
(c) Where do you want to eat?
(d) That would be so annoying.

해석 M 전에 애를 돌본 적 있나요?
   W 네, 몇 번이요. 무엇보다도, 저는 아이들을 좋아해요.
   M 잘됐군요. 냉장고에 먹을 게 있고 저는 10시나 되어야 돌아올 거예요.
   W _____
(a) 저는 지금 식료품점에 가는 게 좋겠어요.
(b) 걱정 마시고 재미있게 보내세요.
(c) 어디서 드시겠어요?
(d) 정말 짜증나겠네요.

해설 보모에게 아이를 맡기고 외출하려는 상황이다. 걱정말고 잘 다녀오라고 말한 (b)가 정답이다. (a)는 흐름상 사연스럽지 못하고 (c)는 식당을 선택할 때 쓰는 표현이며 (d)는 대화에서 아이를 좋아하고 경험도 여러 번 있다고 했으므로 짜증낼 상황은 아니다.

어구 babysit 애를 봐주다

정답 (b)

29 W Would you tell me how to get to the city library?
   M There's a bus number 209 every ten minutes here.
   W How long will it take to get there by taxi?
   M _____

(a) It's a 15 minute ride.
(b) It's too far to walk.
(c) Oh! I'm sorry. You're right, my mistake.
(d) About 40 minutes on foot.

해석 W 시립도서관까지 어떻게 가는지 알려주실래요?
   M 여기에 209번 버스가 10분마다 있어요.
   W 택시로 가는 것은 얼마나 걸리나요?
   M _____
(a) 약 15분 정도 걸립니다.
(b) 걷기에는 너무 멀어요.
(c) 오, 죄송해요. 당신이 맞아요, 저의 실수에요.
(d) 걸어서 약 40분 정도요.

해설 여자의 마지막 질문이 택시로 걸리는 시간이므로 정답은 ride가 들어간 (a)다. (b)는 질문의 의도를 벗어났고 (c)는 걸어서 걸린 시간이므로 옳지 않다.

어구 ride 승차

on foot 걸어서

정답 (a)

30 M There is something wrong with this bill.

W What's wrong with it, sir?

M Well, we didn't order any dessert, I had broiled salmon, not grilled steak.

W _____

(a) Let me pick up the tab.

(b) I'll bring you a dessert menu right away.

(c) No, it shouldn't be.

(d) I like to have my steak well-done.

해석 M 계산서가 잘못됐군요.

W 뭐가 잘 못 됐나요, 손님?

M 음, 저희는 디저트를 주문하지 않았고, 나는 구운 연어를 먹었거든요. 구운 스테이크가 아니라.

W _____

(a) 제가 내겠습니다.

(b) 지금 당장 디저트 메뉴를 가져다 드리겠습니다.

(c) 아니요, 그럴리가요.

(d) 스테이크는 잘 익힌 것을 좋아해요.

해설 손님이 계산서가 잘못되었다고 말하고 있으므로 재차 확인하거나 잘못을 인정하거나 부정을 하는 답변이 나와야 한다. (a)는 관용표현으로 '내가 계산하겠다'는 뜻이다.

어구 pick up the tab 계산하다
broil 굽다
salmon 연어
grill 석쇠로 굽다

정답 (c)

Part III

31 M Lost and Found. How may I help you?

W Yes, I've lost my sunglasses. Do you happen to have any sunglasses?

M Sunglasses? Let me check. Yes, we're holding several types of sunglasses. What do they look like?

W They have rectangular lenses with thick frames.

M Um... I think there are the same sunglasses that you're looking for.

W Oh, thank God! Could you hold on to them for a while? I think I can get there in

---

about an hour.

M Of course, ma'am.

Q **What is the conversation about?**

(a) Ordering sunglasses

(b) Keeping items

(c) Asking for directions

(d) Finding lost articles

해석 M 분실물 센터입니다. 어떻게 도와드릴까요?

W 네, 저는 제 선글라스를 잃어버렸거든요. 혹시 선글라스 보관하고 계신가요?

M 선글라스요? 확인해 보겠습니다. 네, 선글라스 몇 개가 있군요. 어떤 모양이죠?

W 두꺼운 테에 직사각형 렌즈로 된 거에요.

M 음... 당신이 찾고 계신 게 있는 것 같은데요.

W 오, 다행이네요! 잠시 보관 좀 해주실래요? 1시간 후면 도착 할 수 있을 것 같습니다.

M 물론이죠.

Q 무엇에 관한 대화인가?

(a) 선글라스 주문하기

(b) 물건 보관하기

(c) 길 묻기

(d) 잃어버린 물품 찾기

해설 무엇에 관한 대화인지를 묻는 문제다. 대화 첫 부분에서 전화받는 장소가 Lost and Found(분실물 보관소)이고 잃어버린 물건을 찾는 것에 관한 것이므로 정답은 (d)다.

어구 lost and found 분실물 센터
happen to 우연히 ~하다
rectangular 직사각형의
frame (안경의) 테
hold on to 계속 가지고 있다, 간직하다

정답 (d)

---

32 W This is the front desk. What can I do for you?

M Could you give me a wake-up call?

W Yes, sir. What time do you want us to call you?

M I need to leave this hotel very early tomorrow morning, so please call me at 5.

W Of course, sir. Anything else?

M That's all. Don't forget to call me at that time!

Q **What is the man trying to do?**

(a) Make a phone booking

(b) Ask to wake him up in the morning

(c) Ask for check-out

(d) Leave hotel now

해석 W 프론트입니다. 무엇을 도와 드릴까요?

M 모닝콜을 해 주실 수 있나요?

W 알겠습니다, 손님. 몇 시에 해드릴까요?

M 내일 아침 일찍 호텔에서 떠나야 하니 5시에 해주세요.

W 물론입니다, 손님. 다른 것은 없나요?

M 그게 전부입니다. 그 시각에 모닝콜 해주는 것 잊지 마세요.

Q 남자는 무엇을 하려고 하는가?

(a) 전화 예약하기

(b) 모닝콜 부탁하기

(c) 체크아웃 요청하기

(d) 지금 호텔을 떠나기

해설 비교적 쉬운 대화 내용이다. 내일 일찍 떠나기 위해 모닝콜을 부탁하는 내용이다. 따라서 정답은 (b)다.

어구 wake-up call 모닝콜

정답 (b)

33 M I've been offered a job by the foreign company.

W Good, have you accepted the job offer?

M Not yet.

W Why not? You wanted to get the job, don't you?

M Yes, but it seems to take me more than an hour to get to work.

W But the pay and other working conditions are very good, aren't they?

M Yes. I think I'll take the job, even though I'm not 100% satisfied with the job.

Q Which is correct according to the dialogue?

(a) The man is hesitating to accept the job.

(b) The man is not all that keen on the job.

(c) The man is completely pleased with the job.

(d) The woman is jealous of the man.

해석 M 외국계 회사에서 일자리 제안을 받았어요.

W 잘됐군요. 그 일자리 제안을 수락했나요?

M 아직이에요.

W 왜 안 했죠? 직업을 구하길 원했잖아요, 그렇지 않나요?

M 네, 하지만 회사에 가는데 1시간 이상 걸릴 것 같아서요.

W 하지만 급여와 다른 작업 환경들은 상당히 좋잖아요, 그렇지 않나요?

M 네. 이 일자리에 100퍼센트 만족하지 못하더라도 수락하려고 합니다.

Q 대화의 내용으로 옳은 것은 무엇인가?

(a) 남자는 일자리를 수락하는데 주저하고 있다.

(b) 남자는 일자리를 아주 맘에 들어 하지는 않는다.

(c) 남자는 일자리에 아주 만족한다.

(d) 여자는 남자를 샘내고 있다.

해설 대화의 세부 내용을 묻는 문제다. (a)는 마지막에 그 일자리를 수락할 것이라고 결정했으므로 맞지 않다. (c) 역시 100퍼센트 만족하는 것은 아니므로 오답이다. (d)는 대화의 내용만으로는 알 수 없는 정보다.

어구 condition 조건
keen on ～을 아주 좋아하는, ～에 열중하는

정답 (b)

34 M Hey, can you lend me some money?

W I think I can, but why do you need money?

M Well, I thought it'd be a good idea to buy the books for next semester today, since I'm going to drop by the bookstore to see if there are any new books on politics.

W Okay, so you have no money right now?

M Actually I have enough money in my wallet, but the problem is that I don't know where my wallet is. I must have left it at home.

W All right. Will 50 be enough?

M Yeah, that's enough.

Q Why does the man need money?

(a) Because he wants to purchase a new wallet

(b) Because he wants to stop by the bookstore

(c) Because he wants to pay off his debts

(d) Because he wants to buy some books

해석 M 이봐요, 돈 좀 빌려 줄래요?

W 빌려 줄 수는 있는데, 왜 돈이 필요하죠?

M 음, 오늘 다음 학기를 위해서 책을 구입하는 것이 좋을 듯해서요. 정치학 관련 새 책들이 나왔는지 보려고 서점을 들러보려고 하거든요.

W 좋아요, 지금은 돈이 없군요?

M 사실 제 지갑에 충분한 돈이 있는데 문제는 제 지갑이 어디 있는지 모른다는 겁니다. 집에 놓고 온 게 틀림없어요.

W 알겠어요. 50달러면 충분한가요?

M 네, 충분합니다.

Q 남자는 왜 돈이 필요한가?

(a) 새 지갑을 구입하려고
(b) 서점에 들르려고
(c) 그의 빚을 갚으려고
(d) 새 책들을 구입하려고

해설 두 번째 남자의 대화에서 돈을 빌리는 이유를 들을 수 있다. to buy the books for next semester라고 했으므로 정답은 (d)다. (b)는 책을 사기 위해 서점에 들르는 것이므로 정답이 될 수 없다.

어구 drop by ～에 잠깐 들르다
must have p.p. ～하였음에 틀림없다

정답 (d)

35 **M** Excuse me. Do you have a pair of sneakers?

W Sure, we have many different kinds of sneakers here. Do you have a particular style in mind?

M I like this one but in navy.

W What size do you wear?

M Size 26. Are they on sale?

W Yes, they're 20% off now.

Q Which is correct according to the conversation?

(a) The woman is asking the man to find the right color for her.
(b) The man is in the Navy.
(c) All the items in the store are on sale.
(d) If the man purchases sneakers, he can spare expense.

해석 **M** 실례합니다. 운동화 있나요?
W 물론이죠, 여기 많은 종류의 운동화가 있습니다. 특별히 마음에 두고 있는 스타일 있나요?
M 이런 게 좋아요, 짙은 남색으로요.
W 몇 사이즈 신으세요?
M 사이즈 26입니다. 세일 중인가요?
W 네, 지금 20% 세일 중입니다.
Q 대화의 내용으로 옳은 것은 무엇인가?
(a) 여자는 남자가 여자에 맞는 색상을 찾아줄 것을 부탁하고 있다.
(b) 남자는 해군에 복무하고 있다.
(c) 가게에 있는 모든 품목이 세일 중이다.
(d) 남자가 운동화를 구입하면, 그는 비용을 아낄 수 있다.

해설 대화의 세부내용을 묻는 문제다. (a)는 남자가 손님이

고 여자가 점원이므로 역할이 바뀌었다. (b)는 대화에 등장하는 'be in the Navy'는 '해군에 복무하다'는 뜻이 되어 엉뚱한 답변이 되어 버린다. (c)는 단서가 노출되어 있지 않다. 20% 세일이라고 했으므로 정답은 (d)다.

어구 sneakers 운동화
Do you have ～ in mind? 마음속에 생각하고 있는 ～이 있나요?
on sale 세일 중인
spare expense 비용을 아끼다

정답 (d)

36 **M** Could you tell me the reason that you want to work for our trading company, Miss Kim?

W Well, I'm very interested in companies involved in international trade, and I've heard that your company is very popular because it has good working conditions.

M Okay, I see on your resume that you are a college graduate with a bachelor's degree in trade, right?

W That's right. I really enjoy my major.

M What other activities did you do apart from your academia?

W During college, I participated in a community effort to help migrant workers overcome a different hardship in their lives.

M That's great. You seem to be the right person that we're looking for. We'll be in touch with you soon.

W Thank you very much. I look forward to hearing from you.

Q What other activities did the woman do excluding her academia?

(a) She volunteered to help out at school.
(b) She worked for a trading company as an intern.
(c) She aided political refugees to solve their practical difficulties.
(d) She helped to provide a shelter for migrant workers.

해석 **M** 저희 무역회사에서 일하기 원하는 이유를 말씀해 주실래요, 미스 김?

W 음, 저는 국제 무역에 관련된 회사에 관심이 많고, 좋은 근무 조건 때문에 이 회사가 인기가 많다고 들었거든요.

M 좋아요, 이력서에 무역학과 학사 졸업으로 되어 있네요, 맞죠?

W 맞습니다. 정말 전 제 전공이 좋아요.

M 학업 외에 어떤 다른 활동들을 했나요?

W 대학 다닐 때는, 이주 노동자들이 삶의 어려움을 극복할 수 있게 도움을 주는 사회봉사에 참여를 했습니다.

M 훌륭하군요. 우리가 찾고 있는 적임자 같군요. 곧 연락을 드리겠습니다.

W 정말 고맙습니다. 연락 기다리고 있겠습니다.

Q 여자는 학업 외에 어떤 다른 활동들을 했는가?

(a) 학교에서 자원봉사를 했다.
(b) 인턴사원으로 무역회사에서 일했다.
(c) 망명자들이 현실적인 어려움을 해결하도록 도왔다.
(d) 이주 노동자들에게 숙소를 제공하는 것을 도와다.

해설 대학 다닐 때 이주 노동자들을 돕기 위해 사회봉사에 참여했다고 했으므로 정답은 (a)다.

어구 be involved in ~에 관련되다
bachelor's degree 학사학위
apart from ~외에
academia 학구적인 생활
political refugee 망명자들
overcome 극복하다
hardship 곤란, 고충
look forward to ~를 고대하다
volunteer 지원하다

정답 (a)

---

37 W Does this bus go to City Hall?

M Yes, it does.

W Do you know how many stops away that is?

M I get off right after that stop, so I'll tell you where to get off.

W Thank you. I hope it won't take too long.

M Don't worry. There is no traffic at this time of day.

Q Where will the woman probably get off?

(a) Next stop
(b) Before the stop where the man gets off
(c) After a couple of stops
(d) After the stop where the man gets off

해석 W 이 버스는 시청으로 가나요?

M 네, 그렇습니다.

W 몇 정거장 가야 하는지 아세요?

M 제가 그 정류장 지나서 바로 내리니까 어디에서 내릴지 알려드릴게요.

W 고맙습니다. 오래 걸리지 않아야 할 텐데요.

M 걱정 마세요. 이 시간에는 교통이 그렇게 붐비지 않으니까요.

Q 여자는 어디에서 내릴 거 같은가?

(a) 다음 정거장
(b) 남자가 내리는 정거장 전에
(c) 몇 정거장 후에
(d) 남자가 내리는 정거장 후에

해설 남자가 한 말 I get off right after that stop에서 단서를 찾을 수 있다. 여자가 내린 직후에 내린다고 했으므로 이것을 바꿔 쓴 (b)가 답이다.

어구 get off 하차하다
traffic 교통(량)
at this time of day 하루 중 이 시간에

정답 (b)

---

38 M What seems to be the problem with your car?

W My car is making a funny noise. I think there must be something wrong with the engine.

M Okay, let me check. Well, there seems to be something wrong with your fan belt.

W Oh, what's the problem with it? Is it something that can be fixed in a couple of minutes?

M Well, I think I need to examine it. Probably it won't be a big problem.

W I hope it won't cost me a lot.

M You don't have to worry. Even though you need anything replaced, the parts aren't that expensive.

Q What can be inferred from the conversation?

(a) The man is not going to charge the woman at all.
(b) The woman doesn't care how much the repairs would cost.
(c) The man is going to take a closer look at the fan belt.
(d) It will take long to repair the woman's car.

해석 M 당신 차에 무슨 문제가 있는 것 같으세요?

W 제 차에서 이상한 소리가 납니다. 엔진에 뭔가 문제가 있는 것 같아요.

M 알겠어요, 확인해 보죠. 음, 팬벨트에 문제가 있는 것 같군요.

W 오, 뭐가 문제죠? 금방 수리될 수 있는 건가요?

M 음, 검사를 해 봐야 합니다. 아마도 큰 문제는 아닐 겁니다.

W 비용이 많이 들지 않아야 될 텐데요.

M 걱정할 필요는 없어요. 어떤 게 교체가 되더라도, 부품은 그렇게 비싸지 않아요.

Q 대화로부터 추론할 수 있는 것은?

(a) 남자는 여자에게 비용을 전혀 청구하지 않을 것이다.

(b) 여자는 수리 비용이 얼마나 들든 상관하지 않는다.

(c) 남자는 팬벨트를 좀 더 자세히 살펴 볼 것이다.

(d) 여자의 차를 수리하는 데 기간이 오래 걸릴 것이다.

해설 추론 문제다. (a)는 많은 비용이 들지 않는다고 했으므로 오답이다. (b)도 여자는 비용이 많이 드는 것을 원치 않으므로 맞지 않다. (c) 남자가 팬벨트에 문제가 있는 것 같다고 했으므로 정답이다. (d) 수리 기간에 대한 언급은 없으므로 오답이다.

어구 funny 이상한
examine 검사하다
replace 대체하다, 교환하다

정답 (c)

---

39 M Good morning, Julie. Where were you last week?

W Good morning, Robin. Last week I went on a 3-day trip to Australia.

M It must have been really exciting. What was it like?

W Wonderful! The weather was awesome and the ocean was very warm.

M What were the people like?

W They were very nice and friendly.

Q What is the topic of the conversation?

(a) Where did the woman go

(b) How much did Julie enjoy her trip

(c) What was the last week's weather like

(d) Whether the woman likes to have a trip or not

해석 M 좋은 아침이에요, 줄리. 지난주에는 어디 있었죠?

W 좋은 아침이에요, 로빈. 지난주에는 호주에 3일 동안 여행 갔었어요.

M 아주 재미있었겠군요. 어땠나요?

W 좋았어요! 날씨도 좋았고 바다도 상당히 따뜻하더군요.

M 그곳 사람들은 어땠나요?

W 아주 좋고 친절했어요.

Q 대화의 화제는 무엇인가?

(a) 여자가 어디에 갔는지

(b) 줄리가 여행을 얼마나 즐겼는지

(c) 지난주 날씨가 어땠는지

(d) 여자가 여행가는 것을 좋아하는지 아닌지

해설 대화의 화제를 묻고 있다. 남자가 여자에게 지난주에 어디를 갔었는지를 묻고 있으므로 정답은 (a)다.

어구 go on a trip 여행가다
awesome 아주 멋진

정답 (a)

---

40 W David, have you happened to check out a book from the library?

M I don't understand what you're saying.

W I just got an overdue notice from the library today. It says you have an overdue library book.

M What? I've already returned it. What book does it say?

W *Green Planet*.

M Yeah, I did ask Tom to take that book back to the library two weeks ago.

W You'd better double-check right now, David.

M Okay, Mom. Oh, it's on my bookshelf.

Q What will the man probably do next?

(a) He'll ask Tom where the book is.

(b) He'll give the library a call to see if they can renew the book.

(c) He'll buy the same book as the library book.

(d) He'll go to the library to return the book.

해석 W 데이빗, 혹시 도서관에서 책을 대출 했니?

M 무슨 말씀이신지 이해가 안 가는데요.

W 오늘 도서관에서 반환 지연 통보를 받았거든. 반납 기일이 지난 도서관 책이 있다고 하더구나.

M 뭐라고요? 이미 반환 했는데요. 무슨 책이라고 하던가요?

W '그린 플레닛'이라던데.

M 네, 2주 전에 탐에게 그 책을 반환하도록 부탁했었거든요.

W 다시 한 번 확인해 보는 게 좋겠구나, 데이빗.

M 알겠어요, 엄마. 오, 제 책꽂이에 있네요.

Q 남자의 다음 행동으로 가능한 것은?

(a) 탐에게 책이 어디에 있는 물을 것이다.

(b) 책 기한 연장을 할 수 있는지 도서관에 전화를 할 것이다.

(c) 도서관 책과 똑같은 책을 구입할 것이다.

(d) 책을 반환하기 위해 도서관에 갈 것이다.

해설 도서관에서 빌린 반환기한이 지난 책을 책꽂이에서 발견한 상황이므로 가능한 다음 행동은 (d)다. (a)는 이미 책을 발견했으므로 맞지 않다. (b)와 (c)는 대화의 내용으로 알 수 없는 정보다.

어구 check out 대출하다
overdue 지불기한이 지난, 늦은
renew 갱신하다

정답 (d)

41 W Tom, you are to visit Mexico next month.

M What is the purpose of this visit?

W You're supposed to meet some of our clients to promote new products.

M I think I'll have to prepare the necessary things for the visit.

W You don't have to do that. I'll have my secretary take care of it.

M And it'll be helpful if you arrange an interpreter just in case. I'm not a fluent Spanish speaker.

W Don't worry. I've already done that.

Q Which is correct according to the conversation?

(a) Tom can speak a little Spanish.

(b) The woman's secretary is supposed to accompany Tom.

(c) The woman will ask her secretary to arrange an interpreter.

(d) Tom is excited about visiting Mexico.

해석 W 탐, 당신은 다음 달에 멕시코를 방문해야 해요.

M 방문 목적이 무엇인가요?

W 당신은 신제품 홍보를 위해 저희 고객들을 좀 만나셔야 합니다.

M 방문을 위해 필요한 것들을 준비해야겠군요.

W 그렇게 할 필요는 없어요. 제 비서가 처리하라고 할게요.

M 만약을 대비해서 통역을 준비해 두면 도움이 될 거에요. 나는 스페인어를 잘 못하거든요.

W 걱정 마세요. 이미 조치를 취했습니다.

Q 대화의 내용으로 옳은 것은 무엇인가?

(a) 탐은 스페인어를 좀 한다.

(b) 여자의 비서는 탐과 동행하기로 되어있다.

(c) 여자는 그녀의 비서에게 통역관을 준비하도록 부탁할 것이다.

(d) 탐은 멕시코를 방문하는 것에 흥분해 있다.

해설 대화의 세부 내용을 묻는 문제다. (a)는 조금 헷갈리는 답변일 수 있으나 탐은 유창하지는 않다고 했으므로 일상 회화 정도의 스페인어를 구사할 것으로 유추할 수는 있다. (b)는 여자의 비서에 대한 언급이 없으므로 맞지 않다. (c)는 여자가 이미 통역자 준비를 했으므로 오답이다. (d)는 대화의 내용만으로는 알 수 없는 정보다.

어구 client 고객
promote 촉진하다, 활성화시키다
interpreter 통역자
just in case 만약을 대비해서
fluent 유창한
accompany 동행하다, 수행하다

정답 (a)

42 W May I help you, sir?

M Yes, I'd like to send this parcel to Tokyo.

W Okay. Let's see how much it weighs.

M It can't weigh much. It's just a hat.

W I see. How would you like it delivered? By airmail or surface mail?

M By surface mail, please.

W Could you fill out this customs form, please?

M Sure.

Q Which is correct according to the conversation?

(a) The parcel weighs much.

(b) The woman wants her parcel delivered.

(c) The man wants to send the parcel by sea.

(d) The man is going to visit Tokyo.

해석 W 도와드릴까요, 손님?

M 네, 이 소포를 도쿄로 보내려고 합니다.

W 알겠습니다. 무게를 달아 보도록 하죠.

M 무게가 얼마 안 나갑니다. 그냥 모자거든요.

W 그렇군요. 어떻게 배달해 드릴까요? 항공우편으로 보낼까요, 배편으로 보낼까요?

M 배편으로 부탁드립니다.

W 이 세관 양식을 작성해 주시겠습니까?

M 알겠습니다.

Q 대화에 따르면, 옳은 것은?

(a) 소포는 무게가 많이 나간다.
(b) 여자는 소포가 배달되길 원한다.
(c) 남자는 배편으로 소포를 보내길 원한다.
(d) 남자는 도쿄에 방문할 예정이다.

해설 (a)는 보내는 물건이 모자이고 무겁지 않다고 했으므로 답이 아니다. (b)는 소포를 보내는 사람이 남자이다. (d)는 남자가 일본을 방문하는 것이 아니라 일본에 소포를 보내려 하고 있다. surface mail로 보내기를 원하고 있으므로 정답은 (c)가 된다.

어구 parcel 소포
surface mail 육상, 해상 우편
customs form 세관 양식
fill out 작성하다

정답 (c)

43 M This is the master bedroom with a walk-in closet and a private bathroom.
W I think it's gorgeous. By the way, how is this house heated?
M It is heated through gas-fired boiler and radiators.
W Where is the boiler?
M It's in the basement. Why don't you go out and see the backyard? There is a separate swimming pool suitable for children.
W Well, my children would love it.

Q What is the conversation about?
(a) Planning to buy a house
(b) Looking around at a house
(c) Repairing a broken boiler
(d) Purchasing a house

해석 M 이 침실은 벽장과 개인 욕실이 딸렸습니다.
W 멋지군요. 그런데, 이 집은 난방을 어떻게 하죠?
M 가스보일러와 난방기로 난방이 이루어집니다.
W 보일러는 어디에 있나요?
M 지하실에 있습니다. 나가서 뒷마당을 보실까요? 아이들에게 맞는 독립된 풀장이 있습니다.
W 음, 제 아이들이 좋아하겠군요.
Q 이 대화는 무엇에 관한 것인가?
(a) 집을 구입할 계획하기
(b) 집을 둘러보기
(c) 고장난 보일러를 수리하기
(d) 집을 구입하기

해설 남자가 여자에게 집을 구경시켜주고 있는 상황이므로 정답은 (b)다. 집을 사는 것과는 관계가 없으므로 오답에 현혹되지 않도록 한다.

어구 master bedroom 침실
walk-in closet 출입문 달린 벽장
gorgeous 화려한
gas-fired boiler 가스보일러
radiator 난방기

정답 (b)

44 M Look at the price of those sunglasses. They are $550. Unbelievable!
W How are they different from others? It seems to me that there is no difference.
M Tell me about it. Who would buy those lousy sunglasses?
W Oh, they are the ones advertised by Victoria Beckham.
M Really? Now I see why they are so expensive.
W Well, if a certain celebrity endorses a product, no matter how expensive it is people are usually going to want it.
M So are you going to buy them or something?
W No, I don't want to waste my money on some celebrity's sunglasses.

Q What can be inferred from the conversation?
(a) The woman thinks the sunglasses are unique.
(b) The woman will buy the sunglasses after all.
(c) Victoria Beckham will be paid very much.
(d) The woman is economical.

해석 M 이 선글라스 가격 좀 보세요. 550달러에요. 믿을 수가 없군요!
W 다른 선글라스와 어떻게 다르죠? 별로 다른 게 없는 것 같은데요.
M 맞아요. 대체 누가 이런 형편없는 선글라스를 구입할까요?
W 오, 이 선글라스는 빅토리아 베컴이 광고한 거잖아요.
M 정말이요? 이제 왜 그렇게 비싼지 알겠군요.
W 음, 특정 유명인이 제품을 홍보하면, 비싸더라도 사람들은 그것을 원하죠.
M 그래서 당신은 그 선글라스 구입을 할 건가요?
W 아뇨, 유명인의 선글라스에 돈을 낭비하고 싶지 않거든요.

Q 대화로부터 추론할 수 있는 것은?

Q 대화로부터 추론할 수 있는 것은?
(a) 여자는 선글라스가 독특하다고 생각한다.
(b) 여자는 결국 그 선글라스를 살 것이다.
(c) 빅토리아 베컴은 보수를 많이 받을 것이다.
(d) 여자는 알뜰하다.

해설 남녀 모두 선글라스가 비싸다는데 동의하고 있는 대화이
다. 여자의 마지막 말에서 돈을 낭비하고 싶지 않다고 했
으므로 정답은 (d)다. (a), (b), (c)는 근거가 없거나 부
족하다.

어구 unbelievable 믿을 수 없는
lousy 형편없는, 불결한
celebrity 유명인
endorse (상품을) 홍보하다
economical 알뜰한, 경제적인

정답 (d)

---

45 W Robin, how did you do your mid-term exam?

M Jenny, I crammed for it, so I don't think I did a good job. I think I flunked English.

W Oh, really? I can't believe it. You always get an A in English.

M I don't know. I should have started studying earlier. I was just too lazy.

W Well, let me tell you something. I might barely pass English this time, too.

M Really? But you did study really hard for that.

W I did. But the English test was really hard this time.

Q Which is correct according to the conversation?

(a) The woman passed the English exam with a great score.
(b) The English test was harder than usual.
(c) The man studied very hard for the test.
(d) The man is not good at English.

해석 W 로빈, 중간고사 어떻게 봤니?
M 제니, 벼락치기를 해서, 잘본 것 같지 않아. 영어는 낙제했을 거야.
W 오, 정말? 믿을 수가 없어. 너는 항상 영어는 A학점을 받잖아.
M 모르겠어. 더 일찍 공부를 시작했어야 했는데. 너무 게을렀어.
W 음, 말해 줄 게 있어. 나도 이번 영어 시험을 겨우 통과할 것 같아.

M 정말? 너 공부 정말 열심히 했잖아.
W 그랬지. 하지만 이번 영어 시험은 정말 어려웠어.

Q 대화의 내용으로 옳은 것은 무엇인가?
(a) 여자는 좋은 점수로 영어 시험에 통과했다.
(b) 영어 시험은 평소보다 더 어려웠다.
(c) 남자는 시험 공부를 열심히 했다.
(d) 남자는 영어 과목을 잘 못한다.

해설 대화의 세부 내용을 묻는 문제다. (a) 여자는 영어 시험
에 겨우 통과했다고 했으므로 맞지 않다. (b) 영어 시험
이 평소보다 어려웠다고 했으므로 정답이다. (c) 남자는
시험 공부를 더 일찍 시작하지 않은 것을 후회하고 있으
므로 맞지 않다. (d) 남자는 보통 A학점을 받는다고 했
으므로 오답이다.

어구 cram (시험 등을 위해) 벼락 공부를 하다
do a good job 잘 해내다
flunk 낙제하다
should have + p.p ~했어야 했다(결국 ~하지 못했다)
barely 간신히, 겨우

정답 (b)

Part IV

46 You have reached the interactive registration and information system of H-E-L-P. Press 1 to receive more details about our courses. To register for a class, press 2 and wait for directions. To confirm a registration, remember to press 0 before you hang up. Our computer will not recognize your registration unless this step is followed. Our registration office at 103-3272 can also be contacted if you have any questions. Thank you and have a nice day.

Q What will happen if you do NOT confirm your registration?

(a) You will need to press 2 to register again.
(b) The computer will not accept your registration.
(c) You will have to pay more.
(d) You will need to press the zero key again.

해석 쌍방향 등록 및 정보 안내 H-E-L-P에 전화 주셔서
감사합니다. 과목에 대한 세부 내용을 원하시면 1번을
누르십시오. 과목 등록을 위해서는 2번을 누르시고 지
시를 기다리십시오. 등록을 확인하기 위해서 전화를 끊
기 전, 반드시 0번을 눌러야 함을 기억하세요. 이 단계

를 따르지 않으면 컴퓨터가 여러분의 등록을 인식하지 않을 것입니다. 질문이 있으시면, 등록 사무실은 103-3272로 전화해서 연결될 수 있습니다. 감사합니다, 좋은 하루 되십시오.

Q 등록 확인을 하지 않으면 어떤 일이 생기는가?
(a) 다시 등록하기 위해서 2번을 눌러야 한다.
(b) 컴퓨터에 등록이 되지 않을 것이다.
(c) 돈을 더 내야 할 것이다.
(d) 0번을 다시 눌러야 할 것이다.

해설 질문과 자동응답에 등장하는 confirm에 착안해야 한다. 0번을 눌러 등록 확인을 해야 하고 그렇게 하지 않으면 컴퓨터가 등록을 인식하지 않을 것이다라고 했으므로 정답은 (b)가 된다.

어구 registration 등록
register for 등록하다
recognize 인지하다
contact 연락하다, 교신하다
hang up 전화를 끊다

정답 (b)

47 Triplett, a psychologist, discovered a remarkable study. He observed that greater speed is reached when the contest is between two or more cyclists rather than when they compete against their own time only. This finding brought about Triplett to carry out the first-ever restricted lab research in social psychology. In his experimentation, children were directed to spin a wheel as quick as they can for a definite time period. From time to time, two kids did the task simultaneously; on other occasions, they did the job independently. The end-result established his premise: Children respond to work more quickly when another child is at hand doing a similar task, than when each of them acts alone.

Q What can be inferred from the report?
(a) When the boss is present, the subordinate works harder than when he is on his own.
(b) Kids study more effectively when their parents are around than when they are not.
(c) Team players work more vigorously when exercising at the same time than when alone.
(d) Two people do the task in a slower pace when it's a joint effort than when each is by himself.

해석 심리학자 트리플렛은 놀라운 연구물을 발견했습니다. 그는 두 명 또는 더 많은 사이클 선수가 경기에서 서로 경주할 때가 단지 자기 기록을 위해 혼자 달리는 것 보다 더 높은 스피드에 이른다는 것을 관찰했습니다. 이 발견은 트리플렛으로 하여금 사회 심리학에서 최초로 시도되는 통제된 실험실 실험을 수행하게 하였습니다. 그의 실험에서, 그는 한정된 시간 동안 아이들로 하여금 바퀴를 최대한 빨리 돌리도록 지시하였습니다. 때로는 두 아이들이 동시에 하였으며 때로는 따로 하였습니다. 이 결과가 그의 이론을 확립했습니다: 아이들은 또 다른 아이가 가까이서 비슷한 일을 하고 있을 때가 혼자 일을 할 때보다 일을 더 빨리 합니다.

Q 리포트에서 추론할 수 있는 것은 무엇인가?
(a) 하급자는 혼자 있을 때보다 상급자가 방에 있을 때 일을 더 열심히 한다.
(b) 아이들은 부모들이 없을 때보다 부모들이 지켜볼 때 더 효율적으로 공부한다.
(c) 선수들은 혼자 연습을 할 때보다 같이 연습할 때 더 열심히 한다.
(d) 두 사람은 각자 혼자 있을 때보다 같이 있을 때 일을 더 느리게 한다.

해설 전체 내용과 세부 사항들을 기억해야 하는 추론 문제다. 초반부에 사이클 선수가 서로 경주할 때 스피드가 더 좋아졌다고 했으므로 정답은 (c)가 된다. (a)는 유추할 수 없는 정보다. (b)는 아이들이 공동 작업을 할 때 일을 더 빨리 했다고 했을 뿐 부모에 대한 언급이 없으므로 맞지 않다. (d) 역시 언급되지 않은 정보다.

어구 psychologist 심리학자
compete against ~와 겨루다
be directed to ~하도록 지시 받다
simultaneously 동시에
premise 전제

정답 (c)

48 Television programs have certainly evolved into a broad series of broadcasting structures and the likes of reality programs are now gaining much popularity on people of all ages. Its major attraction lies in its alluring plot where common people are set in astonishing circumstances. An example is the TV show "The Bachelor" where many women are romantically dated all together by a single man, and brought to amazing places or picturesque locations. Those who participate in these reality TV shows also have a shot at claiming instant fame.

Q What is the main topic of the talk?
(a) The appearance of reality programs
(b) Making people celebrities
(c) The features of reality programs
(d) TV programs and reality programs

해석 텔레비전 프로그램은 분명히 광범위한 TV프로그램 형식으로 진화하고 있고 리얼리티 프로그램은 모든 연령대에게 많은 인기를 얻고 있습니다. 그것의 주요한 매력은 일반인들을 놀랄만한 특별한 상황에 놓는다는 것에 있습니다. 일례로 "The Bachelor"와 같은 프로그램에서 한 미혼의 남성이 여러 여자들과 동시에 로맨틱한 데이트를 하고 멋지고 그림 같은 장소로 안내를 합니다. 리얼리티 텔레비전에서는 또한 참가자들이 한순간에 유명인이 될 수도 있습니다.

Q 담화의 주제는 무엇인가?
(a) 리얼리티 프로그램의 출현
(b) 사람들을 유명인사로 만들기
(c) 리얼리티 프로그램의 특징
(d) TV 프로그램과 리얼리티 프로그램

해설 리얼리티 프로그램이 인기를 얻고 있고 이것에 대한 특징들을 나열하고 있으므로 정답은 (c)가 된다.

어구 evolve 발전시키다, 진화하다
lie in ~에 있다
allure 유혹하다
astonishing 놀라운
picturesque 그림 같은
have a shot at 한번 ~해보다

정답 (c)

49 Shambo, the bull at the center of a three-month legal fight, has been killed. After a positive test for TB, an order was made for his slaughter, in keeping with the law. However, the multi-faith community went to court to try to save him as he was a sacred animal to Hindus. Opinion is very divided on the issue; some believe that he was a danger to the national herd and needed to be killed, while others feel that religious beliefs should be respected. The authorities cut through the rally and led the bull away. The following morning, they announced that he had been given a lethal injection.

Q Which is correct according to the news report?
(a) TB infected animals endanger the society.
(b) Lethal injection is the safest way to kill bulls.
(c) Cows are regarded as holy to Hindus.
(d) Legal authorities agree to animal slaughter.

해석 3개월간 법적 분쟁의 중심에 있는 황소, 샴보가 도살을 당했습니다. 결핵 양성 반응 후, 법에 따라 도살 결정을 하였습니다. 하지만 다신교를 믿는 지역민들은 힌두교도들에게 신성한 동물인 그 소를 구하기 위해 법정으로 갔습니다. 그 이슈에 대한 의견은 분분합니다. 몇몇은 전국의 가축 무리에 위험이 된다고 믿으며 다른 이들은 종교적 신념은 존중되어야 한다고 생각하고 있습니다. 당국은 시위 무리를 가로질러 소를 끌고 갔습니다. 다음 날 당국은 그 황소에게 극약 주사를 놓았다고 발표하였습니다.

Q 뉴스에 관해 옳은 것은 무엇인가?
(a) 결핵에 감염된 동물은 사회를 위험에 빠뜨린다.
(b) 극약 주사는 황소를 죽이는 가장 안전한 방법이다.
(c) 소는 힌두교도들에게 신성하게 여겨진다.
(d) 법 집행기관은 동물 살육을 동의한다.

해설 뉴스에 관한 세부 내용을 묻는 문제다. 보도에 따르면 소는 힌두교도들에게 신성한 동물이라는 내용이 등장하므로 정답은 (c)다. (a)는 결핵이 등장하지만 단편적인 정보에 불과하므로 맞지 않다. (b) 역시 소에 극약 주사를 놓았다는 내용이 등장하지만 안전여부에 대한 언급은 없다. (d)는 초반에 법에 따라 도살했다는 내용만 등장할 뿐 알 수 없는 정보다.

어구 TB 결핵(tuberculosis)
sacred 신성한
rally 집회
lethal 치명적인
injection 주사
slaughter 도살, 살육

정답 (c)

50 The producers of a computer game have pushed through with its plan to put a new product on sale and promote it, in spite of strong public disagreements. The game portrays new students as underdogs who learn to fight back by packing punches or striking the bullies in school with baseball bats. People who highly disapprove this game have stated that it promotes extreme, destructive and hostile behavior, but the producers say otherwise. They declared that even if there is aggression or fighting in the computer game, it is only an entertaining depiction of life in school.

Q **What is likely to be the game producer's opinion?**

(a) The computer game made by themselves is violent.
(b) The computer game is only a pastime.
(c) The bullies in school should be removed.
(d) Fighting in computer game is a good practice in life.

해석 컴퓨터 게임 제작자들은 대중적 논쟁에도 불구하고 새로운 제품을 판매하고 그것을 광고하기로 하는 계획을 밀고 나갔습니다. 게임은 신입생들을 학교에서 야구 방망이로 불량배들을 치거나 펀치를 가함으로써 저항하는 방법을 배우는 약자들로 묘사합니다. 이 게임을 강도 높게 반대하는 사람들은 그 게임이 극단적이고 파괴적이며 적대적인 행동을 조장한다고 말해왔지만 개발자들은 다르게 말합니다. 그들은 이 게임에 공격 또는 폭력이 있다 할지라도 그것은 단지 학교생활을 재미있게 묘사하는 것이라고 단언했습니다.

Q 게임 제작자의 견해는 무엇인가?
(a) 그들이 만든 컴퓨터 게임은 폭력적이다.
(b) 컴퓨터 게임은 단지 오락이다.
(c) 교내 약자를 괴롭히는 사람들은 없어져야 한다.
(d) 컴퓨터 게임 중 싸움은 삶에서 좋은 연습이다.

해설 게임 제작자들은 컴퓨터 게임이 폭력적이긴 하지만 학교 생활의 즐거운 묘사라고 주장하고 있다. 따라서 정답은 (b)다.

어구 push through 밀고 나가다
bully 약자를 괴롭히는 사람
in spite of ~임에도 불구하고
portray 묘사하다
underdog 패배자, 질 것 같은 사람
fight back 저항하다

promote 조장하다
destructive 파괴적인
hostile 적대의
aggression 공격
depiction 묘사

정답 (b)

51 A recent survey has shown that the number of people in the United Kingdom who do not intend to get Internet access has risen. These people, who are known as "net refuseniks", make up 44% of U.K. households, or 11.2 million people in total. This research also showed more than 70% of these people said that they were not interested in getting connected to the Internet. This number has risen from just over 50% in 2005.

Q **Which of the following best summarizes the report?**

(a) Net refuseniks are widening in the U.K.
(b) More people are getting broadband rather than high speed net.
(c) The cost of getting online is expensive.
(d) Internet is not popular in the U.K.

해석 최근 조사는 인터넷 사용을 하지 않으려는 영국인의 숫자가 늘어남을 보여줬습니다. "인터넷 거부자"들로 알려진 이런 사람들은 영국가구의 44%, 또는 총 1120만명을 차지하고 있습니다. 이 조사는 또한 이들 중 70% 이상이 인터넷 접속에 관심이 없다고 말했다는 것을 보여주었습니다. 이 수치는 2005년의 50% 조금 넘는 수치보다 증가한 것입니다.

Q 리포트를 가장 잘 요약한 것은?
(a) 인터넷 거부자들이 영국에서 늘어나고 있다.
(b) 많은 사람들이 빠른 속도의 인터넷보다는 광대역 인터넷을 이용하고 있다.
(c) 인터넷을 사용하는 비용은 비싸다.
(d) 인터넷은 영국에서는 인기가 별로 없다.

해설 인터넷을 사용하지 않는 영국인의 숫자가 늘어났다는 것을 알려주는 내용이므로 정답은 (a)가 된다.

어구 refusenik 출국이 금지된 사람

정답 (a)

52 A visa and a passport-sized photo are required from tourists before they can enter Cambodia. Upon arrival in Siem Reap International Airport, one can get a Visa for only 20 dollars. If you want to visit the Angkor Temple, an Entrance Pass will be given but another passport photo shall be required from the visitor. The temperature of Siem Reap is normally very hot, so it is advised that snug footwear, cozy attire and lots of drinking water be brought to the site. There are many other memorable temples to visit, such as the Angkor Wat, which is very beautiful at dawn or nightfall.

Q **What is the main topic of the talk?**
(a) How to enter Cambodia
(b) Important travel conditions in Cambodia
(c) A traveller's guide to Cambodia
(d) Acceptable legal tender in Cambodia

해석 여행자들이 캄보디아에 들어가기 전에 비자와 여권 사진이 필요합니다. 시엠 리프 국제공항에서 도착하자마자 20달러를 지불하면 비자를 받을 수 있습니다. 앙코르 사원을 방문하기를 원한다면 입장 허가가 주어지지만 여권사진이 요구됩니다. 시엠 리프의 온도는 보통 덥기 때문에 걷기 편한 신발을 착용하고 가벼운 옷차림과 많은 양의 물을 준비하기 바랍니다. 새벽과 황혼 녘에 아름다운 앙코르 와트와 같은 많은 다른 기억할 만하고 방문할 사원들이 있습니다.

Q 이 광고의 주제는 무엇인가?
(a) 캄보디아로 들어 가는 방법
(b) 캄보디아에서 중요한 여행 조건들
(c) 캄보디아 여행자 가이드
(d) 캄보디아에서 통용되는 법정 화폐

해설 캄보디아 입국절차와 기후, 명승지에 대한 정보가 나와 있으므로 여행가이드라 할 수 있다. 정답은 (c)다. (d)에 대한 정보는 언급되지 않았다.

어구 snug 꼭 맞는
cozy 편안한
attire 복장
memorable 기억할 만한
nightfall 황혼 녘
legal tender 법정 화폐

정답 (c)

53 If you happen to be in the area of Texas, don't forget to check out the Galveston emporium. People who love to shop go through the novel 14-foot doors to cross the threshold on the ground level. You can purchase cheeses and meat per pound if you intend to have a meal outdoors on the seaside. You can also find a variety of Texas foodstuff, alcoholic beverages, reading materials, woven containers, chocolates, and distinctive coffee and tea products. A liquor room displays authentic Texas, American and global wines.

Q **Which item can be bought at the emporium?**
(a) Detergents
(b) Refreshments
(c) Souvenirs
(d) Dairy products

해석 여러분이 혹시 텍사스 지역에 있다면, 갈베스톤 상점을 확인하는 것을 잊지 마세요. 쇼핑을 좋아하는 사람들은 1층에 있는 입구를 건너는 신기한 14피트 문을 통과합니다. 해변 야외에서 식사를 하고자 한다면 육류와 치즈를 파운드 단위로 사실 수 있습니다. 또한 매우 다양한 텍사스 음식, 알콜 음료, 서적, 천으로 만든 바구니, 초콜릿 및 특색 있는 커피와 차를 볼 수 있습니다. 알콜 음료 룸에는 진정한 텍사스 와인, 미국 와인, 세계의 와인들을 진열해 놓았습니다.

Q 상점에서 살 수 있는 제품은 무엇인가?
(a) 세제
(b) 다과
(c) 기념품
(d) 유제품

해설 특정 정보를 묻는 문제다. 많은 제품들이 나열되어 있으므로 메모를 통해 답을 찾는 것이 가장 확실한 방법이다. 정답은 (b)다.

어구 emporium 상점, 상업 중심지, 백화점
novel 신기한
threshold 입구
authentic 진정한, 진짜의

정답 (b)

54 One style of housing structural designs which was first discovered in Radburn, New Jersey (U.S.A.) is the Radburn layout. It was adopted between the period 1928 and 1933 for the development of new resettlements and extended housing projects after the war in Britain. Its major characteristics include the separation of an area used by people traveling on foot and another area used especially by cars, homes in front of gardens and wide or free space, and with auto entrance to the back, loop passageways, and roads with no exit at one end (cul-de-sacs).

Q What can be inferred from the lecture?

(a) Pathways below the surface of the ground are adopted in detail in the Radburn layout.

(b) The division of pedestrian and car traffic is the main element of the Radburn layout.

(c) The primary purpose of the Radburn layout is to build houses that face the street.

(d) Cul-de-sacs are adopted in the Radburn layout to protect people walking on foot.

해석 미국 뉴저지 레드번에서 최초로 발견되었던 주거 구조 디자인의 한 형태는 레드번 설계법이다. 그것은 영국에서 전후 확장 주거지 계획과 신도시 발전을 위하여 1928년과 1933년 사이에 채택되었다. 이것의 주요 특징은 보도와 차도의 분리, 정원과 넓고 열린 공간을 바라보고 후방에 자동문, 환상(環狀)로와 막다른 골목길의 주택들을 포함한다.

Q 강의로부터 추론할 수 있는 것은 무엇인가?

(a) 땅 표면 아래 좁은 길들은 래드번 설계법에서 상세하게 채택되었다.

(b) 보행자와 차량의 분리는 래드번 설계법의 주요 요소이다.

(c) 래드번 설계법의 주요 목적은 거리를 향하는 집들을 짓는 것이다.

(d) 걸어 다니는 사람들을 보호하기 위해 래드번 설계법에서 막다른 골목길이 적용되었다.

해설 (b)를 제외한 나머지 보기들은 강의의 내용에서 직접적으로 언급되어진 부분이 없다. 보도와 차도의 분리는 래드번 구성의 주요한 특징으로 설명되고 있다. 정답은 (b)다.

어구 layout 구성, 설계
adopt 채택하다, 적용하다
separation 분리
cul-de-sac 막다른 길[골목]

정답 (b)

55 In 1984, a paleontology graduate student named Hou Xianguang found extraordinary remains of an animal while inspecting rocks near Chengjiang, a Chinese town. "The fossil was still damp and the preserved remains of the animal from an earlier era was still inside the rock. I thought it was similar to the Burgess Shale, an animal my teachers always mention. I was so nervous", Hou distinctly remembers. Undoubtedly, Hou discovered a Naraoia, an animal that can be found in Canada. His discovery was older by 15 million years compared to its Canadian counterparts.

Q Which is correct according to the report?

(a) The fossil was 15 million years old.

(b) It was the first discovery in the world.

(c) The graduate student found a plant fossil.

(d) The fossil was found moist.

해석 1984년 후장광이라 불리는 고생물학 대학원생은 차이나 타운 쳉지앙 근처 바위들을 조사하는 동안 한 동물의 특별한 잔해들을 발견했다. "그 화석은 여전히 축축히 젖어 있었고 옛날부터 보존된 동물의 잔해는 아직 바위 안에 있었다. 나는 그것이 나의 선생님들이 항상 언급한 동물인 Burgess Shale와 비슷하다라고 생각했다. 매우 긴장되었다."라고 후는 명백하게 기억한다. 확실히 후는 캐나다에서 발견될 수 있는 동물인 Naraoia를 발견했다. 그의 발견물은 캐나다에서 발견된 것과 비교했을 때 1500만 년 더 오래된 것이다.

Q 리포트에 따르면, 옳은 것은 무엇인가?

(a) 그 화석은 1,500만 년 되었다.

(b) 그것은 세계 최초의 발견이었다.

(c) 대학원생들이 한 식물 화석을 발견하였다.

(d) 화석은 축축한 상태로 발견되었다.

해설 (a)는 캐나다의 화석보다 1,500만 년 더 오래 되었다고 했으므로 오답이다. (b)는 캐나다에서도 발견되었으므로 옳지 않다. (c)는 대학원생이 발견한 것은 동물 화석이므로 오답이다. (d)는 화석이 축축한 상태로 발견되었다고 했으므로 정답이다.

어구 paleontology 고생물학, 화석학
remains 유해, 잔해
inspect 조사하다
damp 축축한
counterpart 닮은 것, 상대적인 것

정답 (d)

56 Amnesia can be principally caused by either physical or psychological impact. A person with anterograde amnesia tends to forget the circumstances that happen after a trauma or brain damage; but preceding events will not be vanished. Someone with retrograde amnesia is able to remember occurrences after the injury; however, what is fascinating is that memories before the trauma is gone and cannot be restored.

Q   What is the main subject of the lecture?
(a) Various kinds of amnesia
(b) Main reasons for amnesia
(c) Reasons and symptoms of amnesia
(d) Memory interventions of amnesia

해석 기억상실증의 주유 이유들은 신체적이거나 정신적인 충격이다. 전향 기억상실증에 걸린 사람은 충격이나 뇌의 손상 이후 일어난 사건들을 기억해 내지 못하는 경향이 있다; 하지만 앞서 일어난 사건들은 사라지지는 않을 것이다. 역행 기억상실증에 걸린 사람은 부상 이후에 일어난 사건을 기억해 낼 수 있다. 그러나 흥미로운 사실은 정신적 충격 이전의 기억들은 사라지고 저장될 수 없다는 것이다.

Q   강의의 주제는 무엇인가?
(a) 다양한 종류의 기억상실증
(b) 기억상실증의 주요 이유들
(c) 기억상실증의 원인과 증상
(d) 기억상실증의 기억력 간섭

해설 강의의 주제를 묻는 문제다. 기억 상실증에 관한 여러 가지 증상과 원인에 대해 언급하고 있으므로 정답은 (c)다. 너무 포괄적이거나 지엽적인 선택지는 주제문이 될 수 없음을 명심하자.

어구 amnesia 기억상실증
trauma 정신적 충격
preceding 선행하는
vanish 사라지다

정답 (c)

57 Long before the birth of my eldest brother Renaldo, our household in Venice was known to be very musical. Later, my parents came to America and my brother Renaldo and sister Carlota took regular piano lessons when we could afford it. My other brother Alejandro learned to play the violin. Giuseppe, who had the best voice of all, was taught how to sing by my mother since she had been a singer at one time herself. Regarding me, well… I played the trombone, which found me a place in the school orchestra.

Q   What is the speaker talking about?
(a) His family's musical instruments
(b) His family's band
(c) His family's love for music
(d) Family togetherness

해석 나의 가장 맏형 Renaldo가 태어나기 오래 전 베니스에서 우리 집은 아주 음악적이라고 알려졌습니다. 나중에 내 부모님은 미국에 왔고 나의 형 Renaldo와 여동생 Carlota는 충분한 여유가 있을 때 정기적인 피아노 수업을 받았습니다. 나의 다른 형제 Alejandro는 바이올린을 배웠습니다. 가장 좋은 목소리를 소유한 Giuseppe는 어머니가 한 때 가수였었기 때문에 어머니에게 노래를 배웠습니다. 나는, 음… 트럼본을 연주했고, 학교 오케스트라의 일원이었습니다.

Q   화자는 무엇에 대해서 이야기를 하고 있는가?
(a) 그의 집안의 악기들
(b) 그의 가족 밴드
(c) 그의 가족의 음악 사랑
(d) 가족 연대감

해설 모든 가족이 음악을 하고 있는 한 가족에 대해 소개하는 담화다. 가족이 band를 결성했다는 단서는 없으므로 (b)는 답이 될 수 없다. 또한, 이 음악을 통해 가족의 유대가 좋아졌다는 등의 내용도 없으므로 (d)도 정답과 거리가 멀다.

어구 passionate 열정적인
afford ~에 여유가 있다
regarding ~에 관해서는

정답 (c)

58 The English language has gained a small advantage on a large area that is an identifiable separate part of the Indian continent in the early 17th century, when a colony was recognized by the East India Company in Bombay, Calcutta and Madras. The past backdrop of India has shown that English has always been used as an everyday language. This is due to the fact that India has lengthily been exposed to English compared to any other countries; its unique words, style, expressions and sentence structures, steadily reaching to have an effect on customs, traditions, locations and lifestyle.

Q Which is correct according to the talk?

(a) English has appeared in India since 1700s.

(b) India has been exposed to English more than other countries.

(c) English is similar to Hindustani.

(d) India has spoken English the longest time.

해석 영어는 17세기 초에 인도 대륙의 분간할 수 있는 분리된 한 넓은 지역에서 작게나마 유리한 위치를 차지했다. 그런데 그때는 Bombay, Calcutta, Madras 지역의 동인도 회사에 의해 식민지가 인정되었을 때였다. 과거 인도 배경을 살펴보면 영어는 항상 일상 언어로서 사용되어져 왔음을 보여줬다. 이것은 인도가 어느 다른 나라들에 비교해서 영어에 오래 노출 되어 왔다는 사실에 기인한다; 독특한 말, 글체, 표현들, 문장 구조들이 문화, 전통, 지역, 삶의 방식에 꾸준히 영향을 미쳤다.

Q 담화에 따르면 옳은 것은 무엇인가?

(a) 1700년대부터 영어가 인도에 존재했다.

(b) 인도는 다른 나라들 보다 영어에 더 노출이 되어 왔다.

(c) 영어는 힌두스타니어와 유사하다.

(d) 인도는 가장 오래 기간을 영어를 말해 왔다.

해설 세부 내용을 묻는 문제다. 17세기는 1600년대를 일컫는 말이므로 (a)는 정답이 아니다. (b)는 인도가 어느 다른 나라들에 비교해서 영어에 오래 노출 되어 왔다고 말했기에 옳은 진술이다. (c)는 인도가 영어의 영향을 받은 것은 사실이나 유사하다고 볼 수 없으므로 오답이다.

어구 identifiable 분간할 수 있는
backdrop 배경
lengthily 오래

정답 (b)

59 How filthy Britain has become? The sidewalks are tainted with sticky gums and the rainwater channels on roofs are packed with useless junk food cardboard boxes. In the past, I committed to memory my travel out of the country and being dismayed by synthetic baggage, cast off bottles and dirty diapers at every roadside. In this day and age, Britain appears to be as dirty. What has happened?

Q What is the main idea of the speaker?

(a) Britain should be clean.

(b) More garbage cans are necessary.

(c) Britain has turned into unclean.

(d) Britain's negligence causes people distress.

해석 영국은 얼마나 불결해졌는가? 보도들은 끈적끈적한 껌들로 더럽혀져 있고 지붕 위 빗물 통로들은 쓸모없는 패스트푸드 상자들로 채워져 있다. 나는 과거에 해외 여행에서 모든 도로가에 비닐봉지들, 버려진 병들, 그리고 더러운 기저귀들로 인해 실망했던 것을 기억했다. 오늘날 영국은 불결해 보인다. 무슨 일이 일어났던 걸까?

Q 화자의 요지는 무엇인가?

(a) 영국은 청결해져야 한다.

(b) 더 많은 쓰레기통이 필요하다.

(c) 영국은 불결해졌다.

(d) 영국의 무관심이 사람들에게 괴로움을 야기한다.

해설 화자는 영국이 얼마나 불결해졌는지를 예를 들어 말하고 있다. 이것에 대한 대안은 나와 있지 않다. 따라서 (a)와 (b)는 정답이 될 수 없다.

어구 filthy 불결한
tainted 더럽혀진
dismay 당황하다, 실망하다
synthetic 합성의
diaper 기저귀

정답 (c)

60 Latest discoveries illustrate that honeybees convey feelings or thoughts generally by means of particular "rhythmic movements." These dance patterns are done to transmit to its group members the site where food can be found, its path or route, and how near or far it is from their location. If the flowers' nectar and pollen are seen by the worker bees close to their shelter or nest, they perform the spherical dance. But when the location of the food is distant, they do the figure of eight jiggle dance.

Q Which is correct about honeybees according to the report?

(a) They dance to inform where food is.
(b) They dance in a circle when the food is distant.
(c) The worker bees like to eat flowers' nectar and pollen.
(d) They convey feelings by making a loud sound.

pollen 꽃가루
spherical 구형의
jiggle 가볍게 흔듦

정답 (a)

해석 최근의 발견들은 꿀벌들이 특별한 리듬적인 움직임에 의해서 일반적으로 생각과 감정들을 전달한다는 것을 설명한다. 이러한 춤의 형태들은 다른 멤버들에게 음식이 발견 될 수 있는 장소, 음식의 통로와 경로, 그리고 그들이 있는 위치와 얼마나 멀고 가까이 있는 지를 전달하고자 행해진다. 꽃의 화밀과 꽃가루들이 그들의 보금자리 가까이에 있는 일벌들에 의해 발견되어지면 그들은 둥근 형태의 춤을 춘다. 그러나 음식의 위치가 멀리 있을 때 그들은 가벼운 8자형 춤을 춘다.

Q 리포트에 따르면, 꿀벌에 관하여 옳은 것은 무엇인가?

(a) 그들은 음식이 어디에 있는지를 알리기 위해 춤을 춘다.
(b) 그들은 음식이 멀리 있을 때 원을 이루어 춤을 춘다.
(c) 일벌들은 꽃의 화밀과 꽃가루를 먹는 걸 좋아한다.
(d) 그들은 큰 소리를 냄으로써 감정을 전달한다.

해설 내용일치 문제다. 음식이 멀리 있을 때 8자 춤을 춘다고 했으므로 (b)는 정답이 아니다. (c)는 단서가 전혀 없고 (d)는 소리가 아니라 움직임(춤)을 통해 감정을 전달한다고 했으므로 역시 정답이 아니다. 따라서 정답은 (a)가 된다.

어구 illustrate 설명하다
by means of ~에 의하여
rhythmic 율동적인
transmit 전달하다
nectar 화밀, 과즙

ACTUAL TEST 4

Part I

1 M **Where can I find shampoo?**

W _____

(a) It's in the soap aisle.
(b) There are no findings.
(c) Sure, I'll be glad to help you.
(d) Sorry, I can't make it.

해석 M 제가 어디에서 샴푸를 찾을 수 있나요?
　　　W _____
　　　(a) 비누 통로에 있습니다.
　　　(b) 발견물은 없습니다.
　　　(c) 물론입니다, 당신을 돕게 돼서 기쁩니다.
　　　(d) 죄송합니다, 갈 수가 없어요.

해설 샴푸가 있는 위치를 찾고 있으므로 장소를 말한 (a)가
　　　답이다. (c)는 Sure가 상황에 맞지 않고 도움을 요청한
　　　상황도 아니다. (d)는 약속을 지킬 수 없을 때 주로 쓰
　　　는 표현이다.

어구 aisle 복도, 통로
　　　findings 발견(물), 습득물, 조사(연구) 결과

정답 (a)

2 M **Waiter! Could you show me the menu,
please?**

W _____

(a) I just had it done.
(b) Sure! I'll be right back with it.
(c) How would you like it?
(d) Don't feel bad about it.

해석 M 웨이터! 메뉴 좀 보여주실래요?
　　　W _____
　　　(a) 그것을 방금 막 끝냈어요.
　　　(b) 물론이죠! 곧 돌아오겠습니다.
　　　(c) 어떻게 해 드릴까요?
　　　(d) 기분 나빠하지 마세요.

해설 메뉴를 보여 달라는 질문에 적절한 답변은 (b)다. (a)는
　　　'그것을 막 끝냈다'는 뜻으로 상황에 맞지 않다. (c)는
　　　주문을 받은 후에 음식을 어떻게 먹을지에 대해 웨이터
　　　가 하는 말이므로 맞지 않다. (d)는 '기분 나빠하지 말라'
　　　는 뜻으로 역시 상황에 어울리지 않는다.

어구 be right back 곧 돌아오다

정답 (b)

3 M **What kind of exercise do you do?**

W _____

(a) I like working out every day.
(b) I like it this way.
(c) Thank you for asking.
(d) I like playing golf.

해석 M 당신은 어떤 종류의 운동을 하시나요?
　　　W _____
　　　(a) 저는 매일 운동하는 것을 좋아해요.
　　　(b) 저는 이런 방식을 좋아해요.
　　　(c) 물어봐서 고마워요.
　　　(d) 저는 골프 하는 것을 좋아해요.

해설 좋아하는 운동의 종류를 묻고 있으므로 정답은 (d)다.
　　　(b)는 '이런 방식을 좋아하다'라는 뜻으로 선택을 할 때
　　　쓸 수 있는 표현이다. (c)는 상황에 어울리지 않는 표현
　　　이다.

어구 exercise 운동

정답 (d)

4 M **Do you know where the nearest bus stop
is?**

W _____

(a) Take number 201 bus.
(b) It'll take 5 minutes by taxi.
(c) Just go two more blocks.
(d) It's the quickest way to get there.

해석 M 가장 가까운 버스 정류장이 어디에 있는지 아세요?
W _____
(a) 201번 버스를 타세요.
(b) 택시로 5분 정도 걸립니다.
(c) 두 블록 더 가세요.
(d) 그것이 그곳에 가는 가장 빠른 방법이에요.

해설 가장 가까운 버스 정류장을 묻는 질문에 적절한 답변은 (c)다. (a)는 버스 정류장에서 가능한 답변이다. (b)는 소요시간을 말하고 있으므로 오답이 된다.

어구 take 시간이 ~걸리다

정답 (c)

5 M **I got a back pain.**
W _____

(a) It's very painful.
(b) Relax at home reading.
(c) You'll need intensive physiotherapy.
(d) You should try eating this instead.

해석 M 허리에 통증이 있어요.
W _____
(a) 그것은 상당히 고통스러워요.
(b) 독서하면서 집에서 쉬세요.
(c) 당신은 집중적인 물리치료를 받아야 해요.
(d) 대신에 이것을 드셔 보세요.

해설 허리에 통증이 있다고 했으므로 치료법을 제시해 준 (c)가 정답이다. (a)는 남자가 할 수 있는 말이고 (b)는 권유할 치료법이 되지 못한다. (d)는 식당에서 들을 수 있는 표현이다.

어구 relieve 완화하다
physiotherapy 물리치료

정답 (c)

6 M **Would you like to go to the dinner party with me?**
W _____

(a) You need to keep the party clean.
(b) At the drop of a hat!
(c) Yeah, I got it.
(d) That's outrageous.

해석 M 저와 같이 파티에 가실래요?
W _____
(a) 당신은 책임 있는 행동을 취해야 해요.
(b) 기꺼이요.
(c) 네, 이해했어요.
(d) 터무니 없네요.

해설 at the drop of a hat은 '기꺼이'라는 뜻으로 파티에 가자는 말에 대한 적절한 답이 된다. 관용표현이므로 잘 익혀두자. (a)는 party가 있긴 하지만 '책임 있는 행동을 취하다'라는 뜻의 관용표현임에 주의하여야 한다. (c)는 이해했다는 뜻이고 (d)는 '터무니 없다'는 뜻으로 상황과 맞지 않는다.

어구 keep the party clean 책임 있는 행동을 취하다
at the drop of a hat 신호가 떨어지자마자, 곧, 기꺼이
outrageous 엉뚱한, 지나친

정답 (b)

7 M **I got an A in physics.**
W _____

(a) I envy you.
(b) Thank you for the compliment.
(c) Glad I've finished exams.
(d) It sounds interesting.

해석 M 물리에서 A를 받았어요.
W _____
(a) 부러워요.
(b) 칭찬해주셔서 감사합니다.
(c) 시험이 끝나서 기뻐요.
(d) 흥미롭네요.

해설 물리에서 A를 받은 상황이다. 축하를 해주거나 (a)처럼 부러워 하는 말을 하는 것이 자연스럽다. (b)는 칭찬에 대해 남자가 할 수 있는 말이고 (d)는 축하의 말로는 적절하지 않다.

어구 physics 물리
envy 부러워하다

정답 (a)

8 M **Will this be cash or charge?**
W _____

(a) I can't cash your check here.
(b) Please keep your receipt.
(c) I don't like cash, either.
(d) Do you take traveler's checks?

해석 M 현금으로 하실래요, 카드로 하실래요?
W _____
(a) 여기에서는 수표를 현금으로 바꿔드릴 수 없습니다.
(b) 영수증 여기 있어요.
(c) 저 역시 현금은 좋아하지 않습니다.
(d) 여행자 수표도 받으시나요?

해설 현금으로 계산할지 아니면 카드로 계산 할지를 묻는 질

문에 적절한 답변은 (d)다. (a)는 은행에서 가능한 표현이다. (b)는 계산이 끝난 후에 하는 표현으로 '영수증 여기 있어요.'라는 뜻이다. (c)는 상황에 어울리지 않는다.

어구 charge 신용카드
cash a check 수표를 현금으로 바꾸다

정답 (d)

9 M **Why don't we get a quick bite before the meeting?**

W _____

(a) Do you really like bread?

(b) I can take you over there.

(c) That sounds good to me.

(d) The meeting has been delayed.

해석 M 회의 전에 간단히 좀 먹는 게 어때요?
W _____
(a) 정말 빵을 좋아하세요?
(b) 거기에 데려다 줄게요.
(c) 좋습니다.
(d) 회의가 지연됐어요.

해설 회의 전에 간단히 먹자는 제안에 적절한 답변은 (c)다. 제안, 권유문에 대한 전형적인 답변은 That sounds good to me, Sounds good, What a good idea!, What a great idea!, That sounds like ~ 등으로 맞장구를 치는 답변이 답이 될 확률이 아주 높다. (a)는 빵을 정말 좋아하는지 묻는 표현이므로 혼동해서는 안 된다. (b) 역시 데려다 주겠다는 표현이므로 어색하다. (d)는 먹으러 가자는 제안과는 거리가 먼 답변이다.

어구 get a quick bite 간단히 빨리 먹다

정답 (c)

10 M **The company should make it easier for us to reschedule the meeting.**

W _____

(a) That leaves much to be desired.

(b) I couldn't agree with you more!

(c) Yes, everything's on schedule.

(d) This is my turn to make a presentation.

해석 M 회사는 우리가 회의일정을 재조정하는 것을 더 용이하게 만들어야 해요.
W _____
(a) 유감스러운 점이 많습니다.
(b) 당신 말에 전적으로 동감이에요.
(c) 네, 모든 것은 일정대로 되고 있어요.
(d) 제가 발표할 차례입니다.

해설 청취력과 관용표현을 알고 있어야 풀 수 있는 조금 어려운 문제다. 회사가 회의 일정 조정을 더 쉽게 해야 한다는 말에 적절한 답변은 (b)다. (a)는 회의 일정 하나에 대한 의견을 제시하기엔 초점이 맞지 않고 지나치게 추상적이다.

어구 That leaves much to be desired 유감스러운 점이 많다
on schedule 일정대로(cf. behind schedule 일정에 뒤쳐진, ahead of schedule 일정보다 먼저)
turn 차례, 순서

정답 (b)

11 M **How's your assignment coming along?**

W _____

(a) I'm almost finished with it.

(b) It must have passed its expiration date.

(c) I really appreciate your help.

(d) You need to submit by this weekend.

해석 M 네 과제물은 어떻게 되어가고 있니?
W _____
(a) 저는 거의 다 끝냈어요.
(b) 그것의 유효기간이 지난 것이 틀림없어요.
(c) 도와줘서 정말 고마워요.
(d) 당신은 이번 주말까지 제출해야 합니다.

해설 과제의 진행 상황을 묻는 질문에 적절한 답변은 (a)다. (b)는 유효기간이 지났다는 말로 상황에 맞지 않다. (c) 역시 감사를 표현할 때 쓰는 말이므로 정답이 아니다.

어구 submit 제출하다(=hand in, turn in)

정답 (a)

12 M **Did anyone call while I was out?**

W _____

(a) Where were you?

(b) I will tell you what.

(c) I'm not sure yet.

(d) David called.

해석 M 제가 외출 중일 때 전화 왔었나요?
W _____
(a) 어디에 있었어요?
(b) 말할 게 있어요, 사실은.
(c) 아직 확실하지 않아요.
(d) 데이빗이 전화했어요.

해설 외출할 동안 전화가 왔었냐고 묻고 있다. 이에 대한 답으로 (d)가 가장 적절하다. (b)는 '말할 게 있는데, 사실은'의 뜻으로 정답이 될 수 없다. (c)는 '아직 모르겠

다'는 뜻으로 어떤 일에 대해 결정을 내리지 못했을 때 쓸 수 있는 표현이다.

어구 I will tell you what 저, 하고 싶은 얘기가 있는데요

정답 (d)

13 M **What do you think of the new neighbor?**
W _____

(a) He's really good at computers.
(b) He is considerate.
(c) We've been together for some time.
(d) Let's call on him.

해석 M 새 이웃은 어때요?
W _____
(a) 그는 컴퓨터를 정말 잘 다뤄요.
(b) 그는 사려 깊어요.
(c) 우리는 한동안 함께 있었어요.
(d) 그를 방문합시다.

해설 새 이웃이 어떤지 묻고 있으므로 사려깊다고 답한 (b)가 정답이다. (a)는 무엇을 잘하는지 말하고 있고 (d)는 '함께 방문하자'는 뜻으로 질문과는 거리가 멀다.

어구 be good at ~에 능숙하다
considerate 사려 깊은
call on ~를 방문하다

정답 (b)

14 M **You look pale. What's the matter?**
W _____

(a) You should have asked earlier.
(b) Stop complaining about me.
(c) I'm too stressed out about work.
(d) Why don't you get some rest?

해석 M 창백해 보여요. 무슨 일이에요?
W _____
(a) 좀 더 일찍 물어봤어야 했어요.
(b) 저에 대해 그만 불평하세요.
(c) 일 때문에 너무 스트레스 받아요.
(d) 좀 쉬시는 게 어떠세요?

해설 무슨 일이 있는지 걱정되어 묻는 상황이므로 (a)와 (b)는 결례가 되는 답변이다. (d)는 남자가 하기에 적당한 말이다.

어구 pale 창백한

정답 (c)

15 M **I heard you went to Italy for vacation.**
W _____

(a) Next time we can go together.
(b) It will be continued next year.
(c) Actually I did.
(d) Thanks, it's very kind of you.

해석 M 휴가 동안 이태리에 갔다고 들었어요.
W _____
(a) 다음에 같이 가요.
(b) 내년까지 계속 될 거예요.
(c) 사실 그랬어요.
(d) 고마워요, 정말 친절하시네요.

해설 여행갔다고 들었다는 말에 '그랬다'고 답한 (c)가 자연스러운 대답이다. 나머지 선택지들은 관련성은 어느 정도 있으나 정확한 답변이라 보기 어렵다.

어구 It's very kind of you 정말 친절하시네요

정답 (c)

Part II

16 M **What do you plan to do this Friday?**
W **Not much. Why do you ask?**
M **I was wondering if you'd like to go for a drive to the suburbs.**
W _____

(a) I prefer driving to walking.
(b) It will take much time to get there.
(c) Sure, I'd love to.
(d) I often go for a walk.

해석 M 이번 금요일에 무엇을 하실 계획이세요?
W 별 거 없어요. 왜 물으시죠?
M 당신이 교외로 드라이브 가고 싶은지 궁금해서요.
W _____
(a) 걷는 것 보다 차로 가는 걸 더 좋아해요.
(b) 거기에 가는데 더 많은 시간이 걸릴 거예요.
(c) 물론이죠, 그러고 싶어요.
(d) 저는 종종 산책하러 갑니다.

해설 금요일에 드라이브 갈 수 있냐고 묻고 있으므로 갈 수 있는지 아닌지 여부를 먼저 답한 (c)가 답이다. (a)는 선호하는 것을 표현했고 (b)는 소요시간을 표현했으므로 정답과는 거리가 멀다.

어구 go for a drive 드라이브가다
suburb 교외
go for a walk 산책가다

정답 (c)

17

W I'd like a spicy pork with a garden salad.

M That's the today's special. It comes with a potato salad as well.

W Can you change it to a garden salad?

M _____

(a) Let me think about it.

(b) Toe the mark, please.

(c) Regular customers like a garden salad.

(d) I'll ask the manager about that.

해석 W 저는 가든 샐러드를 곁들인 매운 돼지고기 요리로 할게요.

M 그게 오늘의 특별 메뉴입니다. 감자 샐러드도 함께 나오죠.

W 그걸 가든 샐러드로 바꿀 수 있나요?

M _____

(a) 생각해볼게요.

(b) 규칙을 따르세요.

(c) 단골손님들은 가든 샐러드를 좋아하죠.

(d) 제가 매니저에게 물어보겠습니다.

해설 세 번째 여자 말이 핵심이다. 레스토랑에서 발생되는 대화로 특별메뉴에 정해져 있는 감자 샐러드를 가든 샐러드로 바꿀 수 있는가에 대한 질문에 적절한 답변은 (d) 다. (b)의 Toe the mark는 '규칙을 따르라'는 의미의 관용표현으로 규칙이 무엇인지 언급되지 않았을 뿐아니라 규칙을 따를 상황도 아니므로 답이 될 수 없다.

어구 spicy 매운
special 특별 메뉴
regular customer 단골손님

정답 (d)

18

M You don't look so well today. Something wrong?

W I'm feeling dizzy and chilly.

M If you do, you can expect to get very ill and probably vomit.

W _____

(a) I have no choice.

(b) You must have been drunk as a fish.

(c) I need to go home and get some rest.

(d) I don't hear you well.

해석 M 오늘 좋아 보이지 않는군요. 잘못된 거라도 있나요?

W 어지럽고 오한이 들어요.

M 그렇다면, 더 많이 아플 수도 있고 구토를 할 수도 있어요.

W _____

(a) 선택의 여지가 없네요.

(b) 당신은 곤드레만드레 취했군요.

(c) 집에 가서 좀 쉬어야겠어요.

(d) 잘 안들려요.

해설 여자가 아픈 상황이고 그에 대해 남자가 걱정하며 더 아플 수도 있고 구토를 할 수도 있다는 말에 적절한 답변은 (c)다.

어구 dizzy 어지러운
chilly 오한이 드는
vomit 토하다(=throw up)
drunk as a fish 곤드레만드레 취하다

정답 (c)

19

W Timothy, can you check my computer? It's acting very odd.

M Let me see. I think your computer has some kind of virus.

W Oh, no. I'm in the middle of making an important report.

M _____

(a) Please accept my deepest condolences.

(b) That's how it goes.

(c) No, it's not that serious.

(d) You'd better run a vaccine program first.

해석 W 티모시, 내 컴퓨터를 좀 봐줄래요? 작동이 좀 이상한데요.

M 한 번 볼게요. 당신 컴퓨터는 바이러스에 감염된 것 같은데요.

W 오, 이런. 저는 지금 중요한 보고서를 작성 중이었거든요.

M _____

(a) 깊은 애도를 표합니다.

(b) 그것이 되어가는 방식이에요.

(c) 아뇨, 그것은 그렇게 심각하지 않아요.

(d) 우선 백신 프로그램을 작동시켜 보세요.

해설 전체 내용을 이해해야 풀 수 있는 문제다. 여자가 중요한 작업을 하다 컴퓨터에 이상이 생겨 남자에게 부탁하고 있는 상황이므로 전체 흐름에 맞는 남자의 말은 (d)다. 답변이 안타까워 하거나 해결책을 제시하는 것이 되어야 하는데 (a)와 (b)는 흐름상 맞지 않다.

어구 odd 이상한
have a virus 바이러스에 감염되다
in the middle of ~의 도중에
run 작동시키다

정답 (d)

20　M　I'm almost done. How about you?

　　W　I still have a lot to do, but I'm really worn out.

　　M　Then, why don't we call it quits?

　　W　_____

(a) Sure, let's call it a day.

(b) I can do a better job next time.

(c) Let me check the time first.

(d) That's why I'm going to quit.

해석　M　저는 거의 다 끝냈어요. 당신은 어떤가요?

　　W　할 게 아직 많지만, 저는 정말 지쳤어요.

　　M　그렇다면, 그만 끝내는 게 어때요?

　　W　_____

(a) 물론이죠, 그만 끝내도록 하죠.

(b) 다음에 더 잘할 수 있어요.

(c) 먼저 시간을 체크할게요.

(d) 그게 제가 그만 두려는 이유에요.

해설　일을 그만 끝내는 게 어떻겠냐는 남자의 말에 적절한 답변은 (a)다. call it a day는 자주 등장하는 관용표현이므로 잘 숙지해두어야 한다.

어구　be worn out 몹시 지치다

　　call it quits 하루 일을 이쯤에서 마치다

　　call it a day (그날 하루 일을) 끝내다

정답　(a)

21　W　Have you submitted the assignment for biology class?

　　M　I didn't have to, but I turned it in yesterday.

　　W　What do you mean?

　　M　_____

(a) The assignment was easy for me.

(b) Actually I'm auditing the class.

(c) I deserve it.

(d) I don't like the biology class.

해석　W　생물학 수업 과제물 제출했나요?

　　M　그럴 필요가 없었지만, 어제 제출했죠.

　　W　무슨 말이죠?

　　M　_____

(a) 그 과제는 제게 쉬웠어요.

(b) 사실 수업 청강하고 있어요.

(c) 난 그럴만해요.

(d) 생물학 수업을 좋아하지 않아요.

해설　생물학 수업 과제물을 제출할 필요가 없었지만 제출한 것에 대한 이유를 묻고 있는데 그에 적절한 답변은 (b)다. (a)는 이에 대한 이유가 될 수 없고 (c)는 '그것에 대한 자격이 있다'는 뜻으로 어떤 자격인지 단서가 주어지지 않

았다. (d) 역시 제출하지 않아도 되는 이유가 되기에는 부적절하다.

어구　submit 제출하다(=turn in)

　　audit 청강하다

정답　(b)

22　M　Can I talk to Amy?

　　W　May I ask who's calling, please?

　　M　This is Terry.

　　W　_____

(a) I'll call you back.

(b) Nice talking to you.

(c) Please hold while I put you through.

(d) You have the wrong number.

해석　M　에이미와 통화할 수 있나요?

　　W　전화 거신 분은 누구시죠?

　　M　저는 테리입니다.

　　W　_____

(a) 제가 다시 전화하겠습니다.

(b) 통화하게 되어서 기쁩니다.

(c) 연결시켜드릴 동안 기다리세요.

(d) 전화 잘 못 거셨습니다.

해설　전화상의 일반적인 대화다. 통화를 원하는 사람의 신원을 묻는 말 다음에 적절한 말은 (c)다. put through란 표현도 잘 기억해 두어야 한다. 나머지도 전화상에서 등장할 수 있는 표현들이지만 대화의 흐름상 맞지 않다.

어구　put ~ through (전화 등을) 연결하다

정답　(c)

23　W　I want to break up with Charlie.

　　M　Why? You and Charlie planned to get married.

　　W　He's been cheating on me.

　　M　_____

(a) It is not necessary to do so.

(b) He married his daughter off to a young mechanic.

(c) You should move on before you get a bigger crush on him.

(d) Cheer up! There'll be sunshine after the rain.

해석　W　저는 찰리와 헤어지고 싶어요.

　　M　왜요? 당신과 찰리는 결혼할 계획이었잖아요.

　　W　그가 바람을 피웠거든요.

　　M　_____

(a) 그렇게 할 필요 없어요.
(b) 그는 그의 딸을 젊은 기계공에게 시집 보냈어요.
(c) 그에게 더 빠지기 전에 그만두는 게 좋을 거예요.
(d) 기운 내요! 비 온 뒤에 햇빛이 비칠 거예요.

해설 결혼 계획이 남자로 인해 무산된 여자에게 적절한 위로의 말은 (d)다. (a)는 '그 일은 안 해도 된다'는 의미이므로 정답과 거리가 멀다. (c)는 결혼 얘기까지 이미 나온 상황에서는 쓸 수 없는 말이다.

어구 break up with ~와 헤어지다
cheat on ~를 속이고 바람을 피우다
marry off 장가[시집]보내다

정답 (d)

24 M Did you hear George was transferred to New York?

W Yes, and he got promoted to district manager too.

M But he should separate himself from his family for the time being.

W _____

(a) His family is planning to move there next month.

(b) I'm sorry to hear you didn't get the promotion.

(c) Thank you for your concern about him.

(d) I think he is from New York.

해석 M 조지가 뉴욕으로 전근간 것 들었나요?
W 네, 그는 지역 담당 부장으로도 승진했어요.
M 그렇지만, 그는 뉴욕으로 전근 가면서 당분간 가족과 떨어져 있어야 해요.
W _____
(a) 그의 가족은 다음 달에 그곳으로 이사할 계획이에요.
(b) 당신이 승진 못했다는 소식을 듣게 되어서 유감이에요.
(c) 그를 걱정해주셔서 감사해요.
(d) 그는 뉴욕 출신 같아요.

해설 이 문제 역시 전체 대화를 이해해야 답을 찾을 수 있다. 뉴욕으로 전근가면서 승진한 조지가 가족과 헤어져야 한다는 내용에 부합하는 말은 (a)다. (c)는 걱정해 주는 상황이라고 볼 수 없고 (d)는 흐름과 관계 없는 오답이다.

어구 be transferred 전근 가다
get[be] promoted 승진하다
separate from ~와 헤어지다
for the time being 당분간, 우선은

정답 (a)

25 W How's your job search going?

M I applied for several positions last month, but I haven't heard from either one.

W That's why you look depressed. Why don't you check the classified ads in today's newspaper?

M _____

(a) That's not a bad idea.

(b) I really enjoyed my unemployment.

(c) No big deal.

(d) I am in a bad mood.

해석 W 구직은 어떻게 되어가고 있나요?
M 지난달에 몇 군데 지원했는데 아직 한 군데도 연락받지 못했어요.
W 그래서 의기소침해 보였군요. 오늘 신문 모집광고를 확인해 보는 게 어때요?
M _____
(a) 괜찮은 생각이네요.
(b) 저는 정말로 저의 실직을 즐겼어요.
(c) 별거 아니에요.
(d) 기분이 좋지 않아요.

해설 세 번째 여자의 말이 핵심이다. 의기소침해 있는 남자에게 신문의 모집 광고를 확인해보라고 제안하는 말에 적절한 답변은 괜찮은 생각이라고 답한 (a)가 답이다. (b)는 구직을 열심히 하는 상황에서는 어울리지 않는다. (c)와 (d)는 제안에 대한 답변이라기보다는 '기분이 어떠냐'고 물을 때의 답변으로 적절하다.

어구 job search 구직
apply for 지원하다, 신청하다
classified ads 모집 광고

정답 (a)

26 M I thought your son was coming with you.

W He was, but I coaxed him to stay home.

M Can I ask you what your secret is?

W _____

(a) He knows a trick or two.

(b) It doesn't bother me at all.

(c) I'll take your expert opinion.

(d) I bought him a toy sword very popular these days.

해석 M 당신 아들과 같이 오는 줄 알았는데요.
W 오기로 했었죠, 하지만 구슬려서 집에 있도록 했죠.
M 당신의 비결이 뭔지 물어도 될까요?
W _____

(a) 그는 여간내기가 아니에요.
(b) 저는 전혀 상관 없어요.
(c) 당신의 전문적인 견해를 들을래요.
(d) 제가 그 아이에게 요즘 상당히 인기 있는 장난감 칼을 사줬거든요.

해설 아이를 구슬려서 집에 있게 한 비법에 대해서 묻고 있는 남자 말이 핵심인데 그에 적절한 답변은 장난감을 사줬다는 (d)다. (a)는 남자의 trick이라는 단어로 의미적인 혼동을 유도하고 있다. (b)는 상대방이 미안해하거나 실례가 된다고 할 때 할 수 있는 말이고 (d)는 남자가 마지막 대화에 이어서 할 수 있는 말이다.

어구 coax 구슬려 ~시키다
know a trick or two 여간내기가 아니다

정답 (d)

27 W **When will the research be completed?**
 M **By this Friday.**
 W **That's great. I'm going to use the result as soon as possible.**
 M _____

(a) It's hard to finish it by Friday.
(b) Who is the right person for this research?
(c) There will be no problem.
(d) Don't let it get you down too much.

해석 W 조사가 언제 끝나죠?
 M 이번 주 금요일까지입니다.
 W 잘됐군요. 되도록 빨리 그 결과를 사용하려고 하거든요.
 M _____
 (a) 그것을 금요일까지 마치기 어려워요.
 (b) 이 조사에 적당한 사람이 누굴까요?
 (c) 문제 없을 거예요.
 (d) 그것 때문에 너무 우울해하지 마세요.

해설 조사가 금요일에 끝나고 여자가 이 조사결과를 사용하고 싶다고 말하고 있으므로 (c)가 정답이 된다. (a)는 금요일에 끝난다고 했으므로 모순된 대답이다. (b) 역시 조사가 끝나가고 있으므로 적절하지 않다. (d)는 상대가 낙담했을 때 쓸 수 있는 표현이다.

어구 Don't let it get you down 그것 때문에 우울해하지 마세요

정답 (c)

28 M **I heard you met Steve at the party last week.**
 W **Yeah. He said you guys were at the same university.**

M **That's right. And he graduated first on the list.**
 W _____
(a) You can't see things straight.
(b) He must be a man of ability.
(c) It's hard to say we went to school together.
(d) That sounds like a lot of fun.

해석 M 당신이 지난주에 파티에서 스티브를 만났다고 들었어요.
 W 네, 그는 당신이 그와 함께 같은 대학에 다녔다고 하더군요.
 M 맞아요. 그는 수석으로 졸업했어요.
 W _____
 (a) 당신은 올바른 판단을 하고 있지 않아요.
 (b) 그는 능력 있는 사람임에 틀림없어요.
 (c) 우리가 함께 학교를 다녔다고 말하기는 어려워요.
 (d) 꽤 재미있을 것 같아요.

해설 파티에 온 스티브에 대해서 이야기하고 있고 그와 같이 대학에 다닌 스티브가 수석으로 졸업했다고 하고 있으므로 그에 부합되는 말은 (b)다. (a)는 '판단을 올바로 하고 있지 않다'는 뜻으로 답변으로는 부적절하고 (c)와 (d) 역시 상황과는 동떨어진 오답이다.

어구 graduate first on the list 수석으로 졸업하다

정답 (b)

29 W **I think Jason needs something to cheer him up.**
 M **Yeah, he's looked a little down since he failed the chemistry exam.**
 W **How about buying him a car?**
 M _____
(a) Can you ask somebody else?
(b) I've never purchased a car.
(c) It costs the earth.
(d) Don't worry. I'll take care of it right away.

해석 W 제이슨은 그의 기운을 돋게 할 뭔가가 필요한 것 같아요.
 M 네, 그가 화학 시험에서 낙제를 받은 후 의기소침해져 있는 것 같아요.
 W 그에게 자동차를 사주는 게 어떨까요?
 M _____
 (a) 누군가에게 물어볼래요?
 (b) 저는 결코 자동차를 구입하지 않았어요.
 (c) 그것은 비용이 엄청나게 들어요.
 (d) 걱정마세요. 제가 즉시 처리할게요.

해설 남자에게 자동차를 사주자고 제안하는 여자의 말에 적절

한 답변은 (c)다. cost the earth는 '비용이 엄청나게 든다'는 의미의 관용 표현이다. (d)는 의향을 묻고 있는데 '바로 처리하겠다'고 하는 것은 흐름에 맞지 않다.

어구 cheer up 격려하다, 기운이 나게 하다

정답 (c)

---

30 M I can't believe my neighbors. I hardly slept three hours last night.

W What's happened?

M Their terribly noisy party was not finished until this morning.

W _____

(a) Why don't you take some sleeping pills?

(b) Please accept their apology.

(c) You must be thrilled about it.

(d) What a nuisance!

해석 M 제 이웃들은 너무해요. 저는 간밤에 3시간도 못 잤어요.

　　W 무슨 일이죠?

　　M 정말 시끄러운 파티가 오늘 아침에서야 끝났거든요.

　　W _____

　　(a) 수면제를 복용하는 게 어때요?

　　(b) 그들의 사과를 받아주세요.

　　(c) 당신은 그것이 즐거운 게 틀림없어요.

　　(d) 정말 방해가 됐겠군요!

해설 어렵지는 않지만 전체 내용을 이해해야 한다. 화제는 이웃의 시끄러운 파티로 밤새 잠을 못 잤다는 것이므로 정답은 방해가 됐다는 (d)다. (a)는 이웃에 대해 불평을 하는 상황에서 수면제를 권하는 것은 엉뚱한 답변이다. (b)는 이웃이 사과를 한 적이 없기 때문에 오답이다. (c)는 thrilled가 '즐거운'이란 뜻이므로 상황에 어울리지 않는다.

어구 sleeping pill 수면제
　　nuisance 폐, 성가심. 불쾌함, 방해

정답 (d)

---

31 M Thank you for inviting me to the dinner tonight. The food was really delicious.

W I'm glad you liked it. Isn't the atmosphere in this place great?

M It sure is. Anyway I'll pick up the tab next time.

W Oh, you don't have to do that.

M Don't worry. I just want to treat you in the restaurant I go to regularly.

W Alright, if you say so. Just give me a call then.

Q What does the man want to do?

(a) Call him anytime

(b) Pay for a meal next time

(c) Pick her up next time

(d) Go out on a date with her

해석 M 오늘밤 저녁식사에 초대해 주셔서 감사합니다. 음식은 정말 맛있었어요.

　　W 좋으셨다니 기쁘군요. 이곳 분위기도 좋지 않나요?

　　M 정말 좋습니다. 어쨌든 다음번엔 제가 내도록 하겠습니다.

　　W 오, 그렇게 하실 필요는 없습니다.

　　M 염려 마세요. 제가 잘 가는 레스토랑에서 대접을 해 드리고 싶어서 그럽니다.

　　W 알겠습니다, 그렇게 말씀하신다면, 그때 전화 주세요.

　　Q 남자는 무엇을 하길 원하는가?

　　(a) 언제든지 그에게 전화하기

　　(b) 다음번에 식사 대접하기

　　(c) 다음번에 그녀를 데리러 가기

　　(d) 그녀와 데이트하기

해설 여자의 식사 초대에 대해 남자가 다음에는 자신이 하겠다고 하고 있다. pick up the tab, I just want to treat you와 같은 표현에서 정답을 찾을 수 있다. 답은 (b)다. 다른 선택지들은 관련이 없는 오답이다.

어구 atmosphere 분위기
　　pick up the tab 계산하다
　　give ~ a call ~에게 전화하다

정답 (b)

---

32 M So you're going to show me how to make peanut butter cookies.

W Yes, let's start the class. First of all, just preheat the oven to 325 degrees Fahrenheit.

M **Then what should I do next?**

W **In a large bowl, beat margarine, peanut butter, and sugar. Add eggs and beat again. In a small bowl, combine flour and soda, set aside.**

M **That's right. I've done it before.**

W **Right. And remember to add dry ingredients and beat until creamy.**

M **I'll drop it on cookie sheet.**

W **All you need to do is bake for about 15 minutes.**

Q **Which is correct according to the conversation?**

(a) They don't have to add sugar in the dough.

(b) They need to stir it for at least 15 minutes.

(c) Preheat is not needed to make cookies.

(d) More than one bowl is needed to make cookies.

33 M **I regret having done such a thing.**

W **What do you mean by that?**

M **I wish I had studied abroad when I was in the third or fourth grade.**

W **Then why didn't you go abroad for study?**

M **I didn't have self-confidence to do everything for myself.**

W **But I think you're successful enough for your age.**

M **Thanks.**

Q **What does the man regret?**

(a) That he didn't go abroad for study earlier

(b) That he didn't obtain a doctor's degree

(c) That he is not self-confident

(d) That he is too old to study abroad

34 M **Did you have a good time during your vacation?**

W **Actually, I did some volunteer work at an orphanage.**

M Oh, really? How sweet! What did you do there?

W I bathed them and cleaned the rooms, and so on. Most of all, I tried to talk to them for a long time.

M How many orphans are there?

W About 100.

M Next time, just take me.

W Yeah, I will.

Q **What is the conversation about?**

(a) What the woman did in a holiday resort

(b) What the woman did during her vacation

(c) What the speakers did over the weekend

(d) What the orphans did in the orphanage

해석 M 휴가 동안 즐거우셨나요?

　　W 사실, 저는 고아원에서 자원 봉사를 좀 했어요.

　　M 오, 정말인가요? 정말 멋지군요! 그곳에서 무엇을 하셨죠?

　　W 목욕도 시켜주고 방도 청소하고 그랬죠. 무엇보다도, 오랫동안 아이들과 대화를 하려고 했죠.

　　M 그곳에는 고아들이 몇 명이나 있나요?

　　W 약 100명 정도요.

　　M 다음번에는 저도 데려 가세요.

　　W 네, 그렇게 하죠.

　　Q 대화는 무엇에 관한 것인가?

　　(a) 여자가 휴양지에서 했던 것

　　(b) 여자가 휴가 동안 했던 것

　　(c) 화자들이 주말 동안 했던 것

　　(d) 고아원에서 고아들이 했던 것

해설 대화문의 주제를 묻는 문제다. 여자가 휴가 동안 고아원에서 자원봉사 한 것에 대해 대화를 나누고 있으므로 정답은 (b)다. (a) 여자는 휴양지에 간 것이 아니라 고아원에서 자원봉사를 했다고 했으므로 맞지 않다. (c) 둘은 같이 주말을 보낸 것이라고 볼 수 없다. (d) 고아원의 아이들이 한 것에 대한 언급은 전혀 없다.

어구 volunteer work 자원 봉사[volunteer activity]
orphanage 고아원

정답 (b)

35 W Hi, how may I help you?

M Hi, I'm here to inquire about the job you put on the bulletin board in front of the dormitory.

W Right. We're looking for some students who can organize some materials here in the student affairs section. Do you live on campus?

M No, I live in an apartment off campus, but I'm moving into the dormitory next week.

W That's great. Actually, we prefer students living near school.

M I see. Is there anything I need to prepare?

W Just submit a copy of your student ID. Then you can start work tomorrow.

M OK. Thanks.

Q **Why did the man visit?**

(a) To put an ad on the bulletin board

(b) To consult with the professor about his graduation thesis

(c) To ask about a job at school

(d) To apply for a room in the dormitory

해석 W 안녕하세요, 어떻게 도와 드릴까요?

　　M 기숙사 앞 게시판에 낸 구인 광고에 대해 문의하려고 왔습니다.

　　W 그렇군요. 저희는 이곳 학생처에서 자료를 정리할 학생들을 찾고 있습니다. 캠퍼스 내에서 거주하나요?

　　M 아뇨, 캠퍼스 밖 아파트에 삽니다만, 다음 주에 기숙사로 이사 옵니다.

　　W 잘됐군요. 사실, 저희는 학교 가까이에 사는 학생들을 선호하거든요.

　　M 그렇군요. 제가 준비할 것이 있나요?

　　W 학생증 사본만 제출하시면 됩니다. 그러면 내일부터 일할 수 있어요.

　　M 알겠습니다. 고맙습니다.

　　Q 남자는 왜 방문했는가?

　　(a) 게시판에 광고를 내기 위해서

　　(b) 졸업 논문에 관해 교수님과 상의하려고

　　(c) 학교 내 일자리에 관해 문의하려고

　　(d) 기숙사 방을 신청하려고

해설 I'm here to inquire about the job you put on the bulletin board ~라는 부분을 듣고 정답을 쉽게 찾을 수 있다. (a) 학교 측에서 게시판에 광고를 낸 것이므로 맞지 않다. (b) 졸업 논문과 관한 내용은 등장하지 않는다. (d) 기숙사에 관한 내용이 등장하긴 하지만 기숙사 방을 신청하려고 온 것은 아니다.

어구 bulletin board 게시판
dormitory 기숙사
organize 정리하다
student affairs section 학생처
on campus 캠퍼스 내에

consult with ~와 상의하다
graduation thesis 졸업 논문
apply for 신청하다, 지원하다

정답 (c)

36 W Do you need some help?
M Yes. Could you tell me where the department of radiology is? I need to get an X-ray.
W That department is not in this building.
M Isn't this building C?
W No, it's building B. There's an exit at the end of this hallway. As soon as you get out of the building, you'll see the brick building. That's the one. You can't miss it.
M Oh, I see. Thanks a lot.
W You're welcome.

Q Which is correct according to the conversation?
(a) There is the department of radiology in building B.
(b) Building B is far away from building C.
(c) Building B is made of brick.
(d) The man is in the wrong building.

해석 W 도움이 필요한가요?
M 네. 방사선과가 어디 있는지 알려 주실래요? 엑스레이를 찍어야 하거든요.
W 그 부서는 이 건물에 없습니다.
M 여기가 빌딩 C가 아닌가요?
W 아닙니다. 이곳은 빌딩 B입니다. 복도 끝에 출구가 있어요. 건물에서 나가시자마자, 벽돌 빌딩을 보게 되실 거예요. 그겁니다. 찾기 쉬워요.
M 오, 그렇군요. 정말 고맙습니다.
W 천만에요.

Q 대화에 따르면, 옳은 것은 무엇인가?
(a) 방사선과는 빌딩 B에 있다.
(b) 빌딩 B는 빌딩 C에서 멀다.
(c) 빌딩 B는 벽돌로 만들어졌다.
(d) 남자는 다른 빌딩에 있다.

해설 내용 일치 문제다. 남자가 건물을 잘못 찾아가 여자가 길을 알려주고 있는 상황이다. (a)는 방사선과가 빌딩 C에 있으므로 오답이다. (b)는 대화내용으로 보아 빌딩 B와 빌딩 C가 가까운 곳에 있으므로 오답이다.

어구 radiology 방사선
get an X-ray 엑스레이를 찍다

정답 (d)

37 W Good afternoon. T&R Trading. How may I help you?
M Can I talk to Mr. Peterson?
W He's in the meeting with his clients at the moment. May I ask who's calling?
M I'm Jason Cruise. I'm working on the Johnson Project with Mr. Peterson.
W I see. I'll tell him to call you back.
M That won't be necessary. Could you just inform him that our meeting with the buyers tomorrow has been rescheduled to 4 p.m.?
W Sure, I will. Thank you.

Q What is the woman likely to do?
(a) Tell Mr. Peterson to call back
(b) Sign the contract from the Johnson project
(c) Put Jason Cruise through to Mr. Peterson
(d) Notify Mr. Peterson that the meeting has been transferred to another time.

해석 W 안녕하세요. T&R 트레이딩입니다. 어떻게 도와드릴까요?
M 피터슨 씨와 통화할 수 있을까요?
W 그는 지금 고객과 미팅 중이십니다. 전화 거신 분은 누구시죠?
M 저는 제이슨 크루즈입니다. 저는 피터슨 씨와 존슨 프로젝트 작업을 하고 있습니다.
W 알겠습니다. 당신께 전화하도록 전해 드리겠습니다.
M 그러실 필요 없습니다. 그냥 내일 바이어들과의 미팅이 오후 4시로 조정됐다고 전해 주실래요?
W 물론이죠, 그렇게 하겠습니다. 고맙습니다.

Q 여자는 무엇을 할 거 같은가?
(a) 피터슨 씨에게 답신 전화를 하라고 말하기
(b) 존슨 프로젝트 계약서에 서명하기
(c) 제이슨 크루즈를 피터슨 씨에게 전화 연결해주기
(d) 회의 시간의 변경을 알리기

해설 추론 문제다. 마지막 대화에서 답신 전화는 필요 없고 회의 시간이 재조정되었다는 것을 알려달라고 했으므로 정답은 (d)가 된다.

어구 reschedule 일정을 재조정하다
contract 계약서

정답 (d)

38 M What happened to you? You look like you shoulder all burdens.

W You won't believe it. I just finished my report that I have to submit tomorrow.

M You just turn it in and that's it.

W But the thing is my computer had some kind of virus, and the data was lost.

M Why don't you use the restoration program? It'll do.

W I did it until this morning. But it didn't work.

M You must be under a lot of stress.

W I wish somebody could just help me out.

Q Why is the woman worried?

(a) Because she has too many burdens to move

(b) Because she can't submit the report

(c) Because she doesn't have a restoration program

(d) Because she can't help the man

해석 M 어찌 된 일이에요? 모든 짐을 다 짊어지고 있는 것 같아요.

W 말도 마세요. 내일 제출해야 될 보고서를 막 끝냈거든요.

M 이제 제출만 하면 다 되잖아요.

W 그런데 제 컴퓨터가 바이러스에 감염되어서 자료가 다 날라 갔어요.

M 복구 프로그램을 사용하는 게 어때요. 잘 될 거예요.

W 오늘 아침까지 해봤어요. 하지만 복구가 안 돼요.

M 정말 스트레스 많이 받겠군요.

W 누군가 저를 좀 도와 줄 수 있으면 해요.

Q 여자는 왜 걱정하는가?

(a) 옮길 짐들이 너무 많기 때문에

(b) 보고서를 제출할 수 없어서

(c) 복구 프로그램이 없어서

(d) 남자를 도와줄 수 없어서

해설 작업한 보고서 자료가 바이러스로 인해 모두 없어진 상황이므로 정답은 (b)다. (a)는 지문에 등장하는 단편적인 내용으로 오답을 구성했다. (c)는 이미 복구 프로그램을 실행했으나 효과가 없었다고 했으므로 맞지 않다.

어구 shoulder 짊어지다
burden 짐, 부담, 걱정
submit 제출하다
turn in 제출하다
restoration 복구
do 잘 되다, 쓸모가 있다, 괜찮다

정답 (b)

39 M How about eating out tonight at Jordon's Restaurant?

W Sounds good, but I want to go somewhere else.

M You don't like Jordon's? The seafood there is the best in this neighborhood.

W Yeah, I know. But last time I went there, the service was worse than I expected.

M Oh, now I remember. The rude waiter.

W Yes, he ruined our dinner.

M We'd better find another restaurant even if atmosphere of Jordon's is great.

Q According to the conversation, what is the problem with Jordon's?

(a) The food

(b) The atmosphere

(c) The reception

(d) The distance

해석 M 오늘밤 조던스 레스토랑에서 외식하는 게 어때요?

W 좋지만 다른 곳으로 가고 싶어요.

M 조던스 싫으세요? 그곳의 해산물 요리는 인근에서 최고거든요.

W 네, 알아요. 하지만 지난 번 거기에 갔을 때, 서비스는 걸맞지 않더군요.

M 오, 이제 기억나요. 그 무례한 웨이터 말이죠.

W 네, 그가 우리 저녁식사를 망쳤죠.

M 조던스가 분위기는 좋지만 다른 레스토랑을 찾아보는 게 좋겠네요.

Q 대화에 따르면, 조던스의 문제는 무엇인가?

(a) 음식

(b) 분위기

(c) 접대

(d) 거리

해설 여자는 조던스가 아닌 다른 곳으로 가길 원하고 있고 그 이유는 서비스가 마음에 들지 않아서이므로 정답은 (c)가 된다. 특정 정보 찾기 문제이므로 질문에 부합하는 부분을 재빨리 체크하는 능력이 요구된다.

어구 eat out 외식하다
neighborhood 인근
ruin 망치다

정답 (c)

40 M Welcome to Century Real Estate Agency. How may I help you?

W I'm looking for a studio apartment.

M For rent or buy?

W Rent. I'm a university student here in Boston.

M Right. Do you have a specific price range in mind?

W The cheaper, the better but, somewhere between $500 and $550 a month.

M In that case, why don't you rent two-bedroom apartment? It's just a 5 minute walk to your university. And it's $600 a month.

W That's not bad if I can find a roommate.

Q Which is correct according to the conversation?

(a) The apartment is not close to the university.

(b) The woman is saving money to rent a studio apartment.

(c) The woman and her roommate are looking for an apartment.

(d) The woman is likely to rent a two-bedroom apartment.

해석 M 센츄리 부동산에 오신 걸 환영합니다. 어떻게 도와 드릴까요?

W 저는 원룸형 아파트를 찾고 있습니다.

M 임대인가요, 구입인가요?

W 임대입니다. 저는 이곳 보스턴에서 대학 다니거든요.

M 알겠습니다. 생각하고 계신 특정한 가격대가 있나요?

W 쌀수록 좋지만, 한 달에 500달러에서 550달러 정도 생각합니다.

M 그런 경우라면, 방 2개짜리 아파트를 임대하시는 게 어때요? 대학까지 걸어서 5분 거리거든요. 그리고 한 달에 600달러입니다.

W 제가 룸메이트만 찾을 수 있다면 나쁘지 않겠군요.

Q 대화의 내용으로 옳은 것은 무엇인가?

(a) 아파트는 대학에 가깝지 않다.

(b) 여자는 원룸형 아파트를 임대하기 위해서 돈을 저축하고 있다.

(c) 여자와 그녀의 룸메이트는 아파트를 찾고 있다.

(d) 여자는 방 2개짜리 아파트를 임대할 것 같다.

해설 마지막 여자의 말에서 임대료가 한 달에 600달러이지만 룸메이트만 구하면 나쁘지 않다고 했으므로 정답은 (d)다. (a)는 대학까지 걸어서 5분 거리라고 했으므로 오답이다. (b) 돈을 저축하고 있다는 정황을 알 수 있는 정보는 없다. (c) 대화의 내용으로 집을 구하고 있는 것은 여자 자신뿐이므로 오답이다.

어구 real estate agency 부동산 중개소

studio apartment 원룸형 아파트
price range 가격대
have ~ in mind ~을 마음에 간직하다

정답 (d)

41 W May I help you?

M Yeah, I'd like to check out these books.

W Okay. Do you have your borrower's card with you?

M Yes. Here it is. How long can I check out these books?

W For 14 days. You'll be fined for overdue books.

M I understand.

Q What is the conversation about?

(a) Lending out books

(b) Renewing library books

(c) Paying a fine for overdue items

(d) Issuing an ID card

해석 W 도와 드릴까요?

M 저는 이 책들을 빌리려고 합니다.

W 알겠습니다. 대출 카드 가지고 오셨나요?

M 네. 여기 있습니다. 얼마나 오랫동안 빌릴 수 있나요?

W 14일 동안입니다. 기한을 넘긴 책들에 대해서는 벌금을 물게 됩니다.

M 알겠습니다.

Q 무엇에 관한 대화인가?

(a) 도서 대여

(b) 도서관 도서 대출 기한 연장

(c) 연체 도서에 벌금 물기

(d) ID 카드 발급

해설 책을 빌리고 있는 상황이다. 따라서 정답은 (a)다. 나머지 선택지들은 도서관에서 하는 일들이기는 하지만 대화의 내용과는 관계 없다.

어구 check out 대출하다
be fined 벌금을 물다
overdue 기한이 지난

정답 (a)

42 M When did you buy that cell phone? I like that.

W Thanks. I bought it last week because I can use the global roaming service with this phone.

M What do you mean by global roaming

service?

W That means I can use my own phone in most other countries. As you know, I go on a business trip frequently.

M That's wonderful.

W It's very useful for me.

Q Which is correct according to the conversation?

(a) The woman is telling the reason why she goes on a business trip.

(b) The man is comparing his cellular phone to the woman's.

(c) The woman is explaining to the man what the global roaming service is.

(d) The man is going to buy a mobile phone.

해석 M 그 휴대전화 언제 구입했나요? 멋진데요.

W 고마워요. 이 전화로 글로벌 로밍 서비스를 이용할 수 있어서 지난주에 구입했어요.

M 글로벌 로밍 서비스가 무슨 말이죠?

W 제가 제 휴대전화로 대부분의 다른 국가에서 사용할 수 있다는 말이에요. 당신도 알다시피, 제가 자주 출장을 가잖아요.

M 놀랍군요.

W 저에게 상당히 유용해요.

Q 다음 중 옳은 것은?

(a) 여자가 출장가는 이유를 말하고 있다.

(b) 남자가 그의 휴대전화를 여자의 것과 비교하고 있다.

(c) 여자가 글로벌 로밍 서비스가 무엇인지 남자에게 설명하고 있다.

(d) 남자는 휴대전화를 살 예정이다.

해설 여자가 남자에게 글로벌 로밍 서비스가 무엇인지 설명해주고 있는 대화다. 따라서 정답은 (c)다. (a)는 출장가는 이유가 나와 있지 않으므로 오답이다. (b)는 화자들이 휴대전화를 서로 비교하고 있지 않으므로 오답이다. (d)는 대화로는 알 수 없는 내용이므로 오답이다.

어구 go on a trip 출장가다

정답 (c)

---

43 W Do you have everything you need for your appointment?

M Yes, but I'm not sure which company I should go to.

W Really? But you said you settled to apply for the IT company.

M You're right. But I'm still interested in publishing rather than IT field.

W You'd better make up your mind soon otherwise you'll lose both of them.

M Yes. Thank you for your advice anyway.

Q What can be inferred from the conversation?

(a) The man will enter the publishing company.

(b) The IT company is better than the publishing company in many respects.

(c) The man is indecisive.

(d) The woman will continue to give advice to the man.

해석 W 약속한 준비물은 다 챙겼나요?

M 네, 하지만 어떤 회사에 갈지를 모르겠어요.

W 정말요? 하지만 당신은 IT 회사에 지원하기로 결정했다고 했잖아요.

M 맞아요. 하지만 IT 분야 보다는 출판에 여전히 관심이 있거든요.

W 빨리 결심하는 게 좋아요, 그렇지 않으면 둘 다 잃게 될 테니까요.

M 네. 어쨌든 조언 고마워요.

Q 대화로부터 추론할 수 있는 것은?

(a) 남자는 출판사에 들어갈 것이다.

(b) IT 회사가 여러 면에서 출판사보다 낫다.

(c) 남자는 우유부단하다.

(d) 여자는 남자에게 계속 조언할 것이다.

해설 남자가 아직 어느 회사를 갈지 결정하지 못한 상태이고 여자가 마음을 빨리 결정하는 게 좋다고 조언을 하고 있다. 따라서 (c)가 정답이다. (a)는 결정이 안 된 상황이므로 오답이다. (b)와 (d)는 근거 없는 내용으로 오답이다.

어구 settle 결정하다
publishing 출판
make up one's mind 결심하다

정답 (c)

---

44 M Could you tell me Gary's phone number?

W Let me look it up for you. I just saved it on my phone. Is it urgent?

M Yes. He didn't return the book I lent him. I need it for my report. He had it for over a week now.

W Could you tell him to make sure he return my bicycle?

M Did he borrow your bicycle as well?

W Yes. It's been almost a year.

M He's the real black sheep.

Q Which is correct according to the conversation?

(a) The woman doesn't remember Gary's phone number.

(b) It's been almost a year since the man lent Gary his item.

(c) The woman wants to borrow a bicycle from Gary.

(d) The man and the woman don't like Gary.

M 게리의 전화번호 좀 가르쳐 주실래요?

W 제가 찾아보도록 하죠. 제 휴대전화에 저장해 뒀거든요. 급한 일인가요?

M 네, 제가 빌려준 책을 돌려주지 않아서요. 보고서 쓸 때 필요하거든요. 그는 지금 일주일 넘게 그 책을 가지고 있어요.

W 제 자전거도 꼭 돌려달라고 전해 주실래요?

M 그가 당신 자전거도 빌렸나요?

W 네. 1년 거의 다 됐어요.

M 그는 정말 골칫거리군요.

Q 대화에 따르면 옳은 것은 무엇인가?

(a) 여자는 게리의 전화번호를 기억하지 못한다.

(b) 남자가 게리에게 그의 물건을 빌려준지 거의 1년이 되었다.

(c) 여자는 게리로부터 자전거를 빌리기를 원한다.

(d) 남자와 여자는 게리를 좋아하지 않는다.

해설 휴대전화에서 전화번호를 찾아보겠다고 말하고 있으므로 (a)가 답이다. (b)는 남자가 빌려 준 것은 책이고 일주일 이상이 지났으므로 오답이다. (c)는 여자가 게리에게 자전거를 빌려 준 상태이므로 오답이다. (d)는 대화의 내용만으로는 알 수 없는 상황이기에 오답이다.

어구 look up (전화번호, 단어 등을) 찾다
urgent 긴급한
back sheep 말썽꾼, 골칫거리

정답 (a)

45 M What's wrong, Jill? You look really upset.

W I'm really mad at the restaurant Amanda recommended. They cancelled my reservation because we were fifteen minutes late.

M You mean Mario's? How strange. Didn't you leave your phone number when you made the reservation?

W I did. But they just called it off. I'll never go back there again.

M There's a kind of cancellation rule for being late over fifteen minutes.

W I know, but that was too much. The line was busy when I called them to say we'd be late.

Q What is correct according to the conversation?

(a) Amanda invited the woman to a dinner.

(b) The restaurant was closed when the woman went there.

(c) The woman was not able to eat at the restaurant.

(d) Although the woman informed Mario's that she would be late, the restaurant cancelled her reservation.

해설 M 뭐가 문제죠, 질? 정말 화가 난 것 같군요.

W 아만다가 추천해 준 레스토랑에 정말 화가 나요. 그들은 우리가 15분 늦었다고 예약을 취소해 버렸어요.

M 마리오스 말인가요? 이상하군요. 예약할 때 전화번호 남기기 않았나요?

W 남겼죠. 하지만 그들은 그냥 취소해 버렸어요. 다시는 거기에 가지 않을 거예요.

M 15분 이상 늦으면 취소하는 규칙이 있기는 해요.

W 알아요, 하지만 그건 너무해요. 우리가 늦는다고 전화 했을 때 통화 중이었거든요.

Q 대화에 따르면 옳은 것은 무엇인가?

(a) 아만다는 저녁식사에 여자를 초대했다.

(b) 레스토랑은 여자가 갔을 때 문을 닫았다.

(c) 여자는 레스토랑에서 식사를 할 수 없었다.

(d) 여자가 그녀가 늦을 거라고 마리오스에 알렸음에도 불구하고, 레스토랑은 그녀의 예약을 취소했다.

해설 레스토랑에서 예약을 취소해서 식사를 못하게 된 내용이므로 정답은 (c)다. (a)는 아만다가 레스토랑을 추천해 준 것이지 여자를 초대한 것은 아니므로 오답이다. (b)는 대화에서 언급되지 않은 내용이다. (d)는 전화를 했지만 통화 중이어서 늦는다는 것을 알리지 못했으므로 오답이다.

어구 recommend 추천하다
make a reservation 예약하다
call off 취소하다
cancellation 취소
the line is busy 통화 중이다

정답 (c)

정답 (d)

Part IV

46 Do you happen to know how to become an expert on classical music? Here is the only answer to that question: just listen to music. Studying music theory is not perfect enough to help you lead you to music. Only experiencing music by listening to it is a perfect way. Here is a tip for the beginner. Try to keep listening to the same piece of music over and over again until you can appreciate it emotionally. When you first hear a symphony, just absorb from it as much as possible instead of understanding it.

Q What is the main idea of the talk?

(a) To understand music, you should study music theory.

(b) Listening to music is a good hobby.

(c) Music experts understand classical music well.

(d) The perfect way to understand music is just listening to music.

해석 고전음악 전문가가 되는 방법을 혹시 아십니까? 그 질문에 유일한 답이 여기 있습니다: 그저 음악을 들으십시오. 음악 이론을 공부하는 것은 당신을 음악으로 인도하는데 충분히 완벽한 도움을 주지 못합니다. 단지 음악을 듣는 것이 완벽한 방법입니다. 초보자를 위한 비결이 있습니다. 마음으로 그 음악을 감상할 수 있을 때까지 같은 음악을 반복해서 들으려고 하십시오. 교향곡을 처음 듣게 되면 이해하는 것 대신에 가능한 많이 그 음악을 흡수하십시오.

Q 요지는 무엇인가?

(a) 음악을 이해하기 위해 음악 이론을 공부해야 한다.

(b) 음악 감상은 좋은 취미다.

(c) 음악 전문가들은 고전음악을 잘 이해한다.

(d) 음악을 이해하는 완벽한 방법은 음악을 그냥 듣는 것이다.

해설 주제를 묻는 문제다. 음악을 이해하기 위해서는 이론 공부보다는 여러 번 들음으로써 마음으로 이해해야 한다는 것이 주제이므로 정답은 (d)다.

어구 classical music 고전음악
expert 전문가
theory 이론
tip 조언, 힌트. 비결
appreciate 감상하다, 평가하다
piece 악곡
symphony 교향곡, 연주회

47 The special socks for sports. These socks have been made through the tests by sports scientists for a long time. They have had a predominant position in the sports market since our first release. They don't go down while you are skateboarding or skiing by using a wide ankle structure and rich spandex texture. The part covering the front of the leg can protect your shin perfectly by relieving the shocks.

Q Which is correct about the socks according to the advertisement?

(a) The socks are made from various materials.

(b) The socks have been produced through the scientific method.

(c) The socks need a special care when you try to skateboard or ski.

(d) The socks can relieve the shocks from your weight.

해석 스포츠를 위한 특별 양말입니다. 이 양말들은 스포츠 과학자들에 의해 오랫동안 시도된 테스트를 통해 생산되었습니다. 그 양말들은 처음 출시된 이후로 스포츠 시장에서 우세한 위치를 점유했습니다. 그 양말들은 넓은 발목 구조와 충분한 스판덱스 섬유를 사용해서 당신이 스케이트보드를 타거나 스키를 탈 때 흘러내리지 않습니다. 다리 앞부분을 덮고 있는 부분은 충격을 완화함으로써 정강이를 완벽하게 보호해 줄 수 있습니다.

Q 광고에서 양말에 관한 내용으로 옳은 것은 무엇인가?

(a) 양말은 다양한 재료로 만들어졌다.

(b) 양말은 과학적 방법으로 생산되었다.

(c) 양말은 스케이트보드를 타거나 스키를 할 때 특별 관리가 필요하다.

(d) 양말은 체중의 충격을 완화시켜 줄 수 있다.

해설 양말에 관한 세부정보를 묻는 문제다. 초반부에 스포츠 과학자들에 의해 오랫동안 시도된 테스트를 통해 생산되었다는 내용이 등장하므로 정답은 (b)다. (a)는 재료로 스판덱스 섬유만 등장하므로 오답이다. (c)는 스케이트보드나 스키를 탈 때 흘러내리지 않는다고 했으므로 맞지 않다. (d) 역시 스포츠 양말은 정강이에 가해지는 외부 충격을 완화시켜 준다고 했으므로 오답이다.

어구 predominant 우세한, 유력한
release 발매, 개봉

spandex 스판덱스 (고무처럼 신축성 있는 합성 섬유)
relieve 경감하다, 덜다
shin 정강이

정답 (b)

48 Welcome to Deoksugung Palace. My name is Robin and I'm so happy to show you around the smallest of Seoul's palaces. Today I'm going to let you know every little detail about this wonderful palace. The first place we'll visit is Seokjojeon. Seokjojeon is a stone building constructed in a classical Greek style. It began in 1900, and was finally completed in 1910. It has a garden in front of the Seokjojeon Hall. It was Korea's first Western-style garden.

Q Which of the following is NOT correct according to the talk?

(a) Robin is very familiar with Deoksugung Palace.

(b) Seokjojeon has the first western-style garden which was ever made in Korea.

(c) Robin will take tourists first to Seokjojeon.

(d) The western-style garden was constructed in 1900.

해석 덕수궁으로 오신 것을 환영합니다. 저는 로빈이고 서울의 궁전 중에서 가장 작은 곳을 안내하게 되어 기쁘게 생각합니다. 오늘은 이 멋진 궁에 관한 모든 세부 사항들을 알려드리겠습니다. 여러분들이 우선 가실 곳은 석조전입니다. 석조전은 고대 그리스 양식으로 지어진 돌로 만들어진 건물입니다. 1900년도에 시작 되어서 1910년에 완공되었습니다. 석조전 앞에는 정원이 있습니다. 이것은 한국 최초의 서양식 정원이었습니다.

Q 대화의 내용으로 옳지 않은 것은 무엇인가?
(a) 로빈은 덕수궁에 친숙하다.
(b) 석조전은 한국에서 만들어진 최초의 서양식 정원을 가지고 있다.
(c) 로빈은 우선 석조전으로 여행객들을 데려갈 것이다.
(d) 서양식 정원은 1900년에 건축되었다.

해설 경복궁과 석조전에 관한 세부 정보를 기억해야 한다. 서양식 정원이 건축된 시기는 언급되어 있지 않으므로 정답은 (d)가 된다.

어구 show around 두루 안내하다, 구경 시키다

정답 (d)

49 Drugs have been used by humans for many

years for the treatment of infectious disease, to alleviate pain, or for pleasure. In China, opium was used for medical purposes. In ancient India, cannabis was used by doctors to treat insomnia and headaches. It was also used as a pain reliever.

Q What is the topic of the talk?
(a) Opium and cannabis
(b) Drugs and treatment in ancient times
(c) Pain relievers
(d) Drugs for medicinal purposes

해석 마약은 수년 간 전염병의 치료, 고통의 완화나 쾌감을 위해 사용되어 왔습니다. 중국에서는, 아편이 의료 목적으로 사용되었습니다. 고대 인도에서는, 인도 대마가 불면증과 두통을 치료하기 위해 의사들에 의해서 사용되었습니다. 또한 그것은 진통제로도 사용되었습니다.

Q 주제는 무엇인가?
(a) 아편과 인도 대마
(b) 고대의 약과 치료
(c) 진통제
(d) 약용으로써의 마약

해설 전체적으로 마약의 약용에 대한 얘기다. 아편과 대마도 약의 재료로 사용되었다는 정보가 나온다. 따라서 정답은 (d)다.

어구 treatment 치료
infectious 전염성의
alleviate 고통을 완화시키다
opium 아편
cannabis 인도 대마
insomnia 불면증
reliever 완화장치
pain reliever 진통제
date from ~ 부터 시작되다

정답 (d)

50 Johannes Vermeer was a Dutch painter who created some of the most beautiful paintings in Western art. People all over the world celebrate his paintings, yet there are few paintings he produced. Relatively little is known about his life and career. He was born, lived and worked in the city of Delft. Vermeer was apprenticed as a painter, but not much is known about that. His early paintings were influenced by the Utrecht Caravaggists.

Q Which is correct about Johnnes Vermeer according to the talk?

(a) He has left us lots of beautiful paintings.

(b) We know quite a little about his life.

(c) He lived, worked and died in Delft.

(d) His early paintings influenced the Utrecht Caravaggists.

해석 요하네스 버미르는 서양 미술에서 가장 아름다운 그림들을 그린 네덜란드 화가였습니다. 전 세계의 사람들은 그가 그린 그림들이 많지 않음에도 불구하고 그의 작품들에 찬사를 보냅니다. 그의 삶과 경력에 대해서는 상대적으로 적게 알려졌습니다. 그는 델프트시에서 태어나서 살고, 작업을 했습니다. 버미르는 화가로서 견습생 생활을 했지만 그것에 대해서는 많이 알려지지 않았습니다. 그의 초기 그림들은 위트레흐트 카라화기스트의 영향을 받았습니다.

Q 담화에 따르면 요하네스 버미르에 관해서 옳은 것은 무엇인가?

(a) 그는 많은 아름다운 그림들을 우리에게 남겼다.

(b) 우리는 그의 삶에 대해서 조금밖에 모른다.

(c) 그는 델프트에서 살았고, 작업을 했고 생을 마쳤다.

(d) 그의 초기 그림들은 위트레흐트 카라화기스트에 영향을 주었다.

해설 요하네스 버미르에 관한 세부 사항을 묻는 문제다. 그의 삶과 경력에 관해서는 적게 알려졌다는 내용이 등장하므로 정답은 (b)다. (a)는 남긴 그림들이 많지 않다는 내용이 등장하므로 오답이다. (c)는 속기 쉬운 선택지다. 델프트시에서 태어나 살고, 작품 활동을 한 것은 맞지만 그곳에서 사망했는지에 대한 정보가 없다. (d)는 반대로 위트레흐트 카라화기스트의 영향을 받은 것이므로 맞지 않다.

어구 celebrate 찬양하다, 찬미하다
relatively 상대적으로
apprentice 도제로 보내다, 견습일을 시키다

정답 (b)

---

51 Do you have a hard time remembering names? Most of us remember faces but have trouble connecting them to names. We know that being able to remember names is an important communication skill and very useful in both the business and social arenas. If you could remember people's names well, they would feel valued and thankful. Obviously you wish you could have a pretty good memory for names. In fact, I have found

some ways that can help us to improve our memory of names.

Q What is likely to come up after this talk?

(a) The benefits of remembering people's names

(b) How people get their names

(c) Techniques of improving memory for names

(d) How important remembering names is

해석 이름을 기억하는 데 어려움이 있습니까? 우리 중 대부분은 얼굴은 기억하지만 그 얼굴들을 이름과 연결시키는데 어려움이 있습니다. 우리는 이름을 기억할 수 있다는 것은 중요한 의사소통 기술이고 사업과 사회적인 활동무대에서 둘 다 상당히 유용하다고 알고 있습니다. 당신이 사람들의 이름들을 잘 기억할 수 있다면, 그 사람들은 소중하고 감사하게 느낄 겁니다. 분명히, 당신은 이름들을 잘 기억하기를 원하실 겁니다. 사실, 저는 이름에 대한 기억력을 향상시킬 수 있도록 도움을 주는 몇 가지 방법들을 알아냈습니다.

Q 이 이야기 다음에 무엇이 올 것 같은가?

(a) 사람들의 이름을 기억하는 것에 대한 이익

(b) 사람들이 어떻게 그들의 이름을 갖는지

(c) 이름에 대한 기억력을 향상시키는 기술

(d) 이름을 기억하는 것이 얼마나 중요한지

해설 이야기 다음에 이어질 내용을 묻는 문제이므로 당연히 마지막 부분이 가장 중요하다. 이름에 대한 기억력을 향상시킬 수 있는 방법을 알아냈다는 내용이 마지막에 등장하므로 정답은 (c)다. (a), (b), (d)는 앞에서 이미 언급된 내용들이므로 이어질 내용으로는 맞지 않다.

어구 have a hard time ~ ing ~하는데 어려움을 겪다
(=have trouble ~ing)
arena 활동 무대
improve 개선하다, 향상하다

정답 (c)

---

52 Consumer choice can be affected by fashion. Trying to keep pace with the current season's style is a good example. Hair styles have changed over the years, going from short to long, then back to short. Similarly, ties are changing constantly over time, going from narrow to wide, then back to narrow. That's because we're trying to keep up to date with the latest fashion trend. However, nowadays fashion has changed rapidly. That's why we spend a fortune on this rapid fashion change.

For instance, we easily throw away our clothes because they've gone out of style.

Q   What can be inferred from this talk?

(a) A lot of people want to keep up with changes of popular taste.
(b) People don't follow fashion when they have enough clothes already.
(c) People throw away their clothing only when it shows signs of wear.
(d) Hair styles are not associated with current popular trends.

해석 소비자 선택은 패션에 영향을 받을 수 있습니다. 현재 유행 스타일과 보조를 맞추는 것은 좋은 예입니다. 헤어스타일은 수년간 짧은 머리에서 긴 머리로, 그리고 다시 짧은 머리로 변화를 해왔습니다. 유사하게, 넥타이는 좁은 것에서 넓은 것으로, 그리고 다시 좁은 것으로 끊임없이 변하고 있습니다. 그게 우리가 최신 패션 유행에 뒤처지지 않으려는 이유입니다. 하지만, 오늘날 패션은 빠르게 변화합니다. 그게 우리가 빠른 패션 변화 때문에 큰돈을 쓰는 이유입니다. 예를 들면, 우리는 유행에 뒤처지는 것 때문에 옷을 쉽게 버립니다.

Q   담화에서 추론할 수 있는 것은 무엇인가?
(a) 많은 사람들은 대중적인 취향의 변화에 보조를 맞추기를 원한다.
(b) 사람들은 이미 충분한 옷이 있을 때 패션을 따르지 않는다.
(c) 사람들은 옷이 낡은 징후가 보일 때만 옷을 버린다.
(d) 헤어스타일은 최신 인기 유행과 관련되어 있지 않다.

해설 담화 중간 중간에 등장하는 세부 사항들을 기억해야 풀 수 있는 추론 문제다. 패션의 최신 유행에 맞추고 뒤처지지 않는다는 것이 핵심 내용이므로 정답은 (a)다. (b), (c), (d)는 담화의 내용으로 추론할 수 없는 정보다.

어구 affected 영향을 받는
keep pace with ~에 보조를 맞추다, ~에 뒤처지지 않다
constantly 끊임없이
up to date 최신식으로, (시대에) 뒤처지지 않고
trend 경향, 유행
fortune 큰 재물(=a large sum of money)
throw away 버리다
out of style 유행에 뒤처진
be associated with ~에 관련되다

정답 (a)

53   We usually think that we can keep coffee well without much effort. However, scientists say

that the majority of the coffee in the markets loses its freshness when we drink it. Coffee is a perishable product once it is roasted. Coffee will begin turning stale within a month. Even though the modern packaging methods seem to help keep the coffee from going stale, the packaging doesn't work once the seal has been broken.

Q   What is the main topic of this talk?
(a) The modern packaging methods
(b) Coffee freshness
(c) How to keep the coffee fresh
(d) Where to keep the coffee

해석 우리는 보통 커피를 많은 노력 없이 잘 보관할 수 있다고 생각합니다. 하지만, 과학자들은 시장에서의 대부분의 커피는 우리가 마실 때 신선함을 잃는다고 말합니다. 커피는 일단 볶아지면 상하기 쉬운 제품입니다. 커피는 한 달 내에 상하기 시작할 겁니다. 현대식 포장법이 커피가 상하는 것을 막을 수 있는 듯하지만, 포장은 일단 개봉되면 효과가 별로 없습니다.

Q   이 담화의 요지는 무엇인가?
(a) 최신식 포장법
(b) 커피의 신선도
(c) 커피를 신선하게 보관하는 법
(d) 커피 보관 장소

해설 포장을 개봉한 후 볶은 커피의 신선도가 떨어진다는 것이 전체적인 내용이므로 정답은 (b)다. (a)는 언급이 되어 있긴 하지만 단편적인 정보이므로 맞지 않다. (c)는 현대식 포장법에 대해서만 잠시 언급했을 뿐 커피를 신선하게 보관하는 방법에 대해서는 언급되어 있지 않다. (d) 역시 언급된 정보가 아니다.

어구 the majority of ~의 대부분
perishable 썩기 쉬운
roast 볶다
stale 썩어 가는

정답 (b)

54   Mr. James got married 20 years ago and had twin sons. He remarried when he got divorced in 1990. He then moved to N.Y.C. where he got a new job. He began showing the symptoms of heart failure in 1997. His new wife devoted herself full time to his care until he died in 2007. He left $770,000 in his will. He left $120,000 to each son, $200,000 to his first wife

and remainder to his second wife.

Q **What can be inferred about Mr. James from the talk?**

(a) He was an unfaithful husband.

(b) His heart failure was due to the remarriage.

(c) He left the most money to his second wife.

(d) He loved his twin sons very much.

해석 제임스 씨는 20년 전에 결혼했고 쌍둥이 아들이 있습니다. 그는 1990년도에 이혼하고 재혼했습니다. 그는 일자리를 얻은 뉴욕시로 이사했습니다. 그는 1997년에 심장 기능 장애 증상을 보이기 시작했습니다. 그의 새 아내는 그가 2007년도에 사망할 때까지 그의 간호에 모든 시간을 바쳤습니다. 그는 $770,000을 유언을 따라 쓰도록 남겼습니다. 그는 $120,000를 각각 아들에 남겼고, $200,000을 첫 아내에게, 그리고 나머지를 두 번째 아내에게 남겼습니다.

Q 담화로부터 제임스 씨에 관해 추론할 수 있는 것은 무엇인가?

(a) 그는 부정한 남편이었다.

(b) 그의 심장마비는 재혼에 기인했다.

(c) 그는 그의 두 번째 아내에게 가장 많은 돈을 남겼다.

(d) 그는 그의 쌍둥이 아들들을 매우 사랑했다.

해설 계산을 해보면 두 번째 아내가 가장 많은 돈을 유산으로 받았다. 따라서 답은 (c)다. (a)는 제임스 씨가 결혼을 두 번 했지만 바람을 핀 것은 아니므로 오답이다. (b)는 심장병의 원인이 언급되어 있지 않으므로 오답이다. (d) 역시 아이들을 사랑했는지에 대한 근거가 없으므로 오답이다.

어구 divorce 이혼시키다, 이혼하다
remarry 재혼하다
symptom 징후, 증상
heart failure 심장 기능 장애
devote (몸, 노력, 시간, 돈을) 바치다
will 유언
remainder 나머지

정답 (c)

55 The host team showed the best sportsmanship I've ever seen in these championships. They seemed to be a hard-working team and the most disciplined team. Some media says people shouldn't support the host team because of what this team has done. But this is totally unfair and excessively emotional. The bottom line is that they truly deserve the title of the best in the world without any doubt.

Q **What is the speaker's main point?**

(a) Sportsmanship is equal to championship.

(b) The host team is to blame.

(c) The viewpoint of media is hostile.

(d) The host team deserves to be called "The Best."

해석 이번 결승에서 홈팀은 제가 봤던 팀 중 최고의 스포츠맨십을 보여줬습니다. 그들은 열심히 플레이하는 팀이고 가장 잘 훈련된 팀인 것 같았습니다. 어떤 언론에서는 이 팀이 해왔던 것 때문에 사람들이 홈팀을 지지하지 말았어야 한다고 말합니다. 그러나 이것은 전적으로 불공정하고 지나치게 감정적입니다. 결론은 그들은 정말로 세계에서 최고 타이틀을 받을 만하다는 겁니다.

Q 화자의 태도는 무엇인가?

(a) 스포츠맨십은 챔피언십과 같다.

(b) 홈팀은 비난받아야 한다.

(c) 언론의 관점은 적대적이다.

(d) 홈팀은 '최고'라고 불릴만하다.

해설 화자는 홈팀에 대해 대단히 호의적이며 언론이 좋지 않게 말한 것에 대해서 공정하지 않다고 말하고 있고 결론 부분에서 최고라고 말하고 있다. 따라서 답은 (d)다.

어구 sportsmanship 스포츠맨십
disciplined 훈련 받은
excessively 과도하게, 지나치게
expressive 표현적인, 나타내는, 의미심장한
deserve ~할 만하다
bottom line 결론, 요점

정답 (d)

56 Hi, Clare. This is Robin. I just got here in Seoul at about 6 in the evening. I took the express bus and it took me more than 5 hours for reaching Seoul from Busan. Even though it took a little longer than I thought it would, I was glad that I was able to see beautiful scenery out the bus window. I'm just leaving this message to ensure that we're supposed to have a little dinner get-together at Jackson Thai restaurant at 6:30 this evening. It's 6:10 in the evening. I think I can get there in time. Don't be late. See you there soon.

Q **Which is NOT correct according to the talk?**

(a) Robin left Busan before 1 p.m.

(b) Robin called Clare to let her know when the get-together will be.

(c) Robin is supposed to meet Clare to have dinner.

(d) Robin is talking to an answering machine.

해석 안녕하세요, 클레어. 저는 로빈입니다. 저는 저녁 6시 경에 이곳 서울에 막 도착했습니다. 저는 고속버스를 탔고 부산에서 서울로 가는데 5시간 정도 걸렸습니다. 제가 생각했던 것 보다 좀 더 걸렸지만 버스 차창 밖으로 보이는 아름다운 풍경을 볼 수 있어서 좋았습니다. 저는 우리가 오늘 저녁 6:30에 잭슨 타이 레스토랑에서 저녁 회식을 하기로 되어 있는 것을 확인하려고 메시지를 남깁니다. 지금은 저녁 6:10입니다. 저는 시간 내에 갈 수 있을 것 같습니다. 늦지 마세요. 그곳에서 뵙죠.

Q 담화에 따르면, 옳지 않은 것은 무엇인가?
(a) 로빈은 오후 1시 전에 부산을 떠났다.
(b) 로빈은 회식이 언제인지 알려주려고 클레어에게 전화를 했다.
(c) 로빈은 클레어를 만나 저녁을 먹기로 되어 있다.
(d) 로빈은 자동응답기에 말을 하고 있다.

해설 조금은 까다로운 문제다. 로빈은 이미 서로 알고 있는 약속에 대해서 확인하려고 전화 한 것이므로 정답은 (b)다. (a)는 부산에서 서울까지 5시간 정도 걸렸다고 했으므로 1시 이전에 부산을 출발했다는 것을 추론해 볼 수 있다. (c)는 내용상 서로 저녁 약속을 한 상태이므로 옳다. (d) 지금 자동응답기에 메시지를 남기고 있으므로 역시 옳다.

어구 scenery 풍경
ensure 확실히 하다
get-together 친목회
in time 때맞추어

정답 (b)

57 Once upon a time there lived a very poor young man. His name was Jack. He always wanted to be rich and successful. One summer night he made up his mind to work very hard to make lots of money. Before long he could start working as a carpenter. He worked really hard about three years so that he could make tons of money. Even though he was contented with this money, he was afraid that someone would take his money. So he wanted not to keep the money at his home but to hide it somewhere. He had no idea where to hide it. He thought about that a couple of days.

Q **Why did Jack try to hide his money?**

(a) Because he was not satisfied with his money

(b) Because he had no idea where to save his money

(c) Because he didn't want to work as a carpenter

(d) Because he feared that his money could be lifted

해석 옛날 옛적에, 아주 가난한 젊은이가 살았습니다. 그의 이름은 잭이었습니다. 그는 항상 부자가 되고 싶고 성공하길 원했습니다. 한 여름 밤, 그는 돈을 많이 벌 결심을 했습니다. 오래지 않아 목수로 일을 시작할 수 있었습니다. 그는 3년간 열심히 일을 해서 많은 돈을 벌게 됐습니다. 그가 그의 돈에 만족했음에도 불구하고, 누군가가 그의 돈을 훔쳐갈 것을 두려워했습니다. 그래서 그는 집에 돈을 보관하지 않고 다른 곳에 숨기기를 원했습니다. 그는 돈을 어디에 숨길지 몰랐습니다. 그는 며칠 간 그 생각을 했습니다.

Q 잭은 왜 그의 돈을 숨기려고 했는가?
(a) 그의 돈에 만족하지 못해서
(b) 그의 돈을 어디에 저금할지 몰라서
(c) 목수로 일하는 것을 원치 않아서
(d) 그의 돈을 도둑 맞을 것을 두려워해서

해설 그의 돈을 집 대신 다른 곳에 숨기려(hide)한다는 내용이 등장하는데 그 이유로 바로 그 전에 누군가 그의 돈을 훔쳐갈 것을 두려워한다는 내용이 등장하므로 정답은 (d)다. (a), (b), (c)는 지문에 등장하는 단편적인 정보로 구성된 함정이므로 속지 말아야 한다.

어구 make up one's mind 결정하다
before long 곧
contented 만족한

정답 (d)

58 To cross one's fingers is a hand gesture made by crossing one finger over another of the same hand. It is used to superstitiously wish for good luck. Here is an example. "Good luck on your test tomorrow. I'll be crossing my fingers for you."

Q **What is the subject of the talk?**

(a) The meaning of "Cross one's fingers"

(b) Body Language

(c) The origin of "Cross one's fingers"

(d) Some examples of idioms

해석 손가락을 교차시키는 것은 하나의 손가락을 같은 손의 다른 손가락 위로 교차시키는 손동작입니다. 이것은 미신적으로 행운을 비는데 사용됩니다. 한 가지 예가 있습니다. "내일 당신 시험에 행운이 있기를, 내가 행운을 빌어 줄게요."

Q 이야기의 주제는 무엇인가?
(a) 손가락을 교차시키는 것의 의미
(b) 바디 랭귀지
(c) 손가락을 교차하는 것의 기원
(d) 관용표현의 예

해설 주제를 묻는 문제다. 손가락을 교차하는 것에 대한 의미에 관한 내용이므로 정답은 (a)다.

어구 cross one's fingers 행운을 빌다
superstitiously 미신적으로

정답 (a)

---

59 The Brooklyn Bridge was the first structure to use explosives in an underwater device called a caisson. Instead of building two solid bases on each side of the East River, engineers decided to utilize the existing rock underlying the riverbed. By using caissons, workers could clear away debris, and these were basically like huge empty overturned boats that were lowered underwater and to the river bed. Compressed air was pumped in to keep out water, and as the caissons descended farther below sea level, the pressure within increased dramatically. Due to the extreme change in air pressure, many workers died from the deadly nitrogen gas that accumulated in their bloodstreams.

Q What can be inferred from this talk?
(a) The bases of the bridge lie on each side of the riverbank.
(b) The caissons went lower as the workers dug away the riverbed.
(c) All the workers wore air-purifying respirators.
(d) Conditions inside the caissons were relatively good.

해석 브룩클린 다리는 카이슨이라고 불리는 수중 장비 안에서 폭발물을 사용한 첫 구조물이다. 이스트 강 양쪽에 단단한 기초를 설치하는 대신, 공학자들은 강바닥에 있는 바위를 이용하기로 결정했다. 카이슨을 이용함으로써 작업자들은 잔해를 치울 수 있었는데, 이것들은 강바닥까지 수중 아래로 가는 큰 뒤집힌 보트와 같았다.

응축된 공기가 물을 밀어내기 위해 계속 펌프로 공급되었고 카이슨이 수면 훨씬 아래로 내려감에 따라, 내부의 압력은 급격히 증가했다. 공기 압력의 과한 변화 때문에 많은 작업자들이 혈류에 쌓이는 치명적인 질소 가스에 목숨을 잃어야 했다.

Q 이 담화를 통해 추론할 수 있는 것은 무엇인가?
(a) 다리의 기초는 강바닥의 양쪽에 놓여 있다.
(b) 카이슨은 작업자가 강바닥을 파 나갈수록 더 아래로 내려갔다.
(c) 모든 작업자는 공기 정화 인공호흡기를 착용했다.
(d) 카이슨 내부의 상태는 상대적으로 좋다.

해설 작업자가 아래로 파내려감에 따라 카이슨 역시 함께 따라 내려가기 때문에 (b)가 정답이다.

어구 explosive 폭발물
underwater 수중의
device 장치
solid 단단한
riverbed 강바닥
overturned 뒤집힌
descend 내려가다
dramatically 급격하게
accumulate 축적하다
bloodstream 혈류
riverbank 강둑
air-purifying respirator 공기 정화 인공호흡기
relatively 상대적으로

정답 (b)

---

60 As you know, these days water became polluted and we are faced with lack of water which could cause wars among nations. Although the sea level has continued to rise, we can see that there are a lot of countries in need of fresh water. What is worse, throughout the world desert area has been increasing at an alarming rate. A number of people are suffering from diseases caused by drinking polluted water. Some serious measures should be taken now; otherwise there'll be no hope for the future of our next generation.

Q Which is correct according to the lecture?
(a) Since the sea level keeps rising, there'll be a lot of water.
(b) Most underground water has been polluted.
(c) There may happen to be wars over water

shortages.

(d) The number of people who are drinking polluted water is increasing rapidly.

해석 아시다시피, 요즘 물은 오염되어가고 국가들 간에 전쟁을 야기 시킬 수 있는 물 부족에 직면해 있습니다. 해수면이 계속 상승할지라도 신선한 물이 필요한 많은 나라들이 있다는 것을 알 수 있습니다. 더 나쁜 것은, 전 세계적으로 사막 지역이 놀라운 비율로 증가하고 있다는 것입니다. 수많은 사람들이 오염된 물로 인해 생기는 질병에 고통받고 있습니다. 중대한 조치가 바로 시행되어야 합니다. 그렇지 않으면, 우리의 다음 세대의 미래에 대한 희망은 없을 겁니다.

Q 이 강의의 내용으로 옳은 것은?

(a) 해수면이 계속 상승함에 따라, 많은 물이 생길 것이다.

(b) 대부분의 지하수는 오염되었다.

(c) 물 부족으로 전쟁이 있을 수 있다.

(d) 오염된 물을 마시는 사람들의 수는 빠르게 증가하고 있다.

해설 강의의 세부정보를 묻는 문제다. 초반부에 물 부족이 국가들 간에 전쟁을 야기시킬 수 있다는 내용이 등장하므로 정답은 (c)다.

어구 pollute 오염시키다
be faced with ~에 직면하다
sea level 해수면
what is worse 설상가상으로
a number of 많은
measures 조치, 수단, 대책

정답 (c)

ACTUAL TEST 5

Answers

Part I
1.(b) 2.(c) 3.(b) 4.(a) 5.(c) 6.(b) 7.(a) 8.(a)
9.(d) 10.(c) 11.(c) 12.(b) 13.(c) 14.(a) 15.(c)

Part II
16.(b) 17.(d) 18.(b) 19.(c) 20.(a) 21.(c)
22.(b) 23.(d) 24.(d) 25.(a) 26.(a) 27.(c)
28.(c) 29.(b) 30.(c)

Part III
31.(c) 32.(c) 33.(b) 34.(c) 35.(b) 36.(d)
37.(a) 38.(a) 39.(d) 40.(c) 41.(b) 42.(b)
43.(c) 44.(a) 45.(d)

Part IV
46.(a) 47.(a) 48.(b) 49.(b) 50.(a) 51.(d)
52.(c) 53.(c) 54.(a) 55.(c) 56.(a) 57.(d)
58.(a) 59.(c) 60.(b)

Part I

1　M　**Count me in.**
　　W _____
　　(a) Yes, I'm available.
　　(b) Sure, you're welcome to join.
　　(c) I do not like to be outside.
　　(d) I can't count on you.

　　해석　M　저도 참여시켜 주세요.
　　　　　W _____
　　　　　(a) 네, 저는 가능해요.
　　　　　(b) 물론이죠. 환영합니다.
　　　　　(c) 빠지기 싫어요.
　　　　　(d) 전 당신에게 의지할 수 없어요.

　　해설　count me in은 어떤 모임이나 놀이 등에 끼워 달라는 의미로 이에 대한 적절한 답변은 (b)다. (d)의 count on은 '의지하다, 기대다'라는 뜻이다.

　　어구　count in ~을 셈에 넣다, (사람을) 한 패에 넣다

　　정답　(b)

2　M　**What's up with you?**
　　W _____
　　(a) Nice to meet you.
　　(b) How have you been?
　　(c) I feel blue.

　　(d) I was really happy for my son.

　　해석　M　무슨 일 있어요?
　　　　　W _____
　　　　　(a) 만나서 반가워요.
　　　　　(b) 어떻게 지내세요?
　　　　　(c) 우울해요.
　　　　　(d) 아들 덕분에 정말 행복했어요.

　　해설　What's up with you?는 '무슨 일 있어요?'라는 뜻이다. 이에 대한 적절한 응답은 (c)가 된다.

　　어구　feel blue 우울하다

　　정답　(c)

3　M　**Bruce is really trying hard to kick his smoking habit.**
　　W _____
　　(a) He hates smoking.
　　(b) It seems to be a challenge.
　　(c) I admit it.
　　(d) I'm happy you think so.

　　해석　M　브루스는 담배를 끊으려고 정말 노력하고 있어요.
　　　　　W _____
　　　　　(a) 그는 흡연을 싫어해요.
　　　　　(b) 끊기 어려울 거예요.
　　　　　(c) 인정합니다.
　　　　　(d) 당신이 그렇게 생각하니 좋네요.

　　해설　브루스가 담배를 끊으려고 노력하고 있다는 말에 적절한 응답은 끊기 어려울 것 같다고 답한 (b)다. 노력 중이라 했으므로 (a)는 답이 될 수 없다. (c)는 '마지못해 동의하다'라는 의미를 내포하고 있다.

　　어구　kick the habit 습관을 버리다

　　정답　(b)

4　M　**Don't underestimate yourself.**
　　W _____
　　(a) I won't, I'm more than what they think.
　　(b) Don't bother me.
　　(c) I'm afraid I can't make it.
　　(d) It sounds like you are teasing me.

　　해석　M　자신을 폄하하지 마세요.
　　　　　W _____
　　　　　(a) 안 그럴 거예요. 난 사람들이 생각하는 것보다 훨씬 괜찮은 사람이에요.
　　　　　(b) 저를 방해하지 마세요.
　　　　　(c) 유감스럽게도 못 갈 것 같아요.
　　　　　(d) 놀리는 것처럼 들리네요.

5 M I passed the exam for law school.

W _____

(a) Thanks a million.
(b) You've got the job.
(c) Well done.
(d) How about medical school?

해석 M 저는 법과 대학원 시험에 합격했어요.

W _____

(a) 정말 고마워요.
(b) 취직했군요.
(c) 참 잘했어요.
(d) 의과 대학은 어때요?

해설 시험에 합격했다는 말에 축하의 말이 필요하다. (c)의 Well done은 steak 등에도 쓰는 표현이지만 Good for you의 의미도 있다.

어구 Well done 참 잘했어요

정답 (c)

6 M I'd like to refund this bathing suit.

W _____

(a) It looks expensive.
(b) Can I ask why?
(c) I didn't bring the receipt.
(d) I don't know how to return it.

해석 M 이 수영복을 환불하고 싶어요.

W _____

(a) 비싸 보이네요.
(b) 이유를 물어도 될까요?
(c) 영수증을 안 가져왔어요.
(d) 그것을 돌려보낼 방법을 모르겠어요.

해설 수영복을 환불하겠다고 하므로 이유를 물어보는 (b)가 정답이 된다. (c)는 영수증을 요구했을 때 남자가 할 말로 적절하다.

어구 bathing suit 수영복
receipt 영수증

정답 (b)

7 M It would be nice to age gracefully.

W _____

(a) Is the Pope Catholic?
(b) Problems of the aged are growing.
(c) Our health is our wealth.
(d) We should respect our elders.

해석 M 우아하게 늙어가는 것은 참 좋은 것 같아요.

W _____

(a) 당연한 거 아닌가요?
(b) 노인 문제가 증가하고 있어요.
(c) 건강은 우리의 재산이에요.
(d) 어르신들을 존중해야 해요.

해설 우아하게 늙어가는 게 좋다는 말에 적절한 답변은 (a)다. (a)를 직역하면 '교황이 가톨릭 신자 아닌가요?'라는 뜻으로 '당연한 거 아닌가요?'라는 의미의 관용 표현이다.

어구 gracefully 우아하게
the aged 노인들
elder 노인

정답 (a)

8 M Anything you want to do this weekend?

W _____

(a) How about going to the movies?
(b) Do you want my company?
(c) I really like this place.
(d) Why don't we give it a shot?

해석 M 이번 주말에 하고 싶은 게 있으세요?

W _____

(a) 영화보러 가는 게 어때요?
(b) 제 친구가 돼 줄래요?
(c) 이곳이 정말 좋아요.
(d) 한 번 시도해 보는 게 어떠세요?

해설 주말에 하고 싶은 것이 있는지 묻고 있고 영화보러 가자고 제안하는 (a)가 답이다. (d)는 Why don't we~?가 있어 제안을 하는 표현이긴 하지만 무엇을 시도해보자는 것인지 명확하지 않다.

어구 give it a shot 한 번 시도해보다

정답 (a)

9 M **Let's take a break for a while.**

W _____

(a) I gave it up.
(b) The coffee machine is broken.
(c) It slipped my mind.
(d) OK. Let's have a breather.

해석 M 잠시 휴식을 취합시다.
　　 W _____
　　(a) 저는 그것을 포기했어요.
　　(b) 커피 자판기가 고장났어요.
　　(c) 그것을 완전히 잊어버렸어요.
　　(d) 좋아요. 잠깐 쉽시다.

해설 take a break는 '휴식하다'는 뜻으로 남자의 제안에 여자가 이와 유사한 have a breather라는 표현으로 응답한 (d)가 답이 된다.

어구 give up 포기하다
　　 have[take] a breather 잠깐 쉬다

정답 (d)

10 M **Life isn't always easy.**

W _____

(a) I'd like a respite.
(b) Life goes on.
(c) Yes, it can be unfair at times.
(d) I would like to try.

해석 M 인생은 쉽지만은 않아요.
　　 W _____
　　(a) 전 휴식을 원해요.
　　(b) 인생은 계속 되지요.
　　(c) 네. 때때로 공평하지 않아요.
　　(d) 해보고 싶어요.

해설 인생이 쉽지만은 않다는 말에 대한 적절한 답변은 동조를 해주며 때때로 공평하지 않다고 답한 (c)다.

어구 respite (일, 고통 등의) 일시적 중지, 휴식, 휴식 시간

정답 (c)

11 M **Are you going my way?**

W _____

(a) We might bump into each other.
(b) It is safer to take this route.
(c) Yes, I will give you a ride.
(d) Quit following me.

해석 M 저와 같은 방향인가요?
　　 W _____

(a) 서로 마주칠 수도 있겠네요.
(b) 이 길로 가는 게 더 안전해요.
(c) 예, 제가 태워드릴게요.
(d) 저를 그만 따라 오세요.

해설 한 번 듣고 의도를 쉽게 파악할 수 없는 질문이다. Are you going my way?는 '저와 같은 방향이세요?'라는 의미이므로 (c)가 정답이 된다.

어구 bump into 우연히 만나다
　　 give a ride 태워주다

정답 (c)

12 M **I owe you one.**

W _____

(a) I'm counting on that.
(b) No problem.
(c) You don't need to pay your debts.
(d) How much?

해석 M 제가 신세를 졌네요.
　　 W _____
　　(a) 그것을 믿고 있어요.
　　(b) 괜찮아요.
　　(c) 당신은 빚을 갚을 필요 없어요.
　　(d) 얼마예요?

해설 I owe you one은 '고마워, 신세졌어'를 의미하는 관용표현이다. 숨은 의미를 정확히 알지 못하면 (c)나 (d)를 답으로 택하는 실수를 할 수 있다.

어구 owe 신세를 지다
　　 count on ~에게 의지하다

정답 (b)

13 M **I was offered a great job in Seattle.**

W _____

(a) I hope it's just a rumor.
(b) You might be wrong.
(c) Could you be more specific?
(d) Tough it out.

해석 M 시애틀에서 멋진 일을 제안 받았어요.
　　 W _____
　　(a) 그것이 단지 소문이길 바랍니다.
　　(b) 당신이 틀릴 수도 있어요.
　　(c) 더 정확히 말씀해주시겠어요?
　　(d) 끝까지 참고 견디세요.

해설 상황을 잘 파악해야 해결 가능한 문제다. 남자가 시애틀에서 멋진 일을 제안 받은 것이므로 답은 (c)다. (a)는 좋지 않은 일을 들었을 때, (d)는 격려할 때 쓸

수 있는 표현이다.

어구 tough it out 끝까지 참고 견디다

정답 (c)

14 M What are you having?
   W _____

   (a) Salad, please.
   (b) Make it rare.
   (c) I'm a vegetarian.
   (d) Table for two, please.

   해석 M 뭐 드실 겁니까?
      W _____
      (a) 샐러드로 주세요.
      (b) 레어로 구워주세요. (덜 익게 구워주세요.)
      (c) 저는 채식주의자예요.
      (d) 둘이 앉을 자리를 주세요.

   해설 무엇을 먹겠느냐는 말에 가장 적절한 답변은 (a)다. (b)
      는 it이 가리키는 것이 스테이크를 주문 후 할 수 있는 말
      이므로 오답이다. (c)의 vegetarian은 의미적인 혼동
      을 유도하고 있다. (d)는 질문의 의도와 맞지 않는 응답
      이다.

   어구 vegetarian 채식주의자

   정답 (a)

15 M I bombed the test.
   W _____

   (a) Don't worry. I will.
   (b) Why don't you ask yourself that question?
   (c) You will be given a rain check.
   (d) I couldn't be happier.

   해석 M 시험을 망쳤어요.
      W _____
      (a) 걱정 마세요. 제가 할게요.
      (b) 직접 질문을 해보지 그래요?
      (c) 다음 기회가 있을 거예요.
      (d) 더할 나위 없이 행복해요.

   해설 시험을 망친 상황이므로 격려의 말이 필요하다. '다음
      기회가 있을 거예요'라고 한 (c)가 답이다. (a)는 Don't
      worry까지는 괜찮지만 I will 때문에 정답이 될 수 없다.

   어구 give[take] a rain check 나중에 다시 초대하겠다는
      약속을 하다(응하다)
      couldn't be happier 더할 나위 없이 행복하다

   정답 (c)

Part II

16 M I bought tickets for the show.
   W I would like to come and watch with you.
   M But I thought you didn't like the singer.
   W _____

   (a) Just keep an eye on me.
   (b) I'm allowed to change my mind, am I not?
   (c) I am open-minded.
   (d) I don't like male singers.

   해석 M 공연 티켓을 샀어요.
      W 당신과 함께 가서 보고 싶어요.
      M 하지만 저는 당신이 그 가수를 싫어하는 줄 알았어요.
      W _____
      (a) 제게서 눈을 떼지 마세요.
      (b) 제 마음을 바꿨어요, 안 되나요?
      (c) 전 열린 마음의 사람입니다.
      (d) 저는 남자 가수를 좋아하지 않아요.

   해설 마지막 남자의 말이 핵심이다. 남자는 어느 가수의 공연
      티켓을 구입했고 여자는 그 가수를 좋아하지 않는다고
      생각했다는 남자의 말에 자연스럽게 이어지는 것은 마음
      을 바꿨다고 답한 (b)다. (a)는 상황에 어울리지 않고 (c)
      는 여자의 성격을 나타내며 (d)는 여자의 취향을 나타내
      고 있어 답이 될 수 없다.

   어구 keep an eye on ~을 감시하다, ~에게서 눈을 떼지
      않다

   정답 (b)

17 M My name is Peter, what's yours?
   W I'm Sarah. Nice to meet you.
   M It's a pleasure. This is a great party!
   W _____

   (a) Yes, you can't miss it.
   (b) I like throwing a party.
   (c) Have a taste of mine.
   (d) You read my mind.

   해석 M 제 이름은 피터예요. 당신은요?
      W 저는 사라예요. 만나서 반가워요.
      M 예, 반가워요. 훌륭한 파티에요!
      W _____
      (a) 그래요. 쉽게 찾을 수 있어요.
      (b) 저는 파티를 여는 걸 좋아해요.
      (c) 제 걸 한 입 맛보세요.
      (d) 그렇고 말고요.

   해설 파티에서 만난 남녀의 대화다. 마지막 남자 말이 핵심인
      데 훌륭한 파티라는 남자의 말에 적절한 답은 '그렇고 말

고요'라고 답한 (d)다. (a)는 일단 Yes라고 응수했지만, 그 후에 길을 찾을 때 쓰는 표현이 나왔다. (b)는 여자의 취향을 나타내고 있고, (c)는 음식을 권할 때 쓰는 표현이다.

어구 Nice to meet you 만나서 반가워요
You can't miss it 쉽게 찾을 수 있어요
throw a party 파티를 열다
have a taste of ~을 (한 입) 맛보다
read a person's mind ~의 마음을 읽다

정답 (d)

---

18 M **Can you do me a favor?**
W **I can't. I have lots to do.**
M **Oh, well, I'll have to ask somebody else then.**
W _____

(a) There's still a good chance.
(b) I would love to help out next time.
(c) No, thanks.
(d) I thought it was wonderful.

해석 M 부탁 좀 들어 주시겠어요?
W 아뇨, 할 일이 너무 많아요.
M 아, 그럼, 다른 사람에게 부탁해야겠네요.
W _____
(a) 아직 기회가 있어요.
(b) 다음에는 꼭 도와드리고 싶어요.
(c) 고맙지만 사양할게요.
(d) 굉장했어요.

해설 남자가 여자에게 부탁을 했으나 할 것이 너무 많다는 여자의 말에 남자는 다른 사람에게 부탁을 하겠다고 했으므로 그 다음에 자연스럽게 이어질 말은 (b)다.

어구 do sb a favor ~의 부탁을 들어주다

정답 (b)

---

19 M **You are so naive.**
W **I'm just too trusting.**
M **Next time, learn to be cautious.**
W _____

(a) Mistakes are inevitable.
(b) I won't fail again.
(c) Don't worry, I've learned my lesson.
(d) Stop lecturing me.

해석 M 당신은 너무 순진해요.
W 저는 사람을 너무 잘 믿어요.
M 다음에는 조심하는 법을 배우세요.

W _____
(a) 실수는 피할 수 없는 거예요.
(b) 또 낙제하진 않을 거예요.
(c) 걱정 마세요. 이번에 깨달은 게 있어요.
(d) 잔소리는 그만하세요.

해설 다음에는 조심하는 법을 배우라는 남자의 조언에 자연스러운 여자의 대답은 이번에 깨달은 것이 있다고 대답한 (c)다. 여자는 naive 또는 trusting하다고 했으므로 이것을 (b)와 같이 fail이라고 표현하기엔 연관성이 대단히 적다.

어구 naive 순진한, 천진난만한, 고지식한
cautious 조심성 있는
inevitable 피할 수 없는, 부득이한
learn one's lesson (경험으로) 교훈을 얻다, (실수를 통해) 깨닫다

정답 (c)

---

20 W **Can you make it on Monday?**
M **I have to check my schedule first.**
W **Do let me know.**
M _____

(a) I'll inform you right away.
(b) It's a date.
(c) I hate to be late.
(d) That's my itinerary.

해석 W 월요일에 올 수 있습니까?
M 스케줄을 먼저 확인해 봐야 해요.
W 꼭 알려주세요.
M _____
(a) 바로 알려드릴게요.
(b) 데이트예요.
(c) 늦는 건 싫어요.
(d) 그게 제 여행 일정 계획이에요.

해설 월요일에 올 수 있는지 여부에 대해 일정 확인 후 알려 달라는 내용에 자연스러운 답은 (a)다.

어구 make it 가능케 하다, 제시간에 도착하다, 오다
itinerary 여행 일정표

정답 (a)

---

21 M **Have you heard the news?**
W **I did. It was terrible!**
M **I hope nobody got hurt.**
W _____

(a) You don't have to feel sorry.
(b) Do you really mean it?
(c) I would love it if that were not true.

(d) You've done enough.

M 그 소식 들으셨어요?

W 네. 끔찍했어요.

M 다친 사람이 없었으면 좋겠어요.

W _____

(a) 미안해 할 필요 없어요.

(b) 그 말 진심이세요?

(c) 그 일이 사실이 아니면 좋겠어요.

(d) 충분히 했어요.

해설 세 번째 남자의 말이 핵심이다. 아무도 안 다쳤기를 바란다는 말에 자연스럽게 이어지는 것은 '그 일이 사실이 아니라면 좋겠다'고 말한 (c)다. (d)는 남자가 사고와 관련성이 없을뿐 아니라 어떤 일을 했는지 단서도 없으므로 오답이다.

어구 get hurt 다치다

정답 (c)

---

22 M We were not cowards.

W We were just not strong enough.

M How could we have lost?

W _____

(a) Do you think you are right?

(b) I think we just lacked strategy.

(c) I'm not sure what you want.

(d) We lost the game.

해석 M 우린 겁쟁이가 아니에요.

W 우린 그저 힘이 강하지 않았을 뿐이에요.

M 어떻게 우리가 질 수가 있죠?

W _____

(a) 당신이 옳다고 생각해요?

(b) 제 생각엔 우린 전략이 부족했어요.

(c) 당신이 원하는 것을 모르겠어요.

(d) 우리는 경기에 졌어요.

해설 세 번째 남자 말이 핵심이다. 어떻게 질 수 가 있느냐는 남자의 말과 자연스럽게 이어지는 것은 (b)가 가장 적절하다. (a)와 (c)는 상황에 맞지 않고 (d)는 대화의 상황으로 볼 때 이미 둘 다 알고 있는 내용이므로 오답이다.

어구 coward 겁쟁이
strategy 전략

정답 (b)

---

23 M Something came up, I'll be late tonight.

W When will your work be finished?

M I'm really not sure.

W _____

(a) Don't worry so much.

(b) You should try harder next time.

(c) Yes, it's a promise.

(d) Then, let's put off our appointment.

해석 M 일이 생겼어. 오늘 밤 늦을 거예요.

W 일이 언제 끝날 거 같아요?

M 정말 잘 모르겠어요.

W _____

(a) 너무 걱정 하지 마세요.

(b) 다음엔 더 열심히 하세요.

(c) 네, 약속합니다.

(d) 그럼 약속을 미뤄요.

해설 일이 생겨 오늘밤 늦을 거라는 남자에게 몇시에 끝나냐고 묻고 있고 그에 대해 남자가 확답을 못하는 상황이므로 그에 이어질 여자의 말로 자연스러운 것은 (d)다. (a)는 남자가 걱정하는 상황이 아니므로 오답이고 (c)는 약속할 때 쓸 수 있는 표현이다.

어구 come up 일이 생기다

정답 (d)

---

24 W Come on, let's grab a bite.

M No, thank you, I just ate.

W Oh, but I insist.

M _____

(a) How about a drink before dinner?

(b) In that case, you cannot accompany me.

(c) I'm leaving now.

(d) I really stuffed myself.

해석 W 어서요. 뭔가 좀 먹읍시다.

M 아니에요. 전 방금 먹었어요.

W 그래도 어서요.

M _____

(a) 저녁 먹기 전에 한 잔 하는 게 어때요?

(b) 그런 경우에는, 저와 같이 갈 수 없어요.

(c) 지금 떠날 거예요.

(d) 정말 배부르게 먹었어요.

해설 뭔가를 먹자는 여자 말에 남자는 이미 먹었다고 답하고 있으나 여자는 먹자고 조르는 상황이므로 그 다음에 이어질 말은 (d)가 자연스럽다. (a)는 계속 가자고 조르는 상황에서 쓰기에는 부족하다. (b)는 In that case 다음에 가지는 내용이 와야 자연스럽다.

어구 grab a bite 먹다
stuff oneself 배부르게 먹다

정답 (d)

25　M　Not again!

　　W　Oh, I didn't mean to break it.

　　M　I just replaced that yesterday.

　　W　_____

(a) Please let me pay for the damage.

(b) Are you sure you're alright?

(c) Let's just agree to this.

(d) Are you kidding me?

해석　M　또! 안 돼!

　　W　아, 고장 내려고 한 건 아니었어.

　　M　어제 바꾼 거란 말이야.

　　W　_____

(a) 내가 보상할 수 있게 해줘.

(b) 괜찮은 거 맞아?

(c) 그냥 이것에 동의합시다.

(d) 날 놀리는 거야?

해설　정황으로 봐서 여자가 이전에도 남자의 물건을 고장 낸 적이 있다는 것을 알 수 있는데 이번에도 남자가 교체한 물건을 고장 낸 정황이므로 그 다음에 이어질 말은 (a)가 가장 자연스럽다.

어구　replace 교체하다

정답　(a)

26　M　What happened? You look concerned.

　　W　My uncle just passed away.

　　M　I'm so sorry for your loss.

　　W　_____

(a) I appreciate your sympathy.

(b) It's not your concern.

(c) That's very nice of you.

(d) Make up my loss, please.

해석　M　무슨 일이에요? 걱정이 있어 보여요.

　　W　저희 삼촌이 돌아가셨어요.

　　M　정말 유감스럽게 생각합니다.

　　W　_____

(a) 위로해줘서 고마워요.

(b) 당신이 상관할 바가 아니에요.

(c) 정말 친절하시네요.

(d) 내 손실을 보상해 주세요.

해설　여자의 삼촌이 돌아가신 것에 대해 남자가 유감스럽게 생각한다고 말하고 있는 내용이므로 그 다음에 이어질 여자의 말로 자연스러운 것은 (a)다. sympathy에 공감, 동감, 호감, 동정(심), 연민의 뜻 외에 조위, 조문, 위문의 의미도 있다는 것에 유의해야 한다.

어구　pass away 세상을 떠나다

　　　sympathy 조위, 조문

정답　(a)

27　M　Excuse me, how do I get to the market?

　　W　Just take the subway and get off at the second stop.

　　M　Which line should I take?

　　W　_____

(a) If I were you, I'd take a taxi.

(b) Just take it easy.

(c) The orange line.

(d) It's not my business.

해석　M　실례합니다. 시장엔 어떻게 가면 되나요?

　　W　지하철을 타고 두 번째 역에서 내리세요.

　　M　어느 노선을 타야 하나요?

　　W　_____

(a) 제가 당신이라면 택시를 탈 거예요.

(b) 쉬엄쉬엄 하세요.

(c) 오렌지색 노선이요.

(d) 제가 상관할 바가 아니에요.

해설　시장으로 가는 방법을 가르쳐 준 여자에 대해서 남자가 어느 노선을 타야 하는지 되묻고 있다. 따라서 선택지에서 가장 적절한 것은 (c)다. (a)는 이미 지하철을 타라고 한 상태에서 부자연스럽다.

어구　It's not my business 제가 상관할 바가 아니에요

정답　(c)

28　M　Have you eaten yet?

　　W　No, I was just thinking about that.

　　M　Shall we go for Italian?

　　W　_____

(a) Yes, let's leave for Italy.

(b) Sorry, I'm not hungry.

(c) Sure, it's on me.

(d) It'll pay off.

해석　M　뭐 좀 먹었어요?

　　W　아니요, 그냥 지금 먹으려고 생각 중이에요.

　　M　이탈리아 음식을 먹을까요?

　　W　_____

(a) 그래요, 이탈리아로 갑시다.

(b) 죄송해요. 저는 배가 안 고프네요.

(c) 그래요. 제가 살게요.

(d) 성과가 있을 거예요.

해설　마지막 남자 말이 핵심이다. 이탈리아 음식을 먹으러 가자는 남자의 제안에 적절한 응답은 (c)다. It's on me가 '내가 살게요'란 뜻임에 유의해야 한다. 비슷한 표현

으로는 I'll pick up the tab, I'll treat you 등이 있다. (a)는 이탈리아로 가자는 말이므로 엉뚱한 답이다. (d)는 '성과가 있을 것이다'라는 의미로 역시 답이 될 수 없다.

어구 It's on me 제가 살게요

정답 (c)

29 W Is this seat taken?

M I'm not sure, let me ask around first.

W I appreciate your help.

M _____

(a) You look desperate.

(b) I'm sure you'll do the same for anyone.

(c) I thought you were someone else.

(d) Give up your seat to a lady.

해석 W 이 자리에 앉아도 될까요?

M 잘 모르겠어요. 먼저 주위 사람들에게 물어볼게요.

W 도와주셔서 감사합니다.

M _____

(a) 절망적으로 보이네요.

(b) 당신이라도 이렇게 할 거라 생각해요.

(c) 당신이 다른 사람인줄 알았어요.

(d) 숙녀분께 자리를 양보하세요.

해설 여자가 좌석에 대해서 묻고 있고 남자가 자리에 사람이 있는지 없는지에 대해서 도움을 주고 있고 그에 대해 여자가 고마움을 표하고 있으므로 그 다음에 이어질 내용은 (b)가 가장 적절하다.

어구 desperate 필사적인, 절망적인

정답 (b)

30 M Have you met Gerald?

W We're just acquaintances.

M Yeah? Are you on good terms with him?

W _____

(a) I met him yesterday by accident.

(b) Can you reach him right now?

(c) You could say that.

(d) You look odd today.

해석 M 제럴드 만나보셨어요?

W 저희는 그냥 아는 사이에요.

M 아 그래요? 두 분은 친한 사이인가요?

W _____

(a) 그를 어제 우연히 만났어요.

(b) 당신은 지금 즉시 그와 통화할 수 있나요?

(c) 그렇다고 말할 수 있죠.

(d) 당신 오늘 이상하게 보이네요.

해설 남자가 여자에게 Gerald와 친한 사이냐고 질문하고 있다. 적절한 답은 '그렇게 말할 수 있지요'라고 답한 (c)다.

어구 acquaintance 아는 사람(사이), 면식, 지식
be on good terms with ~와 친한 사이다

정답 (c)

Part III

31 M I can see that you're packing to go somewhere.

W My parents would like for us to move to Europe.

M Aren't you going to miss your family and friends here in Korea?

W I am, but my parents insist.

M I guess you have no choice in the matter.

W That's true, therefore, I'll just make the most of this.

Q Why does the woman go to Europe?

(a) She wants to study abroad.

(b) Her sisters live there.

(c) Her parents wants her to leave.

(d) She hates to live in Korea.

해석 M 보아하니 어디론가 떠날 준비하고 있는 것 같네요.

W 저희 부모님께서 저희가 유럽으로 가기를 원하고 계세요.

M 한국에 있는 가족과 친구들이 보고 싶지 않겠어요?

W 보고 싶을 거예요. 그렇지만 부모님들께서 저희가 가기를 고집하시니까요.

M 그럼, 그것에 대해 선택의 여지가 없겠군요.

W 맞아요. 그래서 정말 최선을 다 할 거예요.

Q 여자는 왜 유럽으로 가려고 하는가?

(a) 그녀는 유학가길 원한다.

(b) 그녀의 자매들이 거기에 산다.

(c) 그녀의 부모는 그녀가 떠나길 원한다.

(d) 그녀는 한국에서 사는 걸 싫어한다.

해설 한국에 있는 가족과 친구들이 보고 싶기는 해도 부모님이 유럽으로 가기를 원하므로 선택권이 없고 최선을 다 할 것이라고 말하고 있으므로 정답은 (c)다.

어구 make the most 최선을 다하다
study abroad 유학하다

정답 (c)

32

W Oh! I'm so agitated about all the preparations.

M Just relax, we've seen to almost all the details.

W I need to double check on the caterers and flower arrangers.

M The rings have already been engraved.

W Have you finished writing your vows?

M Yes, don't worry, everything's set.

Q What is the conversation about?

(a) Anniversary

(b) Reunion

(c) Wedding

(d) Birthday

33

M Excuse me, may I ask you something?

W Sure, what is it?

M I need to exchange some dollars but couldn't find a bank.

W It seems you are in the wrong area.

M Oh, really? Could you please tell me where the nearest bank is?

W No problem, you should go to the commercial area. Take this road and go two more blocks. There are some banks.

M Thanks a lot.

Q What is the man doing?

(a) Giving directions to the woman

(b) Locating a bank

(c) Helping the woman find a building

(d) Asking exchanging rates

34

W Hello! Lee Enterprises. This is Julie speaking.

M I'd like to speak with Mr. Lee.

W We have a bad connection. Would you mind speaking a little louder?

M Would you connect me with Mr. Lee?

W May I get your name, please?

M This is James Green.

W Could you hold on? He is on the other line.

M Then please have him call me at 330-5550.

Q Which is correct according to the

conversation?

(a) Mr. Lee is on a business trip.
(b) Mr. Lee knows James Green's phone number.
(c) Mr. Lee's line is engaged.
(d) James Green is Mr. Lee's friend.

해석 W 안녕하세요! 리 기획의 줄리입니다.
M 미스터 리와 통화하고 싶은데요.
W 통화 상태가 안 좋네요. 조금 더 크게 말씀해주시겠어요?
M 미스터 리와 통화할 수 있을까요?
W 성함이 어떻게 되시죠?
M 제임스 그린입니다.
W 잠깐 기다려 주시겠어요? 그가 지금 통화 중입니다.
M 그럼 그에게 330-5500으로 전화달라고 전해주세요.
Q 대화에 따르면 옳은 것은 무엇인가?
(a) 미스터 리는 출장 중이다.
(b) 미스터 리는 제임스 그린의 전화번호를 알고 있다.
(c) 미스터 리는 통화 중이다.
(d) 제임스 그린은 미스터 리의 친구다.

해설 (a) 미스터 리는 다른 전화를 받고 있다. (b) 제임스가 전화번호를 남기는 것으로 보아 번호를 안다고 볼 수 없다. (c) 통화 중이라고 했으므로 맞는 표현이다. (d) 알 수 없는 내용이다.

어구 line is engaged 통화 중이다

정답 (c)

35 M You look so excited.
W I can't wait to meet him.
M You two have been exchanging emails for months now.
W He seems like a nice guy.
M But you just met him in a chat room.
W I'm not expecting that much from a first meeting.

Q What can you infer from the dialogue?

(a) The man doesn't want the woman to meet her chatting friend.
(b) The woman have never met the chatting friend before.
(c) The woman doesn't hope to meet the chatting friend.
(d) The man wants to chat with the woman.

해석 M 흥분되어 보이네요.

W 그를 빨리 만나고 싶어요.
M 지금까지 몇 달간 둘이서 이메일을 주고받았죠.
W 좋은 사람 같아요.
M 그렇지만 채팅 방에서 만난 거잖아요.
W 처음 만나서 많은 것을 기대하지 않아요.
Q 대화로부터 추론할 수 있는 것은 무엇인가?
(a) 남자는 여자가 그녀의 채팅 친구를 만나길 원하지 않는다.
(b) 여자는 채팅 친구를 전에 만나 본 적이 없다.
(c) 여자는 채팅 친구를 만나고 싶어 하지 않는다.
(d) 남자는 여자와 채팅하길 원한다.

해설 채팅을 하다가 만난 사이고 첫 만남이라고 했으므로 정답은 (b)다. (a)와 (d)는 근거가 없고 (c)는 I can't wait to meet him이라고 했으므로 오답이다.

어구 can't wait to ~를 빨리 하고 싶다
chat 채팅

정답 (b)

36 M You have to follow a regimen.
W Can't I eat potato, rice and bread?
M You have to cut down on your carbohydrate intake.
W I'm sticking to fish and fruit diet then.
M That's good. Keep it up and you'll meet your weight goal.
W I can't wait to fit into those stylish clothes.

Q Why does the woman want to lose weight?

(a) To keep her body fit
(b) To go on a diet
(c) To look attractive to the man
(d) To wear fashionable garments

해석 M 당신은 식이요법을 따라야 합니다.
W 감자, 쌀과 빵을 못 먹습니까?
M 당신은 탄수화물 섭취를 줄여야 합니다.
W 그럼 생선과 과일 식단으로 해야겠어요.
M 좋습니다. 계속하시면 목표 체중에 도달할 겁니다.
W 저 세련된 옷들이 빨리 제 몸에 맞았으면 좋겠어요.
Q 여자는 왜 체중을 줄이려고 하는가?
(a) 그녀의 몸을 건강하게 하기 위해
(b) 다이어트를 하기 위해
(c) 남자에게 매력적으로 보이기 위해
(d) 멋진 옷을 입기 위해

해설 목적을 묻는 문제다. 궁극적인 목표는 멋진 옷을 입기 위한 것이고 그것을 위해서는 탄수화물의 섭취를 줄이고 생선과 과일 식단으로 식이요법을 해야 한다는 것이 대화의 내용이다.

어구 regimen (시가, 운동 등에 의한) 섭생, 양생법
cut down on ~을 줄이다
carbohydrate 탄수화물
intake 섭취
fit into 꼭 맞다
stylish 유행의, 멋진

정답 (d)

37 W Hi! Is Linda there?

M No, she is out to pick her friend up at the airport.

W Well, this is the friend Cathy she is supposed to meet at the airport.

M Oh, hi, Cathy. I've heard a lot about you! I'm Andy, her husband.

W Hi, Andy. Did Linda leave a long while ago?

M No, just a couple of minutes ago.

W Great then. Actually, my flight's been delayed and it seems I will be about an hour late.

M Don't worry. I'll make a call to her about the situation.

Q What is happening in the conversation?

(a) The woman is notifying the delay of her flight.

(b) They are planning to go overseas.

(c) The man is complaining about the delayed flight.

(d) They are rearranging the time for the meeting.

해석 W 거기 린다 있나요?

M 아니요. 공항에 친구 데리러 나갔는데요.

W 음, 제가 바로 공항에서 만나기로 한 친구 캐시입니다.

M 오, 안녕하세요. 캐시. 얘기 많이 들었어요. 저는 남편인 앤디입니다.

W 안녕하세요. 앤디. 린다가 나간지 오래됐나요?

M 아니요. 몇 분밖에 안 됐어요.

W 그렇다면, 잘됐네요. 사실 제 비행편이 한 시간 정도 지연되거든요.

M 걱정 마세요. 현재 상황을 린다에게 말할게요.

Q 대화에서 무슨 일이 일어나고 있는가?

(a) 여자가 비행기의 연착을 알리고 있다.

(b) 그들은 해외에 나갈 계획을 세우고 있다.

(c) 남자는 연착되는 비행기에 대해 불평하고 있다.

(d) 그들은 회의 시간을 재조정하고 있다.

해설 대화는 여자의 비행편이 한 시간 정도 연착되니 이 사실을 친구에게 전달해주기를 바라는 내용으로 연결되고 있다. 따라서 (a)가 정답이다.

어구 pick up 데리러가다
delay 지연시키다
rearrange 재조정하다

정답 (a)

38 M I can't believe this is happening to me.

W What's up?

M I've ordered a birthday cake for the party and it hasn't arrived yet.

W Did you order it at the last minute?

M No, actually it was delivered this morning, but the name on the cake was misspelled. So, I had it returned and asked for another one.

W Well, the guests are almost done with their dinner, so the cake ceremony should start in a minute. What are we going to do?

M I have no idea.

Q Why is the man being perplexed?

(a) Because the cake ceremony might begin without a cake

(b) Because he is not able to make it on time for the party

(c) Because the delivery man does not locate the place for the party

(d) Because the woman found out he misplaced the cake

해석 M 나한테 이런 일이 일어나다니 믿을 수 없어.

W 무슨 문제라도 있어?

M 파티에 필요한 생일 케이크를 주문했는데 아직 도착을 안 했어.

W 마지막 순간에 주문했니?

M 아니, 사실 오늘 아침에 배달됐었는데, 케이크에 쓰인 이름의 철자가 틀리게 되어 있었어. 그래서 돌려보내고 새로 만들어 달라고 말했지.

W 손님들이 저녁식사를 거의 다 마친 거 같으니까 이제 케이크 행사를 시작해야 할 것 같은데. 어떻게 하지?

M 나도 모르겠어.

Q 남자는 왜 당황하고 있나?

(a) 케이크 행사가 케이크 없이 시작할지도 모르기 때

문에
(b) 남자가 파티에 제시간에 도착하지 못할 거 같아서
(c) 배달하는 사람이 파티 장소를 찾지 못하고 있어서
(d) 남자가 케이크를 잘못 둔 것을 여자가 발견했기 때문에

해설 케이크에 새길 철자가 잘못되어 돌려보낸 케이크가 도착하지 않아서 당황하고 있으므로 보기 중에서는 (a)가 남자가 당황한 이유로 적절하다.

어구 at the last minute 마지막 순간에, 임박해서
perplexed 당황한, 어쩔 줄 모르는
misplace 잘못 놓다

정답 (a)

39 W Hey, wait up.
M Hurry! It's almost midnight.
W We're going to be in much trouble now.
M I told you we should leave the party earlier.
W I forgot that we were supposed to stick to a curfew.
M Mom must be very angry. If we are found out, we will catch it.
W Let's just keep our fingers crossed.

Q Which is correct according to the conversation?
(a) They are going to the party.
(b) The time they should arrive home is 12.
(c) They are complaining about each other.
(d) They are afraid of being punished.

해석 W 야, 기다려.
M 서둘러! 거의 자정이야.
W 우리 지금 큰일 났어.
M 파티에서 더 일찍 나오자고 했잖아.
W 통금 시간을 지켜야 한다는 걸 잊었어.
M 엄마는 많이 화나셨을 거야. 들키면 야단맞을 거야.
W 그냥 행운을 빌어보자.

Q 대화에 따르면 옳은 것은 무엇인가?
(a) 그들은 파티에 갈 것이다.
(b) 그들이 집에 도착해야 하는 시간은 12시다.
(c) 그들은 서로에 대해 불평하고 있다.
(d) 그들은 야단맞을 것을 두려워 한다.

해설 파티에서 늦게 나온 것을 후회하고 있고 집에 가서 엄마에게 야단맞을 것에 대해서 걱정하고 있는 내용이므로 정답은 (d)다. (a) 이들은 집에 가고 있다. (b) 통금 시간이 나와 있지 않다. (c) 엄마에게 야단맞을까봐 걱정하고 있다. 서로 불평하는 것은 아니다.

어구 stick to (결심, 약속 등에) 충실하다

curfew 야간 외출[통행] 금지
catch it 꾸지람 듣다, 벌 받다, 야단맞다
keep one's fingers crossed ~의 행운을 빌다

정답 (d)

40 M Good evening. May I help you?
W Yes, please. We'd like a room for the night.
M Would you like a single room or a double room?
W A single room, please.
M That's good, ma'am. Would you pay for it?
W Yes, please.

Q What are the speakers talking about?
(a) Confirming reservation
(b) Reserving a hotel room
(c) Registering at a hotel
(d) Paying a hotel bill

해석 M 안녕하세요. 도와드릴까요?
W 예, 하룻밤 잘 방 하나 주세요.
M 1인실 드릴까요? 아니면 2인실 드릴까요?
W 1인실이요.
M 알겠습니다, 손님. 손님께서 지불하실 건가요?
W 예.

Q 화자들은 무엇에 관해 이야기하고 있는가?
(a) 예약 확인
(b) 호텔 예약
(c) 호텔 투숙
(d) 호텔 요금 지불

해설 상황을 정확히 파악해야 해결할 수 있는 문제다. 호텔에 투숙하기 위해 방을 고르고 있는 상황이다. 따라서 정답은 (c)다.

어구 single room 1인실
double room 2인실

정답 (c)

41 W Good morning. Can I have your ticket, please.
M Here you are.
W Thank you. Would you like a window or an aisle seat?
M An aisle seat, please.
W We are happy to see that you are in our constant flyer list.
M Oh, I find no complaints about your service here.

W It's our pleasure.

Q **What is most likely the woman's occupation?**

(a) Box office personnel
(b) An employee working in the airport
(c) Clerk
(d) Hotel employee

해석 W 좋은 아침입니다. 티켓을 주시겠어요?
M 여기요.
W 감사합니다. 창문 쪽 자리를 드릴까요? 아니면 통로 쪽 자리를 드릴까요?
M 통로 쪽 자리로 주세요.
W 저희 항공을 자주 이용하시는 고객 명단에 등재되어 감사드려요.
M 제공해주시는 서비스에 대해서 전혀 불평할 게 없어요.
W 감사합니다.
Q 여자의 직업은 무엇일까?
(a) 매표소 직원
(b) 항공사 직원
(c) 점원
(d) 호텔 직원

해설 ticket, flyer list, aisle seat 등을 종합해 보면 여자는 항공사 직원임을 알 수 있다. 따라서 정답은 (b)다.

어구 aisle 복도, 통로
complaint 불만, 불평

정답 (b)

42 M **It's good to see the sun again.**
W **Better than yesterday, huh?**
M **They say it's going to cloud over again this afternoon.**
W **I dont mind, as long as it doesn't rain.**
M **Ditto to that.**
W **I could go for a walk today unlike yesterday.**

Q **What can be inferred from the conversation?**

(a) The weather is bad.
(b) It was rainy yesterday.
(c) It was sunny yesterday.
(d) They wanted it to rain.

해석 M 햇빛을 다시 보게 되니 좋군요.
W 어제보다 날씨가 좋지 않아요?

M 오늘 오후에 다시 구름이 낀다고 합니다.
W 비만 오지 않으면 상관 없어요.
M 동의해요.
W 어제 같지 않게 오늘은 산책할 수 있겠어요.
Q 대화를 통해 추론할 수 있는 것은 무엇인가?
(a) 날씨가 나쁘다.
(b) 어제 비가 왔다.
(c) 어제는 화창한 날씨였다.
(d) 그들은 비가 오길 원했다.

해설 대화문의 내용으로 추론할 수 있는 것을 묻는 문제이므로 대화문의 세부 내용을 기억해야 한다. 초반부에 남자가 다시 햇빛을 보게 되어 좋다고 하고 여자 역시 날씨가 좋다고 말하고 있고 또한 구름이 끼더라도 비만 오지 않았으면 한다고 했으므로 어제 비가 많이 왔다는 것을 추론해 볼 수 있다. 그러므로 정답은 (b)다.

어구 cloud 흐려지다, 구름이 끼다
ditto to ~에 전적으로 동의하다
go for a walk 산책 가다

정답 (b)

43 M **Could I speak to John, please?**
W **John? There's no one by that name here. I'm afraid you've got the wrong number.**
M **Is this 535-9786?**
W **That's not the right number.**
M **Oh, I'm sorry to have bothered you.**
W **No problem. Goodbye.**

Q **Which is correct according to the conversation?**

(a) John is on another line.
(b) The man asks the woman to have John call him.
(c) The man mistook the number.
(d) The phone number is not in service.

해석 M 존과 통화할 수 있을 까요?
W 존이요? 존이란 이름을 가진 사람은 여기 없는데요. 전화 잘못 거신 것 같군요.
M 이 번호가 535-9786인가요?
W 아닌데요.
M 귀찮게 해서 죄송합니다.
W 괜찮아요. 안녕히 계세요.
Q 대화에 따르면 옳은 것은 무엇인가?
(a) 존은 통화 중이다.
(b) 남자는 여자에게 존이 그에게 전화해줄 것을 전해 달라고 한다.
(c) 남자는 번호를 착각했다.

(d) 전화번호는 결번이다.

해설 남자가 전화를 잘못 건 상황으로 존이란 사람은 없고 전화번호도 맞지 않다. (d)는 '결번'이란 뜻으로 대화로는 알 수 없는 내용이다. 따라서 정답은 (c)다.

어구 get the wrong number 전화를 잘못 걸다

정답 (c)

44 M I was locked out of my apartment last night.

W Where was your key?

M I accidentally left it inside on my way out.

W Oh, boy! You never learn from your mistake.

M Could you try not to lecture me?

W But we've already been through this.

Q What can be inferred from the conversation?

(a) The man is forgetful.

(b) The woman is a keysmith.

(c) The man and woman are friends.

(d) The woman is sympathetic.

해석 M 어젯밤에 문이 잠겨 아파트에 못 들어갔어요.
W 키는 어디에 있었는데요?
M 외출하는 길에 모르고 집 안에 두고 나왔어요.
W 이런! 같은 실수를 또 하다니.
M 저한테 잔소리 좀 안 할 수 없어요?
W 하지만 이미 여러 번 그런 일이 있었잖아요.
Q 이 대화를 통하여 추측되는 것은 무엇인가?
(a) 남자는 건망증이 있다.
(b) 여자는 열쇠 제조자다.
(c) 남자와 여자는 친구다.
(d) 여자는 동정심이 있다.

해설 대화문의 내용으로 추론할 수 있는 것을 묻는 문제다. 남자는 열쇠를 아파트 안에 두고 나와 어젯밤에 들어가지 못했다고 하고 그에 대해 여자는 일종의 잔소리를 하고 있고 그 이유는 예전에 이런 일들이 계속 있어왔기 때문이므로 정답은 (a)다.

어구 be locked out of 잠겨서 ~에 못 들어가다
lecture 훈계하다

정답 (a)

45 W Where are we now?

M I don't know where we are.

W You took a wrong turn earlier on the first sign.

M You are blabbering so much I couldn't concentrate.

W You never listen to me!

M Let's just be calm and work on this.

Q What can be inferred from the conversation?

(a) The man lacks concentration.

(b) The man made a U-turn.

(c) The woman likes talking.

(d) The man and woman are lost.

해석 W 우리가 지금 어디에 있습니까?
M 우리가 어디에 있는 건지 모르겠어요.
W 처음 표지판 앞에서 길을 잘못 들었어요.
M 당신이 말을 너무 많이 해서 내가 집중할 수가 없었잖아요.
W 내 말을 절대 듣질 않는 군요!
M 흥분하지 말고 길이나 찾죠. 우리.
Q 대화를 통해 추론할 수 있는 것은?
(a) 남자는 집중력이 부족하다.
(b) 남자는 유턴을 했다.
(c) 여자는 말하는 걸 좋아한다.
(d) 남자와 여자는 길을 잃었다.

해설 (a)는 집중할 수 없다고 했지 집중력이 결여된 것은 아니다. (b)는 대화로는 알 수 없다. (c) 또한 대화로 추론하기엔 근거가 부족하다. 남녀는 길을 찾지 못하고 헤매고 있는 상황이므로 정답은 (d)다.

어구 take a wrong turn 길을 잘못 들다
blabber 주책없이 지껄여대다

정답 (d)

46 In London, there is a family with a surname Beer. The British couple surnamed Beer named their first son Bottled. Then a certain Mr. and Mrs. Jordan named their daughter River. The Wall family named their child Stone. The bizarre list which comes from an official in charge of registering names in central British town of Stafford, includes the Waters family and their bubbly daughter Mineral. So you see, in Britain, there are no restrictions on choosing children's first name.

Q What is the main idea of the report?

(a) In Britain there is freedom of choice when naming children.

(b) Some children in Britain are given unusual names.

(c) The British are bizarre folks.

(d) British people are humorous.

해석 런던에는 성이 Beer인 가족이 있다. Beer가 성으로 불리는 영국 부부는 첫째 아들을 Bottled라고 불렀다. 그리고 어떤 Jorden 부부는 그들의 딸을 River라고 하였다. Wall 가족은 그들의 자식을 Stone이라고 불렀다. 영국 중앙 도시 Stafford에서 이름 등록을 맡고 있는 한 공무원으로부터 나온 이 이상한 리스트는 Waters 가족과 그들의 활달한 딸 Mineral을 포함한다. 여러분도 알다시피 영국에서는 아이들의 이름을 정하는 데 있어서 제한이 없다.

Q 이 리포트의 주제는 무엇인가?

(a) 영국에는 아이 이름을 고를 때, 선택의 자유가 있다.

(b) 영국의 어떤 아이들은 특이한 이름을 갖고 있다.

(c) 영국 사람들은 기상천외한 사람들이다.

(d) 영국 사람들은 유머러스하다.

해설 리포트의 주제를 묻는 문제다. 영국에는 특이한 성과 이름이 있는데, 결국 이름을 짓는데 어떠한 제한도 없다는 것으로 결론 짓고 있으므로 정답은 (a)다.

어구 surname 성, 성을 붙이다
bizarre 기괴한
in charge of ~을 맡고 있는
bubbly 활달한

정답 (a)

47 In this age of information technology, the computer virus is an intriguing phenomenon. At one level, it reminds us of our own vulnerability: a single virus is potent enough to destroy valuable data, affect output and cause unparalleled damage all around the world. Yet at another level, it is a sign of human sophistication and interconnectivity.

Q What is the main idea of the talk?

(a) Computer viruses have positive and negative aspects.

(b) Computer viruses are phenomenal.

(c) Computer viruses are damaging.

(d) Computer viruses are made by geniuses.

해석 지금과 같은 정보 기술 시대에 컴퓨터 바이러스는 호기심을 자극하는 현상이다. 그것은 한편으로 우리 자신의 연약함을 상기시켜 준다: 하나의 바이러스는 전세계에 가치 있는 자료들을 파괴시키고 결과에 영향을 주며 비할 바 없는 손상을 야기 시킬 만큼 강력하다. 그러나 다른 한편으론 인간의 정교함과 상호 연락을 상징한다.

Q 담화의 요지는 무엇인가?

(a) 컴퓨터 바이러스는 좋은 점과 나쁜 점을 갖고 있다.

(b) 컴퓨터 바이러스는 굉장하다.

(c) 컴퓨터 바이러스는 피해를 많이 준다.

(d) 컴퓨터 바이러스는 천재들에 의하여 만들어진다.

해설 주제를 묻는 문제다. 컴퓨터 바이러스가 여러 가지 파괴적인 부정적인 결과들을 초래하기도 하지만 마지막 부분에서처럼 긍정적인 부분도 지적하고 있다. 따라서 정답은 (a)다.

어구 intriguing 호기심을 자극하는
vulnerability 상처 받기 쉬움
potent 강력한
unparalleled 비할 바 없는
sophistication 정교함
interconnectivity 상호 연결
phenomenal 경이로운, 놀랄만한

정답 (a)

48 Some days are good and the rest are not so good. There are days when you get up in the morning and things are not the way you had expected them to be. Those times, you have to convince yourself that things will get better if not worse. Challenges will come your way

which you have to face and not be afraid of the changes it will bring about in your life. It is up to you to make a choice whether to accept or reject them.

Q What is the lesson from the talk?

(a) Live life to the fullest.
(b) Maintain optimism in life.
(c) Life is unfair.
(d) Life is a stage.

해석 어떤 날들은 좋고 나머지는 그다지 좋지 않다. 아침에 일어났을 때 상황이 당신이 기대했던 방식으로 되지 않는 그런 날들이 있다. 그런 때는 상황이 더 나빠지지 않는다면 나아질 거라고 스스로 확신해야 한다. 당신이 맞서야 하는 도전은 찾아 올 것이며 당신의 삶에 가져올 변화들을 두려워하지 않을 것이다. 그것들을 받아들여야 할지 아니면 거절해야 할지를 선택하는 것은 당신에게 달렸다.

Q 담화의 교훈은 무엇인가?

(a) 인생을 최대한 즐겨라.
(b) 낙천적으로 살아라.
(c) 인생은 공평하지 않다.
(d) 인생은 무대이다.

해설 일이 바라던 대로 되지 않을 때가 모든 일이 잘 될 것이라고 자신에게 말해야 될 때이고, 도전을 당하거나 변화를 해야 하는 것도 결국 자신에게 달려 있다는 내용이므로 정답은 (b)다.

어구 convince 확신하다
face 직면하다
optimism 낙천주의

정답 (b)

---

49 At the age of 19 months, Helen was a happy, healthy child. Then she had a high fever which caused her to become deaf and blind. She learned by feeling people's hands to try to find out what they were doing. She had a hard time learning things, so she became frustrated and started to lose her temper. She met a teacher named Anne Sullivan who herself had been blind but had an operation and regained her sight. Anne taught Helen to spell by using hand signals. A whole new world opened up for Helen. She went on to college and made the most of her handicap.

Q Which is correct according to the talk?

(a) Helen became deaf when she was 19 years old.
(b) Sullivan could see but Helen couldn't.
(c) Helen couldn't hear but could see.
(d) Helen went to college for herself.

해석 19개월 되었을 때, 헬렌은 행복하고 건강한 아이였다. 그리고 그녀는 고열을 앓았고 이 병으로 그녀는 귀머거리가 되었고, 눈이 멀게 되었다. 그녀는 사람들이 무엇을 하고 있는지, 알기 위해서 그들의 손을 만지며 배웠다. 그녀는 배우는 것을 힘들어 했다. 그래서 때로는 실망하고, 화를 내기도 했다. 그녀는 앤 설리번이라는 선생님을 만나게 되었는데, 장님이었지만 수술 후에 시력을 되찾은 사람이었다. 앤은 헬렌에게 수신호로 철자를 말하는 것을 가르쳐주었다. 그 때부터 헬렌에겐 완전히 새로운 세상이 열렸다. 헬렌은 대학교까지 가게 되었고, 장애를 딛고 최고가 되었다.

Q 담화에 따르면 옳은 것은 무엇인가?

(a) 헬렌은 19살에 귀머거리가 되었다.
(b) 설리반은 볼 수 있었지만 헬렌은 볼 수 없었다.
(c) 헬렌은 들을 수 없었지만 볼 수는 있었다.
(d) 헬렌은 혼자 힘으로 대학에 갔다.

해설 (a) 헬렌은 19개월 되었을 때 병을 앓게 되어 못 듣게 되었다. (b) 설리반은 수술을 해서 시력을 회복했다. 따라서 정답이다. (c) 헬렌은 들을 수도 볼 수도 없었다(deaf and blind). (d) 헬렌은 설리반 선생님의 도움으로 대학에 갔다.

어구 fever 고열
frustrated 좌절한
lose one's temper 화를 내다
operation 수술

정답 (b)

---

50 Ballet, one of the oldest artistic disciplines, is the art of dance requiring strength, resilience, elegance and grace. It can be difficult to master and takes a lot of patience and practice to learn. If one is prepared to put in hours of practicing routine works which might look unglamorous and also be excruciatingly painful, then one is prepared to aim for a career in ballet. Ballet technique is considered to be the basic training for all types of dance.

Q What is the topic of the talk?

(a) What is Ballet?
(b) Ballet techniques
(c) Ballet and dance

(d) The advantages of ballet

해석 가장 오래된 예술 분야 중의 하나인 발레는 힘과 탄력, 우아함, 그리고 품위를 필요로 하는 무용 예술이다. 발레에 정통하는 것은 어렵기도 하고, 배우려면 끈기와 연습이 많이 필요하다. 매력적으로 보이지도 않을지도 모르고 또한 극도의 아픔이 느껴지는 연습을 몇 시간씩 일상적으로 할 준비가 된 사람이라면 그는 발레를 전문적으로 목표로 삼고 나아갈 준비가 되어 있는 사람이다. 발레 기술은 모든 춤의 기본 훈련으로 인식되어진다.

Q 담화의 주제는 무엇인가?
(a) 발레란 무엇인가?
(b) 발레 기법
(c) 발레와 무용
(d) 발레의 이점

해설 발레를 여러가지 측면에서 설명하고 있다. 제목은 내용을 함축해야 하고 지엽적이거나 지나치게 포괄적이어서는 안 된다. 따라서 정답은 (a)다.

어구 resilience 탄성, 탄력
unglamorous 매력적이지 않은
excruciatingly 극도로
routine 틀에 박힌

정답 (a)

51 The most popularly believed idea about how the Egyptians built the pyramids is that they cut large limestone blocks with copper chisels and saws. Hordes of slaves then dragged them to the pyramid site and moved the first layer of stones into place. Next, they made long ramps of earth and brick to drag up the next layer of stones. This continued until they made it to the top. Finally, they covered the pyramid with an outer layer of white casing stones, which were placed so close together it looked like the pyramid was cut out of a single white stone. But we still have other questions about how the Egyptians built the pyramids.

Q Which of the following is true according to the talk?
(a) How the Pyramids were built is not a mystery anymore.
(b) The Pyramids were made of a single white stone.
(c) The white casing stones closed the Pyramid's

doors.
(d) Egyptians made slopes to carry the stone to upper layers.

해석 이집트인들이 피라미드를 어떻게 만들었는가에 대한 가장 보편적인 의견은 그들이 커다란 석회석 덩어리를 구리로 된 정과 톱으로 잘랐다는 것이다. 그 후에 다수의 노예들이 그 돌들을 피라미드 현장으로 끌고 가서 돌의 첫 층을 자리에 놓았다. 이후 다음 층의 돌들을 끌어올리기 위해서 흙과 벽돌로 된 긴 경사로를 만들었다. 이 과정은 맨 꼭대기까지 만들 때까지 계속되었다. 마지막으로 피라미드의 겉 표면을 흰 포장석으로 덮었는데, 이것을 면밀하게 놓아 마치 흰 암석 한 덩어리로부터 만들어진 것처럼 보였다. 그러나 어떻게 이집트인들이 피라미드를 만들었는지에 대해서는 여전히 의문점들이 남아 있다.

Q 담화에 따르면 다음 중 옳은 것은 무엇인가?
(a) 피라미드가 어떻게 만들어졌는가는 더 이상 미스테리가 아니다.
(b) 피라미드는 하나의 흰 돌로 만들어졌다.
(c) 흰 포장석들은 피라미드의 문들을 폐쇄시켰다.
(d) 이집트인들은 위층으로 돌을 옮기기 위해 경사로를 만들었다.

해설 담화에서 ramp, 즉, '경사'를 보기 (d)에서 slope으로 바꿔 표현하고 있다. 경사로를 통해 돌을 쌓았다고 했으므로 (d)가 정답이다.

어구 limestone 석회석, 석회암
chisel 끌, 조각칼, 정
horde 큰 무리, 대집단, 유랑민의 떼
ramp 경사로, 비탈길

정답 (d)

52 Advertising is mainly aimed at promoting a specific product or facility. Some advertisements do, however, seek to support important initiatives or encourage certain behaviors by speaking up against the use of prohibited substances, or persuading people against smoking cigarettes, for instance. Such ads are classified as public service ads. In the political arena they are used to promote party ideologies or bring political candidates into the public gaze. Whatever the purpose, some experts think that advertising has significant financial and social advantages.

Q What is the topic of the talk?
(a) The political use of advertisement

(b) The commercial use of advertisement

(c) The use and effect of advertisement

(d) The economic benefit of advertisement

해석 광고는 주로 특별한 상품이나 시설을 촉진하는 것을 목표로 한다. 그러나 어떤 광고들은 금지된 물건의 사용에 대항하여 목소리를 높이거나 예를 들어 흡연을 하지 않도록 사람들을 설득함으로써 중요한 발의안을 지원하거나 어떤 행위들에 용기를 북돋우려고 시도한다. 그러한 광고들은 공익 광고로 분류된다. 정치 무대에서의 광고들은 정당 이데올로기를 장려하거나 정치 후보자들에 대중의 시선을 끌기 위해 사용된다. 무슨 목적이든지 간에 일부 전문가들은 광고는 중요한 재정적 사회적 이점들이 있다고 생각한다.

Q 담화의 주제는 무엇인가?

(a) 광고의 정치적 이용

(b) 광고의 상업적 이용

(c) 광고의 이용과 효과

(d) 광고의 경제적인 이득

해설 담화의 제목을 묻는 문제다. 광고는 상품이나 서비스의 판매 향상을 위해 만들어지기도 하지만 흡연을 막는 공익 광고도 있고 특정 정당이나 후보를 지지하는 등 여러 가지로 활용이 된다는 내용이 등장하므로 정답은 (c)다.

어구 aim at ~를 목표로 하다
initiative 프로그램, 시작, 발의안
speak up 거리낌 없이 말하다

정답 (c)

53 A closer look at the ordinary paper clip shows that it is actually quite a marvel. It is made of deceptively simple, double oval shape of thin steel wire. All kinds of materials, including straight pins, string and staples, have been in use for centuries, but none could be used without damaging the paper. It will always remain a puzzle as to why this simple and functional tool took so long to be invented.

Q What best describes the paper clip?

(a) Humble but strong

(b) Common and cheap

(c) Plain but serviceable

(d) Oval-shaped and steel-wired

해석 일반적인 작은 종이 클립을 자세히 보면 실제로 꽤 놀랍다. 그것은 믿을 수 없을 정도로 간단하고 얇은 두 개의 타원형으로 된 철사로 만들어진다. 곧은 핀, 줄, 스테이플러를 포함한 모든 종류의 물질들은 수세기 동안 사용되어 왔지만 어떤 것도 종이를 상하지 않고서는 사용

될 수 없었다. 왜 이 간단하고 기능적인 도구가 발명 되는 데 오랜 시간이 걸렸는가에 관해서는 항상 의문점으로 남을 것이다.

Q 종이 클립을 가장 잘 설명하고 있는 것은 무엇인가?

(a) 초라하지만 강하다.

(b) 일반적이며 저렴하다.

(c) 간단하지만 유용하다.

(d) 타원형이고 철사로 되어있다.

해설 종이 클립을 가장 잘 묘사한 것을 찾는 문제다. 작고 간단하지만 종이를 상하게 하지 않고 기능적이라고 묘사하고 있으므로 정답은 (c)다.

어구 ordinary 보통의
marvel 놀라운 일
deceptively 믿을 수 없게
functional 기능적인
serviceable 쓸모 있는, 유용한

정답 (c)

54 Have you ever seen a greenhouse? Most greenhouses look like a small glass house. They are used to grow plants, especially in the winter. Greenhouses work by trapping heat from the sun. The glass panels of the greenhouse let in light but keep heat from escaping. This causes the greenhouse to heat up and keeps the plants warm enough to live in the winter.

Q What is the operating principle of the greenhouse?

(a) Locking in heat from the sun

(b) Intaking heat from plants

(c) Extracting heat from the ground

(d) Diffusing heat from glass panels

해석 온실을 본 적이 있습니까? 대부분의 온실은 조그만 유리 집처럼 보입니다. 온실은 특히 겨울에 식물을 기르는 데 사용됩니다. 온실은 태양열을 끌어들여 작동합니다. 온실의 유리판들은 빛을 들어오게 하지만 열은 나가지 못하게 합니다. 이것이 온실의 온기를 올라가게 하고 겨울 동안 식물이 자랄 수 있게 적당한 기온을 유지시켜줍니다.

Q 온실의 작동 원리는 무엇인가?

(a) 태양열을 가둔다.

(b) 식물로부터 열을 흡수한다.

(c) 지면으로부터 열을 추출한다.

(d) 유리판으로부터 열을 발산한다.

해설 온실의 작동 원리를 묻고 있는 문제다. 온실은 빛을 들여보내고 열을 가둔다고 언급했으므로 정답은 (a)다.

어구 greenhouse 온실
　　 trap 잡아 놓다
　　 extract 추출하다
　　 diffuse 발산하다

정답 (a)

55 Daniel is a resident of Amsterdam, Holland. Therefore he is a Dutch citizen. He is married to Hillary. She is an American citizen. In fact, she hails from Boston in the United States. Both of them now reside in Milan, Italy. They are both multilingual. They speak a smattering of English, Dutch, German and Italian. They have children who attend a local primary school. It is an international school where there are children from all over the world. Brittany, their daughter has friends from France, Switzerland, Austria and Sweden. Dan, their son, has classmates who are from South Africa, Portugal, Spain and Canada.

Q　Which is correct about Daniel and Hillary from the talk?

(a) Daniel is a German.

(b) Daniel and Hillary speaks 4 languages fluently.

(c) Their children have many friends from around the world.

(d) Their daughter was born in Sweden.

해석 다니엘은 네덜란드 암스테르담 거주자이다. 그러므로 그는 네덜란드 시민이다. 그는 힐러리와 결혼했고 그녀는 미국인이다. 실제로 그녀는 미국 보스턴 출신이다. 그들 둘다 지금은 이탈리아 밀란에 거주한다. 그들 둘 다 여러 가지 언어를 사용한다. 그들은 영어, 네덜란드어, 독일어, 이탈리아어를 아주 조금 말한다. 그들은 지역 초등학교에 다니는 자녀들이 있다. 그것은 전세계 아이들이 있는 국제 학교이다. 그들의 딸 Brittany 는 프랑스, 스위스, 오스트리아, 스웨덴 출신의 친구들이 있다. 그들의 아들 Dan은 남아프리카, 포루투칼, 스페인, 캐나다 출신의 급우들이 있다.

Q　담화에서 다니엘과 힐러리에 관해 옳은 것은?

(a) 다니엘은 독일 사람이다.

(b) 다니엘과 힐러리는 4개국어를 유창하게 한다.

(c) 그들의 자녀들은 전세계 출신의 많은 친구들이 있다.

(d) 그들의 딸은 스웨덴에서 태어났다.

해설 담화의 내용으로 옳은 것을 묻는 문제이므로 담화에 등장하는 세부 사항들을 기억해야 한다. 다니엘은 네덜란드 출신이므로 (a)는 옳지 않다. (b) 4가지 언어를 하긴 하지만 겉핥기 식으로 알고 있다. (d) 태어난 장소에 대한 정보는 등장하지 않는다.

어구 hail from ～ 출신이다
　　 multilingual 다중 언어의
　　 smattering 겉핥기로 아는 지식

정답 (c)

56 You are extraordinarily successful in selecting such worthwhile gifts. Every Christmas, for the last few years, you have made it a point to send me something I have been glad to get. Thank you so much for the hand-carved bookends. They will be handy as well as an attractive decoration for my office.

Q　Which is NOT correct according to the talk?

(a) The gifts are all handmade.

(b) The speaker has been consistently satisfied with the gifts.

(c) For the past few years, the gifts are given every Christmas.

(d) The hand-carved bookends will be put into the office.

해석 당신은 그런 값진 선물을 고르는 데 신기한 재능을 갖고 있어요. 지난 몇 년 동안 크리스마스 때마다 당신은 내가 받고 기뻐하는 그런 선물들을 꼭 보내주셨죠. 손으로 직접 조각된 북엔드를 주셔서 너무 고마워요. 제 사무실에서 쓰기 편리할 뿐만 아니라 멋진 장식으로도 좋을 것 같아요.

Q　다음 중 옳지 않은 것은?

(a) 선물들은 모두 수작업된 것이다.

(b) 화자는 선물을 받고 시종일관 만족해한다.

(c) 몇 해 동안, 크리스마스 때마다 선물이 주어졌다.

(d) 손으로 직접 조각한 북엔드는 사무실에 놓여질 것이다.

해설 옳지 않은 것을 묻는 문제이므로 담화에 등장하는 세부 사항들을 기억해야 한다. 선물이 모두 수작업으로 됐다는 것에 대한 근거가 없다. 그러므로 정답은 (a)다. 선물을 받은 사람이 선물에 대해서 기뻐했으므로 (b)는 옳다. 크리스마스 때마다 선물을 받았다고 했으므로 (c)도 옳다. 손으로 조각한 책 버팀은 사무실에서 쓰기 편하고 장식으로도 좋을 것 같다고 했으므로 (d)도 옳다.

어구 extraordinarily 비상하게, 엄청나게

worthwhile 할 보람이 있는, 훌륭한
make it a point to+V 반드시 ~하다
hand-carved 손으로 조각된
bookend 책버팀
handy 편리한

정답 (a)

---

57 "Grownups are buying it for grownups!" This is a direct quote from one fan who is so amazed at the instant popularity of this children's book. As it turned, the parents buy it for grandparents and the grandparents buy it for parents and the kids buy it for everybody and everybody buys it for kids. The publisher said, "This is very strange. It is selling very well in retirement communities in Arizona." Since it is a children's book, everybody wonders why it is so popular to people of all ages.

Q According to the report, why is the publisher so confused?

(a) Because the book is so good.
(b) Because it is a strange book.
(c) Because he doesn't like the book.
(d) Because a children's book is selling very well among adults.

해석 "어른들은 어른들을 위하여 그것을 구매한다!" 이것은 아이들 책의 깜짝 인기에 매우 놀랐던 한 팬으로부터 직접 인용한 것이다. 실제로 부모님께서는 할머니, 할아버지를 위해서 그것을 사고, 할머니와 할아버지는 부모님을 위하여, 그리고 아이들은 모든 이들을 위하여, 모든 이들은 아이들을 위하여 구매한다고 한다. 출판업자는, "아주 신기해요. 애리조나에 있는 퇴직자들 사이에서 매우 잘 팔리고 있어요."라고 말했다. 그것은 아이들 책이기 때문에 모든 사람들은 왜 모든 연령대에서 그렇게 인기가 있는 것인지를 궁금해 한다.

Q 출판업자는 왜 그렇게 당황해 하는가?
(a) 그 책이 너무 좋아서
(b) 그 책이 이상한 책이라서
(c) 그 책을 좋아하지 않아서
(d) 아이들 책이 어른들 사이에서 잘 팔려서

해설 출판업자가 혼동하는 이유를 묻는 문제다. 결국 출판업자는 아이들을 위해서 만든 책들이 어른들 사이에서 잘 팔리고 있는 것을 이상하게 여기는 것이므로 정답은 (d)다.

어구 grownup 어른, 성인

---

quote 인용구
amazed 놀란

정답 (d)

---

58 Ever heard of stones being used to pay for something? In the Yap Island located in the Western Caroline Islands, about 400 miles southwest of Guam, that is exactly what happens. The Yapese use large cartwheels of carved limestone as an unusual form of money. These stones serve as symbols of wealth and are used in exchanges between villages as ceremonial gifts for honor and tribute, in payments for house and canoe building, in arranging marriages and in bartering for fishing rights.

Q Which is not true according to the talk?

(a) The Yap money is petite cartwheels of carved limestone.
(b) The Yap money is an unusual form of exchange.
(c) The Yap money is used as ceremonial gifts between villages.
(d) The Yap money is common in an Island in the Western Caroline.

해석 지불할 때, 사용되는 돌에 대해서 들어 보았는가? 서부 캐롤라인 섬에 위치하고 있으며, 괌에서 남서쪽으로 400마일 떨어진 곳에 있는 얍 섬에는 그런 일이 일어나고 있다. 얍 섬 사람들은 석회암을 깎아 만든 대형 수레바퀴를 독특한 형태의 돈으로 사용한다. 이 돌은 부의 상징이며, 마을끼리 존경과 찬사를 위한 의식의 선물로 서로 교환되고 있으며, 집과 카누를 사는데 쓰이고, 결혼 준비를 하고, 어업권을 교환하는 데에도 쓰인다.

Q 담화에 따르면 사실이 아닌 것은?
(a) 얍 돈은 석회암을 깎아 만든 작은 수레바퀴다.
(b) 얍 돈은 독특한 형태의 교환물이다.
(c) 얍 돈은 마을끼리 의식의 선물로 쓰인다.
(d) 얍 돈은 서부 캐롤라인 섬에서는 흔한 일이다.

해설 담화의 세부 내용들을 기억해야 하는데 (a)는 석회암을 깎은 작은 수레바퀴를 사용했다고 했으므로 맞지 않다. (b), (c), (d)는 담화에 등장하는 내용과 일치한다.

어구 cartwheel 수레바퀴
limestone 석회암
tribute 감사[칭찬, 존경, 애정]의 표시, 공물
barter (for) 물물 교환하다

---

petite 작은

정답 (a)

---

59 In eastern Spain, in the town of Bunol, there is a tradition that the locals love so much. You might say that it is a kind of "war"where nobody is expected to win. It is one of the biggest fights in the world. Each year in the last Wednesday of August in the little town of Bunol between 11 a.m. until 1 p.m., people flock for this tradition. Shopkeepers and business owners along the Plaza are busy covering windows and doors in preparation for the messy onslaught. They patiently wait for the large trucks carrying tons of tomatoes. The town square is filled with a huge crowd. Pandemonium begins! Bottles, water bombs and the like are totally forbidden as they rip other's clothes. This event is a revelry called La Tomatina.

Q   What can be inferred from the report?

(a) The townspeople are angry at each other.
(b) The townspeople are selling vegetables.
(c) The townspeople are having fun.
(d) The townspeople are mad.

해석 스페인 동쪽 Bunol 도시에 지역 주민들이 매우 좋아하는 전통이 있다. 여러분은 이 전쟁은 아무도 승리를 기대할 수 없는 전쟁이라고 말할지도 모른다. 이것은 세계에서 제일 큰 싸움 중의 하나이다. 매년 8월의 마지막 수요일, 오전 11시부터 오후1시까지 Bunol이라는 작은 도시에 이 전통을 위해서 사람들이 몰려든다. 광장에 이어져 있는 가게의 상인들과 사업주들은 이 어지러운 습격에 대비하여 창문과 문을 막는데 바쁘다. 그들은 많은 토마토들을 나르는 커다란 트럭들을 인내하며 기다린다. 그 도시 광장은 많은 군중들로 가득 찬다. 대혼란이 시작된다! 병들, 물 폭탄들과 같은 것들은 다른 사람들의 옷을 찢기 때문에 전적으로 금지된다. 이 이벤트는 라 토마티나라고 불리는 하나의 흥청거리는 놀이이다.

Q   리포트로부터 추론할 수 있는 것은?
(a) 이 도시 사람들은 서로에게 화가 나 있다.
(b) 이 도시 사람들은 야채를 판다.
(c) 이 도시 사람들은 흥겨워한다.
(d) 이 도시 사람들은 미쳤다.

해설 추론할 수 있는 것이 무엇인지를 묻는 문제이므로 역시 세부 사항들을 기억하고 있어야 한다. 실질적인 전쟁이

나 싸움이 아니고 토마토를 가지고 하는 일종의 축제라는 것을 알 수 있으므로 정답은 (c)다.

어구 local 지역 주민
messy 어지러운
onslaught 맹공격
pandemonium 대혼란
rip 째다, 찢다
revelry 흥청거림

정답 (c)

---

60 The debate over surrogacy, an agreement where a woman becomes pregnant and gives birth to a child for others to raise, is rapidly rising. Although critics have been loud and blatant, I brought some real data displaying positive effects. Contrary to popular belief, money is not a surrogate's main motive. The satisfaction their own children bring them and the wish to share these feelings were often mentioned. I am not trying to say surrogacy is the best way for an infertile couple to have a child, but it is one of the choices. Despite the stereotype of a misguided woman primarily motivated by money, surrogates are presented here as average mothers helping other women.

Q   What can be inferred from the talk?

(a) Most experts disapprove surrogacy.
(b) People have different opinions on surrogacy.
(c) Surrogacy is now illegal.
(d) Surrogates don't get paid.

해석 한 여자가 임신을 하고 아이를 낳아서 다른 사람들이 키우도록 동의하는 대리모에 관한 논쟁이 급속도로 제기되고 있습니다. 비록 비판의 목소리가 크고 거세지만, 저는 긍정적인 효과들을 보여주는 실제 자료를 가져왔습니다. 일반적으로 생각하는 것과는 대조적으로, 대리하여 아이를 낳는 것의 주요 동기는 돈이 전부가 아닙니다. 아이들이 그들에게 가져다주는 만족과 이러한 감정들을 공유하고자 하는 바람이 동기로서 자주 거론됩니다. 저는 대리모를 통해 아이를 낳는 것이 불임 부부가 아이를 갖는 최선의 방법이라고 말하려는 것이 아니라, 하나의 선택이라는 것을 말하고자 합니다. 주로 돈에 의해 동기가 부여된 비뚤어진 여성이라는 고정관념에도 불구하고, 대리모들은 여기에 다른 여성들을 돕는 보통의 어머니들로서 소개되고 있습니다.

Q 담화에서 추론할 수 있는 것은 무엇인가?

(a) 대부분의 전문가들은 대리모로 아이를 낳는 것을 비난한다.

(b) 사람들은 대리모로 아이를 낳는 것에 대해 다른 의견들을 가지고 있다.

(c) 대리모로 아이를 낳는 것은 현재 불법이다.

(d) 대리모들은 돈을 받지 않는다.

해설 담화의 처음에 들리는 debate라는 단어를 통해 대리모에 대한 논란이 있음을 알 수 있다. 논란은 곧 사람들의 의견이 분분하다는 의미이므로 이를 나타내는 (b)가 답이다.

어구 surrogacy (남을 위해) 아이를 갖는 것
surrogate mother 대리모
blatant 소란스러운, 몹시 주제넘게 구는
infertile 비옥하지 않은, 생식력이 없는
stereotype 고정관념, 판에 박힌 문구
misguided 오도된, 잘못 안

정답 (b)

ACTUAL TEST 6

Part I

1 M **The drinks are on me.**

W _____

(a) That's so generous of you.
(b) Sure, you're welcome to join.
(c) Sorry, we don't accept credit cards.
(d) Don't even question it.

해석 M 음료수는 제가 살게요.
　　　W _____
　　　(a) 친절하시네요.
　　　(b) 그럼요, 함께 가세요.
　　　(c) 죄송합니다, 신용카드는 받지 않습니다.
　　　(d) 의심하지 마세요.

해설 음료수를 계산하겠다고 하는 말에 적절한 답변은 (a)다.
(c)는 계산 시 점원이 할 수 있는 말이고 (d)는 의심하지
말라는 뜻으로 적절치 않다.

어구 generous 관대한

정답 (a)

2 M **It depends on your decision.**

W _____

(a) It's not decided yet.
(b) I'm not available.

(c) It's too much responsibility for me.
(d) I can do a better job next time.

해석 M 당신의 결정에 달렸어요.
　　　W _____
　　　(a) 아직 결정되지 않았어요.
　　　(b) 저 바빠요.
　　　(c) 저에게 너무 큰 부담이 되는군요.
　　　(d) 다음에 더 잘할 수 있어요.

해설 당신의 결정에 달렸다는 말에 적절한 대답은 너무 부담
이 된다고 답한 (c)다. (d)는 잘하지 못한 일에 대해 더
잘하겠다고 각오를 밝힐 때 쓸 수 있는 표현이다.

어구 it depends on ~에 달려있다
responsibility 책임, 부담, 무거운 짐

정답 (c)

3 M **Let's just stick to the plan.**

W _____

(a) I usually use glue.
(b) You must be excited.
(c) Sure, no problem.
(d) OK. I'll keep that in mind.

해석 M 그냥 계획대로 하죠.
　　　W _____
　　　(a) 보통 저는 접착제를 사용해요.
　　　(b) 분명히 좋았겠어요.
　　　(c) 그럼요, 문제 없어요.
　　　(d) 좋아요. 명심할게요.

해설 계획대로 하자는 말에 적절한 대답은 동의를 해준 (c)다.
(a)는 stick이 갖는 의미(붙이다)로 혼동을 주는 선택지
고 (b)와 (d)는 관계가 없는 오답이다.

어구 stick to ~를 고수하다
glue 접착제
keep ~ in mind ~를 명심하다

정답 (c)

4 M **This is courtesy of the gentleman over there.**

W _____

(a) Felicitations are in order.
(b) Please send him my thanks.
(c) I'll come right over.
(d) Send him the tab.

해석 M 저기 계신 손님께서 보내주신 것입니다.
　　　W _____
　　　(a) 축사는 차례대로 합니다.

(b) 고맙다고 전해주세요.
(c) 그쪽으로 바로 가겠어요.
(d) 그에게 계산서를 보내주세요.

해설 어느 한 신사의 호의에 대한 감사의 표현이 답이 되어야
하므로 정답은 (b)다.

어구 courtesy 예의바름, 공손함, 호의
felicitation 축하, 축사
tab 계산서

정답 (b)

5 M **Could you be a little more specific?**
W _____

(a) Sorry, I'll get you one.
(b) You're asking too much.
(c) Thank you for your concern.
(d) I'll make it quite clear then.

해석 M 좀 더 자세하게 말씀해주시겠어요?
W _____
(a) 죄송해요, 하나 가져다 드릴게요.
(b) 너무 많은 것을 부탁하는군요.
(c) 신경 써주셔서 감사합니다.
(d) 아주 자세히 얘기해보죠 그럼.

해설 질문을 정확히 이해할 필요가 있다. 좀 더 자세하게 말해
달라는 부탁에 적절한 답변은 (d)다. (a)는 하나 가져다
주겠다는 뜻이고 (c)는 걱정하는 상황이 아니므로 답이
될 수 없다.

어구 thank you for your concern 신경 써줘서 고마워요

정답 (d)

6 M **My wife is expecting.**
W _____

(a) Really? Congratulations!
(b) Don't be late.
(c) What does she expect from me?
(d) I don't like it.

해석 M 아내가 곧 출산해요.
W _____
(a) 정말요? 축하해요!
(b) 늦지 말아요.
(c) 그녀는 내게 무엇을 기대하는 거예요?
(d) 저는 그게 싫어요.

해설 be expecting은 '출산 예정이다'라는 뜻의 관용 표현
이다. 이에 대해 축하한다고 한 (a)가 정답이다. (c)는
expect의 뜻을 잘못 파악할 경우 택할 수 있는 오답
이다.

어구 be expecting 출산 예정이다

정답 (a)

7 M **We were prematurely interrupted.**
W _____

(a) Let's be serious.
(b) Sorry to bother you.
(c) I'm not familiar with that.
(d) Let's go back to our discussion then.

해석 M 얘기하다가 말았죠.
W _____
(a) 진지해집시다.
(b) 귀찮게 해서 미안해요.
(c) 저는 그거 잘 몰라요.
(d) 우리 하던 얘기 계속 하죠 그럼.

해설 이야기가 너무 일찍 중단됐다는 말에 적절한 답변은 (d)
다. (b)는 귀찮게 해서 미안하다는 의미로 대화 중단과는
관계가 없다.

어구 prematurely 조숙하게, 너무 이르게, 너무 서두르게
interrupt (이야기 따위를) 중단시키다
be familiar with ∼와 친숙하다

정답 (d)

8 M **It's not what I like.**
W _____

(a) Why not? I'd love to.
(b) I can change it if you want.
(c) I'm so pleased.
(d) That sounds terrific.

해석 M 그건 제가 좋아하는 게 아니에요.
W _____
(a) 왜요? 저야 좋죠.
(b) 원한다면 바꿔줄 수 있어요.
(c) 너무 기뻐요.
(d) 아주 좋은 생각이에요.

해설 좋아하는 것이 아니라는 말에 적절한 답변은 바꿔주겠다
고 답한 (b)다. (a)는 반전이 일어나는 선택지이므로 끝
까지 듣고 선택해야 한다. (d)는 어떤 제안에 대해 수락
할 때 주로 쓰는 표현이다.

어구 terrific 아주 좋은, 훌륭한, 아주 멋진

정답 (b)

9 M It's not for me to decide.

W _____

(a) Best of luck.
(b) Then, who is in charge of it?
(c) Making a decision is difficult.
(d) It's not my chance at all.

해석 M 제가 결정할 문제가 아닙니다.

W _____

(a) 행운을 빌어요.
(b) 그럼, 그것을 누가 맡고 있어요?
(c) 결정하는 것은 어려워요.
(d) 그건 나에게 전혀 기회가 아니에요.

해설 자신이 결정할 일이 아니라는 말에 적절한 답변은 (b)다. (a)는 행운을 빌 때 쓰는 표현이며 (c)는 의미에 혼동을 주는 오답이다.

어구 best of luck 행운을 빌어요
in charge of ~을 맡고 있는

정답 (b)

10 M This is in your best interest.

W _____

(a) How many percent?
(b) Stop complaining.
(c) I trust you on that.
(d) We're not related.

해석 M 이것은 당신께 최고로 유익한 것입니다.

W _____

(a) 몇 퍼센트요?
(b) 불평 좀 그만하세요.
(c) 그것에 대해서는 당신을 믿어요.
(d) 우리는 친척이 아닙니다.

해설 이것이 당신에게 최고로 유익한 것이라는 말에 적절한 답변은 (c)다. (a)는 interest를 '이자'란 의미로 파악한 오답이고 (b)는 남자가 불평하는 상황이 아니므로 정답이 될 수 없다.

어구 interest 관심, 흥미, 이익

정답 (c)

11 M She's too shy to give her opinion.

W _____

(a) She should learn to assert herself.
(b) She's too uncomfortable.
(c) You will get over it eventually.
(d) I'll ask about it.

해석 M 그녀는 너무 쑥스러워 해서 자신의 의견을 잘 말하지 못해요.

W _____

(a) 그녀는 자기 주장하는 것을 배워야 해요.
(b) 그녀는 너무 불편해요.
(c) 당신은 결국 그것을 극복할 거예요.
(d) 그것에 관해 물어볼게요.

해설 너무 쑥스러워 의견을 말할 수 없다는 말에 적절한 답변은 그녀가 자기 주장하는 법을 배워야 한다고 말하는 (a)다. (c)는 주어가 You가 아니라 She가 되어야 정답으로 가능하다.

어구 comfort 위로, 안락, 편안함
assert 단언하다, 주장하다
get over 극복하다

정답 (a)

12 M Hey, it's your turn.

W _____

(a) So you turned it down?
(b) I want my chance.
(c) Let me do it for you.
(d) I'm sorry, I didn't notice.

해석 M 이봐요, 당신 차례에요.

W _____

(a) 그래서 그 제안을 거절했나요?
(b) 기회를 원해요.
(c) 제가 할게요.
(d) 미안해요. 몰랐어요.

해설 '당신 차례에요'라고 했으므로 '몰랐어요'라고 대답한 (d)가 답이다. (a)의 turn down은 '거절하다'라는 뜻이고 (c)의 '제가 할게요'라는 의미는 담화의 흐름상 어울리지 않는다.

어구 turn 순번, 차례, 기회
let me do it 제가 할게요

정답 (d)

13 M Please take charge of everything.

W _____

(a) Don't worry. I'm okay.
(b) I'm not sure. I'll let you know soon.
(c) Maybe next time then.
(d) It won't happen again.

해석 M 모든 걸 맡아주세요.

W _____

(a) 걱정 마세요. 전 괜찮아요.

(b) 확실하지 않아요. 곧 알려줄게요.
(c) 그럼 아마 다음 번에 되겠지요.
(d) 다신 그런 일 없을 거예요.

해설   모든 것을 맡아 달라는 말에 적절한 답변은 곧 알려주겠다고 한 (b)다. 일단 부탁을 했으므로 가능 여부를 먼저 알려주는 것이 흐름이 자연스럽다. (a)는 걱정하는 상황이 아니고 (b)는 then이 있어서 어색하다.

어구   take charge of ~을 맡다

정답   (b)

14 M **Don't be so naive.**
    W _____

(a) You really think I'm too trusting?
(b) Trust me.
(c) You should have it checked.
(d) I have no idea.

해석 M 너무 순신하게 굴지 말아요.
      W _____
    (a) 제가 너무 잘 넘어간다고 생각하세요?
    (b) 절 믿으세요.
    (c) 그것을 확인해봐야 해요.
    (d) 저는 잘 모르겠어요.

해설   너무 순진하게 굴지 말라는 말에 적절한 답변은 (a)다. naive와 비슷한 의미를 가진 trusting으로 바꿔 표현했다. (c)와 (d)는 상황에 어울리지 않는 답변이다.

어구   naive 순진한, 고지식한
      trusting 믿는
      check 확인하다

정답   (a)

15 M **You're still far from your goal.**
    W _____

(a) Yeah, it's all set.
(b) You would enjoy it.
(c) I don't have the time.
(d) I'm doing my best.

해석 M 당신의 목표까지는 아직 멀었군요.
      W _____
    (a) 네, 준비가 다 됐어요.
    (b) 당신은 그것을 즐길 거예요.
    (c) 시간이 안 돼요.
    (d) 최선을 다하고 있어요.

해설   당신의 목표까지는 아직 멀다는 말에 적절한 답변은 (d)다. (a)는 준비가 다 되었다는 뜻이므로 흐름에 어울리지 않고 (c)는 '시간이 안 된다'는 뜻이므로 역시 흐름

에 어긋난다.

어구   do one's best 최선을 다하다

정답   (d)

Part II

16 M **You must have been starving. Would you like another helping?**
    W **Thanks, but I'm full. I can't take another bite.**
    M **Are you sure?**
    W _____

(a) Sure. I was starving to death.
(b) Then let's grab a bite.
(c) I'm sure she'll.
(d) Yeah, I'm too stuffed.

해석 M 배고팠나 봐. 한 그릇 더 줄까?
      W 고맙지만, 배불러. 한 입도 더 먹을 수가 없어.
      M 확실해?
      W _____
    (a) 물론이지. 배고파 죽을 것 같아.
    (b) 그럼 요기나 하러 가자.
    (c) 그녀가 그렇게 할 것이 틀림없어.
    (d) 그래. 나는 정말 배불러.

해설   여자가 충분히 배가 부르다고 했으므로 다음에 이어질 말 역시 정말 배부르다라고 이어지는 것이 자연스럽다. 따라서 (d)가 정답이다.

어구   starving 배고픈
      helping 한 그릇
      grab a bite 간단히 요기하다
      stuffed 꽉 찬, 배부른

정답   (d)

17 M **Hi, Mary. I was wondering if you're free tomorrow night.**
    W **Well, Brad, I guess I am. Why do you ask?**
    M **I have tickets for a movie. Are you interested?**
    W _____

(a) How about tomorrow night?
(b) Of course I am.
(c) I don't have any plans yet.
(d) I beg of you.

해석 M 안녕, 메리. 너 혹시 내일 저녁에 시간 있니?

W 글쎄, 브래드, 있는 것 같아. 근데 왜?
M 영화표가 있는데 관심 있어?
W _____
(a) 내일 밤은 어때?
(b) 물론 있지.
(c) 아직 아무 계획 없어.
(d) 부탁이야.

해설 영화표가 있는데 관심 있느냐는 남자의 말에 적절한 여자의 답변은 (b)다. (a)에서 남자가 이미 내일 밤이라고 말했기 때문에 같은 말로 되묻는 것은 어색하다.

어구 be interested 관심 있다

정답 (b)

18 M **Where did those come from?**
W **I bought it at the newsstand.**
M **Let me know where the newsstand is.**
W _____

(a) Could you hurry up?
(b) I am glad you like it.
(c) I'll shop around tomorrow.
(d) May I ask you why?

해석 M 이거 어디서 났어?
W 신문 가판대에서 샀어.
M 신문 가판대가 어디에 있는지 알려줘.
W _____
(a) 서둘러줄래?
(b) 네가 좋아하니 나도 좋아.
(c) 내일 다른 데를 알아볼 거야.
(d) 이유가 뭔지 물어도 될까?

해설 물건을 산 곳을 알려 달라고 하고 있다. 이유를 묻는 (d)가 자연스럽다.

어구 newsstand 가판대

정답 (d)

19 M **I need to catch up on the curriculum.**
W **Did you just transfer here?**
M **Yes, everything is unfamiliar to me.**
W _____

(a) See you there.
(b) Don't you think we are behind?
(c) I can take you on a tour of the campus.
(d) It was nice to see you.

해석 M 난 교육과정을 따라가야 해.
W 여기로 전학 온 거야?
M 응, 모든 것이 익숙하지가 않아.

W _____
(a) 거기서 보자.
(b) 우리가 뒤처졌다고 생각하지 않니?
(c) 내가 캠퍼스 구경시켜 줄 수 있어.
(d) 너를 봐서 좋았어.

해설 새로 전학을 왔고 여전히 익숙하지 않다는 남자의 말에 이어질 것은 (c)가 가장 자연스럽다. (a)는 둘 다 과정을 못 쫓아가고 있다는 뜻이므로 대화의 흐름에 어긋난다.

어구 catch up on (공부 따위의) 부족한 것을 따라잡다
transfer 전학하다

정답 (c)

20 W **Where do you plan to go for lunch?**
M **Well, I had such a big breakfast this morning, so I don't feel like it.**
W **Come on! I don't like to eat alone!**
M _____

(a) Okay. I'll have something light.
(b) Actually I don't have any plans after lunch.
(c) I wasn't late this morning.
(d) I'm not feeling well.

해석 W 점심 먹으러 어디로 갈래?
M 음, 오늘 아침을 많이 먹어서, 별 생각이 없어.
W 제발! 나 혼자서 식사하고 싶지 않단 말야!
M _____
(a) 알았어. 가벼운 걸로 먹어야겠군.
(b) 점심식사 후에는 별 계획이 없어.
(c) 나는 오늘 아침에 늦지 않았어.
(d) 나는 몸이 좋지 않아.

해설 아침을 많이 먹어 점심식사 생각이 없는 남자에게 여자가 같이 갈 것을 부탁하고 있으므로 다음에 이어질 내용으로 자연스러운 것은 뭔가 가벼운 것을 먹겠다고 하는 (a)가 정답이다.

어구 feel like ~을 하고 싶다
light (양이) 적은

정답 (a)

21 M **What would you like for your side order?**
W **Eggs and some chips please.**
M **How would you like your eggs to be done?**
W _____

(a) They go well with apple juice.
(b) I don't like eggs.
(c) Sunny side up please.

(d) I'd like it with a bottle of water.

해석 M 사이드 음식으로 무얼 드시겠어요?
W 계란과 칩으로 주세요.
M 계란은 어떻게 요리해 드릴까요?
W _____
(a) 주스와 잘 어울립니다.
(b) 계란은 싫어요.
(c) 한쪽만 익혀서 주세요.
(d) 생수와 함께 먹고 싶습니다.

해설 계란을 어떻게 익혀먹고 싶은지를 묻고 있다. 따라서 계란의 조리 방법으로 적절히 답한 (c)가 답이다.

어구 sunny side up 노른자를 터트리지 않고 한쪽만 익힘
go well with ~와 잘 어울리다

정답 (c)

22 M Are you ready for the chemistry midterm?
W I'm about to get on it. What about you?
M It's not on my list until I finish my biology studies.
W _____
(a) Neither am I. I have to repeat biology next semester.
(b) Didn't you know there was a makeup test?
(c) Same here. I've still got 3 subjects to cram for.
(d) If it's possible, can you put me on the list?

해석 M 화학 중간고사 준비는 했니?
W 이제 시작하려고. 너는?
M 이 생물 공부를 끝낸 후에 하려고.
W _____
(a) 나도 못했어. 다음 학기에 생물은 재수강해야할 것 같아.
(b) 재시험 있다는 거 몰랐어?
(c) 나도 그래. 벼락치기 할 과목이 세 개나 돼.
(d) 가능하면, 나도 명단에 올려줄래?

해설 공부할 과목이 많다는 마지막 남자의 말을 통해 자신도 벼락치기해야 한다고 응답한 (c)의 말이 어울린다.

어구 get on 시작하다
repeat 재수강하다
makeup test 재시험
cram 벼락치기하다

정답 (c)

23 M It is hard to find housing off campus.
W Why don't you stay in a dormitory?

M But hasn't the deadline for applying passed?
W _____
(a) You're well qualified to be granted the admission.
(b) They are admitting more students until this week.
(c) I found the ad looking for a candidate for a dean.
(d) You can ask the TA for an extension to turn it in.

해석 M 학교 외부에서 집을 구하기가 어려워.
W 기숙사에 머무르지 그래?
M 그런데 신청 마감이 지나지 않았어?
W _____
(a) 너는 입학허가 받기에 자격이 충분해.
(b) 학교에서 주까지 더 학생을 받기로 했어.
(c) 학장 후보자를 찾는다는 광고를 봤어.
(d) 조교에게 제출기한을 연장해달라고 해.

해설 마지막 남자의 말에 자연스럽게 이어지는 보기는 (b)다. 지원 기한을 되물었기 때문에 자격을 말하는 (a)는 답이 될 수 없다.

어구 housing 주택, 거주 공간
dormitory 기숙사
TA(teaching assistant) 조교

정답 (b)

24 W Please switch your engine off, sir.
M Yes, officer. Why have you pulled me over?
W Because you just drove through a red light.
M _____
(a) I am sorry. I wasn't paying attention.
(b) I forgot to take my driver's license.
(c) You look awesome today.
(d) I'm not guilty.

해석 W 시동을 꺼주십시오.
M 예, 경관님. 왜 멈추라고 하셨어요?
W 선생님께서 방금 빨간 신호 때 차를 몰았으니까요.
M _____
(a) 죄송해요. 주의를 기울이지 않았어요.
(b) 면허증을 가져오는 걸 잊었어요.
(c) 당신 오늘 아주 멋지네요.
(d) 저는 잘못하지 않았어요.

해설 차를 세운 이유는 남자가 빨간 신호등에 통과를 했기 때문이다. 못 봤다고 말한 (a)가 답이다. (b)는 면허 제시를 요구했을 때 할 수 있는 응답이다.

<table>
<tr><td>

어구 officer 경찰관
pull over 차를 잠시 대다
drive through 차를 몰고 통과하다
pay attention 주의를 기울이다
awesome 아주 멋진, 굉장한

정답 (a)

---

25 M What's your opinion on hydrogen cars?
W I think they are necessary for a better future.
M Yes, I agree it is the best way to keep our earth clean.
W _____

(a) It's as safe as nuclear energy.
(b) Not to mention, it's waste-free.
(c) I prefer hydrogen cars to electric cars.
(d) Alternative energy is needed.

해석 M 수소 자동차에 대해서 어떻게 생각해?
W 보다 나은 미래를 위해서 필요하다고 생각해.
M 응, 나도 지구를 깨끗하게 지키기 위한 가장 좋은 방법이라고 생각해.
W _____
(a) 원자력 에너지만큼이나 안전해.
(b) 물론이지, 공해가 없잖아.
(c) 전기 자동차보다는 수소 자동차를 선호해.
(d) 대체 에너지가 필요해.

해설 자신의 의견을 피력한 남자의 말에 적절히 자신의 의견을 밝힌 (b)가 답이다.

어구 hydrogen car 수소 자동차
electric car 전기 자동차
alternative energy 대체 에너지

정답 (b)

---

26 M How long do you intend to stay here?
W About seven days and then I will make a flight home.
M In that case, allow me to show you around this area.
W _____

(a) The pleasure is mine.
(b) You should have said it earlier.
(c) I can't thank you enough.
(d) Why don't you try it?

해석 M 여기 얼마나 머물 작정이세요?
W 일주일 정도이고 그리고 난 다음 집에 갈 비행기를

</td><td>

탈거예요.
M 그렇다면 이곳 지역을 구경 시켜 드릴게요.
W _____
(a) 천만의 말씀입니다.
(b) 더 일찍 그것을 말했어야 했어요.
(c) 고마워서 뭐라고 해야 할지 모르겠어요.
(d) 한 번 해보지 그래요?

해설 이 지역에 대해서 자세히 알려주겠다는 남자의 말에 이어질 말은 감사의 표시를 하는 (c)다. 따라서 (a)는 thank you에 대한 응답을 할 때 쓰는 표현이다. 참고로 감사의 표현에는 It's very thoughtful of you나 I'd like to extend my gratitude to you 등이 있다.

어구 The pleasure is mine 천만의 말씀입니다
I can't thank you enough 고마워서 뭐라고 해야 할지 모르겠어요

정답 (c)

---

27 W I don't understand what you are saying.
M Math is difficult to everyone.
W I'm confused. I'm not sure of myself.
M _____

(a) We are not communicating.
(b) Don't be discouraged.
(c) I'll try to recall.
(d) You are quite right.

해석 W 당신이 무슨 말 하는지 이해를 못하겠어요.
M 수학은 누구에게나 어려워요.
W 혼란스럽네요. 저는 자신에 대한 확신이 없어요.
M _____
(a) 말이 안 통하네요.
(b) 실망하지 말아요.
(c) 기억을 더듬어 볼게요.
(d) 당신 말이 맞아요.

해설 수학을 이해하지 못해서 여자가 낙담하고 있다. 실망하지 말라고 격려해주는 (b)가 정답이다.

어구 try to recall 기억을 더듬다

정답 (b)

---

28 M Hey there kiddo, this package here is for Syndy.
W That would be me. I'd rather you didn't call me as "kiddo."
M Alright, don't be upset. I was only trying to be friendly.
W _____

</td></tr>
</table>

(a) You are quite right.
(b) Stop teasing me.
(c) I'll get it on right away.
(d) I have feelings for you.

해석 **M** 거기, 이봐, 신디에게 온 소포 가져왔어.
　　W 제건데요. 저를 "이봐"라고 부르지 않았으면 좋겠네요.
　　M 좋아, 화내지 마. 난 단지 친해지려고 한 거야.
　　W ＿＿＿＿＿＿＿＿＿＿＿＿
　　(a) 당신 말이 맞아요.
　　(b) 절 그만 놀리세요.
　　(c) 지금 당장 시작할게요.
　　(d) 당신을 좋아해요.

해설 소포를 가지고 온 남자가 신디에게 '이봐'로 부르는 것에 대해 탐탁지 않게 생각해 그렇게 부르지 말라고 완곡하게 말하고 있는 (b)가 답이다. (d)는 '유감이다'라는 뜻이 아니라 '감정이 있다', 즉 '좋아한다'라는 뜻이므로 유의해야 할 표현이다.

어구 kiddo 자네, 너, 야
　　package 소포
　　get it on 시작하다

정답 (b)

29 **W** We're sending you to the Asia-Pacific marketing convention.
　M Where is it this year?
　W San Francisco.
　M ＿＿＿＿＿＿＿＿＿＿＿＿
　(a) I'm going on a business trip.
　(b) You wouldn't know how hard it is.
　(c) How long will I need to stay there?
　(d) You can attend next time.

해석 **W** 아시아-태평양 마케팅 회의에 당신을 보낼 거예요.
　　M 올해에는 어디서 열리나요?
　　W 샌프란시스코에서요.
　　M ＿＿＿＿＿＿＿＿＿＿＿＿
　　(a) 저는 출장을 갈 거예요.
　　(b) 당신은 그것이 얼마나 힘든지 알 수 없어요.
　　(c) 거기에서 얼마나 있어야 하나요?
　　(d) 당신은 다음에 참석할 수 있어요.

해설 남자가 마케팅 회의에 가게 되었고 장소는 샌프란시스코다. 다음에 이어질 대화는 체류기간을 묻는 (c)가 가장 자연스럽다.

어구 go on a business trip 출장을 가다

정답 (c)

30 **M** How did your work go today?
　W I had an awful time. It was very stressful.
　M Really? What was the problem?
　W ＿＿＿＿＿＿＿＿＿＿＿＿
　(a) My boss was hard on me.
　(b) I had the most sales.
　(c) Thank you for your concern.
　(d) It was as easy as pie.

해석 **M** 오늘 일 어땠어요?
　　W 끔찍했어요. 스트레스 정말 많이 받았어요.
　　M 왜요? 무슨 일 있었어요?
　　W ＿＿＿＿＿＿＿＿＿＿＿＿
　　(a) 제 상사가 너무했었어요.
　　(b) 제가 제일 많은 판매를 했어요.
　　(c) 신경 써 주셔서 감사합니다.
　　(d) 너무 쉬웠어요.

해설 여기기 스트레스 받은 이유를 묻는 남자의 말이 핵심이며 그 이유를 말하고 있는 (a)가 정답이다. 스트레스가 무엇인지 구체적으로 말해야 하는 상황이므로 (c)를 답으로 하지 않도록 한다.

어구 awful 끔찍한
　　as easy as pie 매우 쉬운

정답 (a)

Part III

31 **M** I'll take the veggie sandwich without mayonnaise, please.
　W You could choose either a soup or a salad to go with it.
　M What soups are you offering today?
　W Onion, vegetable, potato, beef or cream of spinach.
　M Do you put pork in your potato soup?
　W Yes, there's some ham in it.
　M In that case, give me the cream of spinach, please.

　Q What can be inferred from the conversation?

　(a) The woman likes pork.
　(b) The man is vegetarian.
　(c) The woman is the man's nutritionist.
　(d) The man wants salad as dessert.

해석 **M** 저는 야채 샌드위치로 할게요. 마요네즈는 빼주

W 세요.

W 같이 나오는 수프와 샐러드 중 하나를 고르실 수 있습니다.

M 오늘은 어떤 수프가 제공되나요?

W 양파, 야채, 감자, 소고기 그리고 시금치 크림수프가 있습니다.

M 감자 수프에는 돼지고기가 들어가나요?

W 네. 햄이 들어갑니다.

M 그럼 시금치 크림수프를 주세요.

Q 대화로부터 추론할 수 있는 것은?

(a) 여자는 돼지고기를 좋아한다.

(b) 남자는 채식주의자다.

(c) 여자는 남자의 영양사다.

(d) 남자는 디저트로서 샐러드를 원한다.

해설 남자는 마요네즈를 뺀 야채 샌드위치를 주문했고 햄이 든 감자 수프는 거절했으며 시금치 크림 수프를 선택했다. 이를 통해 남자는 채식주의자임을 추론할 수 있다.

어구 veggie 채식주의

정답 (b)

32 W Were you looking for me?

M Yes, I have something important to discuss with you.

W What is this about?

M Your absence from class.

W Well, I may have missed some courses…

M Some? You know you've been absent about 75% of the time!

Q What is the conversation about?

(a) Classes

(b) Grades

(c) Attendance

(d) Curriculum

해석 W 절 찾으셨어요?

M 그래. 너와 이야기 할 중요한 게 있어.

W 무엇에 대해서요?

M 너의 결석에 대해서...

W 네, 수업을 몇 번 빼 먹었어요.

M 몇 번? 내가 말하는데, 넌 75% 정도는 결석했어.

Q 무엇에 관한 대화인가?

(a) 수업

(b) 점수

(c) 출석

(d) 교과과정

해설 대화의 주제를 묻는 문제다. 선생님으로 보이는 여자와 학생으로 보이는 남자 간에 출석률에 대해서 이야기를

하고 있는 상황이므로 정답은 (c)다.

어구 attendance 출석

정답 (c)

33 M Hey, Sandy, I'm over here, just to your left.

W Oh hi, it's good to see you.

M Come on over. Here's the seat I've been saving for you.

W Thanks so much. And here's the popcorn and soda I got for you. Sorry you had to wait.

M No problem. I'm quite a popcorn fan, thanks. Is there butter in it?

W Of course! And I'm glad I didn't miss the trailers.

M Well, sit back and enjoy them. They're just about to begin.

Q What are the speakers doing?

(a) They are locating their seats.

(b) They are waiting for the movie to begin.

(c) They are buying popcorn and soda.

(d) They are greeting each other.

해석 M 이쪽이야 샌디, 왼쪽편이야.

W 안녕, 만나서 반가워.

M 이리와. 내가 네 자릴 맡아두었지.

W 고마워. 여기 네 팝콘이랑 음료수. 기다리게 해서 미안해.

M 괜찮아. 정말 고마워. 난 팝콘 좋아하는데. 버터가 들어 있니?

W 물론. 예고편을 놓치지 않아서 다행이다.

M 야, 편하게 앉아서 즐기자. 이제 시작하려 해.

Q 화자들은 무엇을 하고 있는가?

(a) 그들은 그들의 자리를 찾고 있다.

(b) 그들은 영화가 시작될 기다리고 있다.

(c) 그들은 팝콘과 소다를 사고 있다.

(d) 그들은 서로 인사하고 있다.

해설 영화가 시작되기 전 자리를 잡고 간식거리에 대한 것과 예고편에 대한 이야기를 남녀가 나누고 있다. 따라서 정답은 (b)다.

어구 trailer 예고편

정답 (b)

34 M Good morning, and welcome to Faith Property Rentals. How may I help you?

W Hi, I'd like to rent a two-bedroom

apartment.

M Why don't we sit down and discuss it?

W Thank you!

M Before showing you what we have, I'd like to know more about your accommodation preferences. What's the most you're willing to pay per month?

W About $700 – $750.

M And were you looking for any specific area in the city?

Q Which is correct according to the conversation?

(a) The woman wants an apartment.

(b) The man wants to rent a two-bedroom apartment.

(c) The woman can't afford to rent the apartment.

(d) The woman's accommodation preferences are particular.

해석 M 안녕하십니까! "Faith Property Rentals"에 오신 것을 환영합니다. 무엇을 도와드릴까요?
　　W 예. 방 2개짜리 아파트를 구하려고 하는데요.
　　M 앉아서 얘기 나누죠.
　　W 감사합니다.
　　M 저희가 가지고 있는 것을 보여드리기 전에, 귀하의 주거 시설 선호도에 대해 알고 싶습니다. 먼저 최고 어느 정도의 월세를 원하십니까?
　　W $700에서 $750 사이요.
　　M 특별히 이 도시에서 찾고 있는 위치가 있으신가요?
　　Q 대화에 따르면 옳은 것은 무엇인가?
　　(a) 여자는 아파트를 원한다.
　　(b) 남자는 방 2개짜리 아파트를 임대하길 원한다.
　　(c) 여자는 아파트를 임대할 여유가 없다.
　　(d) 여자의 숙박 설비 선호도는 특별하다.

해설 여자가 남자에게 아파트 임대 문의를 하고 있는 대화다. 정답은 (a)다. (b)는 남자가 아니라 여자다. (c)와 (d)는 나와 있지 않은 정보다.

어구 accommodation 숙박 설비
　　preference 선호도

정답 (a)

35 W Need some help?

M Yes, please. I'm looking for a book called "Sociology and the World Today." My syllabus mentions that it is here, but I can't

find it.

W Can I have a look at that syllabus?

M Sure, ...uh .. here it is.

W Let's see now… Oh, this book has been put on reserve by your professor. You can't borrow it.

M I'm afraid I don't know what "on reserve" means.

Q Why can't the man borrow the book?

(a) The book is missing.

(b) The library does not have the book.

(c) The woman doesn't want to lend the book to the man.

(d) The book is supposed to be lent.

해석 W 뭘 도와드릴까요?
　　M 네, '사회학과 오늘날의 세계'라는 책을 찾고 있는데요. 강의 개요에 따르면, 그 책이 이곳에 있다는데, 도저히 찾을 수가 없어요.
　　W 강의 계획서를 볼 수 있을까요?
　　M 네, 여기 있어요.
　　W 봅시다. 아, 네. 당신 교수님께서 이미 예약해놓으셨어요.
　　M 'On reserve'가 무슨 뜻인지 잘 모르겠어요.
　　Q 남자는 왜 책을 빌릴 수 없는가?
　　(a) 책이 분실됐다.
　　(b) 도서관에 그 책이 없다.
　　(c) 여자는 그 책을 남자에게 빌려주길 원하지 않는다.
　　(d) 책이 예약되어 있다.

해설 도서를 대출할 수 없는 이유는 교수님이 예약을 해놨기 때문이다. 따라서 정답은 (d)다.

어구 sociology 사회학
　　syllabus 요목, 시간표
　　reserve 비축, 예비

정답 (d)

36 W Hi, Tim, how are you?

M Very well, thanks. How about you?

W Just great! I'd like you to meet my niece, Betty. Remember my brother, John? She's his daughter.

M John has a daughter? I didn't know. So where's Betty been all this time?

W In London. She's just come back here.

M Nice meeting you, Alice. I need to go now. See you later!

Q **What can be inferred from the conversation?**

(a) Tim is best friend with John.

(b) Tim doesn't know John.

(c) Tim knows Betty.

(d) Alice and John are brother and sister.

해석 **W** 팀, 잘 지내?

M 잘 지내고 있어. 넌?

W 정말 잘 지내. 이쪽은 내 조카, 베티야. 내 동생 존 기억해? 그의 딸이지.

M 존에게 딸이 있었어? 몰랐어. 베티는 어디에 있었던 거야?

W 런던에 살고 있다가 다시 왔어.

M 만나서 반가웠어. 앨리스, 난 이만 가야겠어. 나중에 봐.

Q 이 대화에서 추론할 수 있는 것은?

(a) 팀은 존과 제일 친한 친구사이이다.

(b) 팀은 존을 모른다.

(c) 팀은 베티를 알고 있다.

(d) 앨리스와 존은 남매지간이다.

해설 대화에서 추론할 수 있는 것이 무엇인지를 묻는 문제이므로 대화의 세부 사항들을 기억하고 있어야 한다. 앨리스가 팀에게 그녀의 조카 베티를 소개시켜주고 있고 베티는 메리의 오빠 딸이므로 정답은 (d)다. 이런 종류의 문제는 문제 자체가 어렵다기 보다는 몇 가지 사항들을 기억하고 있어야 헷갈리지 않고 풀 수 있으므로 유의하자.

어구 all this time 지금껏 내내

정답 (d)

---

37 **M** I'll have a hamburger. Give me a sourdough bun with lots of onions, please.

W Would you like the hamburger cooked medium or well done?

M Medium, please,

W You can choose between coleslaw or fries to go with it, sir.

M Fries are fine. And be sure to get me the ketchup.

W Anything else, sir?

M No, thanks. Could you get the check as well when you bring us the food? We need to leave as soon as we've eaten.

Q **Which is correct according to the conversation?**

(a) The man is in a hurry.

(b) The man ordered a burger without ketchup.

(c) The man ordered coleslaw and fries.

(d) The man ordered a hamburger to go.

해석 **M** 맛이 신 빵에 많은 양파를 곁들인 햄버거주세요.

W 햄버거를 어떻게 익혀 드릴까요? 중간 아니면 바짝이요?

M 중간이 좋겠어요. 감사합니다.

W 함께 나오는 것으로 콜슬로 또는 감자칩을 선택하실 수 있어요.

M 감자튀김으로 주세요. 그리고 케첩도 주세요.

W 그 밖에 필요한 것 있으세요?

M 아니오, 괜찮습니다. 음식 가지고 오실 때, 계산서도 같이 가지고 와주시겠어요? 먹자 마자 급히 나가봐야 해서요.

Q 대화에 따르면 다음 중 옳은 것은?

(a) 남자는 아주 바쁘다.

(b) 남자는 케첩을 뺀 햄버거를 주문했다.

(c) 남자는 콜슬로와 감자튀김을 주문했다.

(d) 남자가 가져갈 햄버거를 주문했다.

해설 대화의 내용으로 옳은 것을 묻는 문제다. 마지막에 손님인 남자가 다 먹자 마자 나가봐야 한다는 말을 했으므로 정답은 (a)다. (b)는 케첩도 주문을 했으므로 옳지 않다. 콜슬로나 감자튀김은 곁들여 나오는 것이므로 (c)도 맞지 않다. (d) 역시 먹자마자 가겠다고 했으므로 옳지 않다.

어구 sourdough 발효한 빵 반죽
bun 둥근 빵
coleslaw 양배추 샐러드

정답 (a)

---

38 **W** Hi Jack, long time no see.

M Yeah! How's everything going?

W Not bad. At least I'm still alive.

M Just alive? I heard you're going out with Bob.

W Where did you get the idea?

M Oh, come on. Bob is a very nice guy.

W Yeah, you're right. I'm not boasting, but he's really as handsome as intelligent.

M I really envy you two.

Q **What can be inferred from the conversation?**

(a) The man hates the woman.

(b) The woman likes to be as alive as her friend.

(c) The man broke up with his ex-girlfriend.

(d) The woman is proud of her boyfriend.

W 안녕 잭. 오랜만이야.

M 맞아! 어떻게 지내?

W 괜찮게 지내. 적어도 살아있으니까.

M 그냥 살아 있어? 너랑 밥이랑 사귄다고 들었는데.

W 어디서 들었어?

M 아, 이것 봐. 밥은 정말 멋진 남자야.

W 그래 맞아. 자랑하는 건 아니지만 그는 잘생긴 만큼 지적이야.

M 너희 둘 정말 부럽다

Q 대화로부터 추론할 수 있는 것은?

(a) 남자는 여자를 미워한다.

(b) 여자는 그녀의 친구처럼 살아있기를 원한다.

(c) 남자는 그의 옛 여자친구와 헤어졌다.

(d) 여자는 그녀의 남자친구를 자랑스러워 한다.

해설 대화에서 추론할 수 있는 것이 무엇인지를 묻는 문제이므로 대화의 세부 내용들을 기억해야 한다. (a)는 대화의 내용만으로는 알 수 없는 정보이므로 맞지 않다. (b) 역시 여자 말의 ~still alive에서 파생된 것일 뿐 대화의 내용과는 전혀 일치하지 않는다. (c) 역시 남자가 그의 여자친구와 헤어졌는지 여부는 알 수 없다. 여자가 본인의 남자친구에 대해서 자랑하는 부분이 등장하므로 (d)가 정답이다.

어구 go out with ~와 사귀다
boast 자랑하다, 떠벌리다
break up with ~와 헤어지다

정답 (d)

39 M Our trip's coming up next week. Could you lease us a car for it?

W Sure, it'll just take me 20 minutes or so.

M Do you need more details?

W Yes, are you looking for a compact or luxury model?

M That really doesn't matter. All we need is a vehicle on four wheels, capable of taking us on the trip!

W We should take the luxury model then. It'd be more interesting, I'm sure.

Q What is the man most likely doing?

(a) He is purchasing a car.

(b) He is hiring a car.

(c) He is displaying cars.

(d) He is changing wheels on a car.

해석 M 여행이 다음 주로 다가 왔어요. 차 한 대 좀 렌트해 주실 수 있어요?

W 그래요. 20분쯤 걸릴 거예요.

M 더 자세한 사항이 필요하나요?

W 네, 소형차를 찾고 계세요, 아니면 고급차를 찾고 계세요?

M 그다지 별 상관은 없어요. 필요한 것은 네 바퀴 달린 차에 여행에 갈 수 있기만 하면 돼요.

W 그럼 고급차로 해드리죠. 그게 더 나을 거예요.

Q 남자는 무엇을 하고 있을까?

(a) 그는 자동차를 구입하고 있다.

(b) 자동차를 빌리고 있다.

(c) 그는 자동차들을 진열하고 있다.

(d) 그는 자동차의 바퀴를 교체하고 있다.

해설 남자가 여자에게 차를 임대하고 있는 상황이다. lease us a car가 가장 결정적인 단서다. 차를 구매하는 상황이 아니므로 (a)는 답이 될 수 없다.

어구 compact 작고 경제적인
luxury 고급의

정답 (b)

40 W This is really upsetting. Someone told the boss that I've taken a part-time job.

M So how did he react?

W He didn't like it at all. Now he thinks I'm going to be too tired to handle the work here.

M I'm really sorry, but I was the one who told him.

W You? Why did you do that?

M I couldn't help it. He asked me directly about it.

Q How is the woman feeling?

(a) Raging

(b) Cheerful

(c) Depressed

(d) Pleasant

해석 W 정말 화가 나는군요. 누군가가 제 상관에게 제가 아르바이트를 한다고 고자질했어요

M 그래서 상사가 어떻게 반응했나요?

W 무척 싫어해요. 그는 제가 피곤해서 여기 일을 잘 할 수 없을 거라고 생각해요.

M 미안해요. 제가 그렇게 말했어요.

W 당신이 그렇게 말했어요? 왜요?

M 어쩔 수 없었어요. 사장님이 직접 저한테 물어봤단 말이에요.

Q 여자의 심정은 어떠한가?

(a) 격노한

(b) 쾌활한

(c) 낙담한

(d) 즐거운

해설 여자의 심정에 관한 문제다. 상사가 여자의 아르바이트 사실을 알게 되었는데 이 사실을 알려 준 사람은 대화를 하는 남자다. 여자는 무척 화가 난 상태이므로 (a)가 답이다.

어구 react 반응하다

정답 (a)

---

41 W Do you need help, sir?

M Thanks, I need to buy an … um … you know … that thing you use to make coffee.

W Do you mean a coffee maker?

M Yes, that's it.

W Please go to Kitchen Goods on the first floor. Our salespersons there will be happy to show you a few.

M Thanks a lot.

W You're welcome, sir.

Q **What is the conversation about?**

(a) A customer who wants to drink coffee

(b) A customer complaining about the service

(c) A customer asking where the item he wants is

(d) A customer asking a refund

해석 W 도와드릴까요?

M 고마워요, 제가 구입을 해야 하는데… 음… 있잖아요…커피 만드는데 사용하는 것.

W 커피 메이커 말씀이세요?

M 네, 그거요.

W 1층에 있는 주방용품 코너로 가시면 됩니다. 그곳에 있는 저희 직원들이 물건을 보여드릴 겁니다.

M 고맙습니다.

W 천만에요.

Q 무엇에 관한 대화인가?

(a) 커피 마시길 원하는 고객

(b) 서비스에 대해 불평하는 고객

(c) 원하는 물건이 어디에 있는지 묻는 고객

(d) 환불을 요구하는 고객

해설 남자는 커피 만드는 기계를 찾고 있고 여자가 장소를 알려 주고 있는 상황이다. 따라서 정답은 (c)다.

어구 coffee maker 커피 만드는 기계

정답 (c)

42 M Would you show me how to get to the bank?

W There are 2. Which one are you going to?

M DBC. You see, I need to withdraw some money.

W Then, you need to go up to the shopping center.

M Thanks, could you give me directions? I don't know this area very well.

W You need to cross the road, take the first left and keep walking up the footpath to the traffic signal. You'll find the shopping center on your right. Continue past that and you'll see the bank on the left.

M Not so easy to get there, is it? I just hope it isn't too far from here.

Q **Which is correct according to the conversation?**

(a) The man wants to draw out some money.

(b) The man is familiar with the area.

(c) DBC Bank is hard to find.

(d) DBC Bank is on the left side near the traffic signal.

해석 M 은행에 어떻게 가야 되죠?

W 두 은행이 있는데요. 어느 은행이요?

M DBC. 은행에서 돈을 찾아야 해요.

W 그럼 쇼핑센터 올라 가셔야 해요.

M 고마워요. 방향 좀 알려 주실래요? 이 지역에 관해서 아는 게 없어요.

W 길을 건너서 왼쪽으로 가세요. 신호등이 나올 때까지 보도를 따라 계속 걸으세요. 오른 쪽에 쇼핑센터가 있어요. 그곳을 지나치면 왼쪽에 은행이 있어요.

M 쉽지 않은 거 같은데요? 여기서 그다지 멀지 않았으면 좋겠네요.

Q 대화에 따르면 옳은 것은 무엇인가?

(a) 남자는 돈을 인출하기 원한다.

(b) 남자는 그 지역에 친숙하다.

(c) DBC 은행은 찾기 어렵다.

(d) DBC 은행은 신호등 가까이 왼쪽 편에 있다.

해설 대화의 내용으로 옳은 것을 묻는 문제다. 남자가 은행을 찾는 목적은 돈을 인출하기 위해서이므로 정답은 (a)다.

어구 footpath 보행자용의 작은 길

정답 (a)

43 W Did you catch that TV program "Becoming a millionaire" last night?

M Of course! I never miss it.

W Didn't you think that contestant in the white pantsuit was superb? There was almost nothing she didn't know.

M Oh, absolutely! It's rare to find someone with such good general knowledge.

W What amount did she win, finally?

M Quite a lot, actually. Unfortunately, she couldn't answer the very last question or else she'd have taken home a million dollars.

W That was a pretty tough question. I couldn't have answered it myself. What about you?

Q What are the speakers talking about?

(a) Trendy clothes

(b) A quiz show

(c) A million dollar house

(d) TV and knowledge

해석 W 어젯밤 텔레비전에서 '백만장자 되기'라는 프로를 보셨어요?

M 네 그랬죠. 절대 놓치지 않는 프로그램이에요.

W 하얀 슈트를 입고 있던 참가자가 최고였던 거 같지 않았어요? 모든 걸 알고 있는 것 같았어요.

M 네, 상식이 그 여자만큼 많은 사람도 드물 거예요.

W 상금은 얼마나 탔죠?

M 많이요! 안타깝게도 마지막 문제에서 대답을 할 수 없었죠. 백만 달러를 탈 수 있었는데.

W 그건 정말 어려운 문제였어요. 저는 답을 몰랐어요. 당신은요?

Q 화자들은 무엇에 관해 이야기하고 있는가?

(a) 최신 유행의 옷들

(b) 퀴즈 쇼

(c) 백만 달러짜리 집

(d) TV와 지식

해설 대화의 주제에 관한 문제다. 질문에 대해 답을 못했고 답을 했으면 백만 달러의 상금을 받았을 것이라는 대화 내용을 통해 퀴즈 쇼에 관한 대화임을 알 수 있다.

어구 contestant 경기자
pantsuit 여자용 슬랙스와 재킷이 한 벌이 된 슈트
superb 최고의

정답 (b)

44 M I'm not like what I used to be.

W What do you mean?

M I had some drinks with my colleagues last night but almost had to drag myself out of bed this morning.

W I guess you were drinking heavily.

M Well, that's what makes me worried. You know, I only had one bottle of red wine. Compared to how I've been drinking, it was a drop in the bucket.

W That's true. But think about the fact that you're aging.

Q Which is correct about the man?

(a) He was left to sober up in his bedroom.

(b) He doesn't have as much tolerance as before.

(c) He went through a terrible hangover.

(d) He is still under the influence of alcohol.

해석 M 아무래도 예전 같지 않아.

W 무슨 말이야?

M 어젯밤에 동료들과 술을 한 잔 했는데 아침에 거의 제정신이 아니었어.

W 많이 마셨나봐?

M 그게 내가 걱정하는 거야. 사실 레드 와인 1병만 마셨거든. 예전 내가 마신 양에 비하면 새 발의 피지.

W 사실이긴 한데 네가 나이가 들어가는 것을 생각해봐.

Q 남자에 대해 사실인 것은?

(a) 그는 술에서 깨기 위해 침실에 있었다.

(b) 그는 예전에 비해 술이 약하다.

(c) 그는 지난밤 지독한 숙취에 시달렸다.

(d) 그는 아직도 술에 취해 있다.

해설 대화의 내용은 남자가 예전만큼 술에 강하지 못한 것 같다는 내용으로 이어지고 있으므로 (b)를 답으로 선택할 수 있다. (b)의 tolerance는 '(술 등에) 내성이 있음'이란 뜻으로 문맥에서 말하는 술에 있어서 약해지고 있다는 것을 전달하는 핵심 단어다.

어구 drag out 질질 끌고 나오다
a drop in the bucket 새 발의 피
sober up 술에서 깨다
hangover 숙취
under the influence of alcohol 술에 취한

정답 (b)

45 M So, what do you think about this place?

W Everything is really up to my expectations.

M Well then what are we waiting for? Let's sign the contract!

W Don't rush in. There are many other things to consider.

M What else? I mean you just said you liked everything about it.

W I know, the house itself is really fabulous. Actually it is just exactly what I was hoping for.

M Then why are you stopping us from getting it?

W Well, have you thought about the challenges you'll have for the location?

M I mean it's about a 20 minute walk from the closest subway station, but that much exercise won't do any harm to either of us.

Q How does the woman think about the place?

(a) It is excellent but not affordable.

(b) It is quiet and convenient.

(c) It is the best place for a workout.

(d) It is perfect except the long commute.

해석 M 그래서 이곳에 대해서 어떻게 생각해?
　　W 모든 것이 기대에 부응하는 것 같아요.
　　M 그럼 뭘 더 기다리는 거예요? 계약서에 사인합시다!
　　W 서두르지 말아요. 고려해야 할 다른 것이 많아요.
　　M 또 어떤 거요? 방금 모든 것이 다 맘에 든다고 말했잖아요.
　　W 알아요, 집 자체는 정말 근사해요. 사실 내가 바라던 그대로예요.
　　M 그럼 왜 집을 사는 걸 망설이는 거죠?
　　W 집의 위치 때문에 겪어야 할 불편에 대해서 생각해 봤어요?
　　M 가까운 전철역에서 20분을 걸어야 하는 거리지만 그 정도 운동은 우리한테 해롭지는 않을 거 같아요.
　　Q 여자는 그 장소에 대해서 어떻게 생각하는가?
　　(a) 훌륭하지만 감당할 수 없는 가격이다.
　　(b) 조용하고 편리하다.
　　(c) 운동하기에 최고의 장소이다.
　　(d) 통근 시간이 긴 것을 제외하면 완벽하다.

해설 모든 것이 마음에 들지만 긴 통근 시간을 생각해봤냐는 언급을 통해 여자에게는 통근 시간이 문제가 됨을 알 수 있다. 문제의 find는 '생각하다'라는 뜻으로 해석해야 한다. 따라서 (d)가 답이다.

어구 up to one's expectation 기대에 부응하는
rush in 뛰어들다, 서두르다

do harm 해를 입히다

정답 (d)

---

46 Watch out for emails that have the phrase IMCRAZYFORU in the subject line. And don't open any attachment titled "All-My-Love-For-You.TXT.vbs." This warning stems from an incident that took place on May 4, 2000. In the space of just five hours, a powerful virus spread through email messages with this subject line. When opened by unsuspecting users across Asia, Europe and the United States, it jammed Web servers, overwrote millions of personal files and forced IT managers to close down corporate email systems.

Q What is the main topic of this report?

(a) A virus that has an interesting name

(b) A virus that infects via email

(c) Sources that spread a powerful virus

(d) An incident caused by a virus

해석 IMCRAZYFORYOU란 제목의 이메일을 받으면 조심하세요. 절대 첨부파일 Love-Letter-For-You.txt.vbs.를 열지 마십시오. 이 경고는 2000년 5월 4일에 발생했던 사건에 기인합니다. 5시간 만에 이 강력한 바이러스는 "IMCRAZEFORYOU"란 제목의 이메일로 퍼졌습니다. 아시아, 유럽, 미국에 의심을 하지 않는 사용자들이 그 파일을 열게 되면, 웹서버들을 방해하고, 수백만 건의 개인 파일들의 내용을 겹쳐 쓰게 해 정보 통신 담당자들로 하여금 회사 이메일 시스템을 폐쇄시키게 합니다.

　　Q 이 리포트의 주요 화제는 무엇인가?
　　(a) 흥미로운 이름을 갖고 있던 바이러스
　　(b) 이메일을 통해 감염시키는 바이러스
　　(c) 강력한 바이러스를 퍼뜨리는 출처
　　(d) 바이러스에 의해 야기된 사건

해설 리포트의 화제를 묻는 문제다. IMCRAZYYOU라는 특정 이메일의 첨부파일은 웹서버를 다운 시키는 등 바이러스에 감염되었기 때문에 열지 말라는 경고이므로 정답은 (c)다.

어구 stem from ~에 기인하다, 유래하다
unsuspecting 의심하지 않는
jam 방해하다

overwrite 겹쳐 쓰다

정답 (c)

47 The monthly staff meeting is on Thursday, so you need to complete your presentation on all sales figures by then. Please make sure that all costs or expenditures related to monthly sales are accounted for accurately. Also, be prepared to discuss possible reasons for variations and offer a projection of possible trends in customer spending in the future. Thank you.

Q **What is the purpose of the presentation?**

(a) To forecast future expenditures
(b) To show customer profiles
(c) To announce monthly sales figures
(d) To have a meeting

해석 월간 직원 회의는 목요일입니다. 그래서 그때까지 판매 수치에 관한 발표 준비를 끝내야 합니다. 월간 판매와 관련된 모든 비용과 지출이 정확히 설명되도록 확실히 준비해야 합니다. 또한, 변동 이유에 대해서 논의할 준비를 해야 하고 고객 소비 성향에 대한 예측도 준비해야 합니다.

    Q 프레젠테이션의 목적은 무엇인가?
    (a) 향후 지출을 예측
    (b) 고객 프로필을 보여주기
    (c) 월 판매 수치를 발표
    (d) 회의 갖기

해설 프레젠테이션의 목적이 무엇인지를 묻는 문제다. 프레젠테이션에 관한 내용은 판매 수치에 관한 것이므로 정답은 (c)다.

어구 upcoming 다가오는
sales figures 판매 수치
expenditure 지출
account for 설명하다
variations 변화, 변동
projection 예측, 예상

정답 (c)

48 In 1997, Emily Wikowski was chosen for the Nationwide Broadcasting Award. By then she had become one of America's most popular broadcasters. She began her career, though, as an editor at the *Brookville Mountain Daily* in Kansas. Following the closure of the paper, she was persuaded to try her hand at broadcasting.

For this, she went through a formal master's program in broadcast journalism at Felding University. Her first newscasting job was at the local WXCY TV in Atlanta, Georgia. Very soon she had progressed to national television. Today, she is the face of Morning in America!

Q **Which is correct about Emily Wikowski according to the talk?**

(a) She began her career as a broadcaster in 1997.
(b) She became a broadcaster against her will.
(c) She took the master's degree at a university.
(d) She was not satisfied with the former job.

해석 1977년, 에밀리 위코스키는 전국 방송 수상자로 뽑혔다. 그 때까지 그녀는 미국에서 가장 인기 있는 방송인들 중에 한 명이있었다. 그녀는 캔사스에서 Brookville Mountain Daily에서 편집자로서 인생의 첫발을 내디뎠다. 그 신문사가 문을 닫은 이후에 그녀는 방송에 시도해 보라고 설득을 당했다. 이를 위해 그녀는 Felding 대학에 방송 저널 쪽으로 석사과정을 마쳤다. 그녀의 최초 뉴스 방송일은 조지아 주, 아틀랜타 시의 WXCY TV 지역 방송국에서였다. 곧 그녀는 전국 TV로 진출했고, 오늘날 그녀는 Morning in America의 얼굴이다.

    Q 담화에 따르면 에밀리 위코스키에 관해 옳은 것은 무엇인가?
    (a) 그녀는 1997년에 방송인으로서 인생의 첫발을 내디뎠다.
    (b) 그녀는 마지못해 방송인이 되었다.
    (c) 그녀는 대학에서 석사 학위를 받았다.
    (d) 그녀는 이전의 직업에 만족하지 않았다.

해설 (a)의 1997년은 상을 받은 해이다. (b)는 알 수 없는 내용이다. Felding 대학에서 석사과정을 마쳤으므로 (c)가 정답이다. (d)는 알 수 있는 근거가 없다.

어구 career 직업, 이력, 생애
editor 편집자
at a loss 난처하여, 어쩔 줄 몰라서
closure 폐쇄
try one's hand 시도하다
newscasting 뉴스 방송

정답 (c)

49 The traditions relating to New Year are actually just a means to come to terms with our own feelings at the passing of a year. For pessimists, it's an occasion to brood over past blunders and indulge in anxious anticipation of the future. Typically, optimists emphasize their triumphs and look forward to doing even better in the time to come.

Q **What is the talk about?**

(a) Advantage of optimism

(b) Advantage of pessimism

(c) Optimistic and pessimistic views on New Year

(d) Various traditions of New Year

해석 새해에 관한 전통들은 실제로 단지 지나가는 해에 대한 우리 자신의 감정을 달게 받아 들이는 한 방법이다. 비관주의자들은 지난 실수들을 골똘히 생각하고, 미래에 대해 걱정스러운 기대에 빠지는 때이다. 전형적으로 낙관주의자들은 자신들의 승리감에 집중하며 다가올 시간에 훨씬 더 잘할 것들을 고대하고 있다.

Q 무엇에 관한 담화인가?

(a) 낙천주의의 이점

(b) 비관주의의 이점

(c) 새해에 대한 낙천주의적 관점과 비관주의적 관점

(d) 새해의 다양한 전통들

해설 새해가 될 때 느끼는 감정에 관한 담화이다. 비관주의자와 낙관주의자들이 어떻게 생각하는가에 대해 나와 있으므로 정답은 (c)다.

어구 means 방법
come to terms 달게 받다
brood 골똘히 생각하다
blunder 실수
pessimist 비관주의자
indulge 탐닉하다
emphasize 강조하다
optimist 낙천주의자
triumph 승리감

정답 (c)

50 At Super Effects Studios in Hollywood you can expect to have fun, be entertained and also learn about the past! Currently it is implementing the first phase of an 18-year growth plan. This naturally includes never-before facilities for amusement. However, the highlight of this project is the proposed creation of a residential area designed to be completely eco-friendly. When this becomes a reality, it will be one of the park's many pioneering activities.

Q **What is the main purpose of the project?**

(a) Expanding amusement facilities

(b) Establishing residential area

(c) Designing eco-friendly park

(d) Increasing tourists

해석 할리우드 Super Effects 스튜디오에서 여러분은 재미있고 즐거운 시간을 보내고 또한 과거에 관하여 배우기를 기대할 수 있다. 현재 18년 성장 계획의 첫 단계를 이행하고 있다. 이것은 오락을 위한 전에 없던 시설들을 포함한다. 그러나 이 프로젝트의 절정은 완전히 친환경적으로 디자인 되어있는 주거 지역으로 기획된 건설이다. 이것이 현실화 될 때 그 공원의 많은 선구자적인 활동들 중의 하나가 될 것이다.

Q 프로젝트의 주된 목적은 무엇인가?

(a) 놀이 시설을 확장하는 것

(b) 주거 공간을 만드는 것

(c) 친환경적 공원을 설계하는 것

(d) 관광객을 늘리는 것

해설 프로젝트의 하이라이트는 친환경적으로 디자인 된 주거 공간을 만드는 것이다. 따라서 정답은 (b)가 된다.

어구 implement 이행하다
expansion 확장

정답 (b)

51 It is not difficult to come across some degree of common sense in most people. We are quite ready to laugh at the credulity of those who are taken in by dubious stories on the Internet, TV or the newspaper. However, some stories have captured the imagination of a large number of educated people. These may or may not have any basis in reality, and yet have the capacity to make us wonder if they could indeed be true!

Q **What is the main idea of the report?**

(a) There are stories everywhere.

(b) Outrageous tales are hard to believe.

(c) Educated people have common sense.

(d) People tend to wonder if some suspicious

stories are true or not.

해석 대부분의 사람들에게 어느 정도의 일반 상식들을 우연히 발견하는 것은 어렵지 않다. 우리는 신문이나 TV, 인터넷에서 의심스러운 이야기들에 잘 속는 사람들의 쉽게 믿는 성향을 잘 비웃는다. 그러나 어떤 이야기들은 많은 배운 사람들의 상상력을 사로잡기도 했다. 이런 것들은 사실에 근거를 가지고 있을지도 아닐지도 모르나 우리로 하여금 그것들이 정말로 사실일 수 있는지를 궁금하게 하는 능력을 가지고 있다.

Q 리포트의 요지는 무엇인가?
(a) 이야기는 어디에나 있다.
(b) 엉뚱한 이야기는 믿기 힘들다.
(c) 지식인들은 일반 상식을 가지고 있다.
(d) 사람들은 의심스러운 이야기가 사실인지 아닌지 궁금해하는 경향이 있다.

해설 주제를 묻는 문제다. 사람에 관계없이 의심이 가는 이야기에 대해 호기심을 가지며 사실인지 궁금해 한다는 것이 주제다. 따라서 정답은 (d)다.

어구 come across 우연히 만나다
common sense 일반 상식
credulity 믿기 쉬움
dubious 의심스러운
outrageous 엉뚱한, 난폭한

정답 (d)

52 Baby Leo was born of a rich and powerful Tolstoy family of Central Russia in 1828. Leo would grow up to write two of the greatest novels in the history of literature which are *War and Peace* and *Anna Karenina*. He would then live to inspire social reform that would make a great impact on the world. He is not just another Russian author, but was a teacher, a philosopher and the grandfather of non-violent revolution. In his writings, it was not great leaders that moved history, but the common people. His work has been called, "not art, but a piece of life."

Q Which is correct about Leo Tolstoy according to the lecture?

(a) He was born a commoner.
(b) He was against non-violence.
(c) He favored the common people in his writings.
(d) He had little to do with social reform.

해석 1828년 중앙 러시아의 부유하고 막강한 톨스토이 가문에 레오라는 아기가 태어났습니다. 레오는 자라서 문학사에서 가장 훌륭한 '전쟁과 평화' 와 '안나 카레니나' 소설 2작품을 썼습니다. 세상에 큰 충격을 안겨준 사회개혁에 커다란 영감을 주면서 살았다. 단지 러시아의 또 한 명의 작가가 아닌, 선생님이었고, 철학자였으며 그리고 비폭력 혁명의 대부였습니다. 그의 작품 속에서 역사를 움직인 것은 훌륭한 지도자가 아니라 평범한 사람들이었습니다. 그의 작품은 "예술이 아닌 삶의 한 부분" 이라고 불리어지고 있습니다.

Q 다음 중 레오 톨스토이에 대하여 옳은 것은?
(a) 그는 평민으로 태어났다.
(b) 그는 비폭력에 대항했다.
(c) 그는 그의 작품에서 평범한 사람들을 좋아했다.
(d) 그는 사회 개혁과 관계가 거의 없다.

해설 (a) 톨스토이는 부유하고 권력 있는 집안에서 태어났다. (b) 비폭력 혁명의 대부였다. (d) 사회 개혁을 고무시켰다.

어구 literature 문학
inspire 고무하다, 영감을 주다
philosopher 철학자

정답 (c)

53 If you wish to spend ten glorious days in the romantic countryside of southern England, this is your chance! Enjoy the castles and coastline of Devon, Dorset, Hampshire and Essex. Visit their lofty cathedrals, museums and inns. Watch the clouds drift by while you relax or go hiking in the beautiful hills around the area. This is the land of Thomas Hardy and the seat of voyages that changed the course of world history. Choose from accommodations ranging from cozy bed and breakfast places to imposing castle hotels.

Q What is the advertisement about?

(a) Real estate
(b) Tourist attractions
(c) Accomodations
(d) Hiking

해석 남부 영국 로맨틱한 지방에 영광스러운 10일을 보내고자 한다면 이번이 여러분의 기회입니다. 데본, 도르셋, 햄프셔, 에섹스의 성과 해변을 만끽하십시오. 높고 고상한 성당들과 박물관, 여관들을 방문하세요. 그 지역 주위에 아름다운 언덕에 하이킹하거나 쉬고 있는 동안 구름들이 표류하는 것을 지켜보세요. 이것은 세계 역사의 진로를 바꿨던 항해의 중심지이며 토마스 하디의 고향입니다. 편안한 침실과 아침을 제공하는 장소에서부터 인상적인 호텔 성들에 이르는 숙박 시설을 선택하세요.

Q 무엇에 관한 광고인가?

(a) 부동산
(b) 관광 명소
(c) 숙박 시설
(d) 하이킹

해설 유명 관광지에 대한 안내 및 홍보를 하고 있는 광고다. 따라서 정답은 (b)다.

어구 lofty 높고 고상한
drift 떠내려 가다
voyage 항해
accommodation 숙박 시설
cozy 편안한

정답 (b)

54 Trevor invites you to a party at his house. Here's how you can get there: take Exit 2G from Interstate 14 and proceed about 2 miles on Cedar Street. There's a big shopping mall on your left after about a mile. Go on to the next traffic intersection and take a right turn onto Willow Drive. Trevor's house is white and gold. Its number is 10, and it's the fifth house on the left.

Q Which is closest to Trevor's house according to the talk?

(a) The traffic intersection
(b) The shopping mall
(c) Exit 2G
(d) Cedar Street

해석 트레버는 그의 집에서 하는 파티에 당신을 초대합니다. 그곳에 갈 수 있는 방법은 다음과 같습니다: 14번 고속도로에서 2G출구로 나오셔서 세다로를 타고 2마일 정도 가세요. 1마일 정도 가시면 좌측에 큰 쇼핑몰이 나올 겁니다. 다음 교차로까지 계속 가시다가 윌로우가에서 우회전하세요. 트레버의 집은 흰색과 금색으로 되어 있습니다. 집 호수는 10이고, 왼쪽에서 5번째 집이에요.

Q 담화에 따르면 무엇이 트레버의 집과 가장 가까이 있는가?

(a) 교차로
(b) 쇼핑센터
(c) 2G 출구

(d) 세다로

해설 트레버의 집과 가장 가까이 있는 것이 무엇인지를 묻는 문제다. 고속도로에서 나와서 쇼핑몰을 지나 다음 교차로까지 직진하다 윌로우가에서 우회전해야 트레버의 집이 나온다고 했으므로 4개의 선택지에서 트레버의 집과 가장 가까운 것은 교차로이다. 따라서 정답은 (a)다.

어구 exit 출구
go on 계속 가다
take a right turn 우회전하다

정답 (a)

55 Researchers, parents and the media all over the world followed with great interest the hypothesis that listening to classical music enhances intelligence, particularly in infants. Studies conducted in the early part of the 1990s in France and the U.S. suggested that listening to Mozart for 10 minutes led to a temporary improvement in performance on IQ tests and other such challenges. This spawned a number of articles in the media on the so-called "Mozart effect."

Q According to the report, what is the Mozart Effect?

(a) Special DVDs that can help teach a child to play musical instruments.
(b) Research that can determine a child's intelligence by studying his or her musical ability.
(c) Singing to an unborn child may inspire a love of classical music.
(d) Listening to classical music may increase intelligence, especially in babies.

해석 클래식 음악을 들음으로써 특히 아기들의 지능을 높일 수 있다는 가설이 전 세계의 미디어, 연구가들 그리고 부모들의 관심을 모으고 있다. 1990년 초, 프랑스와 미국에서 수행된 연구는 10분 동안 모차르트 음악을 듣는 것이 일시적으로 IQ테스트 그리고 그런 어려운 과제를 수행하는 것을 향상시켰다는 것을 밝혔다. 이것은 미디어에서 소위 '모차르트 효과'라고 불리우는 수많은 기사들을 낳게 되었다.

Q 모차르트 효과란 무엇인가?

(a) 특별한 DVD는 아이가 악기를 다룰 수 있도록 도와준다.
(b) 연구가들은 아이의 지능이 학습과 음악적 능력에

의해 결정되어진다고 한다.

(c) 태아에게 노래를 불러주는 것은 아기가 클래식 음악에 대한 사랑을 생기게 한다.

(d) 클래식 음악을 듣는 것은 특히 아기들의 지능을 높일지도 모른다.

해설 모차르트 효과가 무엇인지를 묻는 문제다. 클래식 음악이 아기들의 지능을 향상시킬 수 있다는 것이 모차르트 효과라고 하므로 정답은 (d)다.

어구 hypothesis 가설
enhance 강화하다
intelligence 지능
temporary 일시적인
spawn 낳다

정답 (d)

56 Some love it with burgers or sandwiches, others prefer it with fried noodles. Tomato ketchup has become very much a staple of our diet. Do you know how it is actually made? First, the best tomatoes are chosen for manufacturing tomato ketchup. Only those dark red in color are selected out of the loads of tomatoes brought into the factory. Even the flesh has to be rich red in color. Workers must know how to choose tomatoes which are fleshy because seeds are not used in the production of tomato ketchup.

Q What can be inferred from the talk?

(a) Most people prefer tomato ketchup to tomato.

(b) Sorting tomatoes for ketchup is complex.

(c) Tomatoes are staple foods.

(d) Workers have difficulty selecting good tomatoes.

해설 어떤 사람들은 햄버거 또는 샌드위치와 함께 먹는 것을 좋아하고, 또 다른 사람들은 튀긴 면과 함께 먹는 것을 좋아합니다. 사실 우리 식단에 있어 토마토 케첩은 주요 식품이 되어버렸습니다. 케첩이 어떻게 만들어지는 가에 대해 알고 있나요? 첫째로 토마토 케첩 제조를 위해 최상품의 토마토를 선별합니다. 공장으로 들어오는 수많은 토마토들 중에서 검붉은 토마토만 엄선되어집니다. 심지어 그 속까지 짙은 붉은색이어야 합니다. 일꾼들은 씨들이 토마토 케첩 생산에는 사용되지 않기 때문에 다육질의 토마토들을 선택하는 방법을 알아야 합니다.

Q 담화로부터 추론할 수 있는 것은?

(a) 대부분의 사람들은 토마토보다 토마토 케첩을 더 좋아한다.

(b) 케첩을 위해 토마토를 선별하는 것은 복잡하다.

(c) 토마토는 주요 식품이다.

(d) 일꾼들은 좋은 토마토를 선별하는 데 고생한다.

해설 추론 문제. 케첩용 토마토를 고르는 과정이 나열되어 있다. 색깔이 검붉고 과육도 검붉어야 하며 씨는 사용되지 않는다고 했으므로 선별 과정이 복잡함을 추론할 수 있다. 따라서 (b)가 답이다.

어구 staple food 주요 식품
manufacture 제조하다
fleshy 다육질의
sort 분류하다
have difficulty ~ing ~하는 데 어려움을 겪다

정답 (b)

57 An essential element in joining a grueling contest like "The Amazing Race Asia" is perfect vision. When you need to search for clue boxes in a sea of people, spot route markers deliberately hidden from view or locate competing teams, perfect eyesight can make a difference. One contestant went through a procedure called Lasik. It is a surgical vision correction procedure intended to reduce a person's dependency on glasses or contact lenses.

Q According to the talk, what is probably "Lasik?"

(a) A reality show

(b) Contact lenses

(c) The Amazing Race Asia

(d) A way to reduce vision problems

해설 "The Amazing Race Asia"와 같은 격렬한 대회에 참가할 때, 제일 중요한 요인은 완벽한 시력이다. 많은 인파 속에서 열쇠 상자를 찾아야 하고, 시야에서 고의로 감추어진 길 표시나 상대팀들의 위치를 찾아야 할 때, 좋은 시력은 아주 중요하다. 경기 참가자 중 한 명은 라식 수술을 받았다. 이것은 안경이나 콘택트렌즈에의 의존을 줄이기 위한 시력 교정 외과 시술이다.

Q 담화에 따르면, "라식"은 무엇일까?

(a) 실제 상황 쇼

(b) 콘택트렌즈

(c) 어메이징 레이스 아시아

(d) 시력 문제를 줄이는 방법

해설 특정 정보를 묻는 문제다. 라식은 시력 교정 수술이라 했

으므로 이를 다르게 표현한 (d)가 정답이다.

grueling 격렬한
deliberately 신중히
surgical 외과적인
dependency 의존

정답 (d)

dart 화살
splinter 부서진 조각
tip ~의 끝을 이루다

정답 (b)

58 Natives in Australia use a very interesting weapon called Temiar blowpipe. It is about two meters long and is made from one single length of bamboo. It has a slender inner tube inside the outer covering so that one length warps against the other, so it always remains true to its aim. The blowpipe shoots a small dart made from a splinter of wood which is about twenty or twenty-five centimeters long. The dart has a pith cone at one end and another end is sharpened one tipped with poison. Most natives are extremely accurate at their aim even when shooting at a range of nine to ten meters.

Q Which is correct according to the report?

(a) The natives use an unconventional weapon.
(b) The blowpipe is made of a kind of wood.
(c) The dart is made from stone.
(d) The natives like hunting animals.

해석 호주 원주민들은 테미아 화살통이라 불리는 흥미로운 무기를 사용한다. 그것은 보통 약 2미터 길이의 대나무 하나로 만들어져 있다. 겉 덮개 안에 가느다란 관이 서로 꼬여 있어서 언제나 정확하게 조준되게 한다. 화살통에는 20에서 25센티미터 길이의 작은 나무 조각으로 만들어진 화살이 발사된다. 그 화살은 한쪽 끝은 원뿔모양이고, 다른 한쪽은 독과 함께 날카롭게 되어 있다. 대부분의 원주민들은 9미터에서 10미터 범위까지도 그들의 조준에 매우 정확하다.

Q 리포트에 따르면 옳은 것은 무엇인가?
(a) 원주민들은 신식 무기를 사용한다.
(b) 화살통은 나무로 만들어졌다.
(c) 화살은 돌로 만들어졌다.
(d) 원주민들은 동물 사냥을 좋아한다.

해설 (a) 이 무기는 일종의 재래식 무기(conventional weapon)라 할 수 있다. (b) 화살통은 대나무로 만들어졌으므로 정답이다. (c) 화살은 나무로 만들어졌으므로 오답이다. (d) 나와 있지 않은 정보다.

어구 blowpipe 화살통
length 길이

59 Environmental pollution is not a new issue to us. It began ever since people began to crowd in towns and cities. In ancient Athens, they removed refuse and dumped them just outside the main parts of their cities with no thought to the consequence. Meanwhile, the Romans dug trenches outside their cities where they deposit their garbage, waste and even corpses. These unhygienic practices led to the outbreak of many diseases which wiped out much of the population during those times.

Q What can be inferred from this report?

(a) Romans did not observe good hygiene.
(b) Man invented the dumpsite system.
(c) Even in the past people caused environmental pollution.
(d) Athenians were filthier than Romans.

해석 환경오염은 우리에게 새로운 문제가 아니다. 그것은 사람들이 시골이나 도시에 모여 살 때부터 시작되었다. 아테네의 고대인들은 결과를 생각 못하고 그들 도시의 중심지 밖으로 쓰레기를 가져다 쏟아 버렸다. 그러는 동안, 로마인들은 그들의 도시 외곽에 그들이 쓰레기와 폐기물, 심지어 시체까지 묻을 도랑을 팠다. 이런 비위생적인 행위들이 그 시대에 많은 인구를 쓸어 버린 많은 질병들의 유발을 이끌었다.

Q 리포트로부터 추론할 수 있는 것은?
(a) 로마인들은 위생 관리를 하지 않았다.
(b) 사람이 쓰레기 처리 방식을 발명하였다.
(c) 과거에도 사람들이 환경 오염을 일으켰다.
(d) 아테네 사람들은 로마 사람들보다 더 불결했다.

해설 일단 환경오염이 현 시대만의 현상이 아니라는 것이 전제되어 있고 고대인들의 비위생적인 행위들에 대해서 언급하고 있으므로 정답은 (c)가 가장 적절하다.

어구 pollution 오염
refuse 쓰레기
dump 버리다
trench 도랑
unhygienic 비위생적인
outbreak 발발
filthy 불결한, 더러운

60 One day a stranger came to the King of Hur and said that he could make him live forever. The king ordered one of his subjects to learn the secret from the stranger. However, before this knowledge could be passed on to the subject as desired by the king, the stranger died. In a fit of rage, the king ordered the subject to be killed. He failed to realize that a man who could not prevent his own death could not possibly make anyone else immortal. Not only was the stranger a cheat, he also caused the death of an innocent citizen.

Q What is the main idea of the lecture?

(a) Don't be tricked.

(b) Life is precious.

(c) Wisdom is rare.

(d) Pride is not good.

해석 어느 한 낯선 사람이 Hur의 왕에게 와서 죽지 않고 영원히 살게 해준다고 했다. 왕은 신하 한 명에게 이 비밀을 배우라고 명령했다. 그러나 왕이 바랐던 것처럼 그 신하가 이 비밀을 배우기도 전에 그 낯선 사람은 죽고 말았다. 왕은 격분한 나머지 그 신하를 처형시키도록 명령했다. 그는 그 자신의 죽음을 막을 수 없었던 사람이 어느 누구도 불멸로 만들 수 없었다는 것을 깨닫지 못했다. 그 낯선 이는 사기꾼이였을 뿐 아니라, 무고한 시민을 죽게 만들었다.

Q 강의의 요지는 무엇인가?

(a) 속지 말라.

(b) 생명은 귀중하다

(c) 지혜로움은 구하기 어렵다.

(d) 자만심은 좋지 않다.

해설 요지가 무엇인지를 묻는 문제이므로 결국 이야기의 주제를 묻는 문제다. 지혜롭지 못하여 본인의 생명조차 지키지 못한 사람의 말을 믿고 자신의 신하를 처형한 어리석은 왕에 관한 예를 든 강의이므로 요지는 (a)다.

어구 rage 격노
immortal 죽지 않는

정답 (a)

ACTUAL TEST 7

Part I

1 M Is he likely to be the next president?
W _____

(a) You guessed it right.
(b) No, I won't.
(c) Well, sounds like fun to me.
(d) I think not.

해석 M 당신은 그가 다음 대통령이 될 거라고 생각합니까?
W _____
(a) 당신 예상이 맞았네요.
(b) 아니요, 싫습니다.
(c) 글쎄요, 재미있을 것 같네요.
(d) 아니라고 생각해요.

해설 그가 다음 대통령이 될 거라고 생각하느냐는 말에 의견을 제시한 (d)가 답이다. (a)는 예측이 맞았다는 뜻으로 시제가 일단 맞지 않는다.

어구 You guessed it right 당신 예상이 맞았네요

정답 (d)

2 M He said I could have 50% off. What do you think I should do?
W _____
(a) How much of a discount did you get?
(b) You'd better accept it.
(c) Did you sign the contract?
(d) Give me a better price than that.

해석 M 그는 나에게 50% 할인을 제안했어요. 어떻게 해야 하죠?
W _____
(a) 얼마의 할인을 받았나요?
(b) 받아들이는 게 좋겠어요.
(c) 계약서에 서명했나요?
(d) 더 깎아 주세요.

해설 50% 할인을 제안한 것에 대해 어떻게 해야 하는가에 대한 질문에 적절한 답변은 (b)다.

어구 contract 계약서

정답 (b)

3 M Kelly has just joined our company.
W _____
(a) How are you doing?
(b) I know. She is promising.
(c) I'm not sure about it.
(d) No, she is very reserved.

해석 M 켈리는 우리 회사에 막 입사했습니다.
W _____
(a) 어떻게 지내세요?
(b) 알아요. 그녀는 전도유망해요.
(c) 그것에 관해 확실하지 않아요.
(d) 아니요, 그녀는 내성적이에요.

해설 여직원이 입사했다는 말에 대하여 그 직원에 대해 알고 있는 정보를 이야기한 (b)가 답이다. (d)는 Yes, No로 답하는 상황이 아니기 때문에 답이 될 수 없다.

어구 join the company 입사하다
promising 전도유망한
be reserved 내성적이다

정답 (b)

4 M I am most grateful.
W _____
(a) Be my guest.
(b) I deserve it.
(c) Nothing to it.
(d) I'll be glad to do so.

해석 M 대단히 감사합니다.
W _____
(a) 기꺼이요.
(b) 저는 그럴 자격이 있습니다.

(c) 뭘요, 별거 아니에요.

(d) 기쁘겠네요.

해설 '감사합니다'란 말에 대한 전형적인 답변을 고르면 된다. 가장 적절한 것은 (c)다. Nothing to it은 You're welcome, Don't mention it 등으로 바꿔쓸 수 있다. (a)는 요청에 대해 허락을 하는 표현으로 '기꺼이요', '좋으실대로요'의 뜻을 가지고 있다.

어구 grateful 감사하는

정답 (c)

---

5 M **Do you have an explanation for what she did?**

W _____

(a) Heaven only knows.

(b) I didn't see it coming.

(c) It's not my taste, either.

(d) You know the reason.

해석 M 그녀가 왜 그래야만 했는지 설명해 주실 수 있겠어요?
　　 W _____
　　 (a) 하나님만이 아시겠죠.
　　 (b) 그것이 다가오는 걸 못 보았어요.
　　 (c) 제 취향 역시 아니에요.
　　 (d) 당신은 그 이유를 알고 있습니다.

해설 그녀가 한 행동에 대한 이유를 묻는 가장 적절한 답변은 잘 모르겠다는 (a)다. 종종 잘 모르겠다는 답변은 정답일 확률이 높은데 그런 류의 답변으로는 I don't know, I'm not sure, I'm not certain, Not that I know of, Not that I'm aware of 등이 있다.

어구 defend 방어하다, 변호하다

정답 (a)

---

6 M **Take a guess at how much I pay as income tax.**

W _____

(a) I don't think about it.

(b) It increases every year.

(c) That's what I thought.

(d) I haven't a clue.

해석 M 제가 소득세를 얼마나 내는지 맞춰보세요.
　　 W _____
　　 (a) 그것에 대해 생각하지 않아요.
　　 (b) 매년 인상됩니다.
　　 (c) 내가 생각한 게 바로 그거에요.
　　 (d) 감을 못 잡겠는데요.

해설 질문에 대해서 '모르겠다'와 같은 유형의 표현들은 해석

상 답이 될 확률이 높은데 I have't a clue 역시 그러한 표현 중의 하나다.

어구 take a guess 추측하다
　　 income tax 소득세
　　 clue 실마리, 단서

정답 (d)

---

7 M **I have a problem and I was wondering if you could help me with it.**

W _____

(a) I admit it.

(b) With pleasure.

(c) Don't get me wrong.

(d) I'm sure she could.

해석 M 당신이 나의 이 골칫거리를 도와줄 수 있는지 궁금합니다.
　　 W _____
　　 (a) 인정합니다.
　　 (b) 기꺼이요.
　　 (c) 오해하지 마세요.
　　 (d) 그녀가 할 수 있다고 확신해요.

해설 이때 With pleasure는 요청에 대해 허락한다는 의미다. (c)는 오해하지 말라는 뜻이다.

어구 With pleasure 기꺼이요

정답 (b)

---

8 M **Let me see if I can find out the cause of the problem.**

W _____

(a) Don't waste your breath.

(b) Sure, I'd love to.

(c) This is your chance.

(d) I was happy to help.

해석 M 제가 그 문제의 원인을 찾아볼게요.
　　 W _____
　　 (a) 소용 없습니다.
　　 (b) 물론, 그러고 싶어요.
　　 (c) 이것이 당신에겐 기회입니다.
　　 (d) 도울 수 있어서 좋았어요.

해설 문제의 원인을 찾아보겠다는 말에 적절한 답변은 '소용없다'고 답한 (a)다. waste one's breath는 '소용없다', '효과가 없다'는 뜻의 관용표현이다.

어구 source 원인, 출처

정답 (a)

9 M I think the time has come to clear the air.

W _____

(a) Thanks for your help.
(b) Then, look at things more carefully.
(c) Yes. Let's make things simpler.
(d) I didn't smoke.

해석 M 분위기를 바꿀 때가 온 것 같아요.
　　　W _____
　　　(a) 도와줘서 고마워요.
　　　(b) 그러면 사물을 좀 더 유심히 보세요.
　　　(c) 맞아요, 상황을 좀 더 쉽게 봅시다.
　　　(d) 저는 담배피지 않았어요.

해설 분위기를 바꿀 때가 온 것 같다는 말에 적절한 답변은 (c)
　　　다. (a)는 감사해야 할 대상이 막연하고 (d)는 남자의
　　　말을 잘못 파악해서 택할 수 있는 함정이다.

어구 clear the air 암울한 기운을 없애다

정답 (c)

10 M We'd like to give you this small present to show our gratitude.

W _____

(a) I didn't demand it.
(b) I am enjoying it.
(c) Thank you for your courtesy.
(d) I didn't think you'd like it.

해석 M 우리는 감사의 표시로 이 작은 선물을 당신께 드리
　　　고 싶습니다.
　　　W _____
　　　(a) 저는 그것을 요청하지 않았어요.
　　　(b) 그것을 좋아해요.
　　　(c) 당신의 호의에 감사해요.
　　　(d) 당신이 좋아할 거라고 생각하지 못했어요.

해설 감사의 표시로 선물을 주겠다는 말에 적절한 답변은 감
　　　사하다고 답한 (c)다.

어구 gratitude 감사, 보은의 마음
　　　courtesy 호의, 공손

정답 (c)

11 M I haven't stopped working for eighteen hours today.

W _____

(a) My heart bleeds for you.
(b) That's not a good idea.
(c) I'll try harder next time.
(d) I haven't had time.

해석 M 나는 오늘 18시간을 쉬지 않고 일했어요.
　　　W _____
　　　(a) 정말 안됐군요.
　　　(b) 좋은 생각이 아니에요.
　　　(c) 다음에 더 열심히 할 거예요.
　　　(d) 시간이 없었어요.

해설 18시간을 쉬지 않고 일했다는 말에 적절한 답변은
　　　That's too bad의 의미를 가진 (a)가 답이다.

어구 bleed 출혈하다

정답 (a)

12 M She uses a bike to get to work every day.

W _____

(a) I didn't know her car broke down.
(b) She must be very healthy.
(c) I heard she works out in the gym.
(d) Are you sure? I don't mind.

해석 M 그녀는 항상 자전거로 출근합니다.
　　　W _____
　　　(a) 전 그녀 차가 고장 났는지 몰랐어요.
　　　(b) 그녀는 틀림없이 매우 건강하겠군요.
　　　(c) 나는 그녀가 체육관에서 운동을 한다고 들었어요.
　　　(d) 확실해요? 전 괜찮아요.

해설 그녀가 항상 자전거를 출근한다는 말에 적절한 답변은
　　　틀림없이 건강하겠다는 (b)가 가장 적절하다. (d)는 대
　　　화 중간에 반전이 일어난 선택지이므로 끝까지 잘 들어
　　　야 한다.

어구 get to work 출근하다
　　　break down 고장 나다

정답 (b)

13 M I think you're following the argument, aren't you?

W _____

(a) I wish I had time.
(b) Yes, it's unavoidable.
(c) Yes, thanks for understanding.
(d) We don't have time to talk about this.

해석 M 당신이 논점을 이해하고 있다고 생각하는데, 그렇죠?
　　　W _____
　　　(a) 시간이 있었으면 좋겠어요.
　　　(b) 그래요, 그것을 피할 수 없어요.
　　　(c) 이해해주셔서 감사해요.
　　　(d) 이것에 대해서 이야기할 시간이 없어요.

해설 논점을 이해하냐고 묻자 피할 수 없다고 답한 (b)가

정답이다. (a)는 시간을 갖고 싶다는 뜻이고 (b)는 대화의 내용상 감사의 말을 할 상황이 아니다.

어구 unavoidable 피할 수 없는

정답 (b)

---

14 M **I need some help, right now.**

W _____

(a) I'll appreciate it.
(b) Well, that's too bad.
(c) It's nice of you to say so.
(d) You can count on me.

해석 M 저는 도움이 좀 지금 필요합니다.
W _____
(a) 그것에 감사할 것입니다.
(b) 참 안 됐군요.
(c) 그렇게 말씀해주시니 고마워요.
(d) 저에게 의지하세요.

해설 도움이 필요하다는 말에 적절한 답변은 나에게 의지하라고 말하는 (d)가 정답이다. (c)는 도움을 받았을 때 할 수 있는 말로 적절하다.

어구 count on ~에 의지하다

정답 (d)

---

15 M **We've worked so hard, but we still couldn't sell anything.**

W _____

(a) I worked on it several days.
(b) What a shame!
(c) Money is not a problem.
(d) What a loss!

해석 M 그런 노력에도 불구하고, 우리는 한 개도 못 팔았습니다.
W _____
(a) 며칠 내내 일했어요.
(b) 정말 유감이네요!
(c) 돈은 문제가 아닙니다.
(d) 얼마나 손해인지요!

해설 많은 노력에도 불구하고 한 개도 팔지 못했다고 하는 말에 적절한 답변은 (b)가 가장 적절하다. (a)는 남자의 말에 들어있는 worked를 이용한 혼동 선택지이고 (d)는 손해본 상황이라 할 수 없으므로 답이 될 수 없다.

어구 effort 노력
loss 손실

정답 (b)

---

16 M **Hey, your twins look absolutely adorable!**
W **Thanks. They are really cute.**
M **But I think they're a handful.**
W _____

(a) Don't worry. It'll work out fine.
(b) Thankfully, they are not.
(c) Thanks, I'll give it a try.
(d) I am glad to hear that.

해석 M 이봐요, 당신 쌍둥이들은 정말이지 너무 사랑스럽네요.
W 고마워요. 사실 예쁘지요.
M 그러나 그들이 좀 다루기 힘들 것 같군요.
W _____
(a) 걱정 마세요. 잘될 거예요.
(b) 다행히도, 그렇지는 않아요.
(c) 고마워요, 한 번 해볼게요.
(d) 반가운 소식이네요.

해설 세 번째 남자 말이 핵심이다. 쌍둥이들이 다루기 쉽지 않을 것이라는 말에 적절한 답변은 감사하게도, 그렇지 않다고 답한 (b)다. 남자의 의견에 대해 여자의 의견이 먼저 나와야 대화의 흐름이 자연스럽다.

어구 twins 쌍둥이
adorable 사랑스러운, 귀여운
handful 다루기 힘든 사람, 귀찮은 존재

정답 (b)

---

17 W **Hello, Emil.**
M **Hi, Mary. What brings you here?**
W **I have something to tell you.**
M _____

(a) Not too much.
(b) Sure, I'll be back in an hour.
(c) I can hardly hear a thing.
(d) Tell me what it is.

해석 W 안녕, 에밀.
M 안녕, 메리. 여기 웬일이야?
W 네게 말할 게 있어.
M _____
(a) 심하지는 않아요.
(b) 물론이에요, 1시간 안에 돌아올게요.
(c) 거의 하나도 안 들려요.
(d) 그게 뭔지 말해보세요.

해설 할 말이 있다고 했으므로 그게 무엇인지 묻거나(What is it?) (d)와 같이 말해보라고 답변하는 것이 자연스럽다.

어구 bring 가져오다

정답 (d)

18 M Wow, you really sweat a lot.
W Yes, it's really hot and humid here.
M I will turn on the air conditioner.
W _____

(a) But I don't know how.
(b) That would be super.
(c) Thanks, I am so tired.
(d) I couldn't help the way you feel.

해석 M 와, 너 정말 땀을 많이 흘리는구나.
W 그래, 이 안은 정말 덥고 습하구나.
M 에어컨 켜줄게.
W _____
(a) 하지만 난 어떻게 켜는지 몰라.
(b) 그러면 정말 좋지.
(c) 고마워, 난 너무 피곤해.
(d) 네가 그런 식으로 느끼는 건 어쩔 수 없구나.

해설 땀을 많이 흘리는 여자에게 에어컨을 켜줄까라는 말에 적절한 답변은 (b)다. (a)는 에어컨을 켜는 사람이 남자이므로 옳지 않고 (c)는 감사할 상황이긴 하지만 I am tired라는 표현은 상황과 맞지 않다.

어구 sweat 땀을 흘리다
humid 습한
super 최고의

정답 (b)

19 W Anything special after work this evening?
M I'm going with some of my colleagues to a karaoke place.
W Really? But you don't sing well at all.
M _____

(a) I know, but it's a great way to let off steam.
(b) I think it is around five.
(c) We'll have a great time.
(d) You are good at singing.

해석 W 퇴근 후에 뭐해?
M 직원들 몇 명하고 함께 노래방에 가려고.
W 정말? 넌 노래도 못하잖아.
M _____
(a) 알아, 하지만 그건 스트레스 풀기엔 아주 좋은 방법이지.
(b) 5시 정도야.

(c) 좋은 시간이 될 거야.
(d) 너 노래 잘한다.

해설 노래를 못한다는 말에 동의를 한 후 스트레스 풀기에 좋은 방법이라고 말한 (a)가 정답이다. (b), (c), (d)는 관련된 표현이긴 하지만 흐름과 어울리지는 않는다.

어구 karaoke place 노래방
let off steam 긴장을 풀다, 울분을 풀다

정답 (a)

20 M Can I join you?
W No, it's a ladies-night only.
M I guess I'll be by myself then.
W _____

(a) Don't fret. Rent a movie and you'll be fine.
(b) I want to be alone, too.
(c) They are expecting you at 8.
(d) You should have helped me.

해석 M 함께 가도 돼?
W 안 돼, 여자들만을 위한 밤이거든.
M 아무래도 혼자 있어야 할 것 같네.
W _____
(a) 걱정하지 마, 영화를 빌려보면 기분이 괜찮아질 거야.
(b) 나 역시 혼자 있고 싶어.
(c) 그들은 네가 8시에 올 거라고 생각해.
(d) 너는 날 도와줬어야 했어.

해설 여자들만 가는 파티라고 했으므로 (c)는 적절하지 않은 답변이다.

어구 fret 초조하게 하다, 안달 나게 하다

정답 (a)

21 W My feet are killing me.
M Mine, too.
W We've been shopping for hours.
M _____

(a) I really like shopping.
(b) But we have one more store to hit.
(c) The store will close at midnight.
(d) Yes, it's been such a lovely day.

해석 W 발이 아파 죽을 지경이야.
M 나도.
W 우리 몇 시간 동안이나 쇼핑하고 있어.
M _____
(a) 나는 정말 쇼핑을 좋아해.
(b) 그러나 우리는 한 군데 더 가야 해.

(c) 그 가게는 한밤중에는 문 닫아.

(d) 그래, 정말 멋진 날이다.

해설 오랜 쇼핑으로 남녀는 둘 다 발이 아픈 상태다. 따라서 (a)는 적절치 않다. (d) 역시 발이 아픈 상황에서 할 수 있는 말은 아니다.

어구 midnight 한밤중

정답 (b)

---

22 M Congratulations on the new job.

W Thanks! I'm really excited about it!

M What do you do there?

W _____

(a) The store will give me a 90% discount!

(b) I really don't know what will happen.

(c) It's good, I think. They're celebrating.

(d) I'll be working in sales.

해석 M 새 직장을 축하해.

W 고마워! 정말 흥분돼.

M 무슨 일을 하는데?

W _____

(a) 그 상점은 내게 90% 할인해 줄 거야.

(b) 나는 정말 어떤 일이 일어날지 모르겠어.

(c) 좋아, 그들은 축하하고 있어.

(d) 영업부서에서 일하게 될 거야.

해설 새 직장에서 하는 일이 무엇인가를 묻는 질문이므로 구체적인 업무로 답을 해야 옳다. (b)와 같은 추상적인 답변은 논리적으로 옳지 않다.

어구 sales 판매부서

정답 (d)

---

23 W Can you edit this for me?

M I'm afraid I can't do that.

W Why?

M _____

(a) I'm swamped with all this new contracts.

(b) I'll have it edited later when I get home.

(c) I can't decide whether to edit it or not.

(d) Maybe it's time to change the toner.

해석 W 이걸 좀 교정해 주겠어?

M 유감스럽게도, 못 하겠는걸.

W 왜?

M _____

(a) 새 계약서들로 정신이 없거든.

(b) 나중에 집에 도착하면 교정할 거야.

(c) 그것을 편집할지 안 할지 결정할 수 없어.

(d) 토너를 바꿀 때가 됐나 봐.

해설 편집을 할 수 없는 이유를 묻는 여자 말에 적절한 답변은 (a)다. 구체적 이유를 묻고 있기 때문에 (c)는 적절하지 않으며 (d)는 토너와 edit이 관련 없다는 것을 알면 쉽게 오답임을 골라낼 수 있다.

어구 be swamped with ~에 몰려 정신이 없다

정답 (a)

---

24 M What's the matter? You seem upset.

W My wallet was stolen this evening. I think it happened on the bus.

M Oh, that's too bad! Was there a lot of money in it?

W _____

(a) I don't remember where I left it.

(b) No, I went to the Lost and Found and checked it.

(c) It was given to me as a birthday gift.

(d) Well, I'm more concerned about my ID and credit cards.

해석 M 무슨 일 있나요? 걱정 있어 보여요.

W 저녁에 지갑을 도난 당했어요. 버스에서 그런 것 같아요.

M 오, 안됐군요! 지갑에 돈이 많이 있었나요?

W _____

(a) 어디에 둔지를 모르겠어요.

(b) 아뇨, 학교에 있는 분실물 센터에 가서 확인했어요.

(c) 생일선물로 받은 거예요.

(d) 신분증과 신용카드가 더 걱정이에요.

해설 지갑에 돈이 많이 들어 있었냐는 말에 적절한 답변은 신분증과 신용카드가 더 걱정이라는 (d)가 정답이다.

어구 be concerned about ~에 대해 걱정하다
Lost and Found 분실물 센터

정답 (d)

---

25 W Have you seen Caroline?

M She's on sick leave today.

W Don't give me that! I happen to know that she's looking for a job.

M _____

(a) I'm not sure what she should do next.

(b) Alright. I'm looking forward to it.

(c) Yes, but she doesn't want anyone to know.

(d) Yes, she has a great job here.

해석 W 캐롤린 봤어요?

M 병가를 냈어요.

W 사실대로 말해줘요. 그녀가 일자리를 구하고 있다는 걸 알고 있어요.

M _____

(a) 그녀가 다음에 무엇을 해야 할지 저도 확실하지 않아요.

(b) 좋아요. 그것을 고대해요.

(c) 맞아요, 그러나 그녀는 아무도 알기를 원치 않아요.

(d) 그래요, 그녀는 여기서 좋은 일자리를 가지고 있어요.

해설 아파서 못 온 것이 아니라 새 직장을 찾느라 오지 않았다는 것을 알고 있다고 말하고 있고 이에 대한 답변으로 사실을 실토하는 (c)가 가장 적절하다.

어구 be on sick leave 병가를 내다

정답 (c)

---

26 M **What kind of books do you want to read?**

W **Usually detective stories.**

M **Do you read a lot?**

W _____

(a) This book bores me.

(b) Yes, my sister calls me a bookworm.

(c) Yes, sometimes I read a book.

(d) What's the current bestseller?

해석 M 어떤 책을 읽고 싶니?

W 주로 탐정 소설이요.

M 많이 읽니?

W _____

(a) 이 책은 지루하게 해요.

(b) 네, 제 언니는 저를 책벌레라고 불러요.

(c) 네, 때때로 책을 읽어요.

(d) 요즘 베스트셀러는 뭐에요?

해설 질문이 '책을 많이 읽는가?'이므로 Yes로 대답했다면 많이 읽는다는 내용이 나와야 하지만 (c)는 가끔 읽는다고 했기 때문에 정답이 될 수 업다. 답은 (b)가 된다.

어구 bookworm 책벌레

정답 (b)

---

27 W **What a great outing we've had today!**

M **Oh yes, quite wonderful. Which part of it did you like best?**

W **The visit to the botanical garden. It was simply fantastic.**

M _____

(a) It wasn't very interesting.

(b) It certainly was.

(c) Yes, but the animals looked scary.

(d) You can visit me in the garden anytime.

해석 W 오늘은 정말 멋진 외출이었습니다.

M 네, 그래요. 당신은 무엇이 가장 즐거웠나요?

W 글쎄요, 식물원 방문이요. 정말 환상적이었어요.

M _____

(a) 재미 없었어요.

(b) 정말 그랬어요.

(c) 네, 그러나 동물들이 무서워 보였어요.

(d) 당신은 언제든지 정원에 날 찾아올 수 있어요.

해설 외출에서 돌아온 남녀의 대화다. 식물원이 가장 좋았다는 여자의 말에 가장 잘 이어지는 말은 (b)다. (a)는 quite wonderful이라고 했으므로 '재미 없었다'는 말은 흐름에 역행한다. 두 사람이 다녀온 곳은 식물원이므로 동물이 언급된 (c) 역시 정답에서 제외된다.

어구 outing 소풍
botanical garden 식물원
scary 무서운, 두려운

정답 (b)

---

28 M **Do you have the new Madonna CD?**

W **I'm sorry. It's sold out.**

M **Are you serious?**

W _____

(a) I've never been serious in my life.

(b) Yes. We're still selling it here.

(c) No. It's not that popular.

(d) Yes. It's been selling like hotcakes.

해석 M 마돈나의 새로 발매된 CD 있나요?

W 죄송해요. 다 팔렸네요.

M 정말이에요?

W _____

(a) 내 인생에 결코 진지해 본 적이 없어요.

(b) 우리는 아직 이곳에서 팔고 있어요.

(c) 아니요. 그 건 그리 인기가 없어요.

(d) 네. 그 CD는 지금 날개 돋친 듯이 팔리고 있거든요.

해설 마돈나 CD가 다 팔렸다는 말에 정말이냐고 확인하고 있으므로 그 다음에 이어질 말로는 (d)가 가장 자연스럽다.

어구 be sold out 매진되다
sell like hotcakes 날개 돋친 듯 팔리다

정답 (d)

---

29 W **May I help you?**

M **Yes, I'm looking for a white gown for my**

wife.

W **What size is she?**

M _____

(a) How about this one?

(b) I'm sure of her size.

(c) She wears a medium.

(d) Would you show me one size up?

해석 W 도와드릴까요?

M 네, 제 아내를 위한 하얀색 잠옷을 찾고 있어요.

W 그 분 치수가 어떻게 되죠?

M _____

(a) 이건 어떠세요?

(b) 그녀의 치수가 맞아요.

(c) 그녀는 중간 치수를 입어요.

(d) 한 치수 더 큰 걸 보여주시겠어요?

해설 사이즈를 묻고 있으므로 중간 치수를 입는다고 답한 (c)가 답이다. (b)는 치수가 맞는지 확인할 때 할 수 있는 답변이고 (d)는 한 치수 더 큰 걸 원할 때 쓸 수 있는 표현이다.

어구 one size up 한 치수 큰 것

정답 (c)

30 W **Can you take me to Sun Opera House, please?**

M **Sure. Are you going to see a musical?**

W **Yes. But it starts at six. Do you think we'll make it on time?**

M _____

(a) No problem. I have plenty of time to spare.

(b) I'll get you there in about ten minutes.

(c) I hate traffic jams.

(d) You're thirty minutes early.

해석 W 저를 선 오페라 하우스에 데려다 주시겠어요?

M 물론이죠. 뮤지컬 보러 가시는 건가요?

W 네. 그런데 6시 시작이에요. 정각에 도착할 수 있겠어요?

M _____

(a) 문제없어요. 저 시간 많아요.

(b) 약 10분 안에 당신을 그 곳에 데려다 주겠어요.

(c) 교통 혼잡이 싫어요.

(d) 30분 일찍 왔네요.

해설 오페라가 시작하는 6시 정각까지 도착할 수 있느냐고 묻는 남자의 말에 적절한 답변은 (b)다. (a)는 남자가 시간이 많다는 뜻으로 조심해야 할 함정 선택지다.

어구 make it (제시간에) 도착하다

---

on time 정각에

정답 (b)

Part III

31 M **Hi, you haven't been coming to this gym lately.**

W **I know. I just couldn't fit a workout into my hectic schedule.**

M **What's school like?**

W **Great, except for an early-morning Calculus 120 class.**

M **My friend David takes that course, too. Have you met him?**

W **Sure. He has about as much hate for the course as I do!**

Q **What are the speakers talking about?**

(a) The man's classmate

(b) The man's math class

(c) The woman's school life

(d) The woman's workout

해석 M 안녕, 너 요즘 체육관에 안 오네.

W 그러게, 일정이 바빠서 운동을 할 수 없었어.

M 학교는 어때?

W 모든 게 다 괜찮아, 이른 아침의 미적분학 120 수업을 제외하곤 말이지.

M 내 친구 데이빗도 그 수업을 듣고 있어. 그를 만나봤니?

W 응. 그도 나만큼이나 그 아침 수업을 싫어하지.

Q 화자들은 무엇에 관해 이야기하고 있는가?

(a) 남자의 학급 친구

(b) 남자의 수학 수업

(c) 여자의 학교 생활

(d) 여자의 운동

해설 여자의 학교 생활에 대해 남녀가 나누는 대화다. 수학 수업과 수업을 같이 듣는 데이빗이라는 인물이 등장하지만 전체 화젯거리는 여자의 학교 생활이다.

어구 calculus 미적분학

정답 (c)

32 W **What do you like to do in your spare time?**

M **I like to play baseball. I was a pitcher in high school.**

W **Wow, you're more active than I am. I like**

reading, photography, and computers.

M I don't know much about computers. All I have is a typewriter.

W Really? But you can't get on the Internet with that!

M That's right. I go to the library to read my email.

W Well, I know what you need for your birthday.

Q **What can be inferred from the conversation?**

(a) The woman will buy the man a sports equipment for his birthday.

(b) The man wants to have a computer at home.

(c) The man doesn't know how to have access to the Internet.

(d) The man will get a computer for his birthday.

해석 W 여유시간엔 뭘 하며 지내는 걸 좋아하세요?

M 야구하기를 좋아해요. 고등학교시절엔 투수였어요.

W 와, 저보다 활동적이시네요. 전 독서, 사진 그리고 컴퓨터를 즐겨요.

M 전 컴퓨터에 대해선 잘 알지 못해요. 제가 가진 거라곤 타자기뿐 입니다.

W 정말요? 그러나 그걸로는 인터넷에 접속할 수 없죠.

M 맞아요. 제 이 메일을 읽으려고 도서관에 간답니다.

W 음... 당신 생일날 무엇이 필요한지 알겠군요.

Q 이 대화로부터 추측해 낼 수 있는 것은?

(a) 여자는 남자에게 그의 생일선물로 스포츠 장비를 사줄 것이다.

(b) 남자는 집에 컴퓨터가 있었으면 한다.

(c) 남자는 인터넷에 접속하는 방법을 모른다.

(d) 남자는 그의 생일 선물로 컴퓨터를 받을 것이다.

해설 대화의 내용으로 추론할 수 있는 것을 묻는 문제이므로 대화의 세부 내용들을 기억해야 한다. 남자가 가진 것은 타자기뿐이고 이메일 확인을 위해서는 도서관에 가야 한다는 말에 여자가 남자의 생일에 필요한 것이 무엇인지를 알겠다고 하므로 정답은 (d)다. (a) 여자가 사주려고 하는 컴퓨터다. (b) 인터넷 접속법을 알고 있는지 아닌지 추론할 수 없다.

어구 spare time 여가시간

정답 (d)

33 M Excuse me, do you mind if I sit down?

W No. Let me move my bag.

M Thanks. Are you new here?

W Yes, I just moved in last week.

M Oh, I hope you'll like here. Well, this is my stop coming up. By the way, my name's Joe.

W I'm Tina. Nice meeting you, Joe.

M OK. I'll probably see you around. Bye, Tina.

Q **What can be inferred from the conversation?**

(a) This conversation is taking place at the bus stop.

(b) The man and the woman haven't met before.

(c) It has been ages since the woman moved in.

(d) The man doesn't want the woman to sit beside him.

해석 M 실례합니다, 제가 좀 앉아도 될까요?

W 네, 제 가방을 치워드리죠.

M 감사합니다. 이곳이 처음이세요?

W 네, 바로 지난주에 이사 왔답니다.

M 오, 이곳을 좋아하게 되길 바랍니다. 음…제가 내려야겠어요. 덧붙여서 내 이름은 조라고 합니다.

W 전 티나예요. 만나서 반가워요, 조.

M 네. 아마도 다시 보게 되겠네요, 티나.

Q 대화에서 추론할 수 있는 것은 무엇인가?

(a) 이 대화는 버스 정거장에서 일어나고 있다.

(b) 남자와 여자는 전에 만난 적이 없다.

(c) 여자가 이사 온지 오래 됐다.

(d) 남자는 여자가 그 옆에 앉길 원하지 않는다.

해설 남녀의 대화에서 여자가 이곳이 처음이라 했고 서로 이름을 알려주며 인사하고 있다. 이것으로 둘은 처음 만나는 것임을 추론할 수 있다. (a) 대화를 하는 장소는 버스 안으로 추측할 수 있다. (c) 여자는 지난 주에 이사 왔다. (d) 남자는 여자에게 앉으라고 했다.

어구 move in 이사오다

정답 (b)

34 W Hi, I'm calling about your trip.

M Yeah, I think I'm all set. Any final suggestions before I leave?

W Last Wednesday we met those folks from KLZ Infoline, remember?

M Yes, of course. We have a lunch meeting with them, right?

W That's correct. You've got to impress them because I think this is a crucial deal for us. Bend over backwards if you have to.

M Yes, I'll do my best. Was there anything else?

W Give Mr. Chang my regards.

M Sure. See you when I return.

Q What is the woman's suggestion?

(a) Try hard to close the deal.

(b) Learn to be more flexible in terms.

(c) Be a clever businessman.

(d) Buy gifts for his clients.

해석 W 안녕하세요, 출장에 관해서 문의할 게 있어서요.

M 네, 저는 준비가 다 된 것 같습니다. 떠나기 전에 마지막으로 제안 할 게 있나요?

W 지난 수요일에 KLZ 인포라인에서 온 사람들을 만났습니다. 기억하시죠?

M 네 물론입니다. 점심 미팅을 했었잖아요, 그렇죠?

W 맞습니다. 이것은 우리에게 중요한 거래이기 때문에 그들에게 강한 인상을 남겨야 합니다. 필요하다면 비상한 노력을 기울이세요.

M 예, 최선을 다 할게요. 그밖에 다른 것도 있나요?

W 미스터 챙에게 제 안부도 전해주시구요.

M 물론입니다. 돌아와서 뵙죠.

Q 여자의 제안은 무엇인가?

(a) 거래를 성사시키기 위해 노력하라.

(b) 말투를 고분고분하게 하라.

(c) 명석한 사업가가 되어라.

(d) 고객을 위해서 선물을 사라.

해설 여자가 남자의 출장에 대해서 준비 사항들을 알려 주고 있는 상황이다. 출장의 목적은 특정 회사와의 중요한 거래 성사이며 여자는 남자가 이 회사에 강한 인상을 주고 노력을 기울일 것을 당부하고 있다. 그에 대해 남자도 공감하고 있으므로 정답은 (a)다.

어구 bend over backwards 비상한 노력을 하다

정답 (a)

35 M Today my mother tossed me out of the house.

W Why ?

M She's just being bossy as usual. She forgets that I'm not a child any longer.

W How did you make her so angry?

M Well, I've been away from home for the past three weeks and haven't let her know. But I never imagined she'd do something like that.

W Well, can you blame her?

Q What is the man complaining about?

(a) His mother kicked him out for bad behavior.

(b) His mother doesn't like him.

(c) His mother threw his things out of the house.

(d) His mother is violent.

해석 M 엄마가 오늘 날 집에서 내쫓았어.

W 왜?

M 엄마는 평소처럼 군림하셔. 엄마는 내가 더 이상 애가 아니란 것을 잊으셨나봐.

W 근데 그녀를 무엇 때문에 그렇게 화나게 만든 거야?

M 3주 동안 집에 안 들어갔고 연락도 안 했어. 하지만 엄마가 나에게 그렇게 하리라고 생각도 못했어.

W 음, 네가 네 엄마를 비난할 수 있겠니?

Q 남자는 무엇에 대해 불편하고 있는가?

(a) 그의 나쁜 행실 때문에 엄마가 내쫓았다.

(b) 그의 엄마는 그를 좋아하지 않는다.

(c) 그의 엄마는 그의 물건들을 집에서 버렸다.

(d) 그의 엄마는 폭력적이다.

해설 남자가 불평하는 것이 무엇인지를 묻고 있으므로 남자 말에 좀 더 집중해야 한다. 대화의 흐름상 남자가 3주간 집에 들어가지 않은 것에 대해서 그의 어머니가 그 남자를 집에서 쫓아낸 것을 불평을 하고 있으므로 정답은 (a)다.

어구 bossy 두목 행세하는, 으스대는

정답 (a)

36 W May I help you?

M Yes, do you have the movie titled *Spiderman 3*?

W Yes, we do.

M Good. How long can I rent it?

W For two nights, if you are a member.

M By the way, how much is the late fee?

W One dollar per night.

Q What is the conversation about?

(a) Making a membership card.

(b) Checking out a movie.

(c) Returning a DVD.

(d) Paying the late fee.

해석 W 도와 드릴까요?

M 네, 〈스파이더맨 3〉라는 영화 있나요?

W 네, 있어요.

M 잘 됐네요. 얼마 동안 대여할 수 있나요?

W 회원이시면 2박 3일까지 가능합니다.

M 그런데, 연체료는 얼마죠?

W 1박에 1달러입니다.

Q 무엇에 관한 대화인가?

(a) 멤버십 카드를 만들기

(b) 영화 한 편을 빌리기

(c) DVD를 돌려주기

(d) 연체료를 지불하기

해설 어떤 상황인지를 묻는 문제다. movie, rent, late fee 등을 통해 비디오를 빌리고 있는 것을 알 수 있다.

어구 check out 빌리다
late fee 연체료

정답 (b)

---

37 M You've got mail. Is it good?

W Yes, it's very good news in a way.

M Don't keep me in suspense.

W It's from my brother. He tells me that there's a very nice job for me in Denmark.

M Wow! Cool! So, are you going?

W I'm in a quandary. I'm deep in debt and can't afford to make the move. But I'm desperate to go because I get paid low here.

M That's a real problem.

Q Which is correct about the woman according to the conversation?

(a) She wants to leave because she's deep in debt.

(b) Her house is the only thing she owns, so she wants to stay.

(c) She has decided to go to Denmark.

(d) She wants to go to Denmark because of low wages.

해석 M 편지받았지? 좋아?

W 응, 아주 좋은 소식이 있어.

M 계속 궁금하게 만들지 말고.

W 오빠한테서 온 건데. 그가 말하길 덴마크에 나를 위한 좋은 직장이 있대.

M 와우! 멋지다! 그래서 갈 거야?

W 어찌할지 모르겠어. 난 빚에 쪼들려서 갈 수가 없어. 그러나 꼭 가고 싶어, 여기 직장은 수입이 좋지 않기 때문에.

M 그거 정말 문제구나.

Q 대화에 따르면 여자에 관해 옳은 것은 무엇인가?

(a) 그녀는 빚에 쪼들려서 떠나고 싶어 한다.

(b) 그녀의 집은 그녀가 가진 전부다, 그래서 머물고 싶어 한다.

(c) 그녀는 덴마크에 가기로 결정했다.

(d) 그녀는 낮은 임금 때문에 덴마크에 가길 원한다.

해설 여자의 상황을 가장 잘 설명한 것을 묻고 있다. 형편 때문에 갈 수 는 없지만 급여가 적은 현재 직장보다는 덴마크에 있는 직장에 가고 싶어 하므로 정답은 (d)다. (a) 빚 때문에 이사를 못가고 있다. (b) 집에 관한 언급은 없다. (c) 갈지 안갈지 결정 못하고 있다.

어구 suspense 걱정, 불안
debt 빚
desperate 필사적인

정답 (d)

---

38 M I'm in big trouble here.

W What's the matter?

M I'm having problems with my car again and don't have the time or the money to get it running right.

W That bad, huh?

M Yes, it used to overheat while idling or in rush hour traffic. And now it just refuses to start!

W Did you get someone to look at the car?

M Sure, but I couldn't leave it at the mechanic's for repairs since I needed to use it all this week.

W I guess you have to use the subway for the time being.

Q What will the man do next?

(a) Decide on whether to get his car fixed

(b) Take a day off to bring his car to a mechanic

(c) Use public transportation temporarily

(d) Pay for the car's repair with his savings

해석 M 난 곤경에 처해 있어.

W 무슨 일인데?

M 오, 내 차에 또다시 문제가 생겼어, 그런데 그걸 고칠 시간도 돈도 없다니까.

W 그 정도로 안 좋은 거야?

M 공회전 시킬 때나 교통체증이 심할 땐, 항상 과열이 된단 말이야. 지금은 움직이지도 않아.

W 정비소에는 가봤어?

M 물론이지. 하지만 정비소에 차를 맡길 수가 없었어. 이번 주 내내 차를 써야 됐거든.

W 아무래도 당분간은 지하철을 이용해야 할 것 같다.

Q 남자는 다음 단계로 무엇을 할까?

(a) 차를 고칠 지 말지를 결정할 것이다.

(b) 정비공에게 차를 맡기기 위해 하루 쉰다.

(c) 임시방편으로 대중교통을 이용한다.

(d) 자동차 수리를 위해 저축해둔 돈을 다 쓴다.

해설 남자는 문제가 있는 차를 정비소에 맡겨야 하는데 그렇게 못했다. 당분간 지하철을 이용해야 한다는 여자의 말을 통해 (c)가 답임을 알 수 있다.

어구 overheat 과열시키다
idle 헛돌다, 공회전하다

정답 (c)

---

39 W Have you got anything planned for tonight?

M No, why?

W I had a favor to ask of you.

M Sure, what would you like me to do for you?

W Our homework's due tomorrow and I've got a lot to finish. Could you help me with it if I come over now?

M Of course. I haven't completed it myself, either. I'm sure with you around, I'll be motivated to get it done.

Q What are the man and woman going to do?

(a) They are going to do their assignments together.

(b) They are going to eat out.

(c) They are going to help their friend's homework.

(d) They are going to meet tomorrow.

해석 W 오늘밤 어떤 일이라도 있어?

M 아니, 왜?

W 부탁하나 해도 될까?

M 물론이지, 내가 뭘 해주기를 원하는데?

W 숙제가 내일까지인데, 끝내려면 할 게 너무 많거든. 내가 지금 간다면 도와줄 수 있니?

M 좋아, 나도 숙제 끝내지 못했어, 그래서 네가 온다면 내 숙제를 끝내는데 동기부여가 될 것 같아.

Q 남자와 여자는 무엇을 할까?

(a) 그들은 그들의 과제를 함께 할 것이다.

(b) 그들은 외식할 것이다.

(c) 그들은 그들의 친구의 숙제를 도와줄 것이다.

(d) 그들은 내일 만날 것이다.

해설 이후에 벌어질 상황을 추론하는 문제다. 여자가 남자의

집으로 가 남자가 숙제를 도와주기로 했으므로 정답은 (a) 가 된다. (d)는 만나기로 한 때가 오늘밤이므로 옳지 않다.

어구 due (언제) ~하기로 되어 있는
motivate ~에게 동기를 주다, 자극하다
assignment 과제물, 숙제

정답 (a)

---

40 M Hi. I'd like to buy a ticket to Denver, please.

W What time do you want to leave, sir?

M Well, tomorrow morning as early as possible. I've got to see a client and appear for the legal battle at noon.

W There's a bus every thirty minutes starting at 5:30 am.

M Then, I'd like to leave at that time.

W OK. Here it is. Have a nice trip tomorrow, sir.

Q Which is correct according to the conversation?

(a) The man's job is court clerk.

(b) It takes 30 minutes to go to the man's destination.

(c) The man will get on a bus at noon.

(d) If the man misses the first bus, he should wait 30 minutes.

해석 M 안녕하세요. 제가 덴버 행 티켓을 사고 싶은데요.

W 몇 시 출발을 원하세요, 손님?

M 음, 내일 아침 것으로 가능한 한 빠른 거요. 고객을 만나서 정오에는 법정에 출두해야만 하거든요.

W 아침 5시 30분부터 30분마다 버스가 있습니다.

M 그러면 그 시간에 떠나도록 하죠.

W 네, 여기 있습니다. 내일 좋은 여행되세요, 손님.

Q 대화에 따르면 다음 중 옳은 것은 무엇인가?

(a) 남자의 직업은 법원 서기다.

(b) 남자의 목적지까지 가는데는 30분 걸린다.

(c) 남자는 정오에 버스를 탈 것이다.

(d) 남자가 첫 버스를 놓치면 그는 30분을 기다려야 한다.

해설 (a) 남자의 직업은 변호사다. (b) 30분은 배차 간격이다. (c) 남자는 첫차를 탈 것이다. (d) 배차 간격이 30분이므로 정답이다.

어구 appear for the legal battle 법정에 출두하다

정답 (d)

41

W Dr. Smith, can I speak to you for a minute, please?

M Of course, Carol. What is it?

W I'd like to choose another topic for my paper. I was going to write on Germ Theory as you know, but I want to do something different now.

M This is surprising. You were so excited about the pictures of the microbes you came across on the Internet yesterday.

W Yes, it's just that this morning I met my friend's uncle who is a famous scientist. Could I write about him instead?

M Sure, go ahead. It sounds very interesting.

Q What is the most probable relationship between the speakers?

(a) Doctor and Patient
(b) Professor and Student
(c) Director and Intern
(d) Editor and Writer

해석 W 실례합니다, 스미스 박사님, 잠깐 이야기를 할 수 있을까요?

M 물론이지, 캐롤. 무슨 일 때문에 그러지?

W 제 논문의 다른 주제를 선택하고 싶어서요. 아시다시피 전 배종설에 대해 쓰고 있었죠. 그런데 지금 어떤 다른 것에 대해 쓰고 싶어요.

M 놀랍군. 어제 인터넷에서 발견한 미생물 사진에 흥분을 감추지 못했잖아.

W 글쎄, 오늘 아침에 유명한 과학자이신 친구 삼촌을 만났는데요. 대신 그분에 대해서 논문을 써도 될까요?

M 물론이지. 해보도록 하게. 흥미로울 것 같군.

Q 두 사람은 서로 어떤 관계인가?

(a) 의사와 환자
(b) 교수와 학생
(c) 이사와 인턴사원
(d) 편집자와 작가

해설 화자들의 관계를 묻고 있다. 논문의 주제에 대해서 이야기를 하고 있고 topic for my paper, germ theory 등으로 미루어 교수와 학생간의 대화임을 알 수 있으므로 정답은 (b)다.

어구 germ theory 배종설
microbe 미생물, 세균
come across (뜻밖에) 발견하다

정답 (b)

42

M Would you mind lending me your notes? I just need them for a day.

W I'm sorry, but I was planning to review them today. Why don't you photocopy them at the library?

M That's a great idea, thanks! I think I'll do that.

W You're welcome. But tell me, you've been attending class regularly. So why did you want my notes?

M I work at a store on weekday mornings and come to school directly from there. I'm really tired by the time I get to class.

W I understand!

Q What can be inferred according to the conversation?

(a) The man skips classes to work in the morning.
(b) The woman is reviewing for an examination.
(c) The man's job gets in the way of his classes.
(d) The man is too exhausted to take down notes in class.

해석 M 너의 노트를 빌려 줄 수 있어? 하루 정도만 필요한데.

W 미안하지만 오늘 복습을 할 계획이거든. 도서관에서 복사하는 건 어때?

M 좋은 생각이야, 고마워! 그렇게 해야겠어.

W 천만에, 하지만 말 좀 해봐. 넌 수업에 계속 출석을 했잖아. 그런데 왜 노트가 필요하지?

M 주중 아침마다 가게에서 일을 하고 학교로 곧바로 오거든. 수업에 들어갈 시간이면 정말 너무 피곤해.

W 이제야 알겠다.

Q 대화에 따라 추론할 수 있는 것은 무엇인가?

(a) 남자는 아침에 일하러 가기 때문에 수업을 빼먹는다.
(b) 여자는 시험 준비로 복습 중이다.
(c) 남자의 일은 수업에 방해가 된다.
(d) 남자는 너무 기진맥진해서 수업 시간 때 노트에 적을 수가 없다.

해설 아침에 가게에서 일하고 녹초가 된 상태에서 학교에 오기 때문에 필기를 못한다고 했으므로 정답은 (d)다. (a)는 수업에 빠진 것은 아니므로 맞지 않다. 여자가 시험 공부를 하고 있는 상황은 아니므로 (b)도 맞지 않다. (c)는 피곤해서 필기를 못할 뿐 방해가 된다고 보기는 어렵다.

어구 review 복습하다

photocopy 복사하다
exhausted 녹초가 된
take down 적다
get in the way 방해가 되다

정답 (d)

---

43 W Excuse me. Do you need some help?

M Well… yeah… I guess so. I'm trying to get to Station 1, but I'm afraid I can't make heads or tails of this ticket machine.

W Just push the red button that says "Station 1" and put in a dollar and fifty cents.

M OK. Like this?

W Yes, that's right. The train you want will leave from platform 3 at eight o'clock. It is half an hour from now.

M Thanks. You've been a great help.

Q What is the man complaining about?

(a) He doesn't have the correct change.

(b) He's afraid of the machine.

(c) He's not sure how to operate the machine.

(d) He's not sure where the tickets will come out.

해석 W 실례합니다. 도움이 필요하세요?

M 글쎄요…네, 그런 것 같군요. 정거장 1에 가려고 하는데 이 티켓 자동판매기가 도대체 뭐가 뭔지 모르겠군요.

W 정거장 1 이라고 쓰인 빨간 버튼을 누르고 1달러 50센트를 넣으면 되요.

M 네. 이렇게요?

W 네, 맞아요. 당신이 원하는 열차는 8시에 승강장 3번에서 출발합니다. 지금부터 30분 남았네요.

M 감사합니다. 많은 도움이 됐어요.

Q 남자는 뭣 때문에 불평인가?

(a) 그는 거스름돈을 제대로 받지 못했다.

(b) 그는 기계를 두려워한다.

(c) 그는 기계를 어떻게 작동시키는지 알지 못한다.

(d) 그는 티켓이 어디서 나오는지 모른다.

해설 남자가 불평하고 있는 것을 묻고 있으므로 남자 말에 좀 더 집중해야 한다. 남자는 티켓 발권기 작동법을 알지 못해 여자에게 도움을 청하고 있으므로 정답은 (c)다.

어구 change 잔돈

정답 (c)

---

44 M Why are you taking that eight o'clock science class?

W That's the only time I can take 202. If I could take it later, I would.

M I understand. My schedule's the same way.

W But next semester, I think I'll be able to take Science 203 in the afternoon.

M I'd like to do that, too.

W Why? Aren't you a morning person?

M Oh, no, especially when it comes to science.

Q What can be inferred from the conversation?

(a) They have the same sleeping habits.

(b) Both of them like science.

(c) They have the same class.

(d) Both of them are always late.

해석 M 넌 왜 과학 수업 8시 것을 듣는 거야?

W 202를 들을 수 있는 유일한 시간이거든. 나중 것을 들을 수 있다면 그렇게 할 텐데.

M 이해해. 내 시간표도 마찬가지야.

W 그런데 다음 학기엔, 오후 시간에 과학 203을 들을 수 있을 것 같아.

M 나 역시 그러고 싶어.

W 정말? 왜, 너 아침형 인간 아니었어?

M 오, 아니, 과학만큼은 특별하지.

Q 대화로부터 추론할 수 있는 것은 무엇인가?

(a) 잠자는 버릇이 같다.

(b) 둘 다 과학을 좋아한다.

(c) 그들은 같은 수업을 듣는다.

(d) 둘 다 매일 지각한다.

해설 둘 다 8시 과학 수업을 듣고 있으므로 정답은 (c)다. (a), (b), (d)는 대화의 내용만으로는 추론할 수 없다.

어구 semester 학기
sleeping habit 수면 습관

정답 (c)

---

45 M Hi, my name's Saul. I remember you from the Technology For the Masses seminar last week.

W The TFM?

M Yes, I was seated near the door because I came in a little late. You may not have noticed me.

W I see. I'm Hilda. By the way, you're uh… it's… "Paul," isn't it?

M No, the name's "Saul," with an "S".

W I'm so sorry. I was up till 3 a.m. last night.

M Not to worry. I'm used to people calling me "Paul" by mistake all the time.

Q Why does the woman apologize?

(a) She didn't sleep well the night before.

(b) She didn't recognize the man from the seminar.

(c) She is constantly going to bed late.

(d) She didn't say the man's name correctly.

해석 M 안녕, 내 이름은 사울이야. 지난주 TFM 세미나에 온 너를 기억해.

W TFM말이지?

M 그래, 난 좀 늦어서 문가에 앉았었거든. 너는 날 못 봤을 거야.

W 그렇군. 나는 힐다야. 그런데, 네 이름은 음…폴이지?

M 아니, 내 이름은 S로 시작하는 사울이야.

W 미안해. 지난밤에 3시 넘어서 잠을 잤거든.

M 걱정 마. 나는 사람들이 항상 실수로 내 이름을 폴이라고 부르는 것에 익숙하거든.

Q 여자는 왜 사과를 하는가?

(a) 어젯밤 잠을 잘 자지 못해서

(b) 세미나 때의 그 남자를 알아보지 못해서

(c) 언제나 잠자리에 늦어서

(d) 남자의 이름을 정확히 말하지 못해서

해설 여자가 사과하는 이유를 묻고 있으므로 여자 말에 좀 더 집중해야 한다. 여자가 미안하다고 말한 이유는 남자의 이름인 사울 대신 폴이라고 말한 것에 대해서이므로 정답은 (d)다.

어구 by the way 그런데

정답 (d)

Part IV

46 Heart ailment, cancer, stroke and diabetes are caused by inactive way of living. Millions of untimely deaths all over the globe per year are due to "stationary" living. Studies show that approximately 10 percent of all loss of life in developed nations are due mainly to inactivity or sluggishness, while around 23 percent are caused by persistent sicknesses.

Q What is the main topic of the talk?

(a) Principal causes of death

(b) Principal diseases and man's death

(c) Percentage of man dying of major illnesses

(d) The effects of sickness to man

해석 심장병, 암, 뇌졸중, 당뇨병은 비활동적인 생활방식으로 야기된다. 전 세계적으로 수백만 건의 조기 사망은 "정적인" 생활에 기인한다. 연구는 선진국에서 전체 사망자의 약 10퍼센트는 주로 비 활동이나 게으름 때문이라는 것을 보여준다. 반면 약 23퍼센트는 지속적인 병으로 인한 것이다.

Q 담화의 주제는 무엇인가?

(a) 죽음의 주요 원인들

(b) 주된 질병들과 인간의 죽음

(c) 주요 질병으로 인한 인간의 사망에 대한 백분율

(d) 인간에게 미치는 질병의 영향

해설 담화의 주제를 묻는 문제다. 심장병, 암, 뇌졸중, 당뇨병 등 게으름으로 인해 죽음으로 이르게 하는 대표적인 질병에 대해서 언급하고 있으므로 주제를 가장 잘 나타낸 것은 (a)다.

어구 ailment 병, 불안
stroke 뇌졸중
diabetes 당뇨병
inactive 활동하지 않는, 나태한, 게으른
untimely 때아닌, 불시의, 시기상조의
stationary 움직이지 않는, 정지된
developed nation 선진국
sluggishness 게으름

정답 (a)

47 You can find workaholics anywhere – in the workplace, at home or even on the street. These individuals have a compulsive need to work hard and for very long hours, whatever the circumstances might be. But your life doesn't have to be a mess because of those lengthy working hours. There are proven methods to spend time in a more rewarding and effective manner, whether in or out of the office.

Q What is the speaker's main point?

(a) People should not be workaholics.

(b) There are practical ways to make a workaholic's life more enjoyable.

(c) Some people are obliged and even thrilled to spend time at work rather than socialize.

(d) Working long hours can affect your behavior in the office and out.

해석 일중독자들은 직장, 가정 심지어 길 위 등 어디에서든 발견할 수 있다. 이런 개개인들은 상황이 어떻든 일을 열심히 오랜 시간 동안 하는 강박적인 필요성을 가지고 있다. 하지만 당신의 삶이 오랜 근무시간 때문에 엉망이 될 필요는 없다. 사무실 안에 있든 밖에 있든, 더 보람 있고 효과적인 방법으로 시간을 보낼 수 있는 증명된 방법들이 있다.

Q 말하고자 하는 요점은 무엇인가?
(a) 사람들은 일중독자가 되어서는 안 된다.
(b) 일중독자들의 인생을 좀 더 즐겁게 만드는 효과적인 방법들이 있다.
(c) 어떤 사람들은 사교적 활동보다도 일에 시간을 투자하는 것을 어쩔 수 없어 하면서도 또한 즐기기도 한다.
(d) 장시간 일하는 것은 사무실 안에서나 밖에서 당신의 행동에 영향을 미친다

해설 일중독자가 되지 말라는 것이 아니라 일중독자들도 사무실 안팎에서 시간을 즐길 수 있고 삶의 활력과 좋은 컨디션을 유지할 수 있다고 하므로 정답은 (b)다.

어구 workaholic 일중독자

정답 (b)

로, 지구는 냉각이 되었고 그 표면의 지형이 생겨났습니다. 수업이 끝나갈 무렵, 우리는 애초에 어떻게 판게아로 불리는 하나의 큰 대륙이 있었는지도 봤습니다. 이 주제를 이어가면, 우리는 이제 판게아에 관한 짧은 영상물을 보게 될 겁니다. 저는 그리고 난 다음 대양에서 발견되는 현무암 흐름으로 가보도록 하겠습니다.

Q 무엇에 관한 강의인가?
(a) 생물학
(b) 지질학
(c) 천문학
(d) 해양학

해설 강의의 주제를 묻고 있다. 지구와 달의 생성 과정도 언급이 되어 있지만 지구가 식어가면서 표면이 어떻게 생성되는지, 대륙들이 어떻게 생성되는지 그리고 바다 속의 현무암 등에 관한 이야기들이 등장하므로 가장 적절한 것은 (b)다.

어구 formation 형성
planetary 행성의
give rise to ～을 발생하다, ～의 근원이다
surface 표면
continent 대륙
basalt 현무암

정답 (b)

48 Yesterday, I discussed theories related to the formation of the earth and the moon. The most credible of them appears to be the "Single Source" theory, which states that a single ball of planetary material gave rise to both bodies. Then, as I mentioned, the earth cooled and its surface features came into being. Towards the end of the class, we also saw how there was just this one big continent called Pangaea in the beginning. Continuing with that topic, we'll now watch a short film on Pangaea. I will then go on to the basalt flows that have been discovered in our oceans.

Q What is the lecture about?
(a) Biology
(b) Geology
(c) Astronomy
(d) Oceanography

해석 어제, 나는 지구와 달의 형성과 관련된 이론들에 대해서 논의를 했습니다. 그들 중 가장 믿을만한 이론은 한 개의 행성 물질구가 두 개의 몸체의 근원이라는 "단독 근원"이론이라고 생각합니다. 그렇다면, 제가 언급한대

49 When you hear a tourist communicate in a different language, the lure is to instantly interpret it into you own language. It becomes more enticing especially so when you listen to a spoken word that you do not comprehend. This is conceived as normal, considering that we only wish to understand what is being discussed. But a problem occurs when you start to interpret into your native tongue because your focal point is now the translation process going on in your mind, so the center of your attention is veered away from the speaker.

Q What is the main idea of the talk?
(a) Understand the main ideas first, before you go into the details.
(b) The secret to conversing effectively is to become a good listener.
(c) An obstacle is formed between yourself and the speaker the moment you start to translate.
(d) Never attempt to understand everything.

도, 기술은 진보했고 더욱 현대적인 장비들과 효과적인 망원경들이 우주에 설치가 되었다. 이러한 새로운 발견으로, 천문학자들이 발견하기가 어려웠던 행성은 현실이 되었다.

Q 화자의 요지는 무엇인가?

(a) 사람들은 이 시대를 기술의 시대라고 부른다.

(b) 망원경은 천문학자들에 의해 개선되었다.

(c) 현대 기술 때문에 천문학자들은 더 많은 행성들을 찾을 수 있다.

(d) 증거를 잡는 것은 어렵다.

해설 요지를 묻는 문제다. 20년 전에는 매우 작은 행성은 발견할 수 없었지만, 기술의 진보로 이제는 찾을 수 있다는 것이 요지다. 따라서 정답은 (c)다.

어구 evidence 증거
astronomer 천문학자
locate (위치를) 알아내다
in the light of ～의 견지에서, ～에 비추어서

정답 (c)

해석 당신이 관광객들이 서로 다른 언어로 의사소통을 하는 것을 듣게 될 때 즉시 당신의 언어로 통역을 하고자 하는 유혹이 있다. 당신이 이해하지 못하는 언어를 듣게 될 때 그것은 특별히 더 마음을 끌게 된다. 우리는 논의되는 것을 이해하기를 원한다는 것을 고려하면 그것은 정상적인 것이다. 하지만 초점은 마음속으로 진행되는 번역과정 때문에 당신의 모국어로 통역을 시작할 때 문제는 발생된다. 그래서 주의력이 화자로부터 멀어지게 된다.

Q 담화의 요점은 무엇인가?

(a) 세세한 것으로 들어가기 전에 주제를 먼저 이해해라.

(b) 효과적으로 통역을 하는 비결은 훌륭한 청취자가 되는 것이다.

(c) 통역을 시작할 때 당신과 화자 사이에는 장애물이 형성된다.

(d) 모든 것을 다 이해하려고 하지 말라.

해설 주제를 묻는 문제다. 외국어를 듣게 되면 본인의 모국어로 해석하려 하고 이렇게 되면 그 외국어에 대한 주의력이 떨어지게 된다는 것이 주제이므로 정답은 (c)다.

어구 lure 매혹물
enticing 마음을 끄는
comprehend 이해하다
conceive 마음에 품다, 고안하다, 이해하다
tongue 말, 언어
focal 초점의
veer (의견, 감정 등이) 바뀌다, 전향하다

정답 (c)

---

50 Twenty years back, even a telescope could not locate a single planet which is so small and many light years away. Fortunately, the age of technology evolved and more modern instruments and efficient telescopes were installed in space. In the light of these new discoveries, the planet that astronomers were finding hard to locate became a reality.

Q What is the speaker's main idea?

(a) People call this age the age of technology.

(b) Telescopes have been improved by astronomers.

(c) Due to modern technology, astronomers can find more planets.

(d) It is difficult to get evidence.

해석 20년 전에는, 망원경으로도 너무나도 작고 몇 광년이 떨어져 있는 한 개의 행성도 발견할 수 없었다. 다행히

---

51 Caleb Johnson twisted his ankle in a crucial league match last Thursday and could not return to prevent a 98 to 76 loss for the Michigan Masters against the Detroit Devils. Johnson has been advised to rest for the rest of the week and is unlikely to appear for the Saturday outing against the Cleveland Coyotes. He was fouled by Detroit center Ali Bacher towards the end of the first half and seemed in pain even as he converted his free throws. Johnson had 12 points and four assists in the game and was a valuable player for the Masters in his quarterfinal match.

Q Which is correct according to the sports report?

(a) Johnson is good at free throws.

(b) The Detroit Devils lost to the Michigan Masters.

(c) Johnson left an important game due to a defeat.

(d) Johnson is doubtful for the next game.

해석 칼렙 존슨은 지난 목요일 중요한 리그 매치에서 발목을 삐어 디트로이트와의 경기에서 미시간 마스터스의 98 대 76 패배를 막을 수 없었습니다. 존슨은 남은 주 동안 안정을 취하도록 권고 받았고 클리블랜드 코요테스와의 토요일 출장에 나오지 못 할 것 같습니다. 그는

전반 후반에서 디트로이트 센터인 알리 배이처에게 파울을 당했고 프리 드로우로 득점을 할 때도 고통을 느꼈습니다. 존슨은 게임에서 12점과 4개의 어시스트를 기록했고 마스터스와의 준준결승 경기에서 수훈을 세웠습니다.

Q 스포츠 리포트에 따르면 옳은 것은 무엇인가?
(a) 존슨은 자유투에 능하다.
(b) 디트로이트 데빌스는 미시간 마스터스에 졌다.
(c) 존슨은 패배했기 때문에 중요한 경기를 떠났다.
(d) 존슨은 다음 경기가 불확실하다.

해설 칼렙 존슨은 경기 중 부상을 당한 와중에도 제 몫을 해냈으나 다음 경기인 토요일 출장이 어려울 것이라는 것이 주요 내용이므로 정답은 (d)다. (a) 알 수 없는 내용이다. (b) 진 팀은 미시간 마스터스이다. (c) 존슨은 부상 때문에 경기에 참여하지 못한다.

어구 outing (경기 등의) 출장

정답 (d)

52 Starting off as a news anchor in Nashville and Baltimore, Oprah Winfrey went on to become the host of a Chicago Morning Talk Show in 1984. The television show was renamed after her to honor her growing popularity. It also created syndication history in 1986. Oprah's name is one of the most widely recognized names in America. Yet she remains very accessible. She openly discusses her problems with weight control and her experiences of sexual abuse. Further, she is known for her committed philanthropic efforts through which she makes substantial contributions to the community.

Q Which of the following is the speaker's main point about Oprah?
(a) She is a simple woman with a powerful position in the entertainment world.
(b) She is one of the most influential people not only in media, but also in society in general.
(c) She has captured the hearts of millions because of her nearly perfect career.
(d) She is a remarkable woman who dedicates her life to the entertainment industry.

해석 오프라 윈프리는 내쉬빌과 볼티모어에서 뉴스 앵커로 시작하여, 1984년에 시카고 모닝 토크쇼에서 사회자가 되었다. 텔레비전 쇼는 그녀의 높아지는 인기를 예우

하기 위해 그녀의 이름을 따서 개칭하였다. 1986년에서는 새로운 방송 역사를 만들어냈다. 오프라의 이름은 미국에서 가장 잘 널리 알려진 이름 중 하나가 되었다. 그럼에도 불구하고 친근함을 유지하고 있다. 그녀는 공개적으로 그녀의 몸무게 관리와 성적 학대 경험에 관해서 공개적으로 이야기를 한다. 게다가, 그녀는 사회에 물질적으로 기여하는 헌신적이고 인간미 있는 노력하는 인물로 알려져 있다.

Q 오프라에 대한 화자의 주된 요점은 무엇인가?
(a) 그녀는 연예계에서 힘있는 위치에 있는 단순한 여성이다.
(b) 그녀는 매스컴뿐만 아니라 일반 사회에서도 가장 영향력 있는 사람 중에 한 명이다.
(c) 그녀는 완벽에 가까운 성공으로 인해 수백만 사람의 마음을 사로잡았다.
(d) 그녀는 연예 산업 분야에 인생을 바친 뛰어난 여인이다.

해설 오프라에 대한 화자의 요점을 묻고 있다. 오프라는 연예 산업에서 가장 힘있는 사람들 중 한 사람으로 성공 가도를 달리고 있고 자선가로서도 사회에 많은 공헌을 하고 있다고 했으므로 정답은 (b)가 가장 적절하다.

어구 undoubtedly 의심할 여지 없이, 확실히
popularity 인기, 평판
syndication 조직 연합
accessible 접근하기 쉬운, 이해하기 쉬운, 영향을 받기 쉬운
philanthropic 인정 많은, 인자한, 박애의
substantial 상당한, 실체의, 물질의

정답 (b)

53 Even in this age of advanced communication options, Filipinos continue to communicate with their loved ones the old-fashioned way through letters. According to the Philippine Postal Corporation or Philpost, letter carriers or "karteros" are among the most popular and eagerly awaited persons in Filipino communities because they bring letters from loved ones abroad. Postal employees deliver an average of one million letters on a daily basis within the Philippines. These carry not just news of relatives and friends, but also photographs and even cash.

Q Which is correct according to the report?
(a) Filipinos still prefer snail mail.
(b) Letter sending is more convenient even for those who have access to modern

technology.

(c) The Philpost handles more mail compared to other parcel services for Filipinos.

(d) Technological advances do not hamper Filipinos from sending letters.

해석 진보한 통신 수단의 시대에도, 필리핀 사람들은 그들이 사랑하는 사람들과 옛날 방식인 편지로 의사소통을 계속 하고 있다. 필리핀 우편국인 필포스트에 의하면, 해외에 있는 사랑하는 사람들에게서 온 편지를 가져다 주기 때문에 우편배달부인 "karteros"는 가장 인기 있고 기다려지는 사람들이다. 우체부들은 필리핀 내에서 하루에 평균 백만 통의 편지를 배달한다. 이 편지들은 친지들과 친구들의 소식만을 전하는 뿐 아니라 사진과 심지어 현금까지 보내준다.

Q 리포트에 따르면 다음 중 옳은 것은 무엇인가?
(a) 필리핀인들은 여전히 보통 우편을 좋아한다.
(b) 편지 보내기는 현대 기술을 이용하는 사람들에게도 더욱 편리하다.
(c) 필포스트는 필리핀인들을 위해 소포배달에 비해 더 많은 우편물을 다룬다.
(d) 기술적 진보가 필리핀인들의 편지 보내기를 막지는 못한다.

해설 내용으로 옳은 것을 묻고 있으므로 지문의 세부 사항들을 기억해야 한다. 필리핀 사람들은 첨단 기술의 등장에도 불구하고 편지를 보내는 것을 더 선호한다고 했으므로 선택지에서 옳은 진술은 (a)다.

어구 on a daily basis 하루 기준으로
option 선택
old-fashioned 구식의, 시대에 뒤떨어진
snail mail 보통 우편(e-mail과 비교한 용어)
cash 현금
hamper 방해하다

정답 (a)

54 Robert Capa is a name that has for many years been synonymous with war photography. Born in 1913 as Friedmann Endre Erno, Capa was forced to leave his native country after his involvement in anti-government protests. Capa had originally wanted to become a writer, but after his arrival in Berlin had first worked as a photographer. He later left Germany and moved to France due to the rise in Nazism. He tried to find work as a freelance journalist and it was here that he changed his name to Robert Capa, mainly because he thought it would sound more American.

Q **Which is correct according to the talk?**

(a) As a photographer, Capa changed his name to sound more American.

(b) Photography was not what Capa was interested in at first.

(c) Capa had to leave Germany to pursue his love for photography.

(d) Capa's involvement in protests forced him to leave France.

해석 로버트 카파는 오랫 동안 전쟁 사진과 동일시되어 온 이름이다. 프라이드만 안드레 에모란 이름으로 1913년에 태어났다. 카파는 반정부 저항 운동과 연루된 후 그의 조국을 떠나도록 강요받았다. 카파는 원래 작가가 되기를 원했었지만 베를린에 도착 후 사진작가로 처음 직업을 구했다. 그는 나찌즘의 부활로 인해 후에 독일을 떠나 프랑스로 이주했다. 그는 프리랜서 저널리스트로 직업을 구하려고 했고 좀 더 미국적으로 들린다고 생각해서 그의 이름을 로버트 카파로 바꾼 것은 이 곳에서였다.

Q 담화에 따르면 옳은 것은?
(a) 사진작가로서 카파는 그의 이름을 좀 더 미국적으로 들리기 위해 바꿨다.
(b) 사진술은 카파가 처음에는 관심이 있던 것이 아니었다.
(c) 카파는 사진에 대한 열망을 추구하기 위해 독일을 떠나야만 했다.
(d) 카파의 반대 시위 참여는 그로 하여금 프랑스를 떠나게 만들었다.

해설 (a) 이름을 바꿀 때 카파의 직업은 저널리스트였다. (b) 카파는 원래 작가가 되고 싶어 했으므로 정답이다. 카파가 프랑스를 떠난 건 나찌즘 때문이었으므로 (c)는 옳지 않다. (d)에 대한 언급은 없으므로 역시 옳지 않다.

어구 synonymous 같은 뜻의
be forced to 강제로 ~하다
involvement 관련, 연루
rise 부활

정답 (b)

55 The Weather Bureau predicts light rains or drizzles in the eastern parts of the Carolinas, southern Georgia and Florida tomorrow owing to the weak cold front moving southwards. As this front weakens further, the far south of Texas may receive some showers as well. Dry weather is indicated for the rest

of the region from Texas to the Appalachians. Temperatures will vary between the 40s in some areas of northern Tennessee to the 80s in south Florida.

Q Which is correct according to the weather forecast?

(a) Rain and snow showers will scurry over the region.

(b) A cold front will deliver rain or snow in the area.

(c) Dry conditions are expected to reach Florida.

(d) A weak cold front may bring a few rain showers to far southern Texas.

해석 기상청은 남쪽으로 이동하는 약한 한랭전선으로 인해 내일 캐롤라이나의 동쪽, 조지아 남쪽 그리고 플로리다에 약한 비와 보슬비가 올 것이라고 예보했습니다. 향후 이 전선이 약해짐에 따라, 텍사스 남쪽은 소나기가 오겠습니다. 텍사스와 애팔래치아 산맥의 나머지 지역은 건조한 기후가 예상됩니다. 기온은 테네시 북쪽 지역의 40도에서 플로리다 남쪽의 80도로 분포하겠습니다.

Q 일기예보에 따르면 옳은 것은 무엇인가?

(a) 비와 눈이 지역에 날릴 것이다.

(b) 한랭전선의 영향으로 그 지역에 비나 눈을 몰고 올 것이다.

(c) 건조한 날씨가 플로리다에 상륙할 것으로 예상된다.

(d) 약한 한랭 전선이 저 멀리 남부 텍사스에 약간의 소나기를 가져다 줄 것이다.

해설 일기예보의 내용으로 사실인 것을 묻고 있다. 지역별로 다른 일기예보를 기억하고 있어야 한다. 남부 텍사스에는 한랭전선의 영향을 받아 소나기 올 것이라고 예보하고 있으므로 정답은 (d)다. (a)와 (b)는 눈에 관한 언급은 없으므로 정답에서 일단 제외시킨다. (c) 건조 기후가 예상되는 지역은 텍사스다.

어구 drizzle 이슬비
cold front 한랭전선
scurry 흩날리다

정답 (d)

56 Contrary to beliefs, cold viruses are not spread by going out in the chilly weather without a sweater or a hat, or with hair still dripping wet. While it's true that we are more inclined to catch the virus during winter, they are more easily transmitted when people are closely and collectively gathered inside one roof. You can have a cold or flu without being sneezed on; the virus can be transmitted on to you just by touching almost any surface. A virus can live on for a long time in just about any area like your hands, the telephone, door handle or drinking glass.

Q Which is correct according to the report?

(a) Cold viruses have a short life.

(b) The cold virus spreads very fast.

(c) Cold viruses can be spread more easily through personal contact.

(d) When you sneeze, it means you catch a cold.

해석 믿음과는 다르게, 감기 바이러스는 스웨터나 모자 없이, 혹은 물이 뚝뚝 떨어지는 머리로 추운 날씨에 외출하는 것으로 걸리지는 않는다. 우리가 겨울에 감기에 잘 걸리는 것이 사실이너나노, 감기 바이러스는 사람들이 한 공간 안에 가까이 집단적으로 모여 있을 때 더 쉽게 전염된다. 당신은 재채기를 하지 않고도 감기나 독감에 걸리 수 있다. 바이러스는 어떤 표면이라도 만지면 감염될 수 있습니다. 바이러스는 손, 전화기, 문손잡이 혹은 술잔과 같은 곳에 오랫동안 살 수 있습니다.

Q 리포트에 따르면 옳은 것은 무엇인가?

(a) 감기 바이러스는 수명이 짧다.

(b) 감기 바이러스는 빠르게 퍼진다.

(c) 감기 바이러스는 개인적인 접촉을 통해 더 쉽게 퍼진다.

(d) 재채기하는 것은 감기 걸린 걸 의미한다.

해설 리포트의 내용으로 맞지 않는 것을 묻고 있으므로 감기 바이러스는 날씨가 추워서라기 보다는 접촉을 통해서 더 쉽게 퍼진다고 했으므로 정답은 (c)다. (a) 바이러스의 수명은 길다. (b) 퍼지는 속도에 대한 정보는 없다. (d) 재치기가 감기를 의미하는 것은 아니다.

어구 drip 물방울이 떨어지다
transmit 전염되다
collectively 집단적으로

정답 (c)

57 When the Titanic was ready to set sail in 1912, her proud owners were confident that she was virtually unsinkable. Everyone connected with this mighty liner, from the builders to the crew and passengers, was certain that she was the safest and finest ship ever made. At 269 meters, she stood taller than some of the biggest buildings of the time. The Titanic was extravagant in size and luxury and showcased the technological advances of the age with its superior safety features. It was thought that even if she were letting in water, she had the capacity to stay afloat indefinitely until help came along. However, on April 14, 1912, she sank with 1,517 people on board.

Q **What is the lesson from the talk?**

(a) Make hay while the sun shines.
(b) After death, the doctor.
(c) Slow and steady wins the race.
(d) Don't be conceited.

해석 1912년에 타이타닉호가 출항 준비가 됐을 때, 득의양양한 그 배의 소유주들은 그 배가 침몰하지 않을 것이라는 확신이 있었다. 배를 만든 사람들에서 승무원 그리고 승객들에 이르기까지 이 대단한 배와 관계가 있는 모든 사람들은 타이타닉은 가장 안전하고 훌륭한 배라는 것을 확신했다. 269미터로, 타이타닉호는 당시 가장 큰 건물보다 더 높았다. 타이타닉호는 사이즈와 호화스러움에서 엄청났고 우수한 안전 장치들로 무장하여 기술적 발전을 소개했다. 설령 배에 물이 들어 와도 구조가 올 때까지 무한정 떠 있을 수 있는 능력이 있다고 여겨졌다. 그러나 1912년 4월 14일, 1,517명을 태운 타이타닉호는 침몰했다.

Q 담화의 교훈은 무엇인가?
(a) 기회는 올 때 잡아라.
(b) 소 잃고 외양간 고친다.
(c) 느려도 황소 걸음.
(d) 자만하지 마라.

해설 타이타닉호는 당대 최고의 기술로 만든 가장 안전하고 훌륭한 배이므로 침몰할 위험성이 전혀 없다고 확신했지만 결국 침몰했다는 내용이다. 따라서 얻을 수 있는 교훈은 (d)의 '자만하지 마라'이다.

어구 unsinkable 가라앉지 않는
showcase 소개하다
extravagant 사치스러운, 엄청난
afloat 떠서, 해상에
indefinitely 불명확하게, 막연히, 무기한으로

정답 (d)

58 John Adams, who went on to become the second U.S. president, displayed his playful side in an early courtship letter to his future wife Abigail, where he called her "Miss Adorable." When she died 56 years later, he wrote to his son that he had lost the capacity to grieve and that "death has no sting left for me." The amazing bond shared by this highly respected couple was revealed through the 1,100 letters written during their life together. 289 of these are included in the book "My Dearest Friend."

Q **What is the title of the talk?**

(a) The family and love
(b) A couple's remarkable story
(c) Death and love
(d) John Adams, our beloved president

해석 미국의 2대 대통령이었던 존 애덤스는 "미스 귀염둥이"라고 부른 미래의 부인인 아비가일에게 쓴 초창기의 구애 편지에서 장난기 있는 면을 보여주었다. 그녀가 56년 후에 사망했을 때, 그는 그의 아들에게 그는 슬퍼할 능력을 상실했고 "죽음은 나에게 어떤 아픔도 남기지 않았다"고 편지를 썼다. 너무나도 서로 존중했던 부부가 나눴던 놀라운 유대는 그들이 함께 했던 삶 동안 쓰여 졌던 1,100통의 편지에 드러난다. 그 중 289통의 편지가 "나의 가장 소중한 친구"라는 책에 포함되었다.

Q 담화의 제목은 무엇인가?
(a) 가족과 사랑
(b) 한 커플의 놀라운 이야기
(c) 죽음과 사랑
(d) 존 아담스, 우리의 가장 사랑하는 대통령

해설 제목을 묻는 문제다. 미국의 제2대 대통령 애덤스와 그의 부인의 러브스토리가 소개되었고 그들의 편지가 책으로 출간되었다는 내용이다. 따라서 제목은 (b)가 가장 적절하다.

어구 playful 놀기 좋아하는, 명랑한
courtship 구애, 구혼
sting 찌르는 듯한 아픔
grieve 슬프게 하다

정답 (b)

59 A fascinating program is going to be aired in two days at 8 p.m. on Channel 20. Its subject will be Austrian psychoanalyst Sigmund Freud. Everything in the program is illustrated with great computer animation that makes the explanations really easy to grasp. One thing I like about it is that Freud's controversial ideas are shown without bias, for the narrative is fair and balanced, as well as scholarly. There are no "Freud lovers" or "Freud bashers" here. You should really make an effort to watch this show.

Q **Which best summarizes the speaker's attitude toward the program?**

(a) It is understandable and not prejudiced.

(b) It is controversial but enlightening.

(c) It is interesting and informative.

(d) It is satisfactory and explanatory.

해석 아주 흥미로운 프로그램이 채널 20번에서 저녁 8시에 이틀에 걸쳐 방송됩니다. 이 프로그램의 주인공은 오스트리아의 정신 분석가인 지그문트 프로이드입니다. 이 프로그램의 모든 것이 훌륭한 컴퓨터 애니메이션으로 그려졌으며 이해하기 아주 쉽게 설명되어 있다. 그것에 관해 내가 한 가지 좋아하는 점은 이야기가 학술적일뿐 아니라 공정하고 균형있게 전개되기 때문에 논쟁의 여지가 많은 프로이드의 사상이 편견 없이 보여 진다는 것이다. 여기엔 "프로이드의 애호가들"이나 "프로이드의 정적들"은 없다. 당신은 이 프로그램을 틀림없이 보게 될 것이라 믿는다. 이 쇼를 시청하려면 노력을 해야 할 것이다.

Q 이 프로그램에 대한 글쓴이의 태도를 가장 잘 요약한 것은 무엇인가?
(a) 이해할만하고 편견이 없다.
(b) 논란의 여지는 있지만 계몽적이다.
(c) 흥미롭고 유익하다.
(d) 만족스럽고 설명적이다.

해설 프로그램에 대한 화자의 견해를 묻고 있다. 프로그램은 논쟁의 여지가 많은 프로이드의 사상이 편견 없이 보여 지고 이해하기 쉽다고 했으므로 정답은 (a)다.

어구 air 방송하다
psychoanalyst 정신 분석가
grasp 붙잡다, 납득하다
controversial 논쟁의
informative 정보의, 유익한

정답 (a)

60 The loudest noises barely stir us to move; it's the most silent sounds that affect us. At midnight, I lie awake listening to a dripping faucet at a very far distance through thick, concrete walls. And for forty-three years in our house in the province, I've been hearing tiny, squeaking clatters and thuds at midpoint of night which my rather vivid mind interprets into foot movements of someone close-by walking around the house. Why is it that I don't hear those noises during the day?

Q **What can be inferred from the talk?**

(a) Loud noise can be heard from a distance.

(b) People are more sensitive to silent sound than loud noise.

(c) Sound volume has to do with one's mental state.

(d) Silent sound can be heard better during the day than night.

해석 큰 소리도 우리가 움직이도록 자극하지 못한다. 가장 조용한 소리가 우리에게 영향을 준다. 한밤중에, 나는 두꺼운 콘크리트 벽을 통해 아주 멀리서 수돗물 떨어지는 소리를 들으며 깨어 누워 있다. 그리고 이 지역에 있는 우리 집에서 43년 동안, 나는 한 밤 중에 작고 삐걱거리는 달가닥 소리와 덜컥하는 소리를 들어왔다. 집 주위 가까이에서 누군가가 걷는 발소리라는 생각이 든다. 낮 동안에는 왜 이런 소리들을 들을 수 없을까?

Q 담화로부터 추론할 수 있는 것은?
(a) 큰 소음은 멀리서도 들을 수 있다.
(b) 사람들은 큰 소음보다 조용한 소리에 더 민감하다.
(c) 소리의 볼륨은 사람의 정신 상태와 관계가 있다.
(d) 밤보다는 낮에 조용한 소리가 더 잘 들린다.

해설 주제는 작은 소리가 큰 소리보다 더 영향을 주며 특히, 밤에는 작은 소리도 잘 들린다는 것이다. 따라서 정답은 (b)다.

어구 dripping (물이) 떨어지는
squeak 삐걱거리다
clatter 달가닥 달가닥하는
thud 쿵, 털썩, 덜컥

정답 (b)

Answers

Part I
1.(c) 2.(a) 3.(d) 4.(b) 5.(a) 6.(c) 7.(c) 8.(b)
9.(a) 10.(b) 11.(c) 12.(c) 13.(a) 14.(b) 15.(b)

Part II
16.(a) 17.(b) 18.(d) 19.(a) 20.(a) 21.(b)
22.(c) 23.(d) 24.(a) 25.(b) 26.(c) 27.(c)
28.(b) 29.(a) 30.(d)

Part III
31.(c) 32.(c) 33.(a) 34.(d) 35.(b) 36.(c)
37.(c) 38.(d) 39.(b) 40.(c) 41.(a) 42.(b)
43.(d) 44.(d) 45.(b)

Part IV
46.(b) 47.(a) 48.(c) 49.(b) 50.(a) 51.(a)
52.(c) 53.(c) 54.(a) 55.(b) 56.(c) 57.(d)
58.(b) 59.(a) 60.(d)

Part I

1　M　**Have you seen Dr. Brown by any chance?**
　　　W　＿＿＿＿＿＿＿＿＿＿＿＿＿＿＿＿＿

(a) Yes, I think it was brown.
(b) That's news to me.
(c) Yes, he was here a couple of minutes ago.
(d) Let me introduce you to him.

해석　M　브라운 의사 선생님을 만난 적이 있나요?
　　　W　＿＿＿＿＿＿＿＿＿＿＿＿＿＿＿
　　　(a) 예, 그것은 갈색이었어요.
　　　(b) 금시초문인데요.
　　　(c) 예, 몇 분전에 여기 계셨어요.
　　　(d) 그에게 당신을 소개할게요.

해설　브라운 선생님을 만나 본적이 있는가에 대한 질문에 적절한 답변은 (c)다. (b)는 '금시초문'이라는 뜻이고 (d)는 처음 만났을 때 소개하는 표현이다.

어구　by chance 우연히

정답　(c)

2　M　**What's holding them so long?**
　　　W　＿＿＿＿＿＿＿＿＿＿＿＿＿＿

(a) The traffic is terrible.
(b) Tell me about it. It's so annoying.

(c) I know what you mean.
(d) They are holding a party tonight.

해석　M　무엇이 그들을 오랫동안 지체시키고 있나요?
　　　W　＿＿＿＿＿＿＿＿＿＿＿＿＿＿
　　　(a) 교통체증이 너무 심해서요.
　　　(b) 정말 그래요. 짜증나요.
　　　(c) 무슨 말인지 알겠어요.
　　　(d) 그들은 오늘 밤 파티를 열 거예요.

해설　What으로 시작하는 의문문이지만 내용상 Why의 의미이므로 선택지에서 그 이유를 찾아야 한다. 즉, 오랫동안 지체한 이유로 적절한 것은 (a)다. (b)는 '정말 그래요. 짜증나요'라는 뜻으로 상황에 어울리지 않는다. (c)는 답변이 대단히 추상적이고 질문이 원인을 묻고 있으므로 구체적 답변이 나와야 한다.

어구　hold a party 파티를 열다

정답　(a)

3　M　**I haven't seen you recently. Why?**
　　　W　＿＿＿＿＿＿＿＿＿＿＿＿＿＿＿＿

(a) I had no time to talk with you.
(b) I will let you know when your turn comes.
(c) Do not wander around here.
(d) I had to take care of my little brother.

해석　M　당신을 최근에 못 봤어요. 왜죠?
　　　W　＿＿＿＿＿＿＿＿＿＿＿＿＿＿＿
　　　(a) 당신과 이야기할 시간이 없었어요.
　　　(b) 당신의 차례가 되면 알려줄게요.
　　　(c) 이곳 주변을 돌아다니지 마세요.
　　　(d) 제 동생을 돌봐야만 했어요.

해설　최근에 보지 못한 이유를 묻고 있으므로 정답은 (d)다. 나머지는 상황과 어울리지 않는다.

어구　turn 차례, 순서
　　　take care of ～을 돌보다

정답　(d)

4　M　**I heard you were here yesterday when Mrs. Smith came to do the inspection. Is it true?**
　　　W　＿＿＿＿＿＿＿＿＿＿＿＿＿＿＿＿

(a) My innocence will be proven.
(b) No, I was sick in bed.
(c) Sure, let's inspect it.
(d) Maybe, but I arrived early.

해석　M　스미스 씨가 조사차 왔을 때, 당신이 어제 여기 있었다고 들었어요. 사실인가요?

W _____

(a) 저의 결백이 증명될 거예요.
(b) 아니오, 저는 어제 앓아서 누워 있었어요.
(c) 물론이에요, 그것을 조사해 봅시다.
(d) 아마도 그럴 겁니다. 하지만 저는 일찍 도착했어요.

해설 스미스 씨가 조사차 왔을 때 이곳에 있었는지 여부를 묻고 있으므로 정답은 (b)다. (a)는 재판과 관련된 대답이므로 거리가 멀다. (c)는 inspection이 남자의 말 속에서 나왔지만 질문이 조사하는 것이 아니라 여기 있었는지의 여부이므로 옳지 않은 답이다.

어구 inspection 조사, 검사

정답 (b)

---

5 M **Who's that over there in pink?**

W _____

(a) She's a newcomer.
(b) I'll check with her.
(c) She likes wearing dresses.
(d) She is pretty and slim.

해석 M 저기 분홍색 옷 입은 사람이 누구입니까?
　　 W _____
　　 (a) 그녀는 새로 온 사람이에요.
　　 (b) 그녀한테 물어볼게요.
　　 (c) 그녀는 드레스 입는 걸 좋아해요.
　　 (d) 그녀는 예쁘고 날씬해요.

해설 분홍색 옷을 입은 사람이 누구인가라는 질문을 했으므로 그 사람의 이름이나 신분을 말해야 한다. 따라서 정답은 (a)다.

어구 newcomer 새로 온 사람

정답 (a)

---

6 M **Would you do me a favor?**

W _____

(a) Sure, I had a lovely time.
(b) Sure, I'll do it.
(c) Sure, if I can.
(d) Sure, tell him this time.

해석 M 부탁을 들어주시겠습니까?
　　 W _____
　　 (a) 물론이죠, 저는 즐거운 시간을 보냈어요.
　　 (b) 물론이죠, 제가 할게요.
　　 (c) 좋습니다. 제가 할 수 있다면요.
　　 (d) 좋습니다. 이번에는 그에게 말하세요.

해설 부탁을 들어주겠냐고 질문했으므로 가능 여부를 먼저 말하는 것이 옳다. 정답은 (c)다. (b)는 부탁 내용을 모르

는 상황에서 할 수 있는 답변이 아니다.

어구 do a favor 부탁을 들어주다

정답 (c)

---

7 M **Are you the new secretary here?**

W _____

(a) I am sorry, but we are closed.
(b) I think I am.
(c) Yes, I'm Ms. Miller.
(d) I'm new here.

해석 M 당신이 이곳의 새로운 비서입니까?
　　 W _____
　　 (a) 죄송합니다만 휴업입니다.
　　 (b) 저라고 생각합니다.
　　 (c) 예, 저는 미스 밀러입니다.
　　 (d) 저는 여기 처음입니다.

해설 새로 온 비서인가를 묻는 질문에 적절한 답변은 (c)다. (a)는 '문을 닫았다'는 뜻이고 (b)는 의견을 제시하는 답변이므로 옳지 않다. (d)는 새로 왔다는 사실을 이미 알고 있는 상태다.

어구 secretary 비서
　　 be closed 휴업이다

정답 (c)

---

8 M **You don't look well. What's wrong?**

W _____

(a) Try to look again.
(b) My stomach has butterflies.
(c) Good, I'm very hungry.
(d) Tough luck.

해석 M 안색이 안 좋습니다. 무슨 문제가 있습니까?
　　 W _____
　　 (a) 다시 쳐다 보세요
　　 (b) 속이 좋지 않아요.
　　 (c) 좋아요, 배가 너무 고파요.
　　 (d) 안 됐네요.

해설 안색이 안 좋은 이유를 묻는 질문에 적절한 답변은 (b)다. (b)는 관용표현으로 속이 좋지 않다는 뜻이다. (c)는 I'm hungry만 있을 경우 답으로도 가능하다. (d) Tough luck은 That's too bad의 의미다.

어구 tough luck 안 됐다

정답 (b)

9 M How should I address you?

W _____

(a) You can call me Dr. Jones.
(b) It's on 96 Gilmore Street.
(c) Here's my address.
(d) Call me ASAP.

해석 M 당신을 뭐라고 부를까요?
W _____
(a) 존스 박사라고 불러 주세요.
(b) 길모어 스트릿 96번지입니다.
(c) 이곳이 제 주소입니다.
(d) 가능한 빨리 전화해라.

해설 address는 '~라고 부르다'라는 뜻으로 질문은 What's your name?으로 바꿔 쓸 수 있다. 따라서 적절한 답변은 (a)다. (b)와 (c)는 의미적인 혼동을 유도하는 장치이므로 속지 말아야 한다.

어구 address 호칭을 ~라고 부르다

정답 (a)

10 M How's everyone getting along?

W _____

(a) Give my regards to them.
(b) They are all very well.
(c) I've lost track of him.
(d) Sure, there you go.

해석 M 사람들 모두 잘 지내고 있나요?
W _____
(a) 그들에게 안부 전해 주세요.
(b) 그들은 모두 잘 있습니다.
(c) 그와 소식이 끊겼어요.
(d) 물론이에요, 잘 했어요.

해설 모두가 어떻게 지내고 있는가를 묻는 질문에 적절한 답변은 (b)다. (a)는 안부를 전할 때 쓰는 표현이고 (c)는 him을 them으로 바꾸면 답이 될 수 있다.

어구 all very well 모두 잘 있는
lose track of 소식이 끊기다
there you go 잘 하다

정답 (b)

11 M How often do you hear from Sally?

W _____

(a) Sally is doing well.
(b) Just last year.
(c) I haven't heard from her for a long time.
(d) I heard she moved to Italy.

해석 M 얼마나 자주 샐리로부터 소식을 듣습니까?
W _____
(a) 샐리는 잘하고 있습니다.
(b) 바로 작년입니다.
(c) 오랫동안 그녀의 소식을 듣지 못했습니다.
(d) 그녀가 이탈리아로 이사했다고 들었습니다.

어구 hear from ~로부터 소식을 듣다

해설 얼마나 자주 샐리로부터 소식을 듣는가에 대한 질문에 적절한 답변은 (c)다. 구체적 숫자로 답한 것이 아니라 우회적인 답변이므로 유의해야 한다.

정답 (c)

12 M What's keeping you busy these days?

W _____

(a) I have a meeting with my boss.
(b) I am going to exercise daily.
(c) I am enrolled in a graduate course.
(d) Helping others is good.

해석 M 요즘 무엇 때문에 바쁘세요?
W _____
(a) 상관과 미팅이 있습니다.
(b) 매일 운동하려고 합니다.
(c) 대학원에 등록했어요.
(d) 다른 사람들을 돕는 것은 좋은 것이죠.

해설 What의문문이지만 의미상 Why의문문이므로 선택지에서 이유를 찾아야 한다. (a)는 미팅이 있는 것만으로는 근거가 부족하다. (b)는 운동을 할 계획이므로 역시 답이 되지 못한다. 대학원에 등록해서 바쁘다는 (c)가 가장 적절하다.

어구 daily 매일의
enroll 등록하다

정답 (c)

13 M Where are you headed?

W _____

(a) I'm on my way to the grocery.
(b) I'm a stranger here, too.
(c) You must know about it.
(d) I think you are lost.

해석 M 어디로 가시는 중이세요?
W _____
(a) 식료품점에 가는 중입니다.
(b) 저도 이 지역을 잘 모릅니다.
(c) 당신은 그것을 알아야만 해요.
(d) 당신이 길을 잃은 것 같은데요.

해설 어디로 가는가에 대한 질문에 적절한 답변은 구체적 장소가 나와 있는 (a)다. (b)는 길을 잘 모를 때 쓸 수 있는 표현이다. (d)는 길을 잃은 상황이 아니므로 역시 답이 될 수 없다.

어구 head 향하다
on the way to ~로 가는 도중이다
grocery 식료품

정답 (a)

---

14 M **Don't I know you from somewhere?**
   W _____

   (a) Oh, I know the place.
   (b) I'm not sure.
   (c) Can't you understand?
   (d) How's it going?

   해석 M 어디서 뵈었던가요?
      W _____
      (a) 오, 그곳을 알아요.
      (b) 잘 모르겠네요.
      (c) 잘 모르겠어요?
      (d) 잘 지내세요?

   해설 아는 사람인지 아닌지를 묻는 질문에 적절한 답변은 잘 모르겠다고 말하는 (b)다. (c)는 '잘 모르겠어?'라는 뜻으로 잘 알아듣지 못할 때 재차 물어보는 표현이다. (d)는 안부를 묻는 표현으로 어울리지 않는 답변이다.

   어구 how's it going? 잘 지내시나요?

   정답 (b)

---

15 M **Are you ready to go?**
   W _____

   (a) I think I need to be there.
   (b) Give me a minute and I'll be ready.
   (c) Only if you let me go with you.
   (d) I'll meet you at the station.

   해석 M 나갈 준비 됐어?
      W _____
      (a) 내가 거기 있어야 된다고 생각해.
      (b) 잠깐만 기다려, 준비할게.
      (c) 너와 같이 갈 수만 있다면.
      (d) 역에서 만나자.

   해설 갈 준비가 됐느냐는 질문에 적절한 답변은 잠깐이면 된다는 (b)다.

   어구 only if 만약, 그 경우에만

   정답 (b)

---

16 M **I really must go.**
   W **Alright, then. Give my regards to your family.**
   M **Sure. And thank you for this invitation.**
   W _____

   (a) Don't make too much of it.
   (b) Oh. You shouldn't do this.
   (c) What for?
   (d) I'm sorry about it.

   해석 M 지금 가야 돼.
      W 알았어. 네 가족에게 안부 전해줘.
      M 그럴게. 초대해줘서 고마워.
      W _____
      (a) 별 거 아니에요.
      (b) 오. 이럴 것 까지는 없어요.
      (c) 무엇 때문에요?
      (d) 유감이네요.

   해설 초대해줘서 고맙다는 말에 적절한 답변은 (a)다. (a)는 별 거 아니야라는 의미의 관용표현이다. (b)는 선물 등을 받았을 때 '이럴 것 까지야'라는 의미로 쓰이는 표현이다. (d)는 사과나 유감을 표현할 때 쓰인다.

   어구 give one's regards to ~에게 안부를 전하다
   invitation 초대

   정답 (a)

---

17 M **Thanks for your help.**
   W **You are very much welcome.**
   M **I hope I can return the favor.**
   W _____

   (a) Thank you. It would be very helpful.
   (b) What are neighbors for?
   (c) When will you return?
   (d) Sure, if I can.

   해석 M 도와줘서 고마워.
      W 천만에.
      M 이 신세를 어떻게 갚지?
      W _____
      (a) 고마워. 아주 유용할 거야.
      (b) 이웃 좋다는 게 뭐야?
      (c) 언제 돌아가?
      (d) 물론. 내가 할 수 있다면.

   해설 은혜를 갚고 싶다는 남자 말에 적절한 답변은 (b)다. (b)는 '이웃 좋다는 게 뭐야'라는 뜻으로 'What are friends for?'를 변형한 표현이다. (c)는 return이 '돌아

가다'라는 뜻으로 쓰여서 의미의 혼동을 주는 선택지다.

어구 return 돌아가다

정답 (b)

18 M This is for you. I hope you like it.
　 W Oh, thank you so much. You remembered.
　 M It's a token of my appreciation. It's not much, though.
　 W _____
　 (a) It doesn't matter anyway.
　 (b) Thank you for being honest.
　 (c) It's my birthday anyway.
　 (d) How thoughtful of you!

해석 M 이것은 너를 위한 거야. 네 맘에 들길 바래.
　　 W 고마워. 기억했구나.
　　 M 나의 감사의 표시야. 별거는 아니지만.
　　 W _____
　　 (a) 어쨌든 상관없어.
　　 (b) 너의 솔직함에 고마워.
　　 (c) 어쨌든 나의 생일이야.
　　 (d) 너는 정말 인정이 많구나!

해설 남자가 여자에게 선물을 주었으므로 여자는 감사의 표시를 하는 게 자연스럽다. (b)는 Thank you로 시작했지만 감사의 대상이 잘못되었다. 따라서 정답은 (d)다.

어구 token 표시, 기념품

정답 (d)

19 W I'm afraid I won't get a scholarship.
　 M What made you think so?
　 W It's been three months and I haven't heard from the scholarship committee yet.
　 M _____
　 (a) Wait a little longer. It always pays to be patient.
　 (b) Just go to their office and present your credentials.
　 (c) If you wait any longer, you'll lose your chance.
　 (d) I wouldn't miss it for the world.

해석 W 유감스럽게도 장학금을 못 받을 것 같아요.
　　 M 왜 그렇게 생각했죠?
　　 W 석달 동안 아직 장학금 위원회에서 연락을 받지 못했거든요.
　　 M _____
　　 (a) 좀 더 기다려 봐요. 참는 자에게 복이 와요.

(b) 기다릴 필요 없이 사무실로 찾아 가서 당신의 신임장을 보여줘요.
(c) 더 이상 기다린다면 당신은 기회를 잃게 될 거예요.
(d) 절대로 그것을 안 놓칠 거예요.

해설 장학금 위원회에서 석달 동안 연락을 받지 못해 장학금을 못 받을 것 같다고 말하는 여자 말 다음에 자연스럽게 이어지는 것은 (a)다. (b)는 문서적으로 볼 때 자격 요건이 되어야 장학금 신청이 가능한 것이므로 옳지 않다.

어구 scholarship 장학금
　　 committee 위원회
　　 credential 신임장, 자격

정답 (a)

20 W Can't the car go any faster?
　 M Loosen up. We'll get there on time.
　 W I can't be late for the meeting.
　 M _____
　 (a) Trust me. You won't.
　 (b) I can't decide whether to hurry.
　 (c) Take care.
　 (d) This is going to be the last chance.

해석 W 차가 더 빨리 갈 수 없어요?
　　 M 느긋하게 있어. 제시간에 도착할거니까.
　　 W 모임에 늦으면 안 돼요.
　　 M _____
　　 (a) 날 믿어. 넌 늦지 않을 거야.
　　 (b) 난 서두를지를 결정할 수 없어.
　　 (c) 잘 있어.
　　 (d) 이것이 마지막 기회가 될 거야.

해설 모임에 늦을 것을 걱정해 빨리 가자고 재촉하는 여자 말에 가장 잘 이어지는 것은 (a)다. 남자는 서두르지 말 것을 권하고 있으므로 (b)와 같은 답은 일관성이 없다.

어구 loosen up 완화하다, 여유를 가져오다

정답 (a)

21 M I'm pretty sure I left the files here on your table.
　 W But, how come they aren't here?
　 M We are in big trouble once the boss finds out.
　 W _____
　 (a) I'm sorry I left the files on your table.
　 (b) This wouldn't have happened if you put them in the file cabinet.

(c) It won't happen again.

(d) Let's make a backup of the files.

해석 M 저는 확실히 당신의 책상 위에 그 파일을 두었습니다.
　　 W 그런데 어떻게 그것들이 여기에 없지요?
　　 M 상사가 이 사실을 아신다면 우리는 곤경에 빠질 거예요.
　　 W _____
　　 (a) 죄송하지만 제가 당신의 책상 위에 파일을 놓고 갔습니다.
　　 (b) 서류함에 넣어두었다면 이런 일은 발생하지 않았겠죠.
　　 (c) 다시는 그런 일 없을 거예요.
　　 (d) 대체 파일을 만듭시다.

해설 남자가 파일 둔 곳을 몰라 걱정하는 상황이다. 가볍게 책망하는 (b)가 답이 된다. (c)는 남자가 해야 할 말이다. (d)는 흐름상 대화에 등장하는 파일은 일반 서류 파일인데 그것은 컴퓨터 파일이므로 적절하지 않다.

어구 find out 알다, 깨닫다

정답 (b)

---

22 M **It's been chilly lately and my back has been hurting more often.**

W **Why don't you go visit Dr. Anderson's clinic?**

M **I'd love to, but I haven't got much time.**

W _____

(a) I'll confirm your reservation.

(b) That's why I set the alarm.

(c) You need to make time for it.

(d) That's all right. It will go away soon.

해석 M 최근에 추워서 허리가 더 자주 아픕니다.
　　 W 닥터 앤더슨 병원에 가보지 그러세요?
　　 M 그러고 싶지만 시간이 충분치 않군요.
　　 W _____
　　 (a) 예약을 확인해 드릴게요.
　　 (b) 그것이 경보기를 켜 놓은 이유예요.
　　 (c) 당신은 그것을 위해 시간을 낼 필요가 있습니다.
　　 (d) 괜찮아요. 곧 바로 그 증상이 없어질 것입니다.

해설 허리가 아프다는 남자에게 여자가 병원에 가볼 것을 권유하고 있고 그에 대해 남자는 시간이 없다고 하고 있으므로 시간을 내라고 말한 (c)가 답이다. (a)는 예약한 사실이 없으므로 답이 될 수 없다. (b)는 시간이 없는 것이지 늦게 일어나는 것이 아니므로 적절하지 않다.

어구 set the alarm 경보기를 켜다

정답 (c)

---

23 M **The atmosphere is unusually happy here today. Don't you think so?**

W **It's just fitting. Bob, you got the promotion!**

M **Wow! For real?**

W _____

(a) Yes, and you definitely deserve it.

(b) Keep your fingers crossed for me.

(c) Yes, it just goes to show that winners never quit.

(d) Are you serious?

해석 M 오늘 평소와 달리 분위기 좋은데. 그렇지 않아?
　　 W 당연하죠. 밥, 당신이 승진했거든요.
　　 M 진짜!! 정말이야?
　　 W _____
　　 (a) 예, 당신은 충분히 그럴 자격이 있어요.
　　 (b) 행운을 빌어줘요.
　　 (c) 예, 승자는 결코 포기하지 않는다는 것을 보여주는 거죠.
　　 (d) 진심이에요?

해설 승진했다는 말에 남자가 정말이냐고 되묻고 있다. (a)가 가장 적절한 답이다. (d)의 Are you serious?는 For real?과 같은 뜻이다.

어구 atmosphere 분위기
　　 get a promotion 승진하다
　　 deserve ~ 할 만하다

정답 (a)

---

24 M **I think one beer is enough for me.**

W **So, let's call it a night. I'll get the bill.**

M **No, no. This one's on me.**

W _____

(a) OK. I'll treat you next time.

(b) Why don't you stop?

(c) Put it on my account, please.

(d) You should think first before doing such.

해석 M 맥주 한 병이면 적당한 것 같습니다.
　　 W 오늘은 이만합시다. 제가 내겠습니다.
　　 M 아닙니다. 제가 내겠습니다.
　　 W _____
　　 (a) 좋아요. 다음에는 제가 대접할게요.
　　 (b) 그만 하는 것이 어때요?
　　 (c) 계산은 외상으로 해주세요.
　　 (d) 그렇게 하기 전에 먼저 생각을 해야 합니다.

해설 맥주를 마신 후 서로 내겠다고 하는 상황이다. 자신이 다음번에 내겠다고 하는 것이 가장 적절하다. (c)는 단골집 등에서 외상을 할 때 쓰는 표현이다.

어구 call it a night 그만 끝내다
     get the bill 계산하다

정답 (a)

25 M I heard you are going to tie the knot 3 months from now.

W Yes, I was going to let you know, but I thought it's too early.

M So, who's the lucky guy?

W _____

(a) I don't think he's that lucky.

(b) He's a classmate from college.

(c) He is the luckiest guy in the world.

(d) He is from America.

해석 M 3개월 후에 결혼한다며?
      W 그래, 말하려고 했는데 너무 빠른 것 같아서.
      M 그럼 그 행운아가 누구야?
      W _____
      (a) 그가 행운이라고 생각하지 않아.
      (b) 대학 동창이야.
      (c) 그는 세상에서 가장 운이 좋은 사람이야.
      (d) 그는 미국 출신이야.

해설 결혼할 사람이 누구인지 묻고 있다. (a), (b), (d) 모두 질문의 의도와 다른 답변을 하고 있다.

어구 tie the knot 결혼하다

정답 (b)

26 M Great job, Ms. Grey. I read your project proposal. I'm impressed.

W Thank you. I'm really flattered.

M Keep up the good work.

W _____

(a) Yes. I think it was really good.

(b) I think so.

(c) Yes. I will.

(d) I hope I can make it up.

해석 M 수고했네, 미스 그레이. 당신의 프로젝트 계획서를 읽었어. 인상적이었어.
      W 감사합니다. 너무 기쁩니다.
      M 계속 열심히 해주게.
      W _____
      (a) 예. 제가 보기에도 잘된 것 같습니다.
      (b) 저도 그렇게 생각합니다.
      (c) 예. 그렇게 하겠습니다.
      (d) 제가 만회할 수 있길 바랍니다.

해설 프로젝트 계획서에 대해서 만족하고 계속 열심히 일을 해달라고 부탁하는 남자 말에 자연스럽게 이어지는 것은 그러겠다고 답한 (c)다. (d)는 '만회하겠다'는 뜻으로 무엇을 만회할지에 대해서 불분명하다.

어구 proposal 제안서
     flatter 우쭐해하다

정답 (c)

27 W What's that loud noise coming from the garage?

M Your son must be up to something again.

W What could it be now?

M _____

(a) It must be him.

(b) We had better call the police.

(c) We might as well go and check.

(d) It must be the cat.

해석 W 차고에서 들리는 큰 소음은 뭘까요?
      M 당신 아들이 무언가를 다시 저지르고 있나 봐.
      W 지금 뭐 하는 걸까요?
      M _____
      (a) 분명히 그 일거야.
      (b) 경찰을 부르는 게 좋겠네.
      (c) 가서 확인해 보는 게 좋겠어.
      (d) 틀림없이 그 고양이야.

해설 차고에서 들리는 소음에 대해서 무슨 소리인지를 궁금해하고 있다. (a)와 (b)는 행위자가 이미 언급이 되어 있기 때문에 적절하지 않은 답이 된다. 정답은 가서 확인해 보자고 한 (c)다.

어구 might as well ~하는 편이 낫다

정답 (c)

28 M What do you think about this hat?

W I think it's alright, but I think brown isn't really your color.

M So, what do you suggest?

W _____

(a) I suggest you go home and think about it.

(b) How about the black one over there?

(c) How about the smaller one?

(d) I don't mind, though.

해석 M 이 모자 어떤 거 같아?
      W 괜찮아. 근데 갈색은 너한테 안 어울려.
      M 그러면 뭐가 좋을까?
      W _____

(a) 집에 가서 생각해 봐.
(b) 저기 있는 검정색 어때?
(c) 더 작은 건 어때?
(d) 그래도 꺼리지는 않아요.

해설 대화의 흐름에 주목하자. 남녀가 보고 있는 모자는 갈색 모자다. 따라서 크기가 언급된 (c)는 답이 되기 어렵다. 따라서 답은 (b)다.

어구 mind 꺼리다

정답 (b)

29
M Will I ever get a raise? I think I deserve it just as the others.
W Well, have you tried talking to Mr. Lawrence?
M Not yet.
W _____

(a) You'd better go talk to him and ask.
(b) We shouldn't interrupt him at work.
(c) It can happen to everyone.
(d) I'm sick and tired of it.

해석 M 봉급인상을 받을 수 있을까? 나도 다른 사람들처럼 자격이 있다고 생각해.
W 음, 로렌스 씨하고 얘기해 봤니?
M 아직.
W _____
(a) 그에게 가서 물어 보는 것이 좋겠어.
(b) 일하는 그를 방해하지 말아야 해.
(c) 모든 사람에게 일어날 수 있는 일이야.
(d) 나는 그것에 질렸어.

해설 봉급 인상에 대한 얘기를 해봤냐고 묻자 아직 안 했다고 대답하고 있다. 이에 대해 가서 물어 볼 것을 제안하는 (a) 가 답이다. (b)는 일하는 사람을 방해 말라는 뜻이므로 어색하다. 여자가 제안을 하고 있는 상황이기에 (d)는 대화의 흐름상 어울리지 않는다.

어구 get a raise 봉급 인상을 받다
deserve ~할 만하다

정답 (a)

30
M What will you give Emma for her birthday?
W I got her a blow-dryer. How about you?
M I haven't gotten her anything yet. I don't know what she likes. Help me, please.
W _____

(a) Alright, but you have to be there on time.
(b) I also need a new watch.
(c) Thanks for the suggestion.
(d) In that case, let's go to the mall after work.

해석 M 에마 씨 생일날 무엇을 선물하실 겁니까?
W 헤어 드라이기를 샀어요. 당신은요?
M 아직 아무 것도 사지 않았어요. 그녀가 무엇을 좋아하는지 모르겠어요. 도와주세요.
W _____
(a) 좋아요. 하지만 당신은 그 곳에 정시에 도착해야 합니다.
(b) 저도 새 시계가 필요해요.
(c) 제안해줘서 고마워요.
(d) 그럼, 퇴근 후에 쇼핑몰에 갑시다.

해설 생일 선물을 고르는 것을 도와달라는 남자 말에 적절한 답변은 쇼핑몰에 가자는 (d)다. (c)는 남자가 선물을 추천받았을 경우 할 수 있는 대답이다.

어구 on time 정각에

정답 (d)

Part III

31 W Go ahead. Dig in.
    M I surely will.
    W How about trying this one first?
    M I don't want to even touch it.
    W It won't hurt if you try. Come on, have some.
    M Yuck! How can you eat that? It's revolting.
    W Not really, once you get used to it.

    Q What is the woman doing in the conversation?
    (a) Persuading the man to give himself up
    (b) Refusing to eat certain foods
    (c) Enjoying the food the man doesn't like
    (d) Getting used to eating disgusting food

해석 W 먹어 봐.
     M 알았어.
     W 먼저 이것을 먹어 보는 게 어때?
     M 만지기 조차 싫어.
     W 먹어 본다고 어떻게 안 돼. 어서, 먹어 봐.
     M 우웩! 그걸 어떻게 먹어? 역겨워.
     W 아닐걸. 한 번 먹어보면 계속 먹게 될걸.

     Q 대화에서 여자는 무엇을 하고 있는가?
     (a) 남자가 포기하도록 설득하기
     (b) 어떤 음식을 먹기를 거절하기
     (c) 남자가 싫어하는 음식을 먹기
     (d) 혐오스러운 음식에 익숙해지기

해설 여자는 남자가 먹기 싫어하는 음식을 권유하고 있으므로 여자는 이 음식을 즐긴다는 것을 알 수 있다. 따라서 (c)가 답이다.

어구 dig in (먹기) 시작하다
     revolting 구역질 나는

정답 (c)

32 M I don't think Miss Korea even stands a chance.
    W Don't say that. She's as pretty as the other candidates.
    M But compared to the others, she's not blessed with height.
    W But she's really talented. Did you see her dance?
    M Yes, I was impressed with her talent, but this contest isn't just about talent.
    W Well, let's wait and see.

    Q What can be inferred from the conversation?
    (a) The man hates Miss Korea.
    (b) The woman thinks Miss Korea is going to win.
    (c) They are watching a beauty pageant.
    (d) They both like to dance.

해석 M 내가 생각할 땐, 미스 코리아가 예선을 통과할 것으로 생각하지 않아.
     W 그런 소리 마. 그녀는 다른 후보들처럼 예뻐.
     M 하지만, 다른 후보들과 비교해볼 때, 키가 좀 작은 거 같아.
     W 하지만, 정말 재능이 있어. 그녀의 춤 솜씨를 봤니?
     M 그래. 그녀의 재능에 감동을 받았지만, 그 대회는 재능만으로 되는 게 아니야.
     W 그래. 한번 지켜보자.

     Q 이 대화에서 무엇을 추론할 수 있나요?
     (a) 그 남자는 미스 코리아를 싫어한다.
     (b) 그 여자는 미스 코리아가 승리할 것이라고 생각한다.
     (c) 그들은 미인 선발 대회를 시청하고 있다.
     (d) 그 두 사람 모두 춤추는 것을 좋아한다.

해설 대화에서 추론할 수 있는 것을 묻고 있다. 미스 코리아 대회를 시청하면서 미스 코리아에 대해서 서로의 의견을 주고받는 내용이므로 정답은 (c)다.

어구 stand a chance 기회가 있다, 유망하다
     candidate 후보자
     pageant (미인 대회 등의) 대회

정답 (c)

33 W Basing from the way it looks, I'd say it must have hurt a lot.
    M You don't have the slightest idea.
    W So, how long are you going to stay here?
    M The doctor said around two weeks.
    W Two weeks isn't short.
    M I'm going to be bored to death here.
    W You said it.

    Q What is the topic of the conversation?
    (a) The man's hospitalization period
    (b) The man's operation
    (c) The woman's doctor
    (d) The woman's injury

해석 W 눈으로 봐선, 굉장히 아팠겠는데요.
　　M 당신은 정말 모를 거예요.
　　W 그럼, 여기에 얼마나 머무를 건가요?
　　M 의사가 말하길 약 2주라고 하네요.
　　W 2주는 짧은 기간이 아니죠.
　　M 앞으로 정말 지루할 것 같아요.
　　W 그럴 것 같네요.
　　Q 대화의 주제는 무엇인가?
　　(a) 남자의 입원 기간
　　(b) 남자의 수술
　　(c) 여자의 의사
　　(d) 여자의 상해

해설 전반적인 대화의 내용이 남자가 병원에 얼마나 머물지에 관한 것이다. 따라서 정답은 (a)다.

어구 be bored to death 지루해서 죽을 지경이다

정답 (a)

34 M **I'd love to go out with you, but I'm beat.**
　　W **That is so typical of you.**
　　M **I had a rough day at work.**
　　W **You always say that.**
　　M **Please try to understand.**
　　W **I'm trying to, but the truth is you really don't have time for me.**
　　M **That's not true.**
　　W **It doesn't seem so to me.**

　　Q **Why is the woman complaining to the man?**
　　(a) **The man doesn't understand the woman.**
　　(b) **The man went out with another woman.**
　　(c) **The man is so exhausted.**
　　(d) **The man doesn't have time for the woman.**

해석 M 난 당신과 데이트를 하고 싶지만, 너무도 피곤해.
　　W 당신은 항상 이런 식이죠.
　　M 정말 직장에서 너무 힘들었다고.
　　W 당신은 항상 그렇게 말하죠.
　　M 제발 이해해줘.
　　W 이해하려고 애를 쓰지만, 당신이 내게 시간을 내지 않는 것도 사실이잖아요.
　　M 그렇지 않아.
　　W 전 그렇게 생각되는군요.
　　Q 여자는 남자에게 왜 불평하는가?
　　(a) 남자는 여자를 이해하지 않는다.
　　(b) 남자는 또 다른 여자와 데이트했다.
　　(c) 남자는 매우 피곤하다.
　　(d) 남자는 여자와 보낼 시간이 없다.

해설 남자가 여자에게 불평하는 이유는 남자가 여자를 위해 시간을 내주지 않아서이다. (c)처럼 남자가 피곤한 것이 직접적인 불만의 이유가 될 수는 없다. 따라서 정답은 (d)다.

어구 beat 기진맥진 하여
　　typical 전형적인

정답 (d)

35 M **How's your result of your exam?**
　　W **It was difficult, but I aced it.**
　　M **You did it again.**
　　W **Stop flattering me.**
　　M **But, I'm not.**
　　W **I'm just lucky this time.**
　　M **I think you're a real genius.**
　　W **Not really. It just pays well to hit the books.**

　　Q **What can be inferred about the woman from the conversation?**
　　(a) **She has a habit of slapping her books.**
　　(b) **She studies hard.**
　　(c) **She always has a good fortune.**
　　(d) **She spent a lot of money on books.**

해석 M 시험 결과가 어떠니?
　　W 어려웠지만, 잘 본 것 같아.
　　M 너 또 잘 봤구나.
　　W 놀리지 마.
　　M 하지만, 난 잘 못 봤어.
　　W 이번엔 운이 좋았을 뿐이야.
　　M 넌 정말 천재야.
　　W 그렇지 않아. 단지 열심히 공부했을 뿐이야.
　　Q 대화의 여자로부터 추론할 수 있는 것은?
　　(a) 그녀는 그녀의 책들을 치는 습관이 있다.
　　(b) 그녀는 공부를 열심히 한다.
　　(c) 그녀는 항상 운이 좋다.
　　(d) 그녀는 책을 사는데 많은 돈을 썼다.

해설 대화문에서 여자가 시험을 잘 본 이유는 운도 좋았고 열심히 공부했기 때문이라고 말하고 있으므로 공부를 열심히 한다고 볼 수 있다. 하지만 항상 운이 좋다고는 볼 수 없으므로 (c)는 답이 될 수 없다.

어구 ace it 잘하다, 시험에서 A를 받다
　　flatter 아첨하다
　　pay 보답이 있다
　　slap 찰싹 때리다, 세게 놓다(던지다, 차다)

정답 (b)

36 M May I take your order, ma'am?

   W I'll have a T-bone steak and a salad.

   M What dressing would you like for your salad?

   W Ranch, please.

   M How do you want your steak?

   W Medium rare.

   M Would you care for anything to drink?

   W I wish I could have a Merlot but I don't have a driver.

   Q What can be inferred from the conversation?

(a) The woman doesn't want to take her order.

(b) The woman wished she didn't have to drive herself to the restaurant.

(c) The woman can't drink because she has to drive.

(d) The woman wants a Merlot but it's unavailable.

해석 M 주문을 받아도 되나요?

   W 티 본 스테이크와 샐러드를 주문할 게요.

   M 어떤 샐러드 소스를 원하시나요?

   W 랜치 드레싱으로요.

   M 스테이크는 어떻게 해드릴까요?

   W 미디엄 레어(덜 익혀서)로 해주세요.

   M 음료수는 무엇으로 해 드릴까요?

   W 멀롯으로 하고 싶지만 제가 운전을 해야 돼서 아쉽네요.

   Q 대화로부터 추론할 수 있는 것은 무엇인가?

(a) 여자는 주문하길 원하지 않는다.

(b) 여자는 식당까지 본인이 스스로 운전을 하고 싶길 바랐다.

(c) 여자는 운전해야 하기 때문에 술을 마실 수 없다.

(d) 여자는 멀롯를 마시고 싶어 했지만 멀롯이 없었다.

해설 여자의 마지막 말에서 멀롯을 마시면 운전을 못한다는 부분에서 멀롯이 술임을 알 수 있다. 따라서 정답은 (c)다.

어구 Merlot 레드와인의 한 종류

정답 (c)

37 W How's everything going for the event?

   M Quite good, actually I'm even scared because everything seems to be very good.

   W Have you been going through the check list several times?

   M Yes, I've done it over and over again not to make a mistake like last year.

   W Don't even talk about it. If everything goes bad this will be the end of my career. I'll need to prove to the others that last year's incident was an accident.

   M Right! And just count on me. Everything will be perfect.

   W Well, don't loosen up until the whole thing ends.

   Q What are the man and the woman doing in the conversation?

(a) They are making an inventory of the supplies.

(b) They are investigating every item on the list.

(c) They are ensuring everything for the event is organized.

(d) They are detailing the accident to the supervisor.

해석 W 행사 준비는 잘 돼가고 있나요?

   M 꽤 잘되고 있어요. 사실 모든 것이 너무 잘되고 있어서 겁이 날 정도에요.

   W 체크 리스트는 여러 번 확인해봤어요?

   M 물론이죠! 작년처럼 실수하지 않으려고 수도 없이 많이 확인했어요.

   W 그 얘기는 꺼내지 마세요. 만일 잘못되기라도 한다면 내 경력이 끝날 거예요. 다른 사람들에게 작년 일은 단지 사고였다는 것을 증명해야 한다고요.

   M 맞습니다! 저만 믿으세요. 모든 게 완벽할 거예요.

   W 다 끝날 때까지는 긴장을 늦추지 마세요.

   Q 대화에서 남자와 여자는 무엇을 하고 있는가?

(a) 공급용 목록을 만들고 있다.

(b) 목록에 있는 모든 물품들을 조사하고 있다.

(c) 행사에 필요한 모든 것이 잘 정리되는지 확인하고 있다.

(d) 관리자에게 그 사고에 관해서 진술하고 있다.

해설 박람회 준비 상황에 대해 점검하고 있다. 직장에서 업무와 관련된 회의, 세미나, 프레젠테이션 등의 내용도 자주 출제된다. 여자의 대화를 통해 전체 내용을 파악할 수 있다. 작년과 같은 사건이 일어나지 않도록 준비를 철저히 하라고 당부하고 있다. 따라서 정답은 전체 대화 내용을 요약한 (c)다.

어구 loosen up 긴장을 풀다
inventory (재고) 목록
detail ~을 상술하다

정답 (c)

---

38 M How long have we been here?

W A couple of hours.

M So, have you decided on which car to buy yet?

W It's really hard to decide.

M Why don't you take this model?

W Actually, I like this model but it's too expensive.

M More so than I thought.

Q Which is correct according to the conversation?

(a) The man and woman are couple.

(b) The woman likes browsing for a long time.

(c) The man thinks the car is not that expensive.

(d) The man and woman think the car is costly.

해석 M 우리가 여기 온 지 얼마나 되었지?
W 두어 시간.
M 그럼 무슨 차를 살 지 결정했니?
W 정말 결정하기 힘드네.
M 이 모델로 하는 게 어때?
W 사실, 나도 이 모델이 좋은데, 너무 비싸네.
M 생각보다 비싸지.
Q 대화에 따르면 옳은 것은 무엇인가?
(a) 남자와 여자는 커플이다.
(b) 여자는 오랫동안 둘러보는 것을 좋아한다.
(c) 남자는 차가 그렇게 비싸지 않다고 생각한다.
(d) 남자와 여자는 차가 비싸다고 생각한다.

해설 남자가 차에 대해서 말한 내용을 묻고 있다. 대화문에서 남자가 제안한 차가 생각보다 비싸다고 말하고 있으므로 정답은 (d)다.

어구 browse (상품 등을) 훑어보다, 둘러보다

정답 (d)

---

39 M So, how's the new head of finance?

W I heard he's really strict.

M He looks OK to me.

W You should not be fooled by appearances.

M Have you met him in person?

W Not yet. But I don't think I'm going to like him.

M That's unfair.

Q What are the man and woman talking about?

(a) Appearance

(b) Newcomer

(c) Rumor

(d) Finance

해석 M 그래, 새로운 재정 책임자는 어때?
W 그가 매우 엄격하다는 소문이야.
M 내가 보기에는 괜찮아 보이던데…
W 외모로 판단하면 안 돼.
M 개인적으로 만난 적 있어?
W 아직 없어. 근데, 난 그를 안 좋아할 것 같아.
M 그건 옳지 않아.
Q 남자와 여자는 무엇에 관하여 이야기하고 있는가?
(a) 외모
(b) 새로 온 사람
(c) 소문
(d) 재정

해설 이야기의 화제에 대해 묻고 있다. 새로운 재정 책임자에 관한 대화이므로 정답은 (b)다.

어구 appearance 외모

정답 (b)

---

40 W What do we have in the fridge?

M I have no idea.

W I'd better go there and see for myself.

M If you don't mind, I'd like a glass of cold orange juice.

W Hasn't it passed the expiration date?

M Check the date first.

W OK. Sure.

Q What does the woman agree to do?

(a) Check whether the orange juice is in the fridge.

(b) Go to the fridge and check what is in it.

(c) Confirm whether the orange juice has expired.

(d) Confirm whether the orange juice is cold or not.

해석 W 냉장고에 무엇이 있지?
M 글쎄~ 모르겠는데..

W 가서 한번 확인해야겠어.
M 괜찮으면, 오렌지 주스 한잔만 줄래?
W 그거 유통기한이 지나지 않았어?
M 날짜 확인해봐.
W 그래, 물론이지.

Q 여자는 무엇을 하는 것에 동의하는가?
(a) 오렌지 주스가 냉장고에 있는지 확인하기
(b) 냉장고에 가서 안에 무엇이 있는지 확인하기
(c) 오렌지 주스의 유통기한이 지났는지 확인하기
(d) 오렌지 주스가 차가운지 아닌지 확인하기

해설 냉장고의 오렌지 주스가 유통기한이 지났는지 확인해
보라고 남자가 말했고 여자가 동의하고 있다. 따라서 정
답은 (c)다.

어구 expire 만기가 되다, 만료되다

정답 (c)

---

41 M It seems as though James is falling apart at the seams.
W For sure.
M I think he needs professional help.
W Are you saying that he has hypochondria?
M Not really.
W What happened to him?
M I guess he didn't take his divorce so well.
W Now I understand.

Q What can be said about James?
(a) He has a problem in mental health.
(b) He is too tired to work.
(c) He is having marital problems.
(d) He's not cut out for the job anymore.

해석 M 제임스가 힘들어하는 것 같아.
W 맞아.
M 그에게 뭔가 전문적인 도움이 필요할 것 같아.
W 그가 미쳐간다는 거야?
M 꼭 그렇다는 건 아니지만.
W 그에게 무슨 일이 있었던 거야?
M 내 생각으론 이혼을 받아들이지 못하는 것 같아.
W 이제 알겠다.
Q 제임스에 관하여 추론할 수 있는 것은 무엇인가?
(a) 그는 정신건강에 문제가 있다.
(b) 그는 일 하기가 너무 피곤하다.
(c) 그는 결혼생활에 문제가 있다.
(d) 그는 일할 의욕을 더 이상 갖고 있지 않다.

해설 제임스가 이혼으로 우울증이 생긴 상황이다. 따라서 정
답은 (a)다. (c)는 이미 이혼한 상황이어서 결혼생활을
하고 있다고 볼 수 없다.

어구 fall apart at the seams 힘들어하다
divorce 이혼하다
marital 혼인의, 부부간의

정답 (a)

---

42 M How did you like the movie?
W It was great.
M Don't you think the actors didn't play their parts very well?
W No, I was so moved by the performances.
M You have a strange taste.
W It seems to me like you didn't enjoy the movie.
M Well, it could have been better.

Q What does the man think about the movie?
(a) He thinks the movie is better than the others.
(b) He isn't fond of the movie.
(c) He thinks the same as the woman.
(d) He wants to watch it again.

해석 M 영화 어땠어?
W 너무 좋았어.
M 배우들이 그들의 배역을 잘해내지 못한 것 같다고 생각하지 않니?
W 아니, 그 연기들은 너무 감동적이었어.
M 생소한 기호를 가지고 있구나.
W 내가 보기엔, 네가 이 영화를 별로 좋아하지 않는 것 같아.
M 음, 더 좋았을 수도 있었다고 생각해.
Q 남자는 영화에 관해 어떻게 생각하는가?
(a) 그는 그 영화가 다른 영화들보다 괜찮다고 생각한다.
(b) 그는 그 영화를 맘에 들어 하지 않는다.
(c) 그는 그 여자와 생각이 같다.
(d) 그는 다시 보기를 원한다.

해설 대화에서 남자는 영화에서 배역을 잘 소화하지 못했다
고 하고 영화가 좀 더 좋았을 수도 있다고 말했으므로
정답은 (b)다.

어구 be fond of ~을 좋아하다

정답 (b)

---

43 M Where are all the Taxis when you need one?
W I'm afraid we will arrive late.
M How far are we from your office?

W Less than a mile.

M It's just a stone's throw away from here. How about going on foot?

W Are you kidding? I said I would be late.

Q Which is correct according to the conversation?

(a) The man is teasing the woman.

(b) The man's legs are strong.

(c) The woman is expected to go to her office on foot.

(d) The woman's office is neighboring.

해석 M 택시를 타려고 하면, 택시들이 모두 어디 있는 거야?
W 늦게 도착할까봐 걱정이야.
M 우리가 네 사무실에서 얼마나 멀리 있는 거지?
W 1마일 안 돼.
M 여기서 매우 가깝네. 걸어서 가는 게 어때?
W 농담이지? 늦었다고 말했잖아.

Q 대화에 따르면 옳은 것은 무엇인가?
(a) 남자는 여자를 놀리고 있다.
(b) 남자의 다리는 튼튼하다.
(c) 여자는 사무실에 걸어서 갈 것으로 예상된다.
(d) 여자의 사무실은 근처에 있다.

해설 내용일치 문제다. (a) 남자가 여자에게 걸어갈 것을 권하고 있다. (b) 알 수 없는 사실이다. (c) 마지막 대화에서 택시를 타고 갈 것임을 추측할 수 있다. (d) 가까이 있다고 했으므로 정답이다.

어구 a stone's throw away 매우 가까운 거리

정답 (d)

44 M You don't look too well today.

W Thanks for noticing.

M What's up?

W It's none of your business.

M I was just being kind.

W Will you please go find someone else to talk to?

M What's with all the grumpiness?

W I'm sorry. I got up on the wrong side of the bed.

Q What is the woman most likely doing?

(a) Complaining to the man

(b) Planning today's schedule

(c) Angering at the man

(d) Soothing the man

해석 M 오늘 안색이 안 좋아 보이네?
W 신경 써 줘서 고마워.
M 무슨 일이야?
W 괜찮아. 신경 쓰지 마.
M 걱정 돼서 그래.
W 다른 사람하고 가서 얘기하면 안 되니?
M 왜 그리 심술이 나있는 거야?
W 미안해. 오늘 기분이 별로 좋지 않아서 그래.

Q 여자는 무엇을 할까?
(a) 남자에게 불평하기
(b) 오늘의 스케줄을 짜기
(c) 남자에게 화내기
(d) 남자를 달래기

해설 마지막에 여자가 사과했으므로 신경이 날카로워진 남자를 역으로 달랠 가능성이 높다. 따라서 보기 중에서는 (d)가 답으로 가장 적절하다.

어구 get up on the wrong side of the bed 기분이 나쁘다

정답 (d)

45 M I think I caught a cold.

W Your voice tells me so.

M And I got a runny nose.

W You had better stay home for today.

M The weather is perfect to get out.

W Get some sleep and never come out until you feel well.

M Why do you want to lock me up in my room?

W Because just looking at you makes me feel a bit under the weather already.

Q Which is correct according to the conversation?

(a) The woman hopes the weather is fine.

(b) The woman wants the man not to be out.

(c) The man wants to stay home.

(d) The woman wants to go out.

해석 M 감기에 걸린 것 같아.
W 너 목소리가 그렇네.
M 콧물도 나와.
W 오늘은 집에서 쉬는 게 좋을 것 같아.
M 날씨가 나가기 딱 좋다.
W 잠 좀 자고, 너 괜찮아 질 때까지 절대 밖에 나오지 마.
M 왜 나를 방에 가두어 놓으려고 하는 거야?
W 널 보는 것만으로도 벌써 내가 아픈 것 같아서 그래.

Q 대화에 따르면 옳은 것은?

(a) 여자는 날씨가 좋아지기를 바란다.
(b) 여자는 남자가 나가지 않길 원한다.
(c) 남자는 집에 있길 원한다.
(d) 여자는 밖에 나가길 원한다.

해설 여자가 의미하는 것을 묻고 있다. 여자는 감기에 걸린 남자에게 집에서 잠을 자면서 쉬고 좋아질 때까지는 밖으로 나오지 말라고 하고 있고 그 이유는 남자를 보는 것만으로도 벌써 아픈 것 같다고 말하고 있으므로 정답은 (b)다.

어구 get a runny nose 콧물이 나다

정답 (b)

46 Starting August 1st, all newly-hired staff members will be subject to a probationary period of 2 months. All benefits, excluding allowances, will apply to new employees only after the full 2 months have expired. Please contact your employees and inform them that their probationary period has ended after the 2 months have been completed. The HR department will get in touch with you to remind you of the date. Thank you for your cooperation.

Q   Who is this announcement for?
(a) For all newly-hired employees
(b) For all department heads
(c) For the vice-president
(d) For all employees

해석 8월 1일을 시작으로 새로 채용된 모든 신입사원들은 2달의 수습기간을 갖게 됩니다. 모든 혜택은 수당을 제외하고는, 2달간의 기간이 끝난 후에 적용됩니다. 사원들에게 연락해서 그들의 견습기간은 두 달이 완전히 채워진 이후에 끝남을 알려주시기 바랍니다. 인사과에서는 지속적인 연락을 통해 그 날짜를 확인시켜드릴 것입니다. 협조에 감사드립니다.

Q   이 공지의 대상은 누구인가?
(a) 모든 신입사원들에게
(b) 모든 부서의 장들에게
(c) 부사장에게
(d) 모든 직원들에게

해설 이 공지의 대상을 묻고 있는 문제다. 신입사원들의 수습기간에 대해서 그들에게 알려줄 것을 당부하고 있으므로 정황상 각 부서의 장에게 하는 공지임을 알 수 있으므로 정답은 (b)다.

어구 probationary period 수습기간
exclude 제외시키다
allowance 수당

정답 (b)

47 When a large star collapses inward from its own weight, some astronomers believe that a black hole may be formed. This total gravitational collapse of matter in space creates these regions in the universe. And their gravitational pull is so intense that not even light or radiation can escape.

Q **What is this lecture about?**

(a) Black holes

(b) Astronomy

(c) Gravitational pull

(d) A star's birth

해석 큰 별이 그 자신의 중량감 때문에 안으로 붕괴될 때, 어떤 천문학자들은 그곳에 블랙홀이 형성된다고 믿고 있다. 우주에서 일어나는 이 모든 중력붕괴(천체가 중력에 의해 축소해 가는 현상) 현상은 빛이나 방사선조차도 빨아들일 만큼 강력한 중력이 존재하는 공간을 창출해낸다는 것이다.

Q 무엇에 관한 강의인가?

(a) 블랙홀

(b) 천문학

(c) 중력

(d) 별의 생성

해설 무엇에 관한 강의인지를 묻고 있다. 천문학자들은 블랙홀은 큰 별이 안으로부터 붕괴됐을 때 형성된다고 믿고 있고 빛이나 방사선도 빨아들이는 중력붕괴가 일어나는 공간을 만들어낸다고 하고 있으므로 정답은 (a)다.

어구 collapse 붕괴
inward 내부로
gravitational 중력의
radiation 방사선

정답 (a)

48 Endemic to New Zealand, a kiwi is a small flightless bird around the size of a domestic chicken. These shy and nocturnal birds are by far the smallest living ratites and one of the most endangered bird species in the world. The kiwi is also a national symbol of New Zealand. However, the name also applies to an edible fruit native to southern China and the New Zealanders themselves.

Q **Which is correct about the bird, kiwi?**

(a) They are extinct.

(b) They are the smallest bird in New Zealand.

(c) The name is also used to call a certain fruit.

(d) They are also present in China.

해석 뉴질랜드 한 지방에서는 집닭 정도 크기의 키위라고 불리는 날 수 없는 작은 새가 있다. 수줍고 야행성인 이 새들은 세계에서 현존하는 가장 작은 평흉류이다. 그리고 멸종위기에 처한 종이기도 하다. 키위는 뉴질랜드를 상징하기도 하는데, 그 이름이 중국 남부가 원산지인 식용과일과 뉴질랜드 사람 자신들을 의미하기도 한다.

Q 키위에 관해 옳은 것은?

(a) 그들은 멸종했다.

(b) 뉴질랜드에서 가장 작은 새다.

(c) 그 이름은 과일을 나타내는 말로 쓰이기도 한다.

(d) 그들은 또한 중국에도 있다.

해설 키위에 대해서 사실인 것을 묻고 있으므로 담화의 세부 내용들을 기억해야 한다. 중국에서는 과일 이름으로도 불리우므로 (c)가 정답이다.

어구 flightless 날지 못하는
nocturnal 야행성의
ratite (타조, 거위 등의) 주조류
endanger 위태롭게 하다
edible 먹을 수 있는

정답 (c)

49 (3.5G +v/2) / 4(H20)3+3 = M, a mathematical formula used in an advertisement that intrigued various chemists, experts, mathematicians and scientists. In the early 1970s, Parker launched an ad campaign of hand using a parker pen to write the formula on a piece of paper. No one could figure out the formula was a recipe for a Martini: 3.5 shots of gin and half a shot of vermouth over 4 parts H2O3(water cubed = ice), finished off with three stirs(the 3×360°). Seemingly, the campaign got one very critical letter asking "Whoever heard of a martini without an olive?"

Q **What is the topic of the talk?**

(a) A mathematical formula

(b) A unique advertisement

(c) A recipe for a Martini

(d) The popularity of parker pens

해석 수학 공식(3.5G+V/s) / 4(H₂O)³+3 = M은 광고에 사용된 것으로 많은 화학자들, 전문가들, 수학자들 그리고 과학자들의 호기심을 불러 일으켰다. 1970년대 초에, 파커는 파커펜으로 종이 위에 공식을 쓰는 광고를 시작했다. 그것이 마티니 제조법이란 것을 아무도 알지 못했다: 그 내용은 4조각 얼음 위에 반 잔 정도의 백포도주와 3.5잔의 진을 섞어 360°로 세 번 정도 흔들어주는 것이다. 겉보기에 그 광고는 매우 비평적인 편지를 받았는데 "올리브 없는 마티니를 누가 들어본 적이 있습니까?"라고 쓰여 있었다.

Q 담화의 주제는 무엇인가?

(a) 수학 공식

(b) 독특한 광고

(c) 마티니의 제조법

(d) 파커펜의 인기

해설 수학 공식을 이용하여 파커펜의 광고를 했다는 내용이다. 따라서 정답은 (b)다.

어구 mathematical formula 수학 공식
intrigue 호기심(흥미)를 돋우다
chemist 화학자
mathematician 수학자
campaign (사회적) 운동
recipe 조리법
launch 착수하다
vermouth 베르무트(백포도주에 향초 등으로 가미한 술)

정답 (b)

---

50 It's impossible not to know of Aaliyah or the tragic circumstances of her demise. On the fateful day of August 25, 2001, the hit singer and a few of her record company colleagues got on a flight from the Bahamas, having completed the filming of the video for "Rock the Boat." The aircraft, headed for Opa-locka near Miami, never made it. It crashed 200 meters from the runway, soon after takeoff. All onboard, including the pilot and eight passengers, died in the incident. The coroner's report from the Bahamas, after an investigation into the crash, stated that Aaliyah suffered "severe burns and head trauma" apart from acute shock.

Q What is the news report about?

(a) Plane drop

(b) Hijacking

(c) Airplane collision

(d) Air trip

해석 알리아나 혹은 그녀의 사망에 대한 비극적인 상황은 잘 알려져 있다. 운명의 날인 2001년 8월 25일에, 히트 가수와 몇 명의 그녀 음반회사 직원들은 "Rock the Boat"라는 비디오 촬영을 마친 후 바하마를 출발하는 비행기에 탑승했다. 마이애미 근처의 오파-락카로 향한 그 비행기는 그곳에 도착하지 못했다. 이륙 직후 활주로에서 200미터 상공에서 추락하였다. 그 사고에서 기장과 8명의 승객들을 포함해서 탑승 인원 전원이 사망했다. 바하마 제도에 있는 검시관에 조사에 의해 밝혀진 바에 따르면, 알리야 씨는 격렬한 추락 충격 외에

"심한 화상과 머리에 큰 타격"을 당했다고 했다.

Q 리포트에 관한 것은 무엇인가?

(a) 비행기 추락

(b) 공중 납치

(c) 비행기 충돌

(d) 비행기 여행

해설 비행기 추락 사고에 대한 뉴스보도이다. 따라서 정답은 (a)다.

어구 demise 서거, 사망
make it 도착하다
crash 충돌하다
takeoff 이륙
acute 격렬한

정답 (a)

---

51 In linguistics, the Sumerian language is generally regarded as a language isolate because it belongs to no known language family. Numerous attempts have been made to connect Sumerian to other language groups, but they all failed. The Sumerians invented picture-hieroglyphs that developed into cuneiform, and their language vies with Ancient Egyptian as the oldest known written human language. An extremely large body of hundreds of thousands of texts in the Sumerian language has survived and the great majority of these are on clay tablets.

Q What is the main topic of the lecture?

(a) Analysis of Sumerian language

(b) Sumerian culture

(c) Sumerians versus Egyptians

(d) The oldest written human language

해석 언어학에 있어서 수메리안 언어는 일반적인 언어군에서 분리된 한 언어로 인정되고 있는데 왜냐하면, 어떤 언어 계보에도 속해 있지 않기 때문이다. 언어 영역에서 수메리안어를 많은 시도를 통해 다른 언어군과 연결해보았지만 모두 실패했다. 상형문자에서 설형문자로 발전된 수메리안 언어는 인간의 문자로 쓰여진 것 중에 제일 오래된 고대 이집트 문자와 비교된다. 수메리안 언어에는 거대한 몸체인 수십만 개의 텍스트들이 살아남았고 그것의 대부분이 진흙판 위에 보존되어 있었다.

Q 강의의 주된 요지는 무엇인가?

(a) 수메리안 언어의 분석

(b) 수메리안 문화

(c) 수메르 사람 대 이집트 사람

(d) 가장 오래 전에 쓰여진 인간의 언어

해설 주제를 묻는 문제다. 수메리안어에 대한 고대 이집트어와의 비교와 계보 그리고 텍스트 등에 대해서 강의하고 있으므로 정답은 (a)다.

어구 regard as ～로 생각하다
attempt 시도
hieroglyph 상형문자

정답 (a)

---

52 Korean dance has its origins in ancient shamanistic ceremonies from thousands of years ago. Gradually, through continuing patronage, particularly during the reign of the Goryeo and Joseon dynasties, it progressed from being a modest performance to a highly stylized and refined art form. The Fan Dance best illustrates this rise to sophistication. It goes back to the simple nature rites of shamans and has grown to become one of the most intricate of Korean dances.

Q What is the main idea of the report?

(a) Korean dance plays a very important role in today's society.

(b) Many people like Korean dance.

(c) Korean dance has a very long history.

(d) Korean dance was not very popular in the past.

해설 한국 춤의 기원은 수천 년 전 고대 샤머니즘 의식으로 거슬러 올라가야 한다. 특히 고려와 조선왕조 통치 기간에, 점차적으로 계속되는 관직을 통하여, 현대적인 공연에서 상당히 양식화되고 세련된 예술의 형태로 진행되었다. 부채춤은 이런 발전을 세련되게 잘 표현한 것이다. 이것은 간단한 샤머니즘의 의식으로 거슬러 올라가고 한국무용의 가장 복잡한 무용 중 하나로 성장하게 되었다.

Q 리포트의 주된 요지는 무엇인가?

(a) 한국 춤은 오늘날 사회에서 매우 중요한 역할을 한다.

(b) 많은 사람들이 한국 춤을 좋아한다.

(c) 한국 춤은 매우 긴 역사를 갖고 있다.

(d) 한국 춤은 과거에는 별로 대중적이지 않았다.

해설 한국 춤은 수천 년 전 고대 샤머니즘 의식으로 거슬러 올라간다고 했으므로 한국 춤이 매우 긴 역사를 가지고 있다고 한 (c)가 이 리포트의 요지다.

어구 shamanistic 샤머니즘의
patronage 임명권, 관직(제공)
stylized 양식화된
refined 세련된
illustrate 예증하다, 설명하다
sophistication 세련
rite 의식
intricate 복잡한, 난해한

정답 (c)

---

53 Absolute pitch is a rare talent. But it is, not a prerequisite for developing a high level of talent as a musician or composer. Musicians do not see eye to eye when it comes to the overall value and relevance of absolute pitch ability to musical experience. It is often impossible to determine whether famous composers and musicians had absolute pitch or not because of the uncertainty in the historical records and the lack of objective tests. Since absolute pitch is rare in European musical culture, claims that any particular musician possessed it cannot be right away accepted, unless there is modern and concrete evidence.

Q What is the talk about?

(a) People with absolute pitch

(b) How to acquire absolute pitch

(c) The value of absolute pitch

(d) Evidences of absolute pitch

해설 절대음감은 매우 드문 재능이다. 비록 그것이 음악가나 작곡가로서 높은 수준의 재능을 발전시키기 위한 필수 조건이 아닌데도 말이다. 그것이 음악적 경험에 바탕을 둔 절대음감에 대한 능력의 전반적인 가치성과 타당성에 대해 얘기한다면 음악가들은 의견을 달리 할 것이다. 유명한 작곡가들과 음악가들이 절대음감을 갖고 있느냐 아니냐 하는 것은 역사적인 기록들의 불확실성과 객관적 실험의 부족으로 인해 판단하기가 종종 불가능하다. 유럽의 음악 문화에서 절대음감의 희귀성 때문에 절대음감을 가지고 있다고 하는 그 어떤 특별한 음악가라 할지라도 그것이 현대적이고 확실한 증거가 없는 한은 곧바로 받아들여 질 수 없는 것이다.

Q 무엇에 관한 담화인가?

(a) 절대 음감을 가진 사람

(b) 절대 음감을 어떻게 얻는가?

(c) 절대음감의 가치

(d) 절대 음감의 증거들

eyeball 눈대중
enhance 높이다, 강화하다

55 The ancient drug soma that was brought up in the Vedas as a sacred intoxicating hallucinogen was sometimes associated with cannabis. At present in a ritual brazier at an ancient burial site in Romania, charred cannabis seeds were found. This is an indication that the inhalation of cannabis smoke has been present as far back as the Neolithic age. The most famous users of cannabis were the ancient Hindus of India and Nepal, and the Hashshashins of Syria of the present day.

Q What is the talk about?

(a) The use of cannabis
(b) The history of cannabis
(c) People who use cannabis
(d) Marijuana addiction

해석 신성한 환각제로 베다스에서 자라는 고대의 약인 소마는 종종 마리화나와 관계가 있다. 오늘날, 루마니아 고대 화장터에서 의식에 쓰이는 화로로부터 마리화나 씨가 발견되었다. 마리화나 연기의 흡입은 신석기 시대까지 거슬러 올라간다고 볼 수 있다. 마리화나의 유명한 사용자들은 고대 인도의 힌두교도들과 네팔 인들로 볼 수 있는데 시리아의 하시샤신스 지역에서는 현재까지도 존재한다.

Q 무엇에 관한 담화인가?

(a) 마리화나의 사용
(b) 마리화의 역사
(c) 마리화나를 사용하는 사람들
(d) 마리화나의 중독성

해설 주제를 묻고 있다. 신석기시대부터 거슬러 올라가서 고대 인도, 시리아 그리고 현재까지의 마리화나에 대해서 이야기하고 있으므로 정답은 (b)다.

어구 sacred 신성한
intoxicating 취하게 하는, 도취하게 하는
hallucinogen 환각제
be associated with ~와 관계가 있다
cannabis 마리화나
ritual 의식의
brazier 화로
inhalation 흡입
Neolithic age 신석기 시대

해설 무엇에 관한 내용인지를 묻는 문제 즉, 주제를 묻는 문제다. 절대음감에 대한 음악가들의 견해는 각자 다르며 그것에 대한 가치평가는 쉽지 않다는 것이 요지다. 즉, 절대음감의 가치에 대해서 이야기를 하고 있으므로 정답은 (c)다.

어구 absolute pitch 절대음감
composer 작곡가
relevance 관련
uncertainty 불확실
possess 소유하다

정답 (c)

54 Rachel Ray reflects her Italian and Cajun roots through the simple recipes that she teaches. These recipes, she claims are possible to be perfected in thirty minutes or less. She also states that measuring "takes away from the creative, hands-on process of cooking" and instead promotes approximations such as "half a palmful and eyeball." According to her, a simple way to enhance flavors is the use of garlic and chicken.

Q What is the occupation of Rachel Ray?

(a) A cook
(b) A teacher
(c) An artist
(d) A businesswoman

해석 레이첼 레이는 그녀가 가르치는 간단한 조리법을 통하여 그녀가 속한 이태리와 케이준 뿌리를 반영한다. 그녀가 30분 정도에 완벽하게 할 수 있다고 주장하는 조리법들이다. "창조적이고 실제적인 요리과정은 없애라" 그 대신 "반 줌, 눈대중"과 같은 어림짐작을 장려한다. 그녀대로라면, 맛을 내는 간단한 방법은 마늘과 닭고기를 활용하는 것이다.

Q 레이첼 레이의 직업은 무엇인가?

(a) 요리사
(b) 선생님
(c) 예술가
(d) 사업가

해설 레이첼 레이의 직업을 묻고 있다. 초반부에 레이첼은 30분 이내에 준비할 수 있는 간단한 조리법을 가르친다고 했으므로 정답은 (a)다.

어구 recipe 조리법
hands-on 실제의
approximation 접근, 근사, 어림셈(값)
palmful 손바닥 가득, 한 줌

정답 (b)

56 According to the British Medical Association, there is no consensus on the definition of binge drinking. The Journal of Studies on Alcohol on the other hand defines binge drinking as an extended period, typically at least two days, during the time a person repeatedly becomes intoxicated and gives up usual activities and obligations in order to be intoxicated. Binge drinking was often used to refer to in the past as an extended period of time, usually two days or more, during which a person repeatedly drank to intoxication, giving up usual activities.

Q   What is the main idea of the report?

(a) Binge drinking is dangerous.

(b) Binge drinking is popular in England.

(c) There is no clear definition of binge drinking yet.

(d) There are many institutions studying binge drinking.

해석 영국 의학 협회에 의하면 "과음에 대한 명확한 정의가 없다. 알코올 연구 저널은 다른 한편으로 장기간에 걸친 즉, 보통 적어도 2일 이상을 말하며, 그 기간 동안에 반복적으로 술에 취하며 또 취하기 위해 정상적인 행동이나 의무를 포기하는 것을 과음이라고 정의를 한다. 과음은 과거에는 자주 장기간에 걸친, 즉, 보통 2일이나 그 이상을 말하며, 그 기간 동안 정상적인 행동을 포기하고 반복적으로 술에 취해 있는 것을 일컬었었다.

Q   리포트의 주된 요지는 무엇인가?
(a) 과음은 위험하다.
(b) 과음은 영국에서 대중적이다.
(c) 과음에 대한 확실한 정의가 아직 없다.
(d) 과음에 관한 많은 연구가 있다.

해설 요지를 추론하는 문제다. 담화의 초반에 영국 의학 협회에서 발표한 내용이 등장하는데 과음에 대한 명확한 정의가 없다고 하므로 정답은 (c)다.

어구 consensus 일치, 합의
definition 정의
binge 법석대는 술잔치
repeatedly 되풀이하여
obligation 의무, 책임
intoxication 취하게 함

정답 (c)

57 Steve Jobs, in an executive conference in April 2003, voiced out his stand that tablet PCs and traditional PDAs were not good choices as high-demand markets for Apple to enter. At one point he considered having Apple work on tablet PCs. The Apple CEO's initiation that Apple engineers investigate touch-screens gave birth to the genesis of iPhone. Steve Jobs did believe that mobile phones were going to become important devices for portable information access.

Q   Which is correct according to the report?

(a) PDAs are hot items.

(b) Steve Jobs invented iPhone for himself.

(c) Apple entered the mobile phone market in 2003.

(d) Touch-screens led to iPhones in the end.

해석 2003년 4월에 열린 임원 회의에서 스티브 잡스는 태블릿 PC와 기존의 PDA는 애플이 고수요 시장을 목표로 볼 때 좋은 선택이 아니었음을 피력했다. 한때, 스티브 잡스는 애플사의 사업으로 태블릿 PC에 대해 생각했었다. 애플 기술자들로 하여금 터치 스크린을 연구하라는 애플사 최고 경영자의 지시가 아이폰 창조의 시발점이 되었다. 스티브 잡스는 앞으로 핸드폰이 중요한 이동 정보 접속 수단이 되리라는 것을 굳게 믿고 있었다.

Q   이 글이 말하고자 하는 것은 무엇인가?
(a) PDA는 최고의 인기 제품이다.
(b) 스티브 잡스는 아이폰을 직접 발명했다.
(c) 애플사는 2003년에 휴대전화 시장에 뛰어들었다.
(d) 터치 스크린이 결국 아이폰을 낳았다.

해설 지문의 주제를 묻는 문제다. 애플사의 CEO인 스티브 잡스는 터치스크린 연구를 지시했고 그것이 아이폰의 첫 시발점이 되었으므로 정답은 (d)다.

어구 voice out 표명하다
high-demand 높은 수요의
initiation 개시, 창시
device 장치

정답 (d)

58 The planet Pluto got its name from a suggestion by an eleven-year-old English school girl, Venetia Burney. The inspiration for this contribution came from her interest in classical mythology and astronomy. As an alternate name for Hades or the Roman god of the underworld, Pluto seemed particularly appropriate for the planet that was considered cold, dark and lonely. Venetia first suggested it to her grandfather Falconer Madan during a conversation. Madan, who had been librarian at Oxford University's Bodleian Library, communicated the name to Professor Herbert Hall Turner, who in turn passed it on to scientists in America.

Q **What can be inferred from the talk?**

(a) It is difficult to give a name.
(b) Interest gives birth to surprising outcome.
(c) Effort is the key to success.
(d) Children have a better sense than the old.

해석 명왕성은 영국 여학생인 베네치아 버니의 제안으로 그 이름을 얻었다. 이런 공헌의 영감은 그녀의 고대 신화와 천문학에 대한 관심의 발로이다. 하데스나 지하 세계의 로마신의 또 다른 이름으로 플루토는 차갑고 어둡고 외롭게 여겨지는 행성에 적합한 것 같았다. 베네치아는 대화중에 그녀의 할아버지인 팔코너 마단에게 이 이름을 처음 제안하였다. 옥스퍼드 대학의 보들리안 도서관 사서였던 마단은 하버트 홀 터너 교수에게 그 이름을 전했고, 터너는 미국의 과학자들에게 그 이름을 건네주었다.

Q 담화로부터 추론할 수 있는 것은?
(a) 이름을 붙이는 것은 어렵다.
(b) 관심은 엄청난 결과를 창출한다.
(c) 노력이 성공의 열쇠다.
(d) 어린이들은 나이 든 사람들보다 더 잘 이해한다.

해설 천문학과 고대 신화에 관심이 많은 베네치아가 로마 신화에 등장하는 플루토를 명왕성의 이름으로 제안한 내용으로 비록 어린 소녀지만 소녀의 관심으로 인해 명왕성이란 이름을 얻을 수 있었으므로 정답은 (b)다.

어구 Pluto 명왕성
astronomy 천문학

정답 (b)

59 The American serial "Friends" is an Emmy Award-winning show telling the story of a group of people living in Manhattan, New York City. Created by David Crane and Marta Kauffman, and produced jointly by Kauffman and Kevin S. Bright, it was first broadcast for ten years between 1994 and 2004. The show has reached television audiences in over one hundred countries and its syndicated episodes are still hugely popular.

Q **What is the talk about?**

(a) The sitcom entitled "Friends"
(b) The producers of "Friends"
(c) The award "Friends" won
(d) The stars of "Friends"

해석 에미상을 수상한 미국 연속극 '프렌즈'는 뉴욕시의 맨하탄에서 생활하는 친구들에 관한 이야기를 다루는 시트콤이다. 데이빗 크레인과 마르타 카우프만이 연출하였고, 마르타 카우프만과 케빈 S. 브라잇이 제작을 맡았고 원래 1984년부터 2004년까지 방영되었다. 이 프로그램은 100여 개국이 넘는 나라에서 시청자들에게 선보였고 전세계에 방송되는 이들의 에피소드는 여전히 많은 인기를 끌고 있다.

Q 무엇에 관한 담화인가?
(a) '프렌즈'라는 이름의 시트콤
(b) '프렌즈' 제작자들
(c) '프렌즈'의 수상
(d) '프렌즈'의 주인공들

해설 내용을 묻는 문제다. 에미상을 수상한 미국 시트콤 '프렌즈'에 대한 전반적인 내용이므로 선택지에서는 전체를 포괄하는 (a)가 정답이다.

어구 broadcast 방영하다
reach ~에 도달하다

정답 (a)

60 The first storehouses for ice are believed to have existed in Mesopotamia, alongside the Euphrates River. Ancient civilizations used ice to make cold foods several thousand years ago. The pharaohs of Egypt are known to have had it shipped to them. Snow cones with honey and fruits were commonly sold in the marketplaces of ancient Athens as far back as the 5th century B.C. The Roman emperor Nero got ice from the mountains and ate it with fruit toppings. With complete mastery over the storage of ice, the Persians are said to have enjoyed ice delicacies in the hot summer. It is possible that the ice creams we enjoy today came from these early ice treats.

Q Which is correct according to the talk?

(a) The first storehouses for ice existed in Egypt.
(b) The pharaohs of Egypt ate ice with fruit toppings.
(c) Ice cream originated from Rome.
(d) Persians could store ice in summer.

storage 저장
delicacy 진미

정답 (d)

해석 최초의 얼음 저장고는 약 4천 년 전에 유프라테스 강 옆의 메소포타미아에 존재했다고 여겨졌다. 수천 년 전에 고대 문명은 차가운 음식을 만들기 위해 얼음을 사용했다. 이집트의 파라오 왕들은 얼음을 운반해 왔다고 알려져 있다. 기원 전, 5세기에는 아테네의 시장에서 고대 그리스사람들이 과일과 벌꿀을 곁들인 스노우콘을 팔았다. 로마의 네로 황제는 산에서 얼음을 가져와 과일과 함께 곁들여 먹기도 하였다. 얼음 보관에 정통한 페르시아인들은 여름에도 아이스크림 맛을 즐겼다고 알려져 있다. 오늘날 우리가 즐기는 아이스크림은 고대의 얼음 음식에서 비롯되었을 가능성이 많다.

Q 담화에 따르면 옳은 것은 무엇인가?
(a) 최초의 얼음 저장고는 이집트에 존재했다.
(b) 이집트의 파라오들은 과일 토핑과 함께 얼음을 먹었다.
(c) 아이스크림은 로마에서 유래했다.
(d) 페르시아인들은 여름에 얼음을 저장할 수 있었다.

해설 (a) 최초의 얼음 저장고는 메소포타미아에 있었다. (b) 토핑을 즐겨 먹은 이는 로마의 네로 황제다. (c) 단정짓기 힘든 단서다. (d) 페르시아 인들은 여름에도 아리스크림을 먹었으므로 얼음 저장이 가능했다고 볼 수 있다.

어구 ship 운반하다
mastery 지배(력), 숙달, 정통

● 넥서스 수준별 TEPS 맞춤 학습 프로그램

서울대 기출문제

   **기출·독해**

서울대 텝스 관리위원회 최신기출 500 VOL.1·2 | 서울대학교 TEPS관리위원회 문제 제공 · 양준희 해설 | 312쪽 | 16,000원
서울대 텝스 관리위원회 최신기출 1000 | 서울대학교 TEPS관리위원회 문제 제공 · 양준희 해설 | 628쪽 | 28,000원
서울대 텝스 관리위원회 제공 최신기출 시크릿 | 서울대학교 TEPS관리위원회 문제 제공 · 손진숙 해설 | 456쪽 | 20,000원
서울대 텝스 관리위원회 최신기출 1200/SEASON 2 문제집 | 서울대학교 TEPS관리위원회 문제 제공 | 352쪽 | 19,500원
서울대 텝스 관리위원회 최신기출 1200/SEASON 2 해설집 | 서울대학교 TEPS관리위원회 문제 제공 · 넥서스 TEPS연구소 해설 | 472쪽 | 25,000원

실전 모의고사

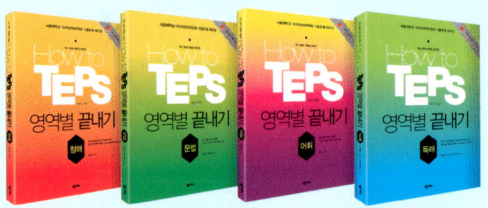 **실전·어휘**

How to TEPS 영역별 끝내기 청해 | 테리 홍 지음 | 424쪽 | 19,800원
How to TEPS 영역별 끝내기 문법 | 장보금 · 써니 박 지음 | 260쪽 | 13,500원
How to TEPS 영역별 끝내기 어휘 | 양준희 지음 | 240쪽 | 13,500원
How to TEPS 영역별 끝내기 독해 | 김무룡 · 넥서스 TEPS연구소 지음 | 504쪽 | 25,000원

How to TEPS 시험 직전 리얼 청해 | 넥서스 TEPS연구소 지음 | 296쪽 | 19,500원
How to TEPS 시험 직전 리얼 문법 | 장보금 · 써니 박 지음 | 260쪽 | 14,000원
How to TEPS 시험 직전 리얼 어휘 | 양준희 지음 | 252쪽 | 14,000원
How to TEPS 시험 직전 리얼 독해 | 넥서스 TEPS연구소 지음 | 504쪽 | 25,000원

초급 (400~500점) | 중급 (600~700점)

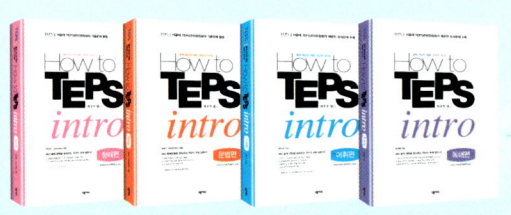 **영역별**

How to TEPS intro 청해편 | 강소영 · Jane Kim 지음 | 444쪽 | 22,000원
How to TEPS intro 문법편 | 넥서스 TEPS연구소 지음 | 424쪽 | 19,000원
How to TEPS intro 어휘편 | 에릭 킴 지음 | 368쪽 | 15,000원
How to TEPS intro 독해편 | 한정림 지음 | 392쪽 | 19,500원

How to TEPS 실전 600 청해편·문법편·어휘편·독해편 | 각 권 서울대학교
TEPS관리위원회 문제 제공 | 청해: 19,500원, 문법: 17,500원,
어휘: 15,000원, 독해: 19,000원
How to TEPS 실전 700 청해편·문법편·독해편 | 강소영 · 넥서스 TEPS연
구소(청해), 이신영 · 넥서스 TEPS연구소(문법), 오정우 · 넥서스 TEPS연구
(독해) 지음 | 청해: 16,000원, 문법: 15,000원, 독해: 19,000원

 **종합서**

How to TEPS New Starter | 넥서스 TEPS연구소 지음 | 584쪽 | 25,900원
How to TEPS New Starter 모의테스트 | 넥서스 TEPS연구소 지음 |
296쪽 | 15,000원
TEPS 첫걸음 L/C | 유니스 정 지음 | 312쪽 | 15,000원
TEPS 첫걸음 R/C | 김무룡 · 넥서스 TEPS연구소 지음 | 612쪽 | 22,000원

서울대학교 TEPS관리위원회 기출문제 재구성

최신 출제 경향을 반영한

How to TEPS

하우 투 텝스

영역별 끝내기

Dictation Workbook
(Pretest + Actual Test 8회분)

청해

실전 자신감을 심어주는 Pretest 제공
실제 시험 유형과 동일한 고난도 Actual Test 8회 수록

테리 홍 지음

넥서스

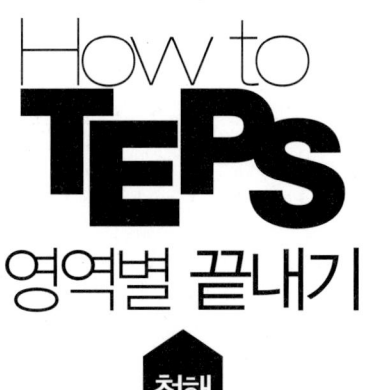

How to TEPS 영역별 끝내기

청해

Dictation Workbook

(Pretest + Actual Test 8회분)

넥서스

1 M Have you _____ yet?

W _____

(a) Yes, I'll take you this time.
(b) Yes, I'll have _____.
(c) No, _____.
(d) No, I've been very busy.

2 M Would you _____?

W _____

(a) I'm full. May I _____?
(b) I ordered some for you.
(c) I don't like _____.
(d) Did you _____?

3 M What flight _____, ma'am?

W _____

(a) I _____.
(b) _____ for this flight.
(c) The plane will land soon.
(d) My flight _____.

4 M Are you _____?

W _____

(a) My family went before me.
(b) I find it difficult to travel alone.
(c) No, I'm with friends.
(d) _____ this.

5 M What is all that noise down the road?

W _____

(a) I'll pick you up over there.

(b) It's the Young People's Festival.

(c) I _____ that noise anymore.

(d) I hope they will _____.

Part II

6   M Hi, Beth. I want to _____ tomorrow. Would you like to join me?

　　 W I'd love to.

　　 M Shall we meet at 10 in the morning?

　　 W _____

(a) I'd rather _____.

(b) Sure, I'll be there before 10.

(c) I have _____ about shopping.

(d) I'll _____ money.

7   M Do you ever _____?

　　 W I do, when I go other places except the office.

　　 M What makes you wear them?

　　 W _____

(a) There is _____.

(b) I feel comfortable in them.

(c) The color _____.

(d) My mother likes them.

8   M How long have you been _____?

　　 W Not too long.

　　 M How often do you _____ them?

　　 W _____

(a) I write to them whenever I find the time.

(b) I can't email them from the office.

(c) I _____ my cell phone.

(d) There's _____ over there.

9 w Could I _____ with Dr. Smith?

     M Would you like to see him today at 11:00?

     w Could you make that 2 in the afternoon?

     M _____

     (a) Yes, I need to see him badly.

     (b) Yes, I wanted to _____.

     (c) Yes, he is _____.

     (d) Yes, I've seen the doctor regularly.

10 M Are you _____ this weekend?

     w I rarely _____.

     M I am going to invite you to _____.

     w _____

     (a) No, thank you. Plays _____.

     (b) Hey, _____.

     (c) What should I bring?

     (d) I will spend my weekend at the beach.

Part III

11 w Honey, are you ready to _____? I heard there are _____ right now.

     M I don't feel like shopping today. I think I need to _____.

     w _____ purchase a new washing machine today. Did you forget your promise _____?

     M Okay, I guess we can buy one from an Internet shopping mall. I think it is very convenient because we don't have to go to the shop. We can also _____.

     w What are you thinking? Okay, Internet shopping is very convenient. But we could _____ there.

     M Now you mean that we could buy one _____? Okay, let's go!

     w Now you're talking.

     Q **Why did the man decide to go to the mall?**

     (a) Because the mall has a great choice of goods

(b) Because he can't _____
(c) Because the woman can't go there by herself
(d) Because he could _____ on the item

12 M How may I help you, ma'am?
  W I'm looking for a pair of soccer shoes for my son.
  M Do you have _____ ?
  W Actually, he wants Nice soccer shoes so badly. The brand _____ by one of his favorite soccer players.
  M I see. What size does he wear?
  W Size nine, please.

Q What is the woman doing?

(a) _____ soccer shoes
(b) Purchasing sports shoes
(c) Working at the shop
(d) Getting information from the clerk

13 M Would you like me to put this cabinet next to the bookshelf?
  W No, I think I'll place this flower pot there. Why don't you put the cabinet next to the door?
  M Okay. Then _____ with the computer over there?
  W The computer is too old. I need to purchase a new model. My secretary is supposed to _____ .
  M Is there anything else I can do for you today?
  W Well, the fax machine isn't working at all. I don't know what's wrong with that. Do you think you could fix it for me?
  M Sure, _____ it first.

Q Which is correct according to the conversation?

(a) The woman is trying to move a cabinet into her workplace.
(b) The woman is asking the man to place a flower pot next to the bookshelf.
(c) The woman wants the man to fix the computer.
(d) The woman wants to fax some documents now.

14 M Have you _____ to a foreign country, Jessie?

w When I was a college student, I _____ to study at Tokyo University in Japan _____.

M Oh, really? I'm leaving for Japan next month.

w Wow! _____! How long are you staying there?

M I'm not too sure. Maybe _____.

w What are you supposed to do during your stay in Japan?

M My company is planning to _____ in Tokyo. I'll be working __

_____.

w I wish I could _____. I envy you.

Q **Which is correct according to the conversation?**

(a) The man _____.

(b) The man will continue his study at Tokyo University.

(c) The woman wants to _____.

(d) The man is supposed to work in Japan.

15 w What do you say to the election?

M _____ terrible. It was _____.

w Yeah, I thought it would _____. But the final _____.

M As a result, we _____ the ruling party.

w Right, the ruling party _____.

M Anyway I wonder if the _____ president will _____.

Q **What is the conversation mainly about?**

(a) Election results

(b) The _____

(c) The result of the game

(d) The _____ president

16   Mr. Robert is _____ for this company and for 4 months he once worked with them in their office in Seoul. His responsibilities include editing, _____. He has worked on projects for Samsung. This report recently _____ at the Annual Report Awards in New York City. He was _____. He was responsible for editing student essays as well as proofreading longer projects that include _____ _____.

Q **Which is correct about Mr. Robert according to the talk?**

(a) He _____ for a company in Seoul.
(b) His report on the Samsung projects _____ at the Annual Report Awards in N.Y.C.
(c) He has been working for a company for 4 years.
(d) He is _____ at the moment.

17   Most people _____ those only spoken in Rome, or for those that _____. In fact, Italian is spoken in Rome and romance can be written in any language as love is universal. What then is a Romance Language? _____, the Romance Languages are _____ _____ and which are spoken in Southern Europe. Hence, this is often misunderstood for the group of languages including Spanish, French, Portuguese and Italian.

Q **What is the speaker's main point?**

(a) Romance languages _____ from the northern part of Europe.
(b) Most people know that in Rome people speak Italian.
(c) Romance languages are _____ Rome.
(d) English _____ the group of Romance languages.

18   Despite the fact that _____, most people sleep around
7-8 hours a night. Furthermore, _____. According to sleep
_____, David Roth, losing an hour tonight, another tomorrow and
another the next _____ losing three hours _____. Parents often
mistake their young children sleeping till noon on weekends for being lazy.
Youngsters often _____ during the week and need their
bodies to _____ the weekends.

Q **Which is correct according to the talk?**

(a) _____.
(b) Youngsters are not related to _____.
(c) Sleep loss doesn't need to be _____.
(d) Young people should sleep more than adults.

19   Hello, Robin? This is John. Listen, we originally used to study well together and
help each other out _____. That's _____.
We've been friends for almost 4 years now. Don't you know? I guess _____
_____, but yeah, that's life. Anyway, my point is you're
welcome to _____. That was kind of what we've been for
years anyway, so why would it be different now? Email, call, and text me. I really
don't mind. Hope I made my point.

Q **Which is the speaker's attitude towards Robin?**

(a) Sarcastic
(b) Favorable
(c) Assertive
(d) Passive

20 Thank you for calling Northwest Airlines. As of February 1, 2008, there has been _____. For security reasons, all passengers _____ from the U.S. will be _____ from bringing on board any liquids, pastes, gels, and creams carried _____ 150ml. However, baby milk and lotions are _____ _____. Liquid, pastes, gels and creams purchased in duty-free shops in airports can be _____. Thank you for your cooperation and enjoy your flight!

Q Which item can be allowed on board, according to this information?

(a) A baby cream over 150ml
(b) Baby lotion without a baby
(c) French wine in 500ml bottle
(d) _____ less than 100ml

Part I

1 M What do you _____?

W _____

(a) I _____ at night.
(b) Of course, I'd like to eat breakfast with you.
(c) Sure, I like _____.
(d) I usually drink milk in the morning.

2 M How old were you when you _____?

W _____

(a) Yes, of course. I know how to read.
(b) Last night I read the newspaper.
(c) I was six _____.
(d) I read newspaper every day.

3 M Hello, _____ Mrs. Cartridge?

W _____

(a) Oh, yes, I think you are nice!
(b) Oh, yes, of course, one moment please!
(c) _____!
(d) I'll tell her you called.

4 M May I _____ tonight?

W _____

(a) Oh, no, _____.
(b) Of course, what time will you _____?
(c) That's not true, isn't it?
(d) Sorry, I don't have time right now.

5 M Hello, ma'am. I think I'm lost, can you help me?

W _____

(a) Where are you going to stay?

(b) Yes, _____?

(c) Yes, let's go.

(d) _____ , that's right.

6   M What time do you usually _____ at night?

W _____

(a) It's time to sleep when it's dark.

(b) I go to sleep at about 9:30 p.m.

(c) I didn't _____ .

(d) _____ at 10 p.m.

7   M What position are you _____ ?

W _____

(a) I am a janitor.

(b) I'll manage better than he.

(c) I want _____ .

(d) I _____ .

8   M How many days to _____ your big birthday party?

W _____

(a) Only five days left.

(b) I am so excited!

(c) You don't have to _____ .

(d) It is important to _____ .

9   M How much is the pretty pair of red shoes?

W _____

(a) It's _____ .

(b) It's 30 dollars, sir.

(c) It's pretty. Yes, I know.

(d) I have _____ . It is _____ .

10   M   How was the movie yesterday?

W   _____

(a) It was _____ .
(b) It _____ !
(c) What about the movie?
(d) I haven't seen it yet.

11   M   How many people are in your family?

W   _____

(a) There are six.
(b) I don't _____ .
(c) We usually leave home at nine.
(d) We are _____ .

12   M   How much _____ do you have?

W   _____

(a) I drive my own car.
(b) I always _____ .
(c) Since I was 20.
(d) I plan to drive tomorrow.

13   M   What books do you like reading during your free time?

W   _____

(a) I love to read all the time.
(b) I like to read science fiction.
(c) There are books I love to read.
(d) I'd like to _____ for this weekend.

14   M   I decided _____ .

W   _____

(a) It's important that everyone votes.
(b) I didn't vote.
(c) I haven't _____ yet.
(d) I'm _____ .

15 M How do you want _____?

W _____

(a) No, just shampoo my hair first.
(b) I don't want _____.
(c) Just a little _____, please.
(d) I normally use hair gel.

Part II

16 M How do I get to the Eiffel Tower?

W _____ to Trocadero and you'll get there easily.

M How long will it take by taxi?

W _____

(a) It won't take more than 30 minutes.
(b) The cab is_____.
(c) Twenty years or so.
(d) Just follow the road.

17 W I saw a terrible car accident last night.

M _____?

W On Southridge Street.

M _____

(a) Were you there to see it?
(b) Around what time did you _____?
(c) Did you enjoy watching it?
(d) _____. Just come back after lunch.

18 W I'm planning to buy a pair of shoes for my mother's birthday.

M Really? There's _____ at Metro Mall.

W So when will that be?

M _____

(a) There was _____ last week.

(b) It's going to be this coming Monday.

(c) They are not yet sure _____.

(d) I don't think I _____ this time.

19 **M** How much did the clerk _____ that belt?

    w Thirty dollars.

    M Do you think it's _____?

    w _____

(a) No, but I _____.

(b) I think it's worth it, the material looks expensive.

(c) It _____.

(d) This belt is too red.

20 **w** My husband has some bad habits.

    M What does he have?

    w He _____.

    M _____

(a) Really, what about it?

(b) So, what do you plan to do about it?

(c) It's not _____.

(d) Oh, I'm glad he talks to you!

21 **w** So, what are you going to do after lunch?

    M Let's _____!

    w Okay, but I think I need to _____.

    M _____

(a) Hurry before it's too late.

(b) You'll be needing that, it's cold outside.

(c) It's cold, you do not need it.

(d) I'm fine, let's go.

22   M   Which do you prefer—listening to music or reading a book?

       W   _____. When I'm tired, I _____ to listen to music.

       M   What kind of music are you _____ listening to?

       W   _____

(a) _____.

(b) I don't like just any kind of music.

(c) A nice love story will do.

(d) I dislike loud rock music.

23   M   Are you planning to cook dinner tonight?

       W   No, I'd like to eat in a restaurant.

       M   _____?

       W   _____

(a) I am glad you like my cooking.

(b) I don't feel like doing it.

(c) You said it.

(d) It's _____.

24   W   I heard you are _____?

       M   Yes, I'm spending a week in Boracay this December.

       W   Are you _____ ?

       M   _____

(a) Yes, I need that vacation alone.

(b) _____.

(c) No, actually I am going with some friends.

(d) I would love to _____ too.

25   M   Hello, Ann. This is Dan, can you talk for a minute?

       W   I'm sorry, Dan. I'm doing my homework. Can you call back later?

       M   Sure how much longer will you be studying?

       W   _____

(a) Who knows that?
(b) You shouldn't have asked, thank you!
(c) I'll probably be _____.
(d) Don't call me, I will be too tired by then.

26 w Hi, could you _____?
　　　M Sure. What is it?
　　　w I have to _____ and I don't have a hammer, could I possibly borrow yours?
　　　M _____

(a) Sure, I'd be _____.
(b) My hammer is very heavy.
(c) Mr. Palmer brought it yesterday.
(d) I can't fix it for you, I don't know how.

27 M What book did you borrow from the library?
　　　w Oh, this one is interesting! _____, "Souls."
　　　M What is it about then?
　　　w _____

(a) That's the point.
(b) It's _____ to this day.
(c) All souls are reading it.
(d) It can _____: human mind.

28 M Where are you going to take your family this Christmas vacation?
　　　w We are visiting _____ in Vietnam.
　　　M Really? How long will your flight be?
　　　w _____

(a) Around 10 hours.
(b) I _____.
(c) I'm sure the flight will be long.
(d) I sleep the whole time so I _____.

29 w What time will you be arriving tomorrow?

M I'll be there at noon so we could spend a lot of time together.

w Are we going anywhere?

M _____

(a) If you want me to come.

(b) Just follow me. _____.

(c) I'd like to see the museum if it's fine with you.

(d) Somewhere else is fine, too.

30 w Good afternoon sir, may I help you?

M Yes, I'd like a donut and a coffee please!

w _____ do you like?

M _____

(a) Brewed, please.

(b) _____.

(c) Two donuts to go, please!

(d) I'd like to _____ this time.

Part III

31 M I heard you have plans of _____ this year?

w Yes, definitely!

M Why did you decide to _____?

w I wanted to _____ like everyone else.

M What are your future plans?

w I'm planning to _____.

Q **What can be inferred from the conversation?**

(a) The man thinks _____ is better than _____.

(b) She wants to _____.

(c) The woman has problems about her future plans.

(d) The future of the school is _____.

32   w   Where are we now, are we lost?

   m   No, I don't think so.

   w   How sure are you that we aren't lost yet?

   m   It says here, _____ the Omotesando Subway could take us to
        Ota Memorial museum of Art.

   w   Then we're _____ ?

   m   I really think so. That's what it says here.

   Q   Which is NOT correct according to the conversation?

   (a) They are _____ .

   (b) They're _____ Ota Museum.

   (c) They _____ with them.

   (d) They are _____ from the guidebook.

33   w   Do you have homework for Monday?

   m   Yes, mom. We have to _____ in class for "Show and Tell."

   w   What pet will you bring to show and tell this Monday?

   m   I'll bring Fifi _____ .

   w   Are you sure _____ will like her?

   m   Most probably, Fifi can dance the "Hula" very well. And she is a very funny
        dog too.

   Q   What is "Show and Tell" according to the conversation?

   (a) A show on TV

   (b) A class assignment where they are to _____ .

   (c) A movie

   (d) A magic show

34   m   Since when did you find out you have cancer?

   w   Five years ago, _____ .

   m   Did you _____ ?

   w   No, it was _____ .

   m   So what did you do?

   w   I asked another doctor, and then another, all of them _____ .
        After so many years of struggling, I decided to just _____ .

M So how do you feel about it now?

W I am _____ this thing, after all. I have a child to take care of. So, I could _____ this soon.

Q **What can be inferred about the woman from the conversation?**

(a) The woman is _____ .
(b) The woman is _____ what she has already.
(c) She is _____ .
(d) She is likely to _____ .

35 M I thought you are sick, why did you _____ ?

W I just _____ . But I can still work, I'm fine.

M Oh! I see. Then, you'd _____ .

W Yes, boss! No problem.

M I need them on my desks as soon as possible. Can you do that?

W Alright!

Q **According to the conversation what should the woman do?**

(a) _____
(b) Paperwork
(c) Phone call
(d) Sending an email

36 M I am afraid that we are not able to _____ .

W Yes, that is why I called you.

M There has been _____ at the factory which _____ _____ .

W When are you planning to _____ ?

M We are discussing it with our plant managers, maybe we could _____ _____ in a week or two.

W If you say so. But please _____ .

Q **According to the conversation, what caused the delivery problem?**

(a) A shortage of material
(b) Workers' conflict with the management

(c) A mechanical breakdown

(d) The laziness of workers

37 M I must say I really had a good interview with Mr. Lee. I think he might be the man for us.

W Why do you think so?

M He seems to know the market very well, and he already does business all over South America.

W _____?

M Argentina, Venezuela, Chile, Colombia, Ecuador and Brazil.

Q What is the conversation about?

(a) Countries found in South America

(b) _____

(c) A business trip in South America

(d) The markets in South America

38 M I would like you to tell your parents that we will _____.

W When will the meeting be held, sir?

M The meeting will be on Friday, December 14.

W What time will the meeting be?

M The meeting will _____ 3:00 p.m. Tell them they must _____.

Q Which is correct according to the conversation?

(a) The man is the woman's neighbor.

(b) The meeting will be held next Friday.

(c) The meeting will be in the afternoon.

(d) The woman will _____.

39 W Hello, sir. May I _____, please?

M I would like to _____, please!

W Would you like _____?

M Yes, and a double cheeseburger, please.

W Alright, _____?

M Yes, that's all.

Q What is the man trying to do?

(a) Buy the woman food
(b) Offer the woman help
(c) _____
(d) Advise the woman to order fries

40 w Dude, you are _____.
   M Why?
   w I don't know but, you are _____.
   M So? I don't see _____?
   w But, you are also wearing the same clothes I wear, look at you.
   M Well, maybe it is just _____.
   w And now you are also doing the same thing I do. And you _____
      _____?

Q What can be inferred from the conversation?

(a) Both of the them want the same thing.
(b) The man is _____ the woman.
(c) The woman and the man are twins.
(d) The man wants to become a fashion model.

41 w So when are you teaching me _____?
   M Oh, I'm _____ right now, I'm sorry.
   w But you promised to teach me today.
   M Yes, _____ but, that can wait. This is more important to me.
   w But skating is really important to me, too.

Q What are the two speakers discussing?

(a) An appointment to teach how to skate
(b) When to _____
(c) _____
(d) Where to buy skates

D i c t a t i o n

42 w Good morning, Hi! I'm Jane Reyes.

  M Good morning! How can I be of help to you?

  w I'd like to ask about the Hong Kong tour _____.

  M For how many persons, ma'am?

  w I will be traveling with my husband and two children.

  M Yes, you can use our three day stay in the Kowloon area and _____ in Hong Kong Disneyland.

  Q **Which is correct according to the conversation?**

  (a) The man is _____.
  (b) The agency is in Hong Kong.
  (c) She is asking how to get to Kowloon area.
  (d) There are four in the woman's family.

43 w Hey, little boy, why are you crying?

  M I think _____, I _____ my mother.

  w When did you see her last?

  M I saw her just a few minutes ago. I just went over there to take a look at a toy, and then, she was gone.

  w Oh, you poor boy! Would you like to _____? I could find your mother.

  M Maybe, you can just help me find the Information Desk of this store, ma'am.

  Q **What is the woman going to do?**

  (a) She is going to find the boy's mom for herself.
  (b) She is going to _____.
  (c) She is going to _____.
  (d) She is going to call the police.

44 M How many days to go before Christmas, mom?

  w _____. What do you want for Christmas, son?

  M I want a bicycle, a new roller skate and there is someone I really want to meet. _____ who he is?

  w Well, let me guess. Is it Spiderman?

  M No. He is the one who brings us gifts always.

  w Oh, I guess that would be Santa Claus, am I right?

M Yes, I _____ the real Santa!

Q **What can be inferred from the conversation?**

(a) The woman will not buy her son presents.
(b) The boy looks forward to seeing Santa.
(c) The boy loves Spiderman.
(d) The boy will meet the real Santa.

45 M Have you read the novel "Alchemist?"

w I don't want to spend my time reading it, Jan said it is boring.

M But why? Almost all the students in World Literature are interested in it.

w If that is true, then, have you read it yourself?

M Well, I tried reading it, but I did not _____.

w And why may I ask did you not finish it?

M It's _____.

Q **Which of the following is correct according to the conversation?**

(a) Both of them have finished the book.
(b) The man is _____ reading books.
(c) The man has not read only one line.
(d) The man is _____ the book.

Part IV

46 One of the _____ is the coral
reefs. They form a varied, complex structure that serves as a habitat for the
marine animals. Among the most _____
are the numerous and beautiful fish, _____.

Q **What is the main topic of the lecture?**

(a) The use of coral reefs
(b) Various marine animals
(c) _____
(d) The life of coral reefs

47 The Division of Labor _____ among different persons or
groups. _____. When there is the
Division of Labor, _____. Everyone is _____

_____ .

Q What is the main idea of the talk?

(a) The Division of Labor _____ .
(b) Everyone is responsible for his duties.
(c) The Division of Labor _____ .
(d) The Division of Labor means sharing tasks to _____ .

48 Thailand is _____. Their
staples are; rice, fish, vegetables, and other produce that _____
_____ . A good recipe for Thai dishes and desserts naturally contains some
of the herb and spices that _____ . For instance, Tom-yam-kung is
one of the most popular and favorite Thai dishes among Thai visitors.

Q What is the main title of the talk?

(a) Thailand, A Place to Visit
(b) Thai Cuisine, A Healthy Food
(c) Thailand's Tourism
(d) Tom-yam-kung, A Thai food

49 Orchids are _____ in many different ways for home as
well as _____. Orchids are _____
_____ flowers to purchase but they are, in fact, of good value since they ___
_____ if kept cool and well watered.

Q Which is NOT correct according to the lecture?

(a) Orchids are _____ .
(b) Orchids are a bit pricey.
(c) Orchids are really _____ .
(d) Orchids will last for ages if well taken care of.

50 Mornings and evenings are the two times you can exercise at home if you work.
Mornings are better because you will have more excuses not to work out in the
day. Waking up 30 minutes earlier than the usual solves the problem of finding

time to exercise. Of course this means _____.

Q What is the main topic of the speaker?

(a) Evenings are better than mornings to exercise.
(b) You can find time to exercise _____.
(c) Getting up 30 minutes earlier is easy.
(d) Exercise is not possible for busy people.

51   "Ginza" is a _____ with _____ in Japan. _____ is created by a line-up of long established department stores and cafes and also luxurious boutiques and art galleries. Many theaters are located here, including the "Kabukiza", the _____ _____.

Q What is the purpose of this talk?

(a) To give people information about a city
(b) To _____
(c) To inform people about the city's history
(d) To advertise movie theaters

52   Greeting a person, _____ and _____ _____. They show people that we are _____ _____. Our words and actions communicate to others that we are _____.

Q Which is NOT correct according to the talk?

(a) _____ is polite behavior.
(b) Our polite gestures show that we care for people around us.
(c) It is better to use polite words than gestures.
(d) One of the ways to show respect is greeting a person.

53   Aaron Russo's new movie is _____. The film, which _____ that people can delete bad relationships from their memories, _____. While _____ _____ mostly within the brain of Jay, the main character, many similarly interesting subplots evolve which have to do with the _____ workers. The most interesting point is that we don't always know where they're going but,

in the end, they _____ and attempt to answer the philosophical questions based on the complicated plots.

Q **What can be inferred from this movie review?**

(a) This movie was _____.
(b) The acting in the movie was well.
(c) This movie is a romantic comedy.
(d) This movie is _____.

54   Scientists have long known that _____ of alcohol and red wine in particular is _____ a lower risk of heart disease and other benefits. More recently they began to suspect Resveterol, a natural substance found in red wine had particularly powerful effects of high calorie diet. _____
_____ found predominantly in the skin of red grapes.

Q **What is Resveterol?**

(a) Juice
(b) A painkiller
(c) _____
(d) A substance

55   The Philippines is known for its _____. It has thousands of fish species and hundreds of _____. Its 24 major fishing _____ yield an annual catch of 50 million metric tons.

Q **What can be inferred from the talk?**

(a) The Filipinos eat only seafood.
(b) The Philippines consists of many islands.
(c) The Philippines has a lot of tourist attractions.
(d) Fishing industry is one of the main sources of foods for the Filipinos.

56   Modern sleep research began with the use of the _____, a word meaning, "_____." _____ in the brain generate _____, the EEG records them as _____
_____. This kind of research activities may be helpful to people suffering from insomnia at night.

Q **Who will be most likely to benefit from the EEG?**

(a) People who have _____
(b) People who can't write
(c) People who have problems in their brain cells
(d) People who sleep very well

57 The word 'robot' comes from a Czech word 'robota' meaning, "_____ ____." The name was first used in 1920 in a play "Rossum's Universal Robots" written by Karel Capek. He was a Czech author. In the play, robot was described as a kind of consumption goods that were _____ just like human beings but _____.

Q **Which is correct about robot according to the lecture?**

(a) It was first made by a Czech scientist.
(b) It means human beings.
(c) It was _____ written by Czech author.
(d) It cannot have _____.

58 Your skin is _____ working together to form a basic control system. Skin helps control your body temperature _____ _____. When you are cold, those blood vessels constrict to conserve heat deep inside your body. The skin is also _____. In addition, the skin helps _____ its Langerhans cells? a part of the immune system that _____ such as bacteria and viruses.

Q **Which is correct according to the lecture?**

(a) _____ when you feel hot.
(b) Skin is _____.
(c) Skin helps regulate body temperature.
(d) Aging starts with your skin.

59 Watch all those black and white movies occasionally shown on TV in which the best actors and actresses smoke. Even though they look cool, smoking causes many diseases: heart disease, stroke, _____
_____ , and so on. If you enjoy solitude, you absolutely love smoking. But your _____ will drive everyone away except fellow smokers.

Q What can be inferred from the talk?

(a) In years to come smokers will disappear.
(b) Celebrities like smoking.
(c) Smoking is a good friend when you feel lonely.
(d) Smoking produces _____ .

60 Asking kids to do physical exercise instead of sitting in front of the television and computer is _____ . The suggestion to involve them in exercise _____ , but giving them rewards due to the exercise could not _____ . Children would _____ _____ and wouldn't understand _____ .

Q Which of the following is best summarizing the speaker's view?

(a) _____ is very important.

(b) To make kids exercise, _____ .

(c) Rewards are one of the best ways to make kids exercise.

(d) Family members should _____ .

Part I

1   M I _____ MP3 player for you.

   W _____

   (a) That's really _____.
   (b) How did you find it?
   (c) Don't mind me.
   (d) Sounds like fun.

2   M Would you like to _____ for the weekend?

   W _____

   (a) I _____.
   (b) I'd love to.
   (c) I can't decide what to see.
   (d) I'm sorry, but I have to get going.

3   M Oh! _____!

   W _____

   (a) I'll _____ as soon as possible.
   (b) The new one _____ soon.
   (c) I'd like to report a problem with my phone.
   (d) I know, but I can't afford to change it.

4   W Excuse me, sir, but _____?

   M _____

   (a) Thanks. I'm full.
   (b) I _____.
   (c) No, I'd like to have a cheese sandwich.
   (d) _____, please.

5   W I'm sorry to hear that you won't be able to _____.

   M _____

(a) _____ at that night.

(b) Me, too, but thank you for inviting me.

(c) Can you _____ at seven?

(d) _____ to.

6   M   Let's take a coffee break, shall we?

W   _____

(a) That _____!

(b) I'm not sure what to say.

(c) Yes, I'm doing my best right now.

(d) This is _____.

7   M   I only slept three hours last night.

W   _____

(a) It's not my business.

(b) How come you always sleep late?

(c) It was not your fault.

(d) Wow, you _____.

8   W   I'll _____.

M   _____

(a) What are friends for?

(b) Let me help you then.

(c) I am _____.

(d) I'm glad you like it.

9   W   I heard it will _____.

M   _____

(a) Don't mind. You can go there.

(b) I like staying at home.

(c) Then I've _____ the tennis game.

(d) I _____.

10 M I hate to bother you, but _____.

W _____

(a) How do I address you?
(b) Oh, I'm sorry about that.
(c) What's all this bother about?
(d) Okay, I'll _____.

11 W You should _____ and cover letter.

M _____

(a) Didn't you read my resume?
(b) I will rewrite it until it's perfect.
(c) How's your job search going?
(d) I'll e-mail them to you right away.

12 M Could you tell me when the next flight to LA leaves?

W _____

(a) I hope you have a nice flight.
(b) It will take about 10 hours.
(c) Let me check it for you.
(d) You can get there around 3:30.

13 W Did you _____?

M _____

(a) I'll do it right away.
(b) I'll _____ for you.
(c) I _____ yesterday.
(d) Someone _____ the other day.

14 W Can I use your computer?

M _____

(a) Let me show you another.
(b) There's _____.
(c) _____.
(d) Yes, it's mine.

15 w I need something for my headache.

M _____

(a) I'll _____ .
(b) Why don't you _____ ?
(c) It _____ .
(d) My aunt _____ .

16 M Have you seen Maria lately?

w No, I heard she's _____ now.

M Really? What happened to her?

w _____

(a) She must be very sick.
(b) Actually, I have no idea.
(c) Yes, she _____ two days ago.
(d) You must have heard a lot about it.

17 w Excuse me. How much is this digital camera?

M Two hundred fifty dollars.

w It's a bit steep for me.

M _____

(a) Do you want me to show you something cheaper?
(b) It's a hot item.
(c) Oh, it's _____ .
(d) It's too _____ .

18 M Sometimes the _____ .

w That's right. Sometimes we _____ information.

M The weatherman didn't _____ .

w _____

(a) I always hear the weather forecast.
(b) My heart bleeds for you.

(c) Forecast is a hard job.

(d) I'd better _____ right now.

19 **w** Will you answer the phone? It's Mr. Kim from Hong Kong branch.

M I'm _____ now. Can you _____?

w Alright. But please hurry, you know, it's an international call.

M _____

(a) I'll _____.

(b) Tell him _____.

(c) You're right. Can you connect him with me?

(d) _____.

20 **M** When will the next train arrive from Daegu?

w It's supposed to _____.

M But it's already been delayed 10 minutes.

w _____

(a) It'll _____ than that.

(b) Let me tell you about my daily schedule.

(c) Bus is the fastest way to get there.

(d) Really? The train is _____ today.

21 **w** Why didn't you ask me for the money?

M It was _____. So I just _____.

w But how are you going to _____?

M _____

(a) That's why I'm looking for another part-time job.

(b) I don't have _____.

(c) You're very stingy.

(d) I'm not interested in interest rates.

22 **M** You shouldn't have _____.

w I couldn't stand this kind of _____ anymore.

M I'm not a sexist at all, but you should have endured it.

w _____

(a) They want me to _____.

(b) He's just a dummy boss.

(c) It's _____.

(d) Don't discriminate others.

23   w   You need to care about the non-smokers around you.

      M   I know I'm a heavy smoker but it's not that easy to quit.

      w   It is said that _____.

      M   _____

(a) All right. I'll _____.

(b) Yes, smoking causes cancer.

(c) This is a smoking section.

(d) I've almost recovered my health.

24   M   Do you know anyone who has a good used car for sale?

      w   Why don't you _____ a new car instead?

      M   That's a good idea! Why didn't I think of that!

      w   _____

(a) Do you want to sell your car?

(b) When will the new _____?

(c) Whatever the cost, we can go for it!

(d) I just know you won't be sorry.

25   w   Can I _____ from last week's lecture?

      M   Yes, you can. Why weren't you in class?

      w   I had _____ last week in Busan.

      M   _____

(a) _____ until tomorrow.

(b) You're _____.

(c) How long have you been _____?

(d) Did you _____?

26 M May I help you?

 W I'm looking for shoes.

 M _____ ?

 W _____

(a) Don't worry. _____ .

(b) There are so many shoes here.

(c) I think this one will suit you very well.

(d) Not really. _____ ?

27 W I'm going to _____ .

 M Will he _____ ?

 W Don't you think I _____ ?

 M _____

(a) There'll be _____ 5%.

(b) Sure. What do you want?

(c) I'm sure you do. _____ .

(d) Boss will be busy.

28 M Hello, may I speak to Tony Park?

 W He's _____ . Would you like to leave a message?

 M This is Charlie Shin. Could you just _____ ?

 W _____

(a) I don't have time right now.

(b) Does he know your telephone number?

(c) I'll _____ his room.

(d) There's _____ .

29 W _____ ?

 M Big burger and coke, please.

 W _____ ?

 M _____

(a) I like coke. How about you?

(b) I don't like junk food.

(c) I really like the burgers here.

(d) I'd like to _____ .

30 M I'll _____ tomorrow.

 W What're you talking about? _____, don't you?

 M _____ because of my drunk driving.

 W _____

(a) It's not that easy to _____ .

(b) You have to _____ .

(c) Do not talk to the driver!

(d) _____ !

Part III

31 M Good afternoon.

 W Good afternoon. Here's my ticket.

 M Thank you. Do you have any luggage?

 W Yes, one suitcase and small backpack.

 M The backpack is OK, but this suitcase looks heavy. Could you just _____
_____ , please?

 W Sure. It's small enough and not that heavy.

 M You can take this with you because it weighs under 10 kilos. So you have ____
_____ .

 W Thanks.

 Q **What is the woman most likely doing?**

(a) She is _____ .

(b) She is _____ .

(c) She is checking in.

(d) She is _____ .

32 M Do you need anything else, ma'am? The kitchen will close in fifteen minutes.

W Oh, really? We need some side dishes. Can you _____ ?

M How about some Nachos and a _____ ?

W Good choice. We'll have those.

M Those are very popular here.

W Oh, can we also have another bottle of wine?

M Sure, I'll be right back with them.

Q Why did the woman order extra dishes?

(a) There is _____ .

(b) The woman wants _____ .

(c) They are very popular at this restaurant.

(d) The broiled salmon is the restaurant's special.

33 W What's the _____ here?

M Anyone who resides, works, pays property taxes, or attends school in Bucheon City, is _____ .

W I'm a university student here in Bucheon.

M Could you show me your student ID?

W I don't have it with me at the moment.

M Just fill out this form and submit a copy of your student ID later. Then I'll ____

_____ .

W Is there _____ ?

M No, it's free but _____ .

Q What is the woman trying to do?

(a) Borrow a borrower's card

(b) _____

(c) Check out books

(d) Register for a school

34 M I'm here to _____ for Brian Brown.

W He's _____ at the moment.

M Where should I put this down?

W Just give it to me. I'll take care of it.

M Please be careful. It's very _____.

W What's in here?

M I'm not sure, but it says it's _____. All I need is your signature here.

Q What did the man warn the woman about?

(a) There were some boxes behind the woman.

(b) There was _____.

(c) The package was too heavy to carry.

(d) The man needed Mr. Brown's signature.

35 M You know, oil stocks _____ today as oil prices are _____ _____ in the near future.

W That's right. I saw that news on TV.

M They said _____ in the northern part of the U.S. and some signs of unrest in the Middle East were _____.

W There is also feeling that the expansion of economies in Asia will _____ _____.

M The environmental groups seem to _____ sooner or later.

W I heard they're going to _____ _____.

Q What is the main topic of the conversation?

(a) The _____ of stock prices

(b) The troubles between U.S and Middle East

(c) The _____

(d) Reasons of the rise in oil prices

36 W When are the reports due?

M Next Wednesday. I'm afraid we won't be able to _____ on time.

W We'll have to work late every night this week to _____.

M It's already seven o'clock. Let's go out and have something to eat.

W Yeah. Let's _____. I'm kind of hungry, too.

M What do you want to eat?

w How about Rafael's at the corner of First and Main? Its steak burgers are really good.

m Yeah, I haven't been there for a long time.

Q What are the speakers talking about?

(a) _____

(b) Business trip plan

(c) Shift work

(d) Ordering some food

37 m Did you _____ last week?

w Yes, they checked weight, vision and hearing problems, blood pressure, and so on. And there's something wrong with my vision.

m Your eyes are always _____.

w And besides they're very _____.

m What did the doctor say?

w He said the glasses I'm wearing aren't the right prescription.

m So what did the doctor suggest to you?

w I need to _____ and need another pair of glasses.

Q What problem does the woman most likely have?

(a) Overweight

(b) _____

(c) _____

(d) High blood pressure

38 w Where are you going? We were supposed to _____ this weekend.

m I'm upset, but I'm afraid we have to cancel the plan. My boss _____

_____.

w Why?

m There are some problems with the contract. I'm the only one who _____

_____.

w What time do you think you will be back?

m I'm not sure about that _____. I'll call you when things get better.

w I'm _____.

Q **What can be inferred from the conversation?**

(a) The woman and the man will attend the meeting.

(b) The woman will go hiking with her boss.

(c) They might not go hiking.

(d) The _____ again.

39 M What is the fastest way to get to the downtown office in Seoul from the airport?

w It _____ it is.

M I'll be arriving at Incheon International Airport around 7 a.m.

w The traffic in Seoul is really terrible during rush hour, so _____

_____. There're lots of ways such as buses, taxies and subways.

M I'd better take the airport Limo.

w If I were you, I'll take the subway.

M Why is that? There're _____ in Korea.

w Right. But especially there's a lot of roadwork these days.

Q **What are they discussing?**

(a) The _____ (b) The _____ in Seoul

(c) How to get to the Airport (d) Which vehicle to choose

40 w Sorry to keep you waiting.

M _____.

w Do you have enough room for all my luggage? I have more than 5 bags.

M Yes, the trunk is really spacious and there's also _____.

w Great. Could you help me with my bags?

M Sure.

w I'd like to make it to the airport for 9:30 flight.

M We'd better hurry up! It's almost eight o'clock.

Q **Which is correct according to the conversation?**

(a) The man is still waiting for a customer.

(b) The woman can't _____.

(c) The woman is _____.

(d) The woman almost _____.

41   M   What happened to the plants near the window?

   w   They were all dead while I was out of town.

   M   Why didn't you ask someone to take care of them?

   w   I did, but I gave her a wrong key. I mean I gave her my warehouse key.

   M   So the hot sun _____, didn't it?

   w   Yes, they were the plants my husband gave me for my birthday.

   M   Your husband must be _____.

   w   I need to go out and buy the same plants.

Q Why were the plants all dead?

(a) The plants were _____.

(b) The plants were not watered.

(c) The woman _____ too much.

(d) There was too much sun near the window.

42   M   Do you like your new roommate?

   w   I was about to tell you about it. It's just that my new roommate and I don't ___

       _____.

   M   Is there any problem?

   w   She _____ TV and I can't sleep.

   M   Did you talk to her about it?

   w   I did, but it doesn't _____ at all.

   M   I'll talk to her about it myself. Where is she now?

   w   She just went out to dinner with her boyfriend.

Q What can be inferred from this conversation?

(a) The woman's roommate _____.

(b) The woman's roommate doesn't care about the woman.

(c) The TV in the room needs to be repaired.

(d) The woman and her roommate will _____.

43   w   Good afternoon. California Dental Clinic.

M Hi. Is Dr. Stevenson available? I want to talk to him.

W I'm sorry but he _____ .

M Do you know when he'll be back?

W He's not supposed to return until next Tuesday. Would you like to wait till then?

M I _____ .

W All right.

Q What will the man probably do next?

(a) He will _____ .

(b) He will go to Boston to meet Dr. Stevenson.

(c) He will _____ Dr. Stevenson.

(d) He will wait for Dr. Stevenson to return.

44 M Would you like to _____ tonight?

W Sounds good to me. What would you like to see?

M How about *Lions For Lambs*?

W *Lions For Lambs*? It's _____ Tom Cruise, right?

M That's right. It's _____ Robert Redford and Meryl Strip. It's playing at the Village Theater.

W What's it about?

M It's about a senator who knows _____ , a journalist suffering _____ , and a professor opposing the war and so on.

W It sounds quite exciting!

Q What can be inferred from the conversation?

(a) Many famous movie stars appear on the screen.

(b) This movie has been _____ all this week.

(c) The man has seen the movie before.

(d) This is an anti-war movie.

45 M Have you _____ your vacation yet?

W Yes, my first choice was late July, but I finally had to settle for the beginning of August due to a report that I have to turn in.

M Even so, you're lucky. I don't think I can take my vacation this year.

W Why is that?

M I have to finish my _____ by mid-July.

W You can _____ as soon as you finish it.

M But I also have to _____ for the fourth quarter by late August.

W I feel sorry for that.

Q Which of the following is correct according to the conversation?

(a) She has not decided when to take her vacation.

(b) She had to change _____.

(c) She is _____.

(d) She wanted to _____.

Part IV

46   For a long time, many people have believed that rainy weather conditions cause _____. Can rain affect joints? Actually, the skins surrounding your joints are rather _____. Also, arthritis patients do not experience changes in their symptoms when _____. Another factor is humidity. However, people do not suffer _____ _____. Ultimately, people's beliefs may show more about the processes of the mind than the body. _____

_____.

Q What is the main topic of the talk?

(a) The _____ and weather

(b) _____

(c) Weather affecting painful conditions like arthritis

(d) _____ based on medical research

47   I live in a place near a park where there are many kinds of garden. There is a desert garden, a Japanese garden, a rose garden and many others. I always visit the rose garden. There are many different kinds of _____.

There are roses _____. There are red roses,

pink roses, and roses of every other color. Many of them bloom in the summer. The garden is full of the smell of roses.

Q What is the talk mainly about?

(a) Various kinds of garden

(b) Garden and roses

(c) The rose garden

(d) How to grow roses

48   Everyone in this country should get a good education for several good reasons. First, it is _____. All people should have a chance for an education. Second, education is good for the country. A country is strong if everyone has a good education. Third, free education helps people's health. When people have a good education, they will exercise, stop smoking, and eat healthy foods. Everyone should have _____.

Q What best summarizes the speaker's view?

(a) Education should be free.

(b) The government should _____.

(c) Education should be _____.

(d) Good education should be given to all people.

49   Amazon.com was one of the first companies to try to sell products on the Internet. At the Amazon.com site, people can _____ a book about a subject, find many different books about that subject, read what other people think about the books, order them by credit card, and get them in the mail in two days. This kind of bookstore was a new idea, but the business grew. In a few years, Amazon.com had 10 million _____ including books, CDs, toys, electronics, videos, DVDs, home improvement products, software and video games.

Q Which is correct according to the speaker?

(a) Amazon.com is the largest company on the Internet.

(b) People can't buy other items except books.

(c) Credit cards are not taken at the Amazon.com.

(d) Amazon.com sells numerous products.

D i c t a t i o n

50   The Japanese diet was very healthy for many years. People _____
_____. Now they're eating more and more beef, sugar, and dairy products?
ice cream and cheese. The problem with this change _____
_____ of the Japanese people.

    Q What is likely to be the speaker's opinion?

(a) Eat only fish and vegetables.
(b) Avoid beef, sugar, and dairy products.
(c) Other countries are changing their diets.
(d) Go back to your healthy diet.

51   There is a great division among the people of Pakistan. Various groups support
different visions that compete for the country's future. The only way to determine
which of these visions is _____
_____. Fair elections need to be conducted _____
_____.

    Q What is the main idea of the speaker?

(a) Pakistan has _____.
(b) Elections should be held to know the will of the people.
(c) The future of Pakistan depends on a legitimate vision that the people can
    support.
(d) To know which vision has the support of the people is to hold elections.

52   Most high tech companies _____; something
to make the product look good. Job has _____
_____. It takes it very seriously because it believes that good design is as
important as technology. All the cool features of a product will _____
_____ using them.

    Q What is the purpose of the talk?

(a) To advertise a product
(b) To emphasize the importance of technology
(c) To _____ a product
(d) To show that good design is as important as good technology

53 Throughout history, best minds have _____ what music is for. To Pythagoras, it was the sound of mathematical, _____ _____; to Darwin, a function of sexual selection; to psychologist Steven Pinker, it is a kind of "auditory cheesecake... _____ spots of at least six of our mental faculties." Like life itself, music is _____ _____.

Q What can be inferred from the lecture?

(a) Music is _____.
(b) Music _____.
(c) People have different views about music.
(d) Music can be _____.

54 When the fifth book in the series, *Harry Potter and the Order of Phoenix*, was published in June 2003, it created a lot of excitement. There were Potter parties _____. Kids wore their Potter pajamas. They even wanted to sleep in a "cupboard under the stairs," as Harry is forced to do _____ on Privet Drive. Some families ordered two or three books so that everyone could read the book at the same time. At close to 900 pages, *Harry Potter and the Order of Phoenix* is the longest children's book there is. It was the best seller online only two hours after it was possible for computer users _____.

Q Which is correct according to the speaker?

(a) Harry Potter threw parties called "Potter Parties."
(b) Some kids are _____ in a "cupboard under the stairs."
(c) The book was published in the early 2000s.
(d) Harry Potter series _____ five books.

55 Quite clearly, America has _____ _____. Like a check that is _____, _____ _____ all these years. It is ridiculous to even suggest that a great, enterprising country like America has too little stock of opportunity and security to offer its colored people. The time has come to _____. The Negro people demand that they be _____ _____. We ask for and expect this from our nation.

Q **What is the tone of the speaker?**

(a) Compromising
(b) Bored
(c) _____
(d) Sarcastic

56 The new Portege R500 is _____ in notebook engineering ____
_____ in an astonishing 19.5mm super-slim, 979g durable
body, plus up to 12.5 hours of battery performance, _____
_____ . For _____ , style and
extreme productivity, the Portege R500 is as much a wonder to look at ____
_____ .

Q **What are special features about the R500?**

(a) Solidity and price
(b) Technology and design
(c) _____
(d) User-friendliness

57 An artist once said, "Some artists will paint for the sake of making money, but I
disagree and I know a number of artists that feel the same way. I believe artists
should not look at profit as a final goal. You're trying to _____ ,
you're _____ . If you're only painting for money, then there will be
something wrong with your work."

Q **Which is correct about the artist's philosophy according to the talk?**

(a) Artists paint to _____ .
(b) Artists paint to please art collectors.
(c) Artists paint _____ .
(d) Artists paint for people to appreciate their work.

58 Richard Davidson, a _____ of Ekman and University of Wisconsin, _____
_____ , which he
calls Duchene smile, activates some parts of the brain associated with pleasure
and happiness. He found that if people learned _____
of the Duchene smile they could _____

_____.

Q What can be inferred from the report?

(a) Smile lengthens muscles.
(b) Smile uses less muscles than frown.
(c) People will live happier in the future.
(d) A study on _____ of the brain could enable people to make smile.

59 _____. This is what great leaders do to make their employees understand and appreciate _____

_____. They gather them together and share their companies' histories and success stories and the lives of people behind their successes. By doing this the employees understand and believe in their companies' mission _____

_____.

Q What can be inferred from the talk?

(a) Great leaders understand their employees well.
(b) Making employees understand their company is _____.
(c) Good leaders are _____.
(d) Great leaders like telling success stories.

60 It has been found in one study by the Salk Institute for Biological Studies in California that _____

_____. Fred Gage, a senior author of the study theorizes that running may _____

_____ or release special substances that _____.

Q What conclusion is likely to follow this report?

(a) Run daily to improve brain function.
(b) Exercise daily to _____.
(c) Do some physical activity to _____.
(d) Run to stay alert.

Part I

1 M _____ here?

 W _____

(a) I didn't make it.`

(b) I want to go to another place.

(c) I came here _____.

(d) I _____.

2 M How was your flight from New York?

 W _____

(a) In a word, long!

(b) I'll go back to New York tomorrow.

(c) _____.

(d) Let me carry your bag.

3 M Can I talk to Mr. Benson?

 W _____

(a) I'll give you a call later.

(b) This is Jane speaking.

(c) I've been _____ for over five minutes.

(d) There's _____.

4 M Mind if I take this taxi first? I'm _____.

 W _____

(a) Hurry up!

(b) Not at all. Go ahead.

(c) _____.

(d) I need time to think of it.

5 M Fred was looking for you, Amy.

 W _____

(a) I'm so glad you found me.

(b) I've known him since 2002.

(c) Oh, really? _____?

(d) Yes, I used to work with him.

6 M What does Terry do?

W _____

(a) He's living with his parents.

(b) He's a mechanic.

(c) He's _____.

(d) He'll be here _____.

7 M I want to cancel my dinner reservation.

W _____

(a) You mean you'd like to _____, huh?

(b) I don't like to cancel it.

(c) No problem, sir. What's your last name?

(d) How many will there be _____?

8 M I heard you're moving closer to the university.

W _____

(a) I like moving.

(b) Have you gotten things organized for your move?

(c) Maybe you should _____ to the subway station.

(d) Yes, I'm moving next Monday.

9 M Will you go out with me tonight?

W _____

(a) Why, what's wrong?

(b) _____.

(c) I asked her to leave earlier tonight.

(d) Will you be my boy friend?

10 M Excuse me. Is this the right way to the Hoyts theater?

W _____

(a) No, _____ .
(b) Would you _____ ?
(c) I don't have time to see a movie.
(d) It will take about an hour.

11 M I wonder if you could help me find my keys.

W _____

(a) Thanks, I appreciate your help.
(b) It was _____ help.
(c) I saw them _____ .
(d) You need to _____ .

12 M Can we start the meeting now?

W _____

(a) We've got _____ .
(b) It's _____ in conference room C.
(c) A good beginning is important.
(d) We're still waiting for Mr. Smith.

13 M Do you have _____ ?

W _____

(a) Sorry, no seats are available.
(b) Let me _____ .
(c) Thank you for helping me out.
(d) I'll seat you over there.

14 M _____ after work?

W _____

(a) How often do you drink?
(b) Yeah, I wouldn't mind.
(c) I've been so busy with work lately.
(d) I _____ him.

15 M Aren't you taking your laptop?

W _____

(a) Mind your own business.

(b) I don't need any help.

(c) You just _____ .

(d) There's a computer in my office.

Part II

16 M Ms. Jamie Fisherman, please?

W Speaking.

M This is Jason Ford. I'm _____ in the newspaper.

W _____

(a) Yes, I'll _____ in tomorrow's newspaper.

(b) Do you _____ ?

(c) I'm afraid I won't be able to make it.

(d) It's _____ .

17 W How's my MP3 player? _____ ?

M Well, it'll cost about 30 dollars.

W That _____ . I bought it for 50 dollars.

M _____

(a) I don't know the why.

(b) _____ .

(c) Why don't you buy a new one?

(d) I'm sure you would like it.

18 M Kelly, haven't you seen my suit _____ ?

W I saw Jonathan wearing this morning.

M Oh, you must be kidding. I'll have to wear it for my friend's wedding ceremony this afternoon.

W _____

(a) I don't know where he is.

(b) Why don't you call and ask him to bring it back?

(c) The black suit looks good on you.

(d) These things happen.

19   w Could you tell me _____?

   M It's on the fourth floor. You can take the elevator over there.

   w Does the escalator _____?

   M _____

(a) Yes, but it's _____.

(b) It's _____ right now.

(c) The road _____.

(d) Going up the stairs is good for health.

20   M _____ you were late again?

   w I was _____ because of rain.

   M Rain always_____. You should have left home earlier in this bad weather.

   w _____

(a) OK. _____.

(b) You can't be that serious about it.

(c) _____.

(d) It won't happen again.

21   w I'm going to the convenience store. Can I get you anything?

   M Can you get me some cheese and biscuit?

   w Sure. Is that all?

   M _____

(a) Who's going to the store?

(b) I'm _____, too.

(c) Yes, I really like sweets.

(d) No, _____.

22 M You look serious. _____?

W The stocks I bought have been going down and down without _____

_____.

M That's too bad.

W _____

(a) Let's eat in tonight.

(b) You have _____.

(c) Bottoms up!

(d) _____!

23 W How much did you pay?

M I paid $25. Did I pay too much?

W No. The taxi fare from the airport is reasonable.

M _____

(a) Will this be cash or charge?

(b) _____.

(c) I'll take a bus next time.

(d) I thought the driver _____.

24 M I can't do this anymore. I'm really _____.

W I also want to _____.

M What are we supposed to do?

W _____

(a) _____.

(b) I'll _____ a doctor.

(c) I don't think I can make it this time.

(d) _____.

25 W Have you seen Mr. Goodman lately?

M Didn't you hear? _____ because _____.

W I need to _____ tomorrow.

M _____

(a) What time are you leaving tomorrow?

(b) He's really good at skiing.

(c) You need to _____ .

(d) His wife is taking care of him now.

26 M Do you know _____ ?

W _____ . Her plane arrives at 5:40.

M We should wait another 30 minutes.

W _____

(a) _____ .

(b) Maybe _____ sometime.

(c) Let's go and have some coffee at the cafeteria.

(d) How about spending time with me instead?

27 W Where did you park your car?

M I couldn't find a parking space, so I just parked it on the side of the road.

W You'll _____ if you park there.

M _____

(a) You can park underground below the building.

(b) Actually _____ .

(c) I already _____ .

(d) Is there free parking in this building?

28 M _____ before?

W Yes, several times. Most of all, I like kids.

M That's great. There's something to eat in the refrigerator, and _____ until ten.

W _____

(a) I'd rather go to the grocery store right now.

(b) Don't worry about the kids and enjoy your time.

(c) _____ ?

(d) That would be _____ .

29 W Would you tell me how to get to the city library?

M There's a bus number 209 every ten minutes here.

W _____ ?

M _____

(a) It's _____ .

(b) It's _____ .

(c) Oh! I'm sorry, you're right, my mistake.

(d) About 40 minutes on foot.

30   M   There is something wrong with this bill.

     W   What's wrong with it, sir?

     M   Well, _____ , I had _____ , not _____ .

     W   _____

(a) Let me _____ .

(b) I'll _____ right away.

(c) No, it shouldn't be.

(d) I like to _____ .

Part III

31   M   Lost and Found. How may I help you?

     W   Yes, I've lost my sunglasses. Do you _____ ?

     M   Sunglasses? Let me check. Yes, we're holding several types of sunglasses. What do they look like?

     W   They have _____ .

     M   Um... I think there are the same sunglasses that you're looking for.

     W   Oh, thank God! Could you _____ ? I think I can get there in about an hour.

     M   Of course, ma'am.

     Q   **What is the conversation about?**

(a) Ordering sunglasses

(b) Keeping items

(c) _____

(d) Finding lost articles

32
W   This is the front desk. What can I do for you?

M   Could you _____?

W   Yes, sir. What time do you want us to call you?

M   I need to leave this hotel very early tomorrow morning, so please call me at 5.

W   Of course, sir. Anything else?

M   That's all. _____!

Q What is the man trying to do?

(a) _____

(b) Ask to _____ in the morning

(c) Ask for check-out

(d) Leave hotel now

33
M   I've been _____ by the foreign company.

W   Good, have you accepted the job offer?

M   Not yet.

W   Why not? You wanted to get the job, don't you?

M   Yes, but it seems to take me more than an hour to get to work.

W   But _____, aren't they?

M   Yes. I think I'll take the job, even though I'm not 100% satisfied with the job.

Q Which is correct according to the dialogue?

(a) The man is _____.

(b) The man is not all that _____.

(c) The man is _____.

(d) The woman is _____.

34
M   Hey, can you _____?

W   I think I can, but why do you need money?

M   Well, I thought it'd be a good idea to buy the books for next semester today, since I'm going to drop by the bookstore _____ _____.

W   Okay, so you have no money right now?

M   Actually I have enough money in my wallet, but the problem is that I don't know where my wallet is. _____ it at home.

w All right. Will 50 be enough?

m Yeah, that's enough.

Q Why does the man need money?

(a) Because he wants to _____

(b) Because he wants to stop by the bookstore

(c) Because he wants to _____

(d) Because he wants to buy some books

35 m Excuse me. Do you _____?

w Sure, we have many different kinds of sneakers here. Do you _____

_____?

m I like this one   .

w What size do you wear?

m Size 26. Are they on sale?

w Yes, they're 20% off now.

Q Which is correct according to the conversation?

(a) The woman is asking the man to find the right color for her.

(b) The man is in the Navy.

(c) All the items in the store are _____.

(d) If the man _____, he can _____.

36 m Could you tell me the reason that you want to _____,

Miss Kim?

w Well, _____, and

I've heard that your company is very popular because it has _____

_____.

m Okay, _____ that you are _____

_____, right?

w That's right. I really enjoy my major.

m _____ your academia?

w During college, I _____ migrant workers

overcome a different hardship in their lives.

m That's great. You seem to be the right person that we're looking for. We'll be in touch with you soon.

w Thank you very much. _____.

Q **What other activities did the woman do excluding her academia?**

(a) She _____ at school.
(b) She worked for _____.
(c) _____ to solve their practical difficulties.
(d) She helped to _____.

37 w Does this bus go to City Hall?

M Yes, it does.

w Do you know _____?

M I _____, so I'll _____.

w Thank you. I hope it won't take too long.

M Don't worry. There is _____.

Q **Where will the woman probably get off?**

(a) Next stop
(b) Before the stop where the man gets off
(c) After a couple of stops
(d) After the stop where the man gets off

38 M What seems to be the problem with your car?

w My car is _____. I think there _____ with the engine.

M Okay, let me check. Well, there seems to be _____ ____.

w Oh, what's the problem with it? Is it something that can be _____ _____?

M Well, I think I need to examine it. Probably it _____.

w I hope it _____.

M You don't have to worry. Even though _____, the parts aren't that expensive.

Q **What can be inferred from the conversation?**

(a) The man is not going to _____.

(b) The woman doesn't care how much the repairs would cost.

(c) The man is going to _____ .

(d) It will take long to repair the woman's car.

39　M　Good morning, Julie. Where were you last week?

　　　w　Good morning, Robin. Last week I went on a 3-day trip to Australia.

　　　M　It must have been really exciting. What was it like?

　　　w　Wonderful! The weather was _____ .

　　　M　What were the people like?

　　　w　They were very _____ .

Q　What is the topic of the conversation?

(a) Where did the woman go

(b) How much did Julle enjoy her trip

(c) What was the last week's weather like

(d) Whether the woman _____

40　w　David, have you happened to _____ ?

　　　M　I don't understand what you're saying.

　　　w　I just _____ from the library today. It says you have an overdue library book.

　　　M　What? I've already returned it. What book does it say?

　　　w　*Green Planet*.

　　　M　Yeah, I did ask Tom to _____ two weeks ago.

　　　w　_____ right now, David.

　　　M　Okay, Mom. Oh, it's on my bookshelf.

Q　What will the man probably do next?

(a) He'll ask Tom where the book is.

(b) He'll _____ they can renew the book.

(c) He'll buy the same book as the library book.

(d) He'll go to the library to return the book.

41

W Tom, you are to visit Mexico next month.

M _____ this visit?

W You're supposed to meet some of _____.

M I think I'll have to prepare the necessary things for the visit.

W You don't have to do that. I'll _____.

M And it'll be helpful if you _____. I'm _____

_____.

W Don't worry. I've already done that.

Q Which is correct according to the conversation?

(a) Tom can speak a little Spanish.

(b) The woman's secretary is _____.

(c) The woman will ask her secretary to _____.

(d) Tom is excited about visiting Mexico.

42

W May I help you, sir?

M Yes, I'd like to _____ Tokyo.

W Okay. Let's see _____.

M _____. It's just a hat.

W I see. How would you like it delivered? _____?

M _____, please.

W Could you _____, please?

M Sure.

Q Which is correct according to the conversation?

(a) _____.

(b) The woman wants her parcel delivered.

(c) The man wants to send the parcel by sea.

(d) The man is going to visit Tokyo.

43

M This is the master bedroom with _____.

W I think it's gorgeous. By the way, how is this house heated?

M _____.

W Where is the boiler?

M It's in the basement. Why don't you _____? There is a

separate swimming pool suitable for children.

w Well, my children would love it.

Q **What is the conversation about?**

(a) Planning to buy a house
(b) Looking around at a house
(c) Repairing a broken boiler
(d) Purchasing a house

44 M Look at the price of those sunglasses. They are $550. Unbelievable!

w How are they different from others? It seems to me that there is no difference.

M Tell me about it. Who _____ sunglasses?

w Oh, they are the ones advertised by Victoria Beckham.

M Really? Now I see why they are so expensive.

w Well, if _____ , no matter how expensive it is people are usually going to want it.

M So are you going to buy them or something?

w No, I don't want to _____ .

Q **What can be inferred from the conversation?**

(a) The woman thinks the sunglasses are _____ .
(b) The woman will buy the sunglasses after all.
(c) Victoria Beckham will be paid very much.
(d) The woman is _____ .

45 w Robin, how did you do your mid-term exam?

M Jenny, I _____ , so I don't think I did a good job. I think I _____ English.

w Oh, really? I can't believe it. You always get an A in English.

M I don't know. I should have started studying earlier. I was just too lazy.

w Well, let me tell you something. I _____ , too.

M Really? But you did study really hard for that.

w I did. But the English test was really hard this time.

Q Which is correct according to the conversation?

(a) The woman passed the English exam with a great score.

(b) The English test was harder than usual.

(c) The man studied very hard for the test.

(d) The man is not good at English.

Part IV

46 You have _____ of H-E-L-P.
Press 1 to _____. To register for a class, press
2 and wait for directions. To confirm a registration, remember to press 0 before
you hang up. Our computer will _____
_____. Our registration office at 103-3272 can also be contacted if you have
any questions. Thank you and have a nice day.

Q What will happen if you do NOT confirm your registration?

(a) You will need to _____ again.

(b) The computer will _____.

(c) You will have to pay more.

(d) You will need to press the zero key again.

47 Triplett, a psychologist, _____. He observed that greater
speed is reached when the contest is between two or more cyclists rather than
when they compete against their own time only. This finding brought about
Triplett to _____. In
his experimentation, _____
_____. From time to time, two kids did the task simultaneously;
on other occasions, they did the job independently. The _____
_____: Children respond to work more quickly when another child is at hand
doing a similar task, than _____.

Q **What can be inferred from the report?**

(a) When the boss is present, _____

_____ .

(b) Kids study _____ than when they are

not.

(c) Team players _____

_____ .

(d) Two people _____ than when each

is by himself.

48 Television programs _____

_____ of reality programs are now _____

_____ . _____ where common

people are _____ . An example is the TV show "The

Bachelor" where many women are _____ by a single

man, and _____ . Those who

participate in these reality TV shows also have _____ .

Q **What is the main topic of the talk?**

(a) The appearance of reality programs
(b) Making people celebrities
(c) The features of reality programs
(d) TV programs and reality programs

49 Shambo, the bull at the center of a three-month legal fight, has been killed.

_____ for TB, an order was made for his slaughter, _____

_____ . However, the multi-faith community went to court to _____

_____ . Opinion is very _____ ; some

believe that he was _____ , while

others feel that _____ . The authorities cut through

the rally and led the bull away. The following morning, they announced that he

had been _____ .

Q Which is correct according to the news report?

(a) TB infected animals endanger the society.

(b) Lethal injection is the safest way to kill bulls.

(c) Cows are _____ .

(d) Legal authorities agree to animal slaughter.

50 The producers of a computer game have _____

_____ it, in spite of _____ . The

game portrays new students as underdogs who learn to fight back _____

_____ in school with baseball bats. People who highly

disapprove this game have stated that _____

_____ , but _____ . They declared that even if

there is _____ , it is _____

_____ in school.

Q What is likely to be the game producer's opinion?

(a) The computer game made by themselves is violent.

(b) The computer game is _____ .

(c) The bullies in school should be removed.

(d) Fighting in computer game is _____ .

51 A recent survey has shown that the number of people in the United Kingdom who

do not _____ . These people, who are known

as "net refuseniks", make up 44% of U.K. households, or 11.2 million people in

total. This research also showed more than 70% of these people said that they

were not _____ the Internet. This number has risen

from just over 50% in 2005.

Q Which of the following best summarizes the report?

(a) _____ in the U.K.

(b) More people are _____ .

(c) The cost of getting online is expensive.

(d) Internet is not popular in the U.K.

52 A visa and a passport-sized photo are required from tourists before they can enter Cambodia. Upon arrival in Siem Reap International Airport, one can get a Visa for only 20 dollars. If you want to visit the Angkor Temple, _____ _____ but another passport photo shall be required from the visitor. The temperature of Siem Reap is normally very hot, so _____ _____, cozy attire and lots of drinking water be brought to the site. There are many other memorable temples to visit, such as the Angkor Wat, which is ____ _____ .

Q What is the main topic of the talk?

(a) How to enter Cambodia

(b) Important travel conditions in Cambodia

(c) A traveler's guide to Cambodia

(d) _____ in Cambodia

53 If you happen to be in the area of Texas, don't forget to _____ _____. People who love to shop go through the novel 14-foot doors to _____ . You can purchase cheeses and meat per pound if you intend to have _____ . You can also find a variety of Texas foodstuff, alcoholic beverages, reading materials, woven containers, chocolates, and distinctive coffee and tea products. _____ _____ Texas, American and global wines.

Q Which item can be bought at the emporium?

(a) Detergents

(b) Refreshments

(c) Souvenirs

(d) Dairy products

54 One style of housing structural designs which was first discovered in Radburn, New Jersey (U.S.A.) is the Radburn layout. _____ 1928 and 1933 for the development of new _____ _____ after the war in Britain. _____ _____ used by people traveling on foot and another area used especially by cars, homes _____ , and with auto entrance to the back, _____.

Q What can be inferred from the lecture?

(a) _____ in detail in the Radburn layout.

(b) The division of pedestrian and car traffic is the main element of the Radburn layout.

(c) The primary purpose of the Radburn layout is to build houses that face the street.

(d) _____ in the Radburn layout to protect people _____ ___.

55 In 1984, _____ named Hou Xianguang found _____ near Chengjiang, a Chinese town. "_____ of the animal from an earlier era was still inside the rock. I thought it was similar to the Burgess Shale, an animal my teachers always mention. I was so nervous", Hou distinctly remembers. Undoubtedly, Hou discovered a Naraoia, an animal that can be found in Canada. His discovery was older by 15 million years _____ _____.

Q Which is correct according to the report?

(a) The fossil was 15 million years old.

(b) It was the first discovery in the world.

(c) The graduate student found a plant fossil.

(d) _____.

56 Amnesia can _____ either physical or psychological impact. A person with anterograde amnesia _____ the circumstances that happen after a trauma or brain damage; but _____. Someone with retrograde amnesia is able to remember occurrences after the injury; however, _____ memories before the trauma is gone and cannot be restored.

Q What is the main subject of the lecture?

(a) Various kinds of amnesia
(b) Main reasons for amnesia
(c) Reasons and symptoms of amnesia
(d) Memory interventions of amnesia

57 Long before the birth of my eldest brother Renaldo, our household in Venice was known to be very musical. Later, my parents came to America and my brother Renaldo and sister Carlota _____ when _____ . My other brother Alejandro learned to play the violin. Giuseppe, who had the best voice of all, was taught how to sing by my mother since she had been a singer at one time herself. Regarding me, well… I played the trombone, _____

_____ .

Q What is the speaker talking about?

(a) His family's musical instruments
(b) His family's band
(c) His family's love for music
(d) Family togetherness

58 The English language has _____
_____ of the Indian continent in the early 17th century, when a colony was recognized by the East India Company in Bombay, Calcutta and Madras. _____ of India has shown that English has always been used as an everyday language. This is due to the fact that India has _____
_____ to English compared to any other countries; its unique words, style, expressions and sentence structures, _____
customs, traditions, locations and lifestyle.

Q Which is correct according to the talk?

(a) English _____ in India since 1700s.
(b) India has been exposed to English more than other countries.
(c) English is similar to Hindustani.
(d) India has spoken English the longest time.

59 How filthy Britain has become? _____ and the rainwater channels on roofs are _____ _____. In the past, I committed to memory, my travel out of the country and _____ , cast off bottles and dirty diapers at every roadside. In this day and age, _____ . What has happened?

Q What is the main idea of the speaker?

(a) Britain should be clean.

(b) More garbage cans are necessary.

(c) Britain _____ .

(d) Britain's negligence causes people distress.

60 _____ generally
by means of particular "rhythmic movements." These dance patterns are done to
transmit to its group members the site where food can be found, its path or route,
and how near or far it is from their location. If the _____ are
seen by the worker bees close to their _____
_____. But when the location of the food is distant, they _____
_____.

Q **Which is correct about honeybees according to the report?**

(a) They dance to inform where food is.
(b) They _____.
(c) The worker bees like to eat flowers' nectar and pollen.
(d) They convey feelings by making a loud sound.

Part I

1   M   Where can I find shampoo?

W   _____

(a) It's _____.
(b) There are no findings.
(c) Sure, I'll be glad to help you.
(d) Sorry, I can't make it.

2   M   Waiter! Could you show me the menu, please?

W   _____

(a) I just _____.
(b) Sure! I'll be right back with it.
(c) How would you like it?
(d) Don't feel bad about it.

3   M   What kind of exercise do you do?

W   _____

(a) I like working out every day.
(b) I like it this way.
(c) Thank you for asking.
(d) I like playing golf.

4   M   Do you know where the nearest bus stop is?

W   _____

(a) Take number 201 bus.
(b) It'll take 5 minutes by taxi.
(c) Just _____.
(d) It's the quickest way to get there.

5   M   I _____.

W   _____

(a) It's very painful.
(b) Relax at home reading.

(c) You'll need _____.

(d) You should try eating this instead.

6   **M** Would you like to go to the dinner party with me?

   W _____

(a) You need to _____.

(b) _____!

(c) Yeah, I got it.

(d) That's _____.

7   **M** I got an A in physics.

   W _____

(a) I envy you.

(b) Thank you _____.

(c) Glad I've finished exams.

(d) It sounds interesting.

8   **M** Will this be cash or charge?

   W _____

(a) I _____ here.

(b) Please _____.

(c) I don't like cash, either.

(d) Do you take traveler's checks?

9   **M** Why don't we _____ before the meeting?

   W _____

(a) Do you really like bread?

(b) I can _____.

(c) That sounds good to me.

(d) The meeting has been _____.

10   **M** The company should make it easier for us to _____.

   W _____

(a) That leaves much to be desired.

(b) I couldn't agree with you more!

(c) Yes, everything's on schedule.

(d) This is my turn to _____.

11   M   How's your _____?

   W   _____

(a) I'm almost finished with it.

(b) It must have _____.

(c) I really appreciate your help.

(d) You need to submit by this weekend.

12   M   Did anyone call while I was out?

   W   _____

(a) Where were you?

(b) I will tell you what.

(c) I'm not sure yet.

(d) David called.

13   M   What do you think of the new neighbor?

   W   _____

(a) He's really good at computers.

(b) He is _____.

(c) We've been together for some time.

(d) Let's _____.

14   M   You _____. What's the matter?

   W   _____

(a) You should have asked earlier.

(b) Stop complaining about me.

(c) _____ about work.

(d) Why don't you _____?

15   M   I heard you went to Italy for vacation.

   W   _____

(a) Next time we can go together.

(b) _____ next year.

(c) Actually I did.

(d) Thanks, it's very kind of you.

16　M　What do you plan to do this Friday?

　　W　Not much. Why do you ask?

　　M　I was wondering if you'd like to _____.

　　W　_____

(a) I _____.

(b) It will take much time to get there.

(c) Sure, I'd love to.

(d) I often _____.

17　W　I'd like _____.

　　M　That's the today's special. It _____l.

　　W　Can you _____ to a garden salad?

　　M　_____

(a) Let me think about it.

(b) Toe the mark, please.

(c) Regular customers like a garden salad.

(d) I'll ask the manager about that.

18　M　You don't look so well today. Something wrong?

　　W　I'm _____.

　　M　If you do, you can expect to _____.

　　W　_____

(a) I have no choice.

(b) You must have been _____.

(c) I need to _____.

(d) I don't hear you well.

19   w   Timothy, can you check my computer? It's _____.

   M   Let me see. I think your computer has some kind of virus.

   w   Oh, no. I'm _____.

   M   _____

   (a) Please _____.

   (b) That's how it goes.

   (c) No, it's not that serious.

   (d) You'd better _____ first.

20   M   I'm almost done. How about you?

   w   I still have a lot to do, but I'm _____.

   M   Then, why don't we _____?

   w   _____

   (a) Sure, let's _____.

   (b) I can do a better job next time.

   (c) Let me check the time first.

   (d) That's why I'm going to quit.

21   w   Have you _____?

   M   I didn't have to, but I _____ yesterday.

   w   What do you mean?

   M   _____

   (a) The assignment was easy for me.

   (b) Actually I'm _____.

   (c) I _____.

   (d) I don't like the biology class.

22   M   Can I talk to Amy?

   w   May I ask who's calling, please?

   M   This is Terry.

   w   _____

   (a) I'll call you back.

   (b) Nice talking to you.

   (c) Please hold _____.

(d) You have the wrong number.

23 w I want to break up with Charlie.

M Why? You and Charlie _____.

w He's been _____.

M _____

(a) It is not necessary to do so.

(b) He _____ to a young mechanic.

(c) You should move on before you _____.

(d) Cheer up! There'll be _____.

24 M Did you hear George _____ to New York?

w Yes, and he _____ district manager too.

M But, he should _____ his family for the time being.

w _____

(a) His family is planning to move there next month.

(b) I'm sorry to hear you didn't _____.

(c) _____.

(d) I think he is from New York.

25 w How's your job search going?

M I _____ last month but I haven't heard from either one.

w That's why you _____. Why don't you _____ in today's newspaper?

M _____

(a) That's not a bad idea.

(b) I really _____.

(c) No big deal.

(d) I am _____.

26 M I thought your son was coming with you.

w He was, but I _____ stay home.

M Can I ask you what your secret is?

w _____

(a) He _____.

(b) It doesn't bother me at all.

(c) I'll _____.

(d) I bought him a toy sword very popular these days.

27 w When will the research be completed?

M By this Friday.

w That's great. I'm going to use the result as soon as possible.

M _____

(a) It's hard to finish it by Friday.

(b) Who is the right person for this research?

(c) There will be no problem.

(d) Don't let it _____ too much.

28 M I heard you met Steve at the party last week.

w Yeah. He said you guys were at the same university.

M That's right. And he _____.

w _____

(a) You can't _____.

(b) He must be _____.

(c) It's hard to say we _____.

(d) That sounds like a lot of fun.

29 w I think Jason needs something to _____.

M Yeah, he's looked a little down since he _____.

w How about buying him a car?

M _____

(a) Can you ask somebody else?

(b) I've never purchased a car.

(c) It _____.

(d) Don't worry. I'll take care of it right away.

30 M I _____. I hardly slept three hours last night.

w What's happened?

M Their terribly noisy party was not finished until this morning.

W _____

(a) Why don't you _____?

(b) Please _____.

(c) You must be _____.

(d) _____!

31 M Thank you for _____. The food was really delicious.

W I'm glad you liked it. Isn't the _____ great?

M It sure is. Anyway I'll _____ next time.

W Oh, you don't have to do that.

M Don't worry. I just want to _____ in the restaurant I _____.

W Alright, if you say so. Just give me a call then.

Q **What does the man want to do?**

(a) Call him anytime

(b) _____ next time

(c) Pick her up next time

(d) _____ her

32 M So you're going to show me how to make peanut butter cookies.

W Yes, let's start the class. First of all, just _____
Fahrenheit.

M Then what should I do next?

W In a large bowl, _____, peanut butter, and sugar. _____
again. In a small bowl, _____.

M That's right. I've done it before.

W Right. And remember to _____.

M I'll _____.

W All you need to do is bake for about 15 minutes.

Q **Which is correct according to the conversation?**

(a) They don't have to _____ .

(b) They _____ for at least 15 minutes.

(c) Preheat is not needed to make cookies.

(d) More than one bowl is needed to make cookies.

33　M　I _____ .

　　　W　What do you mean by that?

　　　M　I wish I had studied abroad when I was _____ .

　　　W　Then why didn't you _____ ?

　　　M　I didn't have _____ .

　　　W　But I think you're _____ .

　　　M　Thanks.

Q What does the man regret?

(a) That he didn't go abroad for study earlier

(b) That he didn't _____

(c) That he is not _____

(d) That he is too old to study abroad

34　M　Did you have a good time during your vacation?

　　　W　Actually, I _____ .

　　　M　Oh, really? How sweet! What did you do there?

　　　W　I _____ the rooms, and so on. Most of all, I tried to talk to
　　　　　them for a long time.

　　　M　How many orphans are there?

　　　W　About 100.

　　　M　Next time, just take me.

　　　W　Yeah, I will.

Q What is the conversation about?

(a) What the woman did _____

(b) What the woman did during her vacation

(c) What the speakers did over the weekend

(d) What the orphans did _____

35

w Hi, how may I help you?

m Hi, I'm here to inquire about the job you _____ in front of the dormitory.

w Right. We're looking for some students who can organize some materials here _____ . Do you _____ ?

m No, I _____ , but _____ next week.

w That's great. Actually, we _____ .

m I see. Is there anything I need to prepare?

w Just submit a copy of your student ID. Then you can start work tomorrow.

m OK. Thanks.

Q Why did the man visit?

(a) To _____
(b) To _____ the professor about his graduation thesis
(c) To ask about a job at school
(d) To apply for a room in the dormitory

36

w Do you need some help?

m Yes. Could you tell me where _____ ? I need to get an X-ray.

w That department is not in this building.

m Isn't this building C?

w No, it's building B. There's an exit at the end of this hallway. As soon as you get out of the building, you'll _____ . That's the one. You can't miss it.

m Oh, I see. Thanks a lot.

w You're welcome.

Q Which is correct according to the conversation?

(a) There is _____ in building C.
(b) Building B is _____ from building C.
(c) Building B is made of brick.
(d) The man is in the wrong building.

37   w Good afternoon. T&R Trading. How may I help you?

    M Can I talk to Mr. Peterson?

    w He's in the meeting with his clients at the moment. May I ask who's calling?

    M I'm Jason Cruise. I'm _____ with Mr. Peterson.

    w I see. I'll _____ .

    M That won't be necessary. Could you just _____ our meeting with the buyers tomorrow has been rescheduled to 4 p.m.?

    w Sure, I will. Thank you.

Q What is the woman likely to do?

(a) Tell Mr. Peterson to call back

(b) Sign the contract from the Johnson Project

(c) Put Jason Cruise through to Mr. Peterson

(d) _____ Mr. Peterson that the meeting has been transferred to another time.

38   M What happened to you? You look like you _____ .

    w You won't believe it. I just finished my report that I have to submit tomorrow.

    M You just _____ .

    w But the thing is my computer had some kind of virus, and the data was lost.

    M Why don't you _____ ? It'll do.

    w I did it until this morning. But it didn't work.

    M You must be _____ .

    w I wish somebody could just _____ .

Q Why is the woman worried?

(a) Because she has too _____

(b) Because she can't _____

(c) Because she doesn't _____

(d) Because she can't help the man

39   M How about _____ tonight at Jordon's Restaurant?

    w Sounds good, but I want to go somewhere else.

    M You don't like Jordon's? The seafood there is the best in this neighborhood.

    w Yeah, I know. But last time I went there, the service was _____ _____ .

M Oh, now I remember. The rude waiter.

W Yes, he _____ .

M We'd better find another restaurant even if atmosphere of Jordon's is great.

Q According to the conversation, what is the problem with Jordon's?

(a) The food
(b) The atmosphere
(c) The reception
(d) The distance

40 M Welcome to Century Real Estate Agency. How may I help you?

W I'm looking for a studio apartment.

M For rent or buy?

W Rent. I'm a university student here in Boston.

M Right. Do you _____ ?

W The cheaper, the better but, somewhere between $500 and $550 a month.

M In that case, why don't you rent two-bedroom apartment? It's just _____
_____ to your university. And it's $600 a month.

W That's not bad if I can find a roommate.

Q Which is correct according to the conversation?

(a) The apartment is not close to the university.
(b) The woman is saving money to _____ .
(c) The woman and her roommate are looking for an apartment.
(d) The woman is likely to rent a two-bedroom apartment.

41 W May I help you?

M Yeah, I'd like to _____ .

W Okay. Do you have your _____ ?

M Yes. Here it is. How long can I _____ ?

W For 14 days. _____ .

M I understand.

Q What is the conversation about?

(a) _____ books

(b) Renewing library books

(c) _____

(d) Issuing an ID card

42 M When did you buy that cell phone? I like that.

W Thanks. I bought it last week because I can use the global _____ with this phone.

M What do you mean by _____ ?

W That means I can use my own phone in most other countries. As you know, I _____ .

M That's wonderful.

W It's very useful for me.

Q Which is correct according to the conversation?

(a) The woman is telling the reason why she goes on a business trip.

(b) The man is comparing his cellular phone to the woman's.

(c) The woman is explaining to the man what the global roaming service is.

(d) The man is going to buy a mobile phone.

43 W Do you have everything you need for your appointment?

M Yes, but I'm not sure which company I should go to.

W Really? But you said you _____ the IT company.

M You're right. But I'm still interested in publishing rather than IT field.

W You'd better _____ .

M Yes. Thank you for your advice anyway.

Q What can be inferred from the conversation?

(a) The man will enter the publishing company.

(b) The IT company is better than the publishing company _____ .

(c) The man is _____ .

(d) The woman will continue to give advice to the man.

44 M Could you tell me Gary's phone number?

W _____ for you. I just _____ . Is it _____ ?

M Yes. He didn't return the book I lent him. I need it for my report. He had it for over a week now.

W Could you tell him to make sure he _____?

M Did he borrow your bicycle as well?

W Yes. It's been almost a year.

M He's the real black sheep.

Q **Which is correct according to the conversation?**

(a) The woman doesn't remember Gary's phone number.

(b) It's been almost a year since the man lent Gary his item.

(c) The woman wants to _____ Gary.

(d) The man and the woman don't like Gary.

45 **M** What's wrong, Jill? You look _____.

W I'm _____ the restaurant Amanda recommended. They _____ _____ because we were fifteen minutes late.

M You mean Mario's? How strange. Didn't you _____ when you made the reservation?

W I did. But they just called it off. I'll never go back there again.

M There's a kind of _____ for being late over fifteen minutes.

W I know, but that was too much. The line was busy when I called them to say we'd be late.

Q **What is correct according to the conversation?**

(a) Amanda invited the woman to a dinner.

(b) The restaurant was closed when the woman went there.

(c) The woman was not able to eat at the restaurant.

(d) Although the woman _____ she would be late, the restaurant _____.

Part IV

46 Do you happen to know how to become an expert _____? Here is the only answer to that question: just listen to music. Studying music theory is not perfect enough to help you _____. Only experiencing music by listening to it is a perfect way. Here is _____. Try to keep listening to the same piece of music over and over again until you can _____ _____. When you first hear a symphony, just _____ as much as possible instead of understanding it.

Q **What is the main idea of the talk?**

(a) To understand music, you should _____.
(b) Listening to music is a good hobby.
(c) Music experts understand _____ well.
(d) The perfect way to understand music is just listening to music.

47 The special socks for sports. These socks have been made through the tests by sports scientists for a long time. They have _____ in the sports market since our first release. They don't _____ _____ and rich spandex texture. The part covering the front of the leg can protect your shin perfectly _____ _____.

Q **Which is correct about the socks according to the advertisement?**

(a) The socks are made from various materials.
(b) The socks have been produced through the scientific method.
(c) The socks need _____ when you try to skateboard or ski.
(d) The socks can _____.

48 Welcome to Deoksugung Palace. My name is Robin and I'm so happy to show you around the smallest of Seoul's palaces. Today I'm going to let you know _____. The first place we'll visit is Seokjojeon. Seokjojeon is a stone building constructed _____. It began in 1900, and was finally completed in 1910. It has a garden in front of the Seokjojeon Hall. It was Korea's first Western-style garden.

Q **Which of the following is NOT correct according to the talk?**

(a) Robin is very familiar with Deoksugung Palace.
(b) Seokjojeon has the first _____ which was ever made in Korea.
(c) Robin will _____ Seokjojeon.
(d) _____ was constructed in 1900.

49 Drugs have been used by humans for many years _____
_____ , to _____ , or for pleasure. In China, opium was used _____
_____ . In ancient India, cannabis was used by doctors to _____
_____ . It was also used as _____ .

Q What is the topic of the talk?

(a) Opium and cannabis
(b) _____
(c) _____
(d) Drugs _____

50 Johannes Vermeer was a Dutch painter who created some of the most beautiful
paintings in Western art. People all over the world celebrate his paintings, yet
there are few paintings he produced. _____ about his life
and career. He was born, lived and worked in the city of Delft. Vermeer was
_____ , but not much is known about that. _____
_____ by the Utrecht Caravaggists.

Q Which is correct about Johnnes Vermeer according to the talk?

(a) He has left us lots of beautiful paintings.
(b) We know quite a little about his life.
(c) He lived, worked and died in Delft.
(d) _____ the Utrecht Caravaggists.

51 Do you have _____ names? Most of us remember faces but
have _____ . We know that being able to remember
names is _____ and very useful in both the business
and social arenas. If you could remember people's names well, they would feel
valued and thankful. Obviously you wish you could have a pretty good memory
for names. In fact, I have found some ways that can help us to _____
_____ .

Q What is likely to come up after this talk?

(a) _____
(b) How people get their names

(c) _____ for names

(d) How important remembering names is

52 Consumer choice can be affected by fashion. Trying to _____

_____ is a good example. Hair styles have changed over the

years, going from short to long, then back to short. Similarly, ties are changing

constantly over time, going from narrow to wide, then back to narrow. That's

because we're trying to _____. However,

_____. That's why we _____ this

_____. For instance, we easily _____ because

they've _____.

Q What can be inferred from this talk?

(a) A lot of people want to _____.

(b) People don't follow fashion when they have enough clothes already.

(c) People _____.

(d) Hair styles are _____.

53 We usually think that we can keep coffee well without much effort. However,

scientists say that the majority of the coffee in the markets _____

when we drink it. Coffee is a perishable product once it is roasted. Coffee will

begin _____ within a month. Even though the modern packaging methods

seem to help keep the coffee from _____, the packaging doesn't work once

_____.

Q What is the main topic of this talk?

(a) The modern packaging methods

(b) Coffee freshness

(c) How to _____

(d) Where to keep the coffee

54 Mr. James got married 20 years ago and had twin sons. He remarried when he _____ in 1990. He then moved to N.Y.C. where he got a new job. He began showing the symptoms of heart failure in 1997. His new wife _____ _____ until he died in 2007. He left $770,000 in his will. He left $120,000 to each son, $200,000 to his first wife _____.

Q What can be inferred about Mr. James from the talk?

(a) He was an _____ husband.
(b) _____.
(c) He left the most money to his second wife.
(d) He loved his twin sons very much.

55 The host team showed the best sportsmanship I've ever seen in these championships. They seemed to be _____ _____. Some media says people shouldn't support the host team because of what this team has done. But this is totally _____ . _____ is that they truly deserve the title of the best _____ _____.

Q What is the speaker's main point?

(a) Sportsmanship is _____.
(b) The host team is to blame.
(c) The viewpoint of media is hostile.
(d) The host team _____ "The Best."

56 Hi, Clare. This is Robin. I just got here in Seoul at about 6 in the evening. I _____ _____ and it took me more than 5 hours for reaching Seoul from Busan. Even though it took a little longer than I thought it would, I was glad that I was able to _____. I'm just leaving this message to ensure that we're supposed to have a little _____ at Jackson Thai restaurant at 6:30 this evening. It's 6:10 in the evening. I think I can get there in time. Don't be late. See you there soon.

Q Which is NOT correct according to the talk?

(a) Robin left Busan before 1 p.m.
(b) Robin called Clare to let her know when the _____ will be.
(c) Robin is _____ Clare to have dinner.
(d) Robin is talking to an answering machine.

57 Once upon a time there lived a very poor young man. His name was Jack. He always wanted to be rich and successful. One summer night he _____ _____ to work very hard to make lots of money. Before long he could start working as a carpenter. He worked really hard about three years so that he could make tons of money. Even though he was _____ this money, he was afraid that someone would take his money. So he wanted not to keep the money at his home but to hide it somewhere. He had _____ it. He thought about that a couple of days.

Q Why did Jack try to hide his money?

(a) Because he was _____ his money
(b) Because he had _____ save his money
(c) Because he didn't want to work as a carpenter
(d) Because he _____

58 To _____ is a hand gesture made _____ _____ . It is used to _____ for good luck. Here is an example. "Good luck on your test tomorrow. I'll be _____ for you."

Q What is the subject of the talk?

(a) The meaning of "_____"
(b) Body Language
(c) The origin of "_____"
(d) _____

59 The Brooklyn Bridge was the first structure to use _____

_____. Instead of building two solid bases on each side of the

East River, _____.

_____, workers could _____, and these were basically

like _____ that were _____

___. Compressed air was _____ water, and as the _____

_____, the pressure within increased dramatically.

Due to the extreme change in air pressure, many workers died from the _____

_____.

Q What can be inferred from this talk?

(a) _____.
(b) The caissons went lower as the workers _____.
(c) All the workers wore _____.
(d) Conditions inside the _____.

60 As you know, these days water _____ and we are faced with lack

of water which could cause wars among nations. Although the sea level has

continued to rise, we can see that there are a lot of _____ fresh

water. What is worse, throughout the world desert area has been increasing ____

_____. A number of people are _____

_____. Some serious measures should be taken now; otherwise there'll

be _____.

Q Which is correct according to the lecture?

(a) Since _____, there'll be a lot of water.
(b) Most underground water has been polluted.
(c) There may happen to be _____.
(d) The number of people who are _____.

DICTATION ACTUAL TEST 5

Part I

1 M Count me in.

   W _____

   (a) Yes, _____.
   (b) Sure, you're welcome to join.
   (c) I do not like to be outside.
   (d) I can't _____.

2 M _____ with you?

   W _____

   (a) Nice to meet you.
   (b) How have you been?
   (c) I _____.
   (d) I was really happy for my son.

3 M Bruce is really trying hard to _____.

   W _____

   (a) He hates smoking.
   (b) It seems to be _____.
   (c) I admit it.
   (d) I'm happy you think so.

4 M Don't _____.

   W _____

   (a) I won't, I'm more than what they think.
   (b) Don't bother me.
   (c) I'm afraid I can't make it.
   (d) It sounds like you are teasing me.

5 M I _____ for law school.

   W _____

   (a) _____.
   (b) You've got the job.

(c) Well done.

(d) How about medical school?

6　**M**　I'd like to _____.

　　　W　_____

(a) It looks expensive.

(b) Can I ask why?

(c) I didn't _____.

(d) I don't know how to return it.

7　**M**　It would be nice to _____.

　　　W　_____

(a) _____ ?

(b) Problems of the aged are growing.

(c) Our health is our wealth.

(d) We should_____.

8　**M**　Anything you want to do this weekend?

　　　W　_____

(a) How about _____ ?

(b) Do you want my company?

(c) I really like this place.

(d) Why don't we _____ ?

9　**M**　Let's take a break for a while.

　　　W　_____

(a) I gave it up.

(b) The coffee machine is broken.

(c) _____.

(d) OK. Let's _____.

10　**M**　Life isn't always easy.

　　　W　_____

(a) I'd like _____.

(b) _____.

(c) Yes, it can be _____.

(d) I would like to try.

11　**M**　Are you going my way?

W _____

(a) We might _____ each other.

(b) It is safer to _____.

(c) Yes, I will _____.

(d) Quit following me.

12　**M**　I owe you one.

W _____

(a) I'm _____.

(b) No problem.

(c) You don't need to _____.

(d) How much?

13　**M**　I was _____ in Seattle.

W _____

(a) I hope it's just a rumor.

(b) You might be wrong.

(c) Could you be more specific?

(d) _____.

14　**M**　What are you having?

W _____

(a) Salad, please.

(b) _____.

(c) I'm _____.

(d) Table for two, please.

15　**M**　I _____.

W _____

(a) Don't worry. I will.

(b) Why don't you ask yourself that question?

(c) _____.

(d) I couldn't be happier.

Part II

16   M   I bought tickets for the show.

      W   I would like to _____.

      M   But I thought you didn't like the singers.

      W   _____

(a) Just _____.

(b) I'm allowed to change my mind, am I not?

(c) I am _____.

(d) I don't like male singer.

17   M   My name is Peter, what's yours?

      W   I'm Sarah. Nice to meet you.

      M   It's _____. This is a great party!

      W   _____

(a) Yes, you can't miss it.

(b) I like _____.

(c) _____.

(d) You read my mind.

18   M   Can you _____?

      W   I can't, I have lots to do.

      M   Oh, well, I'll have to ask somebody else then.

      W   _____

(a) There's still a good chance.

(b) I would love to help out next time.

(c) No, thanks.

(d) I thought it was wonderful.

19 M You are _____.

W _____.

M Next time, _____.

W _____

(a) Mistakes are _____.

(b) I won't fail again.

(c) Don't worry, I've _____.

(d) Stop _____.

20 W Can you make it on Monday?

M I have to _____ first.

W Do let me know.

M _____

(a) I'll _____ right away.

(b) It's _____.

(c) I hate to be late.

(d) That's my _____.

21 M Have you heard the news?

W I did. It was terrible!

M I _____.

W _____

(a) You don't have to feel sorry.

(b) Do you really mean it?

(c) I would love it if that were not true.

(d) _____.

22 M We were _____.

W We were just not strong enough.

M How could we have lost?

W _____

(a) Do you think you are right?

(b) I think we just _____.

(c) I'm not sure what you want.

(d) We lost the game.

23 M Something came up, I'll be late tonight.

    W When will your work be finished?

    M I'm really not sure.

    W _____

(a) Don't worry so much.

(b) You should try harder next time.

(c) Yes, it's a promise.

(d) Then, let's _____ .

24 W Come on, let's _____ .

    M No, thank you, I just ate.

    W Oh, but _____ .

    M _____

(a) How about a drink before dinner?

(b) In that case, _____ .

(c) I'm leaving now.

(d) I really _____ .

25 M Not again!

    W Oh, I didn't mean to break it.

    M _____ that yesterday.

    W _____

(a) Please let me _____ .

(b) Are you sure you're alright?

(c) _____ .

(d) Are you kidding me?

26 M What happened? You _____ .

    W My uncle just _____ .

    M I'm so sorry for _____ .

    W _____

(a) I _____ .

(b) It's not your concern.

(c) That's very nice of you.

(d) _____ , please.

27　**M**　Excuse me, how do I get to the market?

　　　W　Just take the subway and _____ .

　　　M　_____ ?

　　　W　_____

(a) If I were you, I'd take a taxi.

(b) Just take it easy.

(c) The orange line.

(d) It's not my business.

28　**M**　Have you eaten yet?

　　　W　No, I was just thinking about that.

　　　M　_____ Italian?

　　　W　_____

(a) Yes, let's leave for Italy.

(b) Sorry, I'm not hungry.

(c) Sure, it's on me.

(d) _____ .

29　**W**　_____ ?

　　　M　I'm not sure, let me _____ first.

　　　W　I appreciate your help.

　　　M　_____

(a) You _____ .

(b) I'm sure you'll _____ for anyone.

(c) I thought you were someone else.

(d) _____ to a lady.

30　**M**　Have you met Gerald?

　　　W　_____ .

　　　M　Yeah? Are you _____ him?

W   _____

(a) I met him yesterday _____.
(b) Can you reach him right now?
(c) You could say that.
(d) You _____ today.

31   M   I can see that _____.
       W   My parents would like for us to move to Europe.
       M   Aren't you going to miss your family and friends here in Korea?
       W   I am, but my parents insist.
       M   I guess you have _____.
       W   That's true, therefore, I'll just _____.

       Q **Why does the woman go to Europe?**

(a) She wants to _____.
(b) Her sisters live there.
(c) Her parents wants her to leave.
(d) She hates to live in Korea.

32   W   Oh! I'm _____.
       M   Just relax, we've seen to_____.
       W   I need to _____.
       M   The rings have already been _____.
       W   Have you finished _____?
       M   Yes, don't worry, everything's set.

       Q **What is the conversation about?**

(a) Anniversary
(b) Reunion
(c) Wedding
(d) Birthday

33   M   Excuse me, may I ask you something?

w Sure, what is it?

M I need to _____ but couldn't find a bank.

w It seems you are _____.

M Oh, really? Could you please tell me where the nearest bank is?

w No problem, you should _____. Take this road and go two more blocks. There are some banks.

M Thanks a lot.

Q What is the man doing?

(a) Giving directions to the woman

(b) Locating a bank

(c) Helping the woman find a building

(d) _____

34 w Hello! Lee Enterprises. This is Julie speaking.

M I'd like to speak with Mr. Lee.

w We have _____. _____?

M Would you connect me with Mr. Lee?

w May I get your name, please?

M This is James Green.

w Could you _____? He is _____.

M Then please have him call me at 330-5550.

Q Which is correct according to the conversation?

(a) Mr. Lee is _____.

(b) Mr. Lee knows James Green's phone number.

(c) Mr. Lee's line is _____.

(d) James Green is Mr. Lee's friend.

35 M You look so excited.

w I can't wait to meet him.

M You two have been _____ for months now.

w He seems like a nice guy.

M But you just met him _____.

w I'm not expecting that much from a first meeting.

Q What can you infer from the dialogue?

(a) The man doesn't want the woman to meet her chatting friend.

(b) The woman have never met the chatting friend before.

(c) The woman doesn't hope to _____.

(d) The man wants to chat with the woman.

36 M You have to _____.

W Can't I eat potato, rice and bread?

M You have to _____.

W I'm sticking to fish and fruit diet then.

M That's good. _____.

W I can't wait to fit into those stylish clothes.

Q Why does the woman want to lose weight?

(a) To _____

(b) To _____

(c) To _____ the man

(d) To _____

37 W Hi! Is Linda there?

M No, she is _____ at the airport.

W Well, this is the friend Cathy she is _____ at the airport.

M Oh, hi, Cathy. I've heard a lot about you! I'm Andy, her husband.

W Hi, Andy. Did Linda leave a long while ago?

M No, just a couple of minutes ago.

W Great then. Actually, _____ and it seems I will be about an hour late.

M Don't worry. I'll _____ to her about the situation.

Q What is happening in the conversation?

(a) The woman is _____.

(b) They are _____.

(c) The man is _____.

(d) They are _____ for the meeting.

38   M   I can't believe this is happening to me.

W   What's up?

M   I've ordered a birthday cake for the party and it _____.

W   Did you order it _____?

M   No, actually it was delivered this morning, but the name on the cake was _____. So, I had it returned and asked for another one.

W   Well, the guests are almost done with their dinner, so the cake ceremony should start in a minute. What are we going to do?

M   I have no idea.

Q Why is the man being perplexed?

(a) Because the cake ceremony might begin without a cake

(b) Because he is not able to _____ for the party

(c) Because the delivery man does not _____ for the party

(d) Because the woman found out he _____ the cake

39   W   Hey, _____.

M   Hurry! It's _____.

W   We're going to be _____ now.

M   I told you we should leave the party earlier.

W   I forgot that we were _____.

M   Mom must be very angry. If we are found out, we will _____.

W   Let's just _____.

Q Which is correct according to the conversation?

(a) They are going to the party.

(b) The time they should arrive home is 12.

(c) They are complaining about each other.

(d) They are _____.

40   M   Good evening. May I help you?

W   Yes, please. We'd like _____.

M   Would you like _____?

W   A single room, please.

M   That's good, ma'am. Would you _____?

w Yes, please.

Q What are the speakers talking about?

(a) Confirming reservation
(b) Reserving a hotel room
(c) Registering at a hotel
(d) Paying a hotel bill

41 w Good morning. Can I have your ticket please.
　　　M Here you are.
　　　w Thank you. Would you like _____?
　　　M _____ please.
　　　w We are happy to see that you are in our _____ list.
　　　M Oh, I _____ about your service here.
　　　w It's our pleasure.

Q What is most likely the woman's occupation?

(a) Box office personnel
(b) An employee _____
(c) Clerk
(d) Hotel employee

42 M It's good to see the sun again.
　　　w Better than yesterday, huh?
　　　M They say it's going to _____ again this afternoon.
　　　w I don't mind, as long as it doesn't rain.
　　　M _____.
　　　w I could _____ today unlike yesterday.

Q What can be inferred from the conversation?

(a) The weather is bad.
(b) It was rainy yesterday.
(c) It was sunny yesterday.
(d) They wanted it to rain.

43　M　Could I speak to John, please?

　　　W　John? There's _____ here. I'm afraid you've _____

　　　　　_____.

　　　M　Is this 535-9786?

　　　W　That's not the right number.

　　　M　Oh, I'm sorry to _____.

　　　W　No problem. Goodbye.

　　　Q　Which is correct according to the conversation?

　　　(a) John is _____.

　　　(b) The man asks the woman to have John call him.

　　　(c) The man _____.

　　　(d) The phone number is _____.

44　M　I was _____ last night.

　　　W　Where was your key?

　　　M　I accidentally _____.

　　　W　Oh, boy! You never _____.

　　　M　Could you try not to lecture me?

　　　W　But we've already been through this.

　　　Q　What can be inferred from the conversation?

　　　(a) The man is _____.

　　　(b) The woman is _____.

　　　(c) The man and woman are friends.

　　　(d) The woman is _____.

45　W　Where are we now?

　　　M　I don't know where we are.

　　　W　You _____.

　　　M　You are _____.

　　　W　You never listen to me!

　　　M　Let's just be calm and work on this.

　　　Q　What can be inferred from the conversation?

(a) The man _____.

(b) The man made a U-turn.

(c) The woman likes talking.

(d) The man and woman are lost.

Part IV

46   In London, there is a family with a surname Beer. The British couple surnamed Beer _____. Then a certain Mr. and Mrs. Jordan named their daughter River. The Wall family named their child Stone. The bizarre list which comes from an official in charge of _____ _____, includes the Waters family and their _____. So you see, in Britain, there are _____ _____.

Q What is the main idea of the report?

(a) In Britain there is freedom of choice when naming children.

(b) Some children in Britain are _____.

(c) The British are _____.

(d) British people are humorous.

47   In this age of information technology, the computer virus is _____ _____. At one level, it _____: a single virus is _____, _____ _____ all around the world. Yet at another level, it is _____ _____.

Q What is the main idea of the talk?

(a) Computer viruses have positive and negative aspects.

(b) Computer viruses are phenomenal.

(c) Computer viruses are damaging.

(d) Computer viruses are _____.

48   Some days are good and the rest are not so good. There are days when you get up in the morning and things are not the way you had expected them to be.

Those times, you have to convince yourself that things will _____.
Challenges will come your way which you have to face and not be afraid of the
changes it will _____. It is up to you to _____
_____.

Q What is the lesson from the talk?

(a) _____.
(b) _____ in life.
(c) Life is unfair.
(d) Life is a stage.

49 At the age of 19 months, Helen was a happy, healthy child. Then she _____
_____ which caused her to _____. She learned by feeling
people's hands to try to find out what they were doing. She _____
_____, so she _____. She
met a teacher named Anne Sullivan who herself had been _____
_____. Anne taught Helen to _____
_____. A whole new world opened up for Helen. She went on to college and
made the most of her handicap.

Q Which is correct according to the talk?

(a) Helen became deaf when she was 19 years old.
(b) Sullivan could see but Helen couldn't.
(c) Helen couldn't hear but could see.
(d) Helen went to college for herself.

50 Ballet, one of the oldest artistic disciplines, is the art of dance _____
_____. It can be difficult to _____
_____. If one is prepared to _____
_____,
then one is _____. Ballet technique is considered
to be the basic training _____.

Q What is the topic of the talk?

(a) What is Ballet?

(b) Ballet techniques

(c) Ballet and dance

(d) The advantages of ballet

51 The most popularly believed idea about how the Egyptians built the pyramids is that they _____ . _____ _____ of stones into place. Next, they _____ _____ . This continued until they _____ . Finally, they _____ _____ , which were placed so close together it looked like the pyramid was _____ . But we still have other questions about how the Egyptians built the pyramids.

Q Which of the following is true according to the talk?

(a) How the Pyramids were built is not a mystery anymore.

(b) The Pyramids were made of a single white stone.

(c) The white casing stones closed the Pyramid's doors.

(d) Egyptians _____ .

52 Advertising is _____ . Some advertisements do, however, _____ _____ by speaking up against _____ , or persuading people against smoking cigarettes, for instance. _____ _____ . In the political arena they are used to _____ _____ . Whatever the purpose, some experts think that _____ _____ .

Q What is the topic of the talk?

(a) The political use of advertisement

(b) The commercial use of advertisement

(c) _____

(d) The economic benefit of advertisement

53 A closer look at the _____ shows that it is actually _____.
It is made of deceptively _____. All kinds
of materials, _____, have been in use for
centuries, but none could be used without damaging the paper. It will always
_____ as to why this simple and functional tool took so long to be
invented.

Q What best describes the paper clip?

(a) Humble but strong
(b) Common and cheap
(c) _____
(d) _____

54 Have you ever seen a greenhouse? Most greenhouses look like a small glass
house. They are used to grow plants, especially in the winter. Greenhouses work
_____. The glass panels of the greenhouse _____
_____. This causes the greenhouse to _____
_____ in the winter.

Q What is the operating principle of the greenhouse?

(a) _____
(b) _____ from plants
(c) _____
(d) Diffusing heat _____

55 Daniel is a resident of Amsterdam, Holland. Therefore he is a Dutch citizen. He is
married to Hillary. She is an American citizen. In fact, she _____ Boston in the
United States. Both of them now _____ in Milan, Italy. They are both _____.
They speak _____ English, Dutch, German and Italian. They have
children who attend a local primary school. It is an international school where
there are children from all over the world. Brittany, their daughter has friends from
France, Switzerland, Austria and Sweden. Dan, their son, has classmates who
are from South Africa, Portugal, Spain and Canada.

Q Which is correct about Daniel and Hillary from the talk?

(a) Daniel is a German.

(b) Daniel and Hillary speaks 4 languages fluently.

(c) Their children have many friends from around the world.

(d) Their daughter was born in Sweden.

56 You are _____. Every Christmas, for the last few years, you have _____ send me something I have been glad to get. Thank you so much for the _____ bookends. They will be _____ for my office.

Q Which is NOT correct according to the talk?

(a) The gifts are all handmade.

(b) The speaker has been _____ the gifts.

(c) For the past few years, the gifts are given every Christmas.

(d) The _____ bookends will be _____.

57 "Grownups are buying it for grownups!" This is _____ _____ of this children's book. _____, the parents buy it for grandparents and the grandparents buy it for parents and the kids buy it for everybody and everybody buys it for kids. The publisher said, "This is very strange. It is selling very _____ in Arizona." Since it is a children's book, everybody wonders why it is _____ ____.

Q According to the report, why is the publisher so confused?

(a) Because the book is so good.

(b) Because it is a strange book.

(c) Because he doesn't like the book.

(d) Because a children's book is _____.

58 Ever heard of stones being used to pay for something? In the Yap Island located in the Western Caroline Islands, about 400 miles southwest of Guam, that is exactly what happens. The Yapese use _____ _____. These stones _____ and are _____ between villages as _____, in payments for house and canoe building, _____

_____.

Q Which is not true according to the talk?

(a) The Yap money is _____.

(b) The Yap money is _____.

(c) The Yap money is _____ between villages.

(d) The Yap money is common in an Island in the Western Caroline.

59 In eastern Spain, in the town of Bunol, there is a tradition that the locals love so much. You might say that it is a kind of "war" where nobody is expected to win. It is one of the biggest fights in the world. Each year in the last Wednesday of August in the little town of Bunol between 11 a.m. until 1 p.m., _____

_____. Shopkeepers and business owners along the Plaza are _____

_____. They patiently wait for the large trucks carrying tons of tomatoes. The town square is _____. Pandemonium begins! Bottles, water bombs and the like are totally forbidden as they rip other's clothes. This event is _____ called La Tomatina.

Q What can be inferred from the report?

(a) The townspeople are angry at each other.

(b) The townspeople are selling vegetables.

(c) The townspeople are having fun.

(d) The townspeople are mad.

60 _____, an agreement where a woman becomes pregnant and gives birth to a child for others to raise, is rapidly rising. Although critics have been _____, I brought some real data displaying positive effects. Contrary to popular belief, money is _____. The satisfaction their own children bring them and the wish to share these feelings were often mentioned. I am not trying to say surrogacy is the best _____ _____, but it is one of the choices. Despite the _____ _____ by money, _____ here as average mothers helping other women.

Q What can be inferred from the talk?

(a) Most experts _____.
(b) People have different opinions on surrogacy.
(c) Surrogacy is now illegal.
(d) Surrogates don't get paid.

Part I

1　M　The drinks are _____.

　　W　_____

　　(a) That's _____.

　　(b) Sure, you're welcome to join.

　　(c) Sorry, we don't _____.

　　(d) Don't even question it.

2　M　It _____.

　　W　_____

　　(a) It's _____.

　　(b) I'm not available.

　　(c) It's too much responsibility for me.

　　(d) I can do a better job next time.

3　M　Let's just _____.

　　W　_____

　　(a) I _____.

　　(b) You must be excited.

　　(c) Sure, no problem.

　　(d) OK. I'll _____.

4　M　This is _____ over there.

　　W　_____

　　(a) _____.

　　(b) Please send him my thanks.

　　(c) I'll come right over.

　　(d) _____.

5　M　Could you be _____?

　　W　_____

　　(a) Sorry, I'll get you one.

　　(b) You're asking too much.

(c) Thank you for your concern.

(d) I'll _____ then.

6   M My wife is _____.

W _____

(a) Really? Congratulations!

(b) Don't be late.

(c) What does she expect from me?

(d) I don't like it.

7   M We were _____.

W _____

(a) Let's be serious.

(b) Sorry to bother you.

(c) I'm _____.

(d) Let's _____ then.

8   M It's not what I like.

W _____

(a) Why not? I'd love to.

(b) I can change it if you want.

(c) I'm _____.

(d) That _____.

9   M It's not for me to decide.

W _____

(a) Best of luck.

(b) Then, who is in charge of it?

(c) Making a decision is difficult.

(d) It's _____.

10   M This is in your best interest.

W _____

(a) How many percent?
(b) Stop complaining.
(c) I _____.
(d) We're _____.

11 M She's _____.

W _____

(a) She should _____.
(b) She's too uncomfortable.
(c) You will _____.
(d) I'll ask about it.

12 M Hey, it's your turn.

W _____

(a) So you _____?
(b) I want my chance.
(c) Let me do it for you.
(d) I'm sorry, I didn't notice.

13 M Please _____ everything.

W _____

(a) Don't worry. I'm okay.
(b) I'm not sure. I'll let you know soon.
(c) Maybe next time then.
(d) It _____.

14 M Don't be _____.

W _____

(a) You really think _____?
(b) Trust me.
(c) You should _____.
(d) I have no idea.

15 M You're still _____ .

W _____

(a) Yeah, it's all set.

(b) You would enjoy it.

(c) I don't have the time.

(d) I'm doing my best.

Part II

16 M You must have been starving. Would you like another helping?

W Thanks, but I'm full. I can't _____ .

M Are you sure?

W _____

(a) Sure. I was _____ .

(b) Then let's _____ .

(c) I'm sure she'll.

(d) Yeah, _____ .

17 M Hi, Mary. I was wondering if you're free tomorrow night.

W Well, Brad, I guess I am. Why do you ask?

M I have tickets for a movie. Are you interested?

W _____

(a) How about tomorrow night?

(b) Of course I am.

(c) I don't have any plans yet.

(d) I beg of you.

18 M Where did those come from?

W I _____ .

M Let me know where the newsstand is.

W _____

(a) Could you hurry up?

(b) I am glad you like it.

(c) I'll shop around tomorrow.

(d) May I ask you why?

19 M I need to _____ .

W Did you just _____ here?

M Yes, everything is _____ .

W _____

(a) See you there.

(b) Don't you think _____ ?

(c) I can _____ of the campus.

(d) It was nice to see you.

20 W _____ ?

M Well, I had such a big breakfast this morning, so I don't feel like it.

W Come on! I _____ !

M _____

(a) Okay. I'll _____ .

(b) Actually I don't have any plans after lunch.

(c) I wasn't late this morning.

(d) I'm not feeling well.

21 M What would you like for your side order?

W Eggs and some chips please.

M How would you like your eggs to be done?

W _____

(a) They go well with apple juice.

(b) I don't like eggs.

(c) _____ .

(d) I'd like it with a bottle of water.

22 M Are you _____ ?

W I'm about to _____ . What about you?

M It's _____ .

W _____

(a) Neither am I. I have to repeat biology next semester.

(b) Didn't you know there was _____ ?

(c) Same here. I've still got 3 subjects _____ .

(d) If it's possible, can you _____ ?

23 M It is hard to _____ .

    W Why don't you _____ ?

    M But hasn't _____ ?

    W _____

(a) _____ .

(b) They are admitting more students until this week.

(c) I found the ad looking for a candidate for a dean.

(d) You can ask the TA _____ .

24 W Please _____ , sir.

    M Yes, officer. Why have you _____ ?

    W Because you just _____ .

    M _____

(a) I am sorry. I wasn't paying attention.

(b) I forgot to _____ .

(c) You look awesome today.

(d) I'm _____ .

25 M What's _____ ?

    W I think they are necessary for a better future.

    M Yes, I agree it is the best way to _____ .

    W _____

(a) It's as safe as nuclear energy.

(b) Not to mention, it's _____ .

(c) I _____ .

(d) _____ is needed.

26 M How long do you intend to stay here?

W About seven days and then I will _____ .

M In that case, allow me to show you around this area.

W _____

(a) _____ .

(b) You should have said it earlier.

(c) I can't thank you enough.

(d) Why don't you try it?

27 W I don't understand what you are saying.

M Math is difficult to everyone.

W _____ . I'm _____ .

M _____

(a) We are not communicating.

(b) _____ .

(c) I'll try to recall.

(d) You are quite right.

28 M Hey there kiddo, this package here is for Syndy.

W That would be me. I_____ as "kiddo."

M Alright, don't be upset. I was _____ .

W _____

(a) You are quite right.

(b) Stop teasing me.

(c) I'll _____ .

(d) I _____ you.

29 W _____ to the Asia-Pacific marketing convention.

M Where is it this year?

W San Francisco.

M _____

(a) I'm _____ .

(b) You wouldn't know how hard it is.

(c) How long will I need to stay there?

(d) You can attend next time.

30 M How did your work go today?

W I had _____ . It was _____ .

M Really? What was the problem?

W _____

(a) My boss was _____ .

(b) I had the most sales.

(c) Thank you for your concern.

(d) It was as easy as pie.

Part III

31 M I'll take the veggie sandwich without mayonnaise, please.

W You could choose _____ .

M What soups are you offering today?

W Onion, vegetable, potato, beef or cream of spinach.

M Do you put pork in your potato soup?

W Yes, there's _____ .

M In that case, give me the cream of spinach, please.

Q What can be inferred from the conversation?

(a) The woman likes pork.

(b) The man is vegetarian.

(c) The woman is the man's nutritionist.

(d) The man wants salad as dessert.

32 W Were you looking for me?

M Yes, I have _____ .

W What is this about?

M Your absence from class.

W Well, I may have missed some courses…

M Some? You know _____ about 75% of the time!

Q What is the conversation about?

(a) Classes
(b) Grades
(c) Attendance
(d) Curriculum

33 M Hey, Sandy, I'm over here, just to your left.

W Oh hi, it's good to see you.

M Come on over. Here's the seat I've been saving for you.

W Thanks so much. And here's the popcorn and soda I got for you. Sorry you had to wait.

M No problem. I'm quite a popcorn fan, thanks. Is there butter in it?

W Of course! And I'm glad I didn't _____.

M Well, sit back and enjoy them. They're just about to begin.

Q What are the speakers doing?

(a) They are locating their seats.
(b) They are waiting for the movie to begin.
(c) They are buying popcorn and soda.
(d) They are greeting each other.

34 M Good morning, and welcome to Faith Property Rentals. How may I help you?

W Hi, I'd like to rent a two-bedroom apartment.

M Why don't we _____?

W Thank you!

M Before showing you what we have, I'd like to know more about your _____. What's the most you're willing to pay per month?

W About $700 - $750.

M And were you looking for any specific area in the city?

Q Which is correct according to the conversation?

(a) The woman wants an apartment.
(b) The man wants to rent a two-bedroom apartment.
(c) The woman _____.
(d) The woman's _____.

35　w　Need some help?

　　　m　Yes, please. I'm looking for a book called "Sociology and the World Today." My syllabus mentions that it is here, but I can't find it.

　　　w　Can I _____ that syllabus?

　　　m　Sure, ...uh .. here it is.

　　　w　Let's see now… Oh, this book has been _____ by your professor. You can't borrow it.

　　　m　I'm afraid I don't know what "_____" means.

Q　Why can't the man borrow the book?

(a) The book is missing.

(b) The library does not have the book.

(c) The woman doesn't want to _____ .

(d) The book Is _____ .

36　w　Hi, Tim, how are you?

　　　m　Very well, thanks. How about you?

　　　w　Just great! I'd like you to meet my niece, Betty. Remember my brother, John? She's his daughter.

　　　m　John has a daughter? I didn't know. So _____?

　　　w　In London. She's just come back here.

　　　m　Nice meeting you, Alice. I need to go now. See you later!

Q　What can be inferred from the conversation?

(a) Tim is best friend with John.

(b) Tim doesn't know John.

(c) Tim knows Betty.

(d) Alice and John are brother and sister.

37　m　I'll have a hamburger. _____, please.

　　　w　Would you like the hamburger _____?

　　　m　Medium, please,

　　　w　You can choose between _____, sir.

　　　m　Fries are fine. And be sure to _____.

　　　w　Anything else, sir?

M No, thanks. Could you get the check as well when you bring us the food? We need to leave as soon as we've eaten.

Q **Which is correct according to the conversation?**

(a) The man is in a hurry.
(b) The man ordered a burger without ketchup.
(c) The man ordered coleslaw and fries.
(d) The man ordered a hamburger to go.

38 W Hi Jack, long time no see.
M Yeah! How's everything going?
W Not bad. At least _____.
M Just alive? I heard you're going out with Bob.
W Where did you get the idea?
M Oh, come on. Bob is a very nice guy.
W Yeah, you're right. _____, but he's _____.
M I really envy you two.

Q **What can be inferred from the conversation?**

(a) The man hates the woman.
(b) The woman likes to be as alive as her friend.
(c) The man _____.
(d) The woman is proud of her boyfriend.

39 M Our trip's coming up next week. Could you lease us a car for it?
W Sure, it'll just take me 20 minutes or so.
M _____?
W Yes, are you looking for a compact or luxury model?
M That really doesn't matter. All we need is a vehicle on four wheels, c_____ _____!
W We should take the luxury model then. It'd be more interesting, I'm sure.

Q **What is the man most likely doing?**

(a) He is purchasing a car.
(b) He is hiring a car.

(c) He is displaying cars.

(d) He is _____ .

40 w This is really upsetting. Someone told the boss that I've taken a part-time job.

    M So how did he react?

    w He didn't like it at all. Now he thinks I'm going to be _____ _____ here.

    M I'm really sorry, but I was the one who told him.

    w You? Why did you do that?

    M I couldn't help it. He _____ it.

Q How is the woman feeling?

(a) Raging

(b) Cheerful

(c) Depressed

(d) Pleasant

41 w Do you need help, sir?

    M Thanks, I need to buy an … um. .. you know …that thing you use to make coffee.

    w Do you mean a coffee maker?

    M Yes, that's it.

    w Please go to Kitchen Goods on the first floor. Our salespersons _____ _____ .

    M Thanks a lot.

    w You're welcome, sir.

Q What is the conversation about?

(a) A customer who wants to drink coffee

(b) A customer complaining about the service

(c) A customer asking where the item he wants is

(d) A customer asking _____

42 M Would you show me how to get to the bank?

W There are 2. Which one are you going to?

M DBC. You see, I need to withdraw some money.

W Then, you need to go up to the shopping center.

M Thanks, could you _____? I don't know this area very well.

W You need to cross the road, take the first left and _____

_____. You'll find the shopping center on your right. Continue

past that and you'll see the bank on the left.

M Not so easy to get there, is it? I just hope it isn't too far from here.

Q Which is correct according to the conversation?

(a) The man wants to _____ some money.

(b) The man is familiar with the area.

(c) DBC Bank is hard to find.

(d) DBC Bank is _____.

43 W Did you catch that TV program "Becoming a millionaire" last night?

M Of course! I never miss it.

W Didn't you think that _____? There was

almost nothing she didn't know.

M Oh, absolutely! It's rare to find someone with such good general knowledge.

W _____, finally?

M Quite a lot, actually. Unfortunately, she couldn't answer the very last question

or else she'd have taken home a million dollars.

W That was a pretty tough question. _____. What

about you?

Q What are the speakers talking about?

(a) Trendy clothes

(b) A quiz show

(c) A million dollar house

(d) TV and knowledge

44

M I'm not like what I used to be.

W What do you mean?

M I had some drinks with my colleagues last night but almost had to _____ _____.

W I guess you were _____.

M Well, that's what _____. You know, I only had one bottle of red wine. Compared to how I've been drinking, it was a drop in the bucket.

W That's true. But think about the fact that _____.

Q Which is correct about the man?

(a) He was left to _____ in his bedroom.
(b) He doesn't have as much tolerance as before.
(c) He _____.
(d) He is still _____.

45

M So, what do you think about this place?

W Everything is really _____.

M Well then what are we waiting for? Let's _____!

W Don't _____. There are many other things to consider.

M What else? I mean you just said you liked everything about it.

W I know, the house itself is really fabulous. Actually it is just exactly _____ _____.

M Then why are you stopping us from getting it?

W Well, have you thought about the challenges you'll have for the location?

M I mean it's about a 20 minute walk from the closest subway station, but that much _____ to either of us.

Q How does the woman think about the place?

(a) It is _____.
(b) It is quiet and convenient.
(c) It is the best place _____.
(d) It is perfect _____.

46 Watch out, for emails that have the phrase IMCRAZYFORU in the subject line. And _____ "All-My-Love-For-You.TXT.vbs." _____ _____ that took place on May 4, 2000. In the space of just five hours, a powerful virus spread through email messages with this subject line. When opened by unsuspecting users across Asia, Europe and the United States, it jammed Web servers, _____ and _____ _____ .

Q What is the main topic of this report?

(a) A virus that has an interesting name
(b) A virus that infects via email
(c) Sources that _____
(d) An incident caused by a virus

47 The monthly staff meeting is on Thursday, so you need to complete your presentation on all sales figures by then. Please make sure that all costs or _____ . Also, be prepared to discuss _____ and offer a projection of possible trends in customer spending in the future. Thank you.

Q What is the purpose of the presentation?

(a) To forecast future expenditures
(b) To show customer profiles
(c) To announce monthly sales figures
(d) To have a meeting

48 In 1997, Emily Wikowski was chosen for the Nationwide Broadcasting Award. By then she had become one of America's most popular broadcasters. She _____ , though, as an editor at the Brookville Mountain Daily in Kansas. Following the closure of the paper, she was _____ _____ . For this, she went through a formal master's program in broadcast journalism at Felding University. Her first newscasting job was at the local WXCY TV in Atlanta, Georgia. Very soon she had _____ national television.

Today, she is the face of Morning in America!

Q Which is correct about Emily Wikowski according to the talk?

(a) She _____ in 1997.
(b) She _____ .
(c) She took the master's degree at a university.
(d) She was _____ the former job.

49   The traditions relating to New Year are actually just a means to come to terms with our own feelings at the passing of a year. For pessimists, it's an occasion to _____ and _____ .
Typically, optimists _____
_____ .

Q What is the talk about?

(a) Advantage of optimism
(b) Advantage of pessimism
(c) Optimistic and pessimistic views on New Year
(d) Various traditions of New Year

50   At Super Effects Studios in Hollywood you can expect to have fun, _____
_____ ! Currently it is _____
_____ . This naturally includes _____ .
However, the highlight of this project is the _____
_____ . When this becomes a reality, it will be one of the park's many pioneering activities.

Q What is the main purpose of the project?

(a) _____
(b) Establishing residential area
(c) Designing eco-friendly park
(d) Increasing tourists

51 It is not difficult to _____ in most people. We are quite ready to _____ _____, TV or the newspaper. However, some stories have _____ of a large number of educated people. These may or may not have any basis in reality, and yet have the capacity to _____ if they could indeed be true!

Q What is the main idea of the report?

(a) There are stories everywhere.
(b) Outrageous tales are hard to believe.
(c) Educated people have common sense.
(d) People _____ some suspicious stories are true or not.

52 Baby Leo was born of a rich and powerful Tolstoy family of Central Russia in 1828. Leo would grow up to write two of the greatest novels in the history of literature which are *War and Peace* and *Anna Karenina*. He would then _____ _____ the world. He is not just another Russian author, but was a teacher, a philosopher and the grandfather of _____. In his writings, it was not great leaders that moved history, but the common people. His work has been called, "not art, but a piece of life."

Q Which is correct about Leo Tolstoy according to the lecture?

(a) He was _____.
(b) He was against non-violence.
(c) He _____.
(d) He had little to do with social reform.

53 If you wish to spend ten glorious days in the romantic countryside of southern England, this is your chance! Enjoy the castles and coastline of Devon, Dorset, Hampshire and Essex. Visit their lofty cathedrals, museums and inns. _____ _____ in the beautiful hills around the area. This is the land of Thomas Hardy and the seat of voyages that changed the course of world history. _____ _____ to imposing castle hotels.

Q What is the advertisement about?

(a) Real estate

(b) Tourist attractions

(c) Accomodations

(d) Hiking

54 Trevor invites you to a party at his house. Here's how you can get there: take Exit 2G from Interstate 14 and _____ on Cedar Street. There's a big shopping mall on your left after about a mile. _____ and _____. Trevor's house is white and gold. Its number is 10, and it's the fifth house on the left.

Q Which is closest to Trevor's house according to the talk?

(a) The traffic intersection

(b) The shopping mall

(c) Exit 2G

(d) Cedar Street

55 Researchers, parents and the media all over the world _____ _____ that listening to _____ _____. Studies conducted in the early part of the 1990s in France and the U.S. suggested that listening to Mozart for 10 minutes _____ in performance on IQ tests and other such challenges. This _____ _____ in the media on the so-called "Mozart effect."

Q According to the report, what is the Mozart Effect?

(a) Special DVDs that can help teach a child to _____ .

(b) Research that can _____ by studying his or her musical ability.

(c) Singing to an unborn child may inspire a love of classical music.

(d) Listening to classical music may increase intelligence, especially in babies.

56 Some love it with burgers or sandwiches, others prefer it with fried noodles. Tomato ketchup has become very much _____ . Do you know how it is actually made? First, the best tomatoes are chosen for manufacturing tomato ketchup. Only those dark red in color are _____ of tomatoes brought into the factory. Even the flesh has to be _____. Workers must know how to choose tomatoes which are fleshy because seeds are not used in the production of tomato ketchup.

Q **What can be inferred from the talk?**

(a) Most people prefer tomato ketchup to tomato.
(b) Sorting tomatoes for ketchup is complex.
(c) Tomatoes are staple foods.
(d) Workers _____ good tomatoes.

57 An essential element in joining a grueling contest like "The Amazing Race Asia" is perfect vision. When you need to search for clue boxes in a sea of people, spot route markers _____ , _____ _____ . One contestant _____ _____ . It is _____ _____ glasses or contact lenses.

Q **According to the talk, what is probably "Lasik?"**

(a) A reality show
(b) Contact lenses
(c) The Amazing Race Asia
(d) A way to _____

58 _____ use a very interesting weapon called Temiar blowpipe. It is about two meters long and is _____ . It has _ _____ against the other, so it always _____ . The _____ _____ of wood which is about twenty or twenty-five centimeters long. The dart has _____ and another end is _____ _____ . Most natives are extremely accurate at their aim even when _____ _____ nine to ten meters.

Q **Which is correct according to the report?**

(a) The natives use an unconventional weapon.
(b) The blowpipe is made of a kind of wood.

(c) The dart is made from stone.

(d) The natives like hunting animals.

59 Environmental pollution is not a new issue to us. It began ever since people began to crowd in towns and cities. In ancient Athens, they _____ _____ them just outside the main parts of their cities _____ _____. Meanwhile, the Romans _____ _____, waste and even corpses. These _____ _____ many diseases which _____ much of the population during those times.

Q What can be inferred from this report?

(a) Romans did _____.

(b) Man invented the dumpsite system.

(c) Even in the past people caused environmental pollution.

(d) _____ Romans.

60 One day a stranger came to the King of Hur and said that he could make him live forever. The king ordered one of his subjects to learn the secret from the stranger. However, before this knowledge could be _____ by the king, the stranger died. _____, the king ordered the subject to be killed. He failed to realize that a man who could not prevent his own death could not possibly _____. Not only was _____, he also _____.

Q What is the main idea of the lecture?

(a) _____.

(b) Life is precious.

(c) Wisdom is rare.

(d) Pride is not good.

Part I

1   M   _____ be the next president?

     W   _____

     (a) You guessed it right.

     (b) No, I won't.

     (c) Well, _____.

     (d) I think not.

2   M   He said I could have 50% off. What do you think I should do?

     W   _____

     (a) How much of a discount did you get?

     (b) _____ accept it.

     (c) Did you _____?

     (d) Give me a better price than that.

3   M   Kelly has just joined our company.

     W   _____

     (a) How are you doing?

     (b) I know. _____.

     (c) I'm not sure about it.

     (d) No, _____.

4   M   I am most grateful.

     W   _____

     (a) _____.

     (b) I deserve it.

     (c) Nothing to it.

     (d) _____.

5   M   Do you _____ for what she did?

     W   _____

(a) _____.

(b) I didn't see it coming.

(c) _____, either.

(d) You know the reason.

6   M   _____ at how much I pay as income tax.

     W   _____

(a) I don't think about it.

(b) _____.

(c) That's what I thought.

(d) I _____.

7   M I have a problem and I _____ you could help me with it.

     W   _____

(a) _____.

(b) _____.

(c) Don't get me wrong.

(d) I'm sure she could.

8   M   _____ if I can find out the cause of the problem.

     W   _____

(a) Don't waste your breath.

(b) Sure, _____.

(c) _____.

(d) I was happy to help.

9   M I think the time has _____.

     W   _____

(a) _____.

(b) Then, look at things more carefully.

(c) Yes. _____.

(d) I didn't smoke.

10   M   We'd like to give you this small present to show our gratitude.

W   _____

(a) I didn't demand it.
(b) _____.
(c) Thank you for _____.
(d) I didn't think _____.

11   M   I haven't _____ for eighteen hours today.

W   _____

(a) _____.
(b) That's not a good idea.
(c) _____.
(d) I haven't had time.

12   M   She uses a bike to _____.

W   _____

(a) I didn't know her car broke down.
(b) She must be very healthy.
(c) I heard _____.
(d) Are you sure? _____.

13   M   I think _____, aren't you?

W   _____

(a) I _____.
(b) Yes, it's unavoidable.
(c) Yes, _____.
(d) We don't have _____.

14   M   I _____, right now.

W   _____

(a) I'll appreciate it.
(b) Well, that's too bad.
(c) It's _____ to say so.
(d) You can _____ me.

15 M We've worked so hard, but we still couldn't sell anything.

W _____

(a) I worked on it several days.
(b) _____!
(c) Money is not a problem.
(d) _____!

Part II

16 M Hey, your twins _____!
W Thanks. They are really cute.
M But I think they're a handful.
W _____

(a) Don't worry. It'll work out fine.
(b) Thankfully, they are not.
(c) Thanks, _____.
(d) _____.

17 W Hello, Emil.
M Hi, Mary. _____?
W I have something to tell you.
M _____

(a) _____.
(b) Sure, I'll be back in an hour.
(c) I can _____.
(d) Tell me what it is.

18 M Wow, you really sweat a lot.
W Yes, it's really _____ here.
M I will _____.
W _____

(a) But I don't know how.
(b) _____.

(c) Thanks, I am so tired.

(d) I couldn't help the way you feel.

19 w _____ this evening?

   M I'm going with some of my colleagues to a karaoke place.

   w Really? But you _____ .

   M _____

   (a) I know, but it's a great way to let off steam.

   (b) I think it is around five.

   (c) We'll have a great time.

   (d) You _____ singing.

20 M Can I join you?

   w No, it's a ladies-night only.

   M I guess I'll be by myself then.

   w _____

   (a) _____ . Rent a movie and you'll be fine.

   (b) I want to be alone, too.

   (c) They _____ at 8.

   (d) You should have helped me.

21 w My feet are killing me.

   M Mine, too.

   w _____ .

   w _____

   (a) I really like shopping.

   (b) But we have one more store to hit.

   (c) The store will close _____ .

   (d) Yes, it's been such a lovely day.

22 M _____ on the new job.

   w Thanks! I'm really excited about it!

   M What do you do there?

   w _____

(a) The store will give me a 90% discount!

(b) I really don't know _____.

(c) It's good, I think. _____.

(d) I'll be working in sales.

23 w Can you edit this for me?

M _____ I can't do that.

w Why?

M _____

(a) I'm swamped with all this new contracts.

(b) I'll have it edited later when I get home.

(c) I can't decide _____.

(d) Maybe it's time to change the toner.

24 M _____? You seem upset.

w My wallet was stolen this evening. I think it happened on the bus.

M Oh, _____! Was there a lot of money in it?

w _____

(a) I don't remember where I left it.

(b) No, I went to the Lost and Found and checked it.

(c) It was given to me _____.

(d) Well, _____ my ID and credit cards.

25 w Have you seen Caroline?

M _____.

w Don't give me that! I happen to know that she's looking for a job.

M _____

(a) I'm not sure what she should do next.

(b) Alright. _____.

(c) Yes, but she doesn't want anyone to know.

(d) Yes, _____ here.

26 M What kind of books do you want to read?

W _____.

M Do you read a lot?

W _____

(a) This book _____.
(b) Yes, _____.
(c) Yes, sometimes I read a book.
(d) What's the current bestseller?

27 W _____ we've had today!

M Oh yes, quite wonderful. Which part of it did you like best?

W The visit to the botanical garden. It was simply fantastic.

M _____

(a) It wasn't very interesting.
(b) _____.
(c) Yes, but the animals _____.
(d) You can visit me in the garden anytime.

28 M Do you have the new Madonna CD?

W I'm sorry. _____.

M Are you serious?

W _____

(a) I've never been serious in my life.
(b) Yes. We're still selling it here.
(c) No. _____.
(d) Yes. It's been selling like hotcakes.

29 W May I help you?

M Yes, _____ a white gown for my wife.

W _____?

M _____

(a) How about this one?
(b) I'm sure of her size.
(c) She wears a medium.

(d) _____?

30 W Can you take me to Sun Opera House, please?

M Sure. Are you going to see a musical?

W Yes. But it starts at six. Do you think _____?

M _____

(a) No problem. I have _____ to spare.

(b) I'll get you there in about ten minutes.

(c) I _____.

(d) You're thirty minutes early.

Part III

31 M Hi, _____ this gym lately.

W I know. I just couldn't fit a workout into my hectic schedule.

M _____?

W Great, except for an early-morning Calculus 120 class.

M My friend David _____, too. Have you met him?

W Sure. He has about as much hate for the course as I do!

Q **What are the speakers talking about?**

(a) The man's classmate

(b) The man's math class

(c) The woman's school life

(d) The woman's workout

32 W What do you like to do _____?

M I like to play baseball. I was a pitcher in high school.

W Wow, you're _____. I like reading, photography, and computers.

M I don't know much about computers. _____

W Really? But you can't get on the Internet with that!

M That's right. I go to the library to read my email.

w Well, I know what you need _____.

Q **What can be inferred from the conversation?**

(a) The woman will buy the man a sports equipment for his birthday.

(b) The man wants to have a computer at home.

(c) The man doesn't know how to _____.

(d) The man will get a computer for his birthday.

33 m Excuse me, _____?

w No. Let me move my bag.

m Thanks. Are you new here?

w Yes, I just moved in last week.

m Oh, I hope you'll like here. Well, _____. By the way, my name's Joe.

w I'm Tina. Nice meeting you, Joe.

m OK. I'll probably see you around. Bye, Tina.

Q **What can be inferred from the conversation?**

(a) This conversation _____ at the bus stop.

(b) The man and the woman haven't met before.

(c) _____ since the woman moved in.

(d) The man doesn't want the woman to sit beside him.

34 w Hi, I'm calling about your trip.

m Yeah, I think I'm all set. _____?

w Last Wednesday we met those folks from KLZ Infoline, remember?

m Yes, of course. We have a lunch meeting with them, right?

w That's correct. You've got to impress them because I think _____ _____. Bend over backwards if you have to.

m Yes, _____. Was there anything else?

w Give Mr. Chang my regards.

m Sure. See you when I return.

Q **What is the woman's suggestion?**

(a) Try hard to close the deal.

(b) Learn to be more flexible in terms.

(c) Be a clever businessman.

(d) _____ .

35 M Today my mother _____ .

 w Why ?

 M _____ . She forgets that I'm not a child any longer.

 w How did you make her so angry?

 M Well, I've been away from home for the past three weeks and _____

 _____ . But I never imagined she'd do something like that.

 w Well, _____ ?

 Q **What is the man complaining about?**

(a) His mother _____ for bad behavior.

(b) His mother doesn't like him.

(c) His mother threw his things out of the house.

(d) His mother is violent.

36 w May I help you?

 M Yes, do you have the movie titled *Spiderman 3*?

 w Yes, we do.

 M Good. _____ ?

 w For two nights, if you are a member.

 M By the way, how much is the late fee?

 w _____ .

 Q **What is the conversation about?**

(a) Making a membership card.

(b) _____ .

(c) Returning a DVD.

(d) Paying the late fee.

37
   M You've got mail. Is it good?

   W Yes, it's very good news in a way.

   M _____.

   W It's from my brother. He tells me that there's a very nice job for me in Denmark.

   M Wow! Cool! So, are you going?

   W I'm in a quandary. I'm deep in debt and _____. But I'm desperate to go because I get paid low here.

   M That's a real problem.

Q **Which is correct about the woman according to the conversation?**

(a) She wants to leave because _____.

(b) Her house is the only thing she owns, so she wants to stay.

(c) She has decided to go to Denmark.

(d) She wants to go to Denmark _____.

38
   M _____.

   W What's the matter?

   M I'm having problems with my car again and don't have the time or the money to get it running right.

   W That bad, huh?

   M Yes, it used to overheat while idling or _____. And now it just refuses to start!

   W Did you get someone to look at the car?

   M Sure, but I couldn't leave it at the mechanic's for repairs _____ _____.

   W I guess you have to use the subway for the time being.

Q **What will the man do next?**

(a) Decide on whether to get his car fixed

(b) Take a day off to bring his car to a mechanic

(c) _____

(d) Pay for the car's repair with his savings

39

W Have you got anything planned for tonight?

M No, why?

W I had a favor to ask of you.

M Sure, _____?

W Our homework's due tomorrow and I've got a lot to finish. Could you help me with it if I come over now?

M Of course. I haven't completed it myself, either. I'm sure with you around, ____ _____.

Q **What are the man and woman going to do?**

(a) They are going to do their assignments together.

(b) _____.

(c) They are going to help their friend's homework.

(d) They are going to meet tomorrow.

40

M Hi. I'd like to buy a ticket to Denver, please.

W _____, sir?

M Well, tomorrow morning _____. I've got to see a client and appear for the legal battle at noon.

W There's a bus every thirty minutes starting at 5:30 a.m.

M Then, _____.

W OK. Here it is. Have a nice trip tomorrow, sir.

Q **Which is correct according to the conversation?**

(a) The man's job is court clerk.

(b) It takes 30 minutes to go to the man's destination.

(c) The man will _____.

(d) If the man misses the first bus, he should wait 30 minutes.

41

W Dr. Smith, can I speak to you for a minute, please?

M Of course, Carol. What is it?

W I'd like to choose another topic for my paper. I was going to write on Germ Theory as you know, but _____.

M _____. You were so excited about the pictures of the microbes you came across on the Internet yesterday.

w Yes, it's just that this morning I met my friend's uncle who is a famous scientist. Could I write about him instead?

m Sure, go ahead. _____.

Q What is the most probable relationship between the speakers?

(a) Doctor and Patient

(b) Professor and Student

(c) Director and Intern

(d) Editor and Writer

42 m _____? I just need them for a day.

w I'm sorry, but I was planning to review them today. Why don't you photocopy them at the library?

m That's a great idea, thanks! I think I'll do that.

w You're welcome. But tell me, _____. So why did you want my notes?

m I work at a store _____ and come to school directly from there. I'm really tired by the time I get to class.

w I understand!

Q What can be inferred according to the conversation?

(a) The man skips classes to work in the morning.

(b) The woman _____.

(c) The man's job gets in the way of his classes.

(d) The man is too exhausted to take down notes in class.

43 w Excuse me. Do you need some help?

m Well… yeah… I guess so. I'm trying to get to Station 1, but I'm afraid I can't make heads or tails of this ticket machine.

w _____ that says "Station 1" and put in a dollar and fifty cents.

m OK. Like this?

w Yes, that's right. The train you want will leave from platform 3 at eight o'clock. _____.

m Thanks. _____.

Q **What is the man complaining about?**

(a) He doesn't have the correct change.
(b) He's afraid of the machine.
(c) He's not sure how to operate the machine.
(d) He's not sure _____ .

44 M Why are you taking that eight o'clock science class?

W _____ I can take 202. If I could take it later, I would.

M I understand. My schedule's the same way.

W But next semester, I think I'll be able to take Science 203 in the afternoon.

M _____ , too.

W Why? Aren't you a morning person?

M Oh, no, especially _____ .

Q **What can be inferred from the conversation?**

(a) They have the same sleeping habits.
(b) Both of them like science.
(c) They have the same class.
(d) Both of them are always late.

45 M Hi, my name's Saul. I remember you from the Technology For the Masses seminar last week.

W The TFM?

M Yes, _____·_____ because I came in a little late. _____
_____ .

W I see. I'm Hilda. By the way, you're uh… it's… "Paul," isn't it?

M No, the name's "Saul," with an "S."

W I'm so sorry. I was up till 3 a.m. last night.

M Not to worry. I'm used to people calling me "Paul" _____ .

Q **Why does the woman apologize?**

(a) She didn't sleep well the night before.
(b) She didn't recognize the man from the seminar.
(c) She is _____ .
(d) She didn't say the man's name correctly.

46   Heart ailment, cancer, stroke and diabetes are _____ .
Millions of untimely deaths all over the globe per year are due to "stationary"
living. Studies show that approximately 10 percent _____ in developed
nations are _____ inactivity or sluggishness, while around 23 percent are
_____ .

Q What is the main topic of the talk?

(a) Principal causes of death

(b) Principal diseases and man's death

(c) Percentage of man dying of major illnesses

(d) _____

47   You can find workaholics anywhere - in the workplace, at home or even on the
street. _____ to work hard and for very long
hours, whatever the circumstances might be. But your life doesn't have to be
a mess because of those lengthy working hours. There are proven methods to
spend time _____ , whether in or out of the
office.

Q What is the speaker's main point?

(a) People should not be workaholics.

(b) There are practical ways to _____ .

(c) Some people are obliged and even thrilled to spend time at work rather than
socialize.

(d) Working long hours _____ in the office and out.

48   Yesterday, I discussed theories _____
_____. The most credible of them appears to be the "Single Source" theory, which
states that a single ball of planetary material gave rise to both bodies. Then, __
_____, the earth cooled and its surface features came into being. _____
_____, we also saw how there was just this one big continent called
Pangaea in the beginning. Continuing with that topic, we'll now watch a short film
on Pangaea. I will then go on to the basalt flows that _____ in our
oceans.

Q What is the lecture about?

(a) Biology
(b) Geology
(c) Astronomy
(d) Oceanography

49   When you hear a tourist communicate _____, the lure is to
instantly interpret it into you own language. It becomes more enticing especially
so when you listen to a spoken word that you do not comprehend. _____
_____, considering that we only wish to understand what is being
discussed. But a problem occurs _____
_____ because your focal point is now the translation process going on in your
mind, so the center of your attention is veered away from the speaker.

Q What is the main idea of the talk?

(a) Understand the main ideas first, _____.
(b) The secret to conversing effectively is to become a good listener.
(c) An obstacle is formed between yourself and the speaker the moment you start
to translate.
(d) _____.

50 _____, even a telescope could not locate a single planet which is so small and many light years away. Fortunately, _____ and more modern instruments and efficient telescopes were installed in space. _____ _____, the planet that astronomers were finding hard to locate became a reality.

Q What is the speaker's main idea?

(a) People call this age the age of technology.
(b) Telescopes _____.
(c) _____, astronomers can find more planets.
(d) It is difficult to get evidence.

51 Caleb Johnson _____ in a crucial league match last Thursday and could not return to prevent a 98 to 76 loss for the Michigan Masters against the Detroit Devils. Johnson _____ for the rest of the week and __ _____ for the Saturday outing against the Cleveland Coyotes. He was fouled by Detroit center Ali Bacher towards the end of the first half and seemed in pain even _____. Johnson had 12 points and four assists in the game and was a valuable player for the Masters in his quarterfinal match.

Q Which is correct according to the sports report?

(a) Johnson is good at free throws.
(b) The Detroit Devils _____ the Michigan Masters.
(c) Johnson left an important game due to a defeat.
(d) Johnson _____ for the next game.

52 Starting off as a news anchor in Nashville and Baltimore, Oprah Winfrey _____ _____ a Chicago Morning Talk Show in 1984. The television show was renamed after her to honor her growing popularity. It also created syndication history in 1986. Oprah's name is _____ _____ in America. Yet she remains very accessible. She openly discusses her problems with weight control and _____. Further, she is known for her committed philanthropic efforts through which she makes _____ the community.

Q Which of the following is the speaker's main point about Oprah?

(a) She is a simple woman with a powerful position in the entertainment world.

(b) She is _____ not only in media, but also in society in general.

(c) She has captured the hearts of millions because of her nearly perfect career.

(d) She is _____ who dedicates her life to the entertainment industry.

53 Even in this age of advanced communication options, Filipinos _____ _____ their loved ones the old-fashioned way through letters. According to the Philippine Postal Corporation or Philpost, letter carriers or "karteros" are among the most popular and _____ in Filipino communities because they bring letters from loved ones abroad. Postal employees deliver an average of one million letters _____ within the Philippines. These carry not just news of relatives and friends, but also photographs and even cash.

Q Which is correct according to the report?

(a) Filipinos still _____.

(b) Letter sending is more convenient even for those who have access to modern technology.

(c) The Philpost handles more mail _____ for Filipinos.

(d) Technological advances do not hamper Filipinos from sending letters.

54 Robert Capa is a name that has for many years been synonymous with war photography. Born in 1913 as Friedmann Endre Erno, Capa was forced to leave his native country _____. Capa had originally wanted to become a writer, but after his arrival in Berlin had first worked as a photographer. He later left Germany and moved to France due to the rise in Nazism. He tried to find work _____ and it was here that he changed his name to Robert Capa, mainly because he thought _____ _____.

Q Which is correct according to the talk?

(a) As a photographer, Capa changed his name to sound more American.
(b) Photography was not what Capa was interested in at first.
(c) Capa had to leave Germany to pursue his love for photography.
(d) Capa's involvement in protests forced him to leave France.

55 The Weather Bureau predicts _____ in the eastern parts of the Carolinas, southern Georgia and Florida tomorrow _____ moving southwards. As this front weakens further, the far south of Texas ____ _____. Dry weather is indicated for the rest of the region from Texas to the Appalachians. _____ between the 40s in some areas of northern Tennessee to the 80s in south Florida.

Q Which is correct according to the weather forecast?

(a) Rain and snow showers will scurry over the region.
(b) A cold front will _____.
(c) _____ Florida.
(d) A weak cold front may bring a few rain showers to far southern Texas.

56 _____, cold viruses are not spread by going out in the chilly weather without a sweater or a hat, or with hair still dripping wet. While it's true that _____ _____ during winter, they are more easily transmitted when people are closely and collectively gathered inside one roof. You can have a cold or flu without being sneezed on; the virus _____ just by touching almost any surface. A virus _____ in just about any area like your hands, the telephone, door handle or drinking glass.

Q **Which is correct according to the report?**

(a) Cold viruses have a short life.

(b) _____ .

(c) Cold viruses can be spread more easily _____ .

(d) When you sneeze, it means you catch a cold.

57 When the Titanic was ready to set sail in 1912, her proud owners were confident that _____ . Everyone connected with this mighty liner, from the builders to the crew and passengers, was certain that she was the safest and finest ship ever made. At 269 meters, she stood taller than some of the biggest buildings of the time. The Titanic _____ and luxury and showcased the technological advances of the age _____ _____ . It was thought that _____ she were letting in water, she had the capacity to stay afloat indefinitely until help came along. However, on April 14, 1912, she sank with 1,517 people _____ .

Q **What is the lesson from the talk?**

(a) Make hay while the sun shines.

(b) After death, the doctor.

(c) _____ .

(d) Don't be conceited.

58 John Adams, who went on to become the second U.S. president, _____ _____ in an early courtship letter to his future wife Abigail, where he called her "Miss Adorable." When she died 56 years later, he wrote to his son that ___ _____ and that "death has no sting left for me." The amazing bond shared by _____ was revealed through the 1,100 letters written _____ together. 289 of these are included in the book "My Dearest Friend."

Q **What is the title of the talk?**

(a) The family and love

(b) _____

(c) Death and love

(d) John Adams, _____

59   A fascinating program _____ in two days at 8 p.m. on Channel 20. Its subject will be Austrian psychoanalyst Sigmund Freud. Everything in the program is illustrated with great computer animation that _____

_____. One thing I like about it is that Freud's controversial ideas are shown _____, for the narrative is fair and balanced, as well as scholarly. There are no "Freud lovers" or "Freud bashers" here. You should really make an effort to watch this show.

Q Which best summarizes the speaker's attitude toward the program?

(a) It is understandable and _____.

(b) It is controversial but enlightening.

(c) _____.

(d) It is satisfactory and explanatory.

60 _____ ; it's the most silent sounds that affect us. At midnight, I lie awake _____ at a very far distance through thick, concrete walls. And for forty-three years in our house in the province, I've been hearing tiny, squeaking clatters and thuds _____ which my rather vivid mind interprets into foot movements of someone close-by walking around the house. Why is it that _____ during the day?

Q What can be inferred from the talk?

(a) Loud noise can be heard from a distance.
(b) People _____ to silent sound than loud noise.
(c) Sound volume has to do with one's mental state.
(d) _____ during the day than night.

1 M Have you seen Dr. Brown _____?

W _____

(a) Yes, I think it was brown.

(b) _____.

(c) Yes, he was here _____.

(d) Let me introduce you to him.

2 M _____?

W _____

(a) The traffic is terrible.

(b) Tell me about it. _____.

(c) I know _____.

(d) They are holding a party tonight.

3 M I _____. Why?

W _____

(a) I had no time to talk with you.

(b) I will let you know _____.

(c) Do not _____.

(d) I had to take care of my little brother.

4 M I heard you were here yesterday when Mrs. Smith _____.
Is it true?

W _____

(a) My innocence will be proven.

(b) No, _____.

(c) Sure, let's inspect it.

(d) Maybe, but I arrived early.

5 M Who's that over there in pink?

W _____

(a) _____.

(b) I'll check with her.

(c) She likes _____ dresses.

(d) She is pretty and slim.

6 M Would you _____?

W _____

(a) Sure, _____.

(b) Sure, I'll do it.

(c) Sure, if I can.

(d) Sure, _____.

7 M Are you the new secretary here?

W _____

(a) I am sorry, _____.

(b) _____.

(c) Yes, I'm Ms. Miller.

(d) I'm new here.

8 M _____. What's wrong?

W _____

(a) Try to look again.

(b) _____.

(c) Good, I'm very hungry.

(d) _____.

9 M How should I address you?

W _____

(a) _____ Dr. Jones.

(b) It's on 96 Gilmore Street.

(c) Here's my address.

(d) _____.

10   **M** How's everyone getting along?

    W _____

    (a) _____.
    (b) They are all very well.
    (c) I've _____.
    (d) Sure, there you go.

11   **M** _____ from Sally?

    W _____

    (a) Sally is doing well.
    (b) Just last year.
    (c) I haven't heard from her _____.
    (d) I heard she moved to Italy.

12   **M** _____ these days?

    W _____

    (a) I have a meeting with my boss.
    (b) I am going _____.
    (c) I am enrolled in a graduate course.
    (d) _____.

13   **M** _____ ?

    W _____

    (a) I'm _____ the grocery.
    (b) I'm a stranger here, too.
    (c) You must know about it.
    (d) I think _____.

14   **M** Don't I know you from somewhere?

    W _____

    (a) Oh, I know the place.
    (b) I'm not sure.
    (c) _____ ?
    (d) _____ ?

15 M Are you ready to go?

  W _____

(a) I think _____.

(b) Give me a minute and I'll be ready.

(c) _____.

(d) I'll meet you at the station.

Part II

16 M I really must go.

  W Alright, then. _____ your family.

  M Sure. And _____.

  W _____ _____

(a) Don't make too much of it.

(b) Oh. You shouldn't do this.

(c) _____?

(d) I'm sorry about it.

17 M Thanks for your help.

  W You are very much welcome.

  M I hope _____.

  W _____

(a) Thank you. It would be very helpful.

(b) _____?

(c) When will you return?

(d) Sure. If I can.

18 M This is for you. I hope you like it.

  W Oh, thank you so much. You remembered.

  M _____. It's not much, though.

  W _____

(a) _____ anyway.

(b) Thank you for being honest.

(c) It's my birthday anyway.

(d) _____!

19 **W** I'm afraid I won't get a scholarship.

M _____?

W It's been three months and I haven't heard from the scholarship committee yet.

M _____

(a) Wait a little longer. _____.

(b) Just go to their office and present your credentials.

(c) _____, you'll lose your chance.

(d) I wouldn't miss it for the world.

20 **W** Can't the car go any faster?

M Loosen up. We'll get there _____.

W _____ for the meeting.

M _____

(a) Trust me. You won't.

(b) I _____.

(c) _____.

(d) This is going to be the last chance.

21 **M** I'm pretty sure I left the files here on your table.

W But, _____?

M We are in big trouble once the boss finds out.

W _____

(a) I'm sorry I left the files on your table.

(b) _____ if you put them in the file cabinet.

(c) It won't happen again.

(d) Let's _____.

22 **M** It's been chilly lately and my back has been hurting more often.

W _____ visit Dr. Anderson's clinic?

M _____, but I haven't got much time.

w _____

(a) I'll _____.

(b) That's why I set the alarm.

(c) You _____.

(d) That's all right. It will go away soon.

23 **M** The atmosphere is unusually happy here today. Don't you think so?

W _____. Bob, you got the promotion!

M Wow! _____?

W _____

(a) Yes, and you definitely deserve it.

(b) _____.

(c) Yes, it just goes to show that winners never quit.

(d) Are you serious?

24 **M** I think one beer is enough for me.

W So, _____. I'll get the bill.

M No, no. _____.

W _____

(a) OK. _____ next time.

(b) Why don't you stop?

(c) _____, please.

(d) You should think first before doing such.

25 **M** I heard you are going to _____ 3 months from now.

W Yes, I was going to _____, but I thought it's too early.

M So, who's the lucky guy?

W _____

(a) I don't think he's that lucky.

(b) He's a classmate from college.

(c) He is _____.

(d) He is from America.

26　M　Great job, Ms. Grey. I read your project proposal. _____ .

　　　W　Thank you. I'm really flattered.

　　　M　_____ .

　　　W　_____

　　　(a) Yes. I think it was really good.

　　　(b) I think so.

　　　(c) Yes. I will.

　　　(d) I hope _____ .

27　W　What's that loud noise _____ ?

　　　M　Your son must be up to something again.

　　　W　_____ ?

　　　M　_____

　　　(a) It must be him.

　　　(b) We had better call the police.

　　　(c) We might as well go and check.

　　　(d) _____ .

28　M　What do you think about this hat?

　　　W　I think _____ , but I think brown isn't really your color.

　　　M　So, what do you suggest?

　　　W　_____

　　　(a) I suggest you go home and think about it.

　　　(b) How about the black one over there?

　　　(c) _____ ?

　　　(d) I don't mind, though.

29　M　_____ ? I think I deserve it just as the others.

　　　W　Well, have you tried talking to Mr. Lawrence?

　　　M　Not yet.

　　　W　_____

　　　(a) _____ .

　　　(b) We shouldn't interrupt him at work.

　　　(c) _____ .

(d) I'm sick and tired of it.

30   M   What will you give Emma for her birthday?

        W   I got her a blow-dryer. How about you?

        M   _____. I don't know what she likes. Help me, please.

        W   _____

(a) Alright, but _____.

(b) I also _____.

(c) Thanks for the suggestion.

(d) _____, let's go to the mall after work.

Part III

31   W   Go ahead. _____.

        M   I surely will.

        W   How about trying this one first?

        M   I _____.

        W   It won't hurt if you try. Come on, have some.

        M   Yuck! How can you eat that? It's revolting.

        W   Not really, _____.

        Q   **What is the woman doing in the conversation?**

(a) Persuading the man to _____

(b) Refusing to eat certain foods

(c) Enjoying the food the man doesn't like

(d) _____

32   M   I don't think Miss Korea _____.

        W   Don't say that. She's as pretty as the other candidates.

        M   But _____, she's not blessed with height.

        W   But she's really talented. Did you see her dance?

        M   Yes, _____, but this contest isn't just about talent.

        W   Well, let's wait and see.

Q What can be inferred from the conversation?

(a) The man hates Miss Korea.

(b) The woman thinks Miss Korea is going to win.

(c) _____ .

(d) They both like to dance.

33 w Basing from the way it looks, _____ .

M You don't have the slightest idea.

w So, _____ ?

M The doctor said around two weeks.

w Two weeks isn't short.

M _____ here.

w You said it.

Q What is the topic of the conversation?

(a) _____

(b) The man's operation

(c) The woman's doctor

(d) The woman's injury

34 M _____ , but I'm beat.

w That is so typical of you.

M _____ at work.

w You always say that.

M _____ .

w I'm trying to, but the truth is you really don't have time for me.

M _____ .

w It doesn't seem so to me.

Q Why is the woman complaining to the man?

(a) The man doesn't understand the woman.

(b) The man went out with another woman.

(c) _____ .

(d) The man doesn't have time for the woman.

35

M _____?

W It was difficult, but I aced it.

M You did it again.

W _____.

M But, I'm not.

W I'm just lucky this time.

M I think you're a real genius.

W Not really. It just pays well _____.

Q What can be inferred about the woman from the conversation?

(a) She has _____.

(b) She studies hard.

(c) She always has a good fortune.

(d) She _____ on books.

36

M May I take your order, ma'am?

W I'll have a T-bone steak and a salad.

M _____?

W Ranch, please.

M How do you want your steak?

W Medium rare.

M _____?

W I wish I could have a Merlot but I don't have a driver.

Q What can be inferred from the conversation?

(a) The woman doesn't want to _____

(b) The woman wished she didn't have to drive herself to the restaurant.

(c) The woman can't drink because she has to drive.

(d) The woman wants a Merlot but it's unavailable.

37   w _____ for the event?

   m Quite good, actually I'm even scared because e_____

   _____.

   w Have you been going through the check list several times?

   m Yes, I've done it _____ not to make a mistake like last year.

   w _____. If everything goes bad this will be the end of my
   career. I'll need to prove to the others that last year's incident was an accident.

   m Right! And just count on me. _____.

   w Well, _____ until the whole thing ends.

   Q What are the man and the woman doing in the conversation?

   (a) They are making an inventory of the supplies.

   (b) _____ every item on the list.

   (c) They are ensuring everything for the event is organized.

   (d) They are detailing the accident to the supervisor.

38   m How long have we been here?

   w A couple of hours.

   m So, have you decided on _____?

   w It's really hard to decide.

   m Why don't you take this model?

   w Actually, _____.

   m More so than I thought.

   Q Which is correct according to the conversation?

   (a) The man and woman are couple.

   (b) _____ for a long time.

   (c) The man thinks the car is not that expensive.

   (d) The man and woman think _____.

39   m So, how's the new head of finance?

   w _____.

   m He looks OK to me.

   w You should not be fooled by appearances.

   m Have you met him _____?

w Not yet. But I don't think I'm going to like him.

M _____

Q What are the man and woman talking about?

(a) Appearance

(b) Newcomer

(c) Rumor

(d) Finance

40 w What do we have in the fridge?

M _____.

w I'd better go there and see for myself.

M If you don't mind, I'd like a glass of cold orange juice.

w _____?

M Check the date first.

w OK. Sure.

Q What does the woman agree to do?

(a) Check whether the orange juice is in the fridge.

(b) Go to the fridge and check what is in it.

(c) Confirm whether the orange juice has expired.

(d) _____.

41 M It seems as though James _____.

w For sure.

M I think he needs professional help.

w Are you saying that he has hypochondria?

M _____.

M What happened to him?

w I guess _____.

M Now I understand.

Q What can be said about James?

(a) He has a problem in mental health.

(b) He is too tired to work.

(c) _____.

(d) He's not cut out for the job anymore.

42   M   How did you like the movie?

    W   It was great.

    M   Don't you think _____?

    W   No, I was so moved by the performances.

    M   _____.

    W   It seems to me like you didn't enjoy the movie.

    M   Well, _____.

Q   **What does the man think about the movie?**

(a) He thinks the movie is better than the others.

(b) _____.

(c) He thinks the same as the woman.

(d) He wants to watch it again.

43   M   Where are all the Taxis when you need one?

    W   _____ we will arrive late.

    M   How far are we from your office?

    W   _____.

    M   It's just a stone's throw away from here. _____?

    W   Are you kidding? I said I would be late.

Q   **Which is correct according to the conversation?**

(a) _____ the woman.

(b) The man's legs are strong.

(c) The woman is expected to go to her office on foot.

(d) The woman's office _____.

44   M   _____ today.

    W   Thanks for noticing.

    M   What's up?

    W   _____.

    M   I was just being kind.

w Will you please go find someone else to talk to?

m What's with all the grumpiness?

w I'm sorry. _____.

Q What is the woman most likely doing?

(a) Complaining to the man

(b) Planning today's schedule

(c) Angering at the man

(d) Soothing the man

45 m I think _____.

w Your voice tells me so.

m And _____.

w You had better stay home for today.

m _____.

w Get some sleep and never come out until you feel well.

m Why do you want to lock me up in my room?

w Because just looking at you makes me feel a bit _____.

Q Which is correct according to the conversation?

(a) The woman hopes the weather is fine.

(b) The woman wants the man _____.

(c) The man wants to stay home.

(d) The woman wants to go out.

Part IV

46 Starting August 1st, all newly-hired staff members _____ a probationary period of 2 months. All benefits, excluding allowances, will apply to new employees only after the full 2 months have expired. Please _____ _____ that their probationary period has ended after the 2 months have been completed. The HR department will _____ to remind you of the date. _____.

Q **Who is this announcement for?**

(a) _____

(b) For all department heads

(c) For the vice-president

(d) For all employees

47 When a large star collapses inward _____, some astronomers believe that _____. This total gravitational collapse of matter in space creates these regions _____. And their gravitational pull is so intense that _____.

Q **What is this lecture about?**

(a) Black holes

(b) Astronomy

(c) Gravitational pull

(d) A star's birth

48 Endemic to New Zealand, a kiwi is a small flightless bird _____ _____. These shy and nocturnal birds are by far the smallest living ratites and _____ in the world. The kiwi is also a national symbol of New Zealand. However, _____ an edible fruit native to southern China and the New Zealanders themselves.

Q **Which is correct about the bird, kiwi?**

(a) _____.

(b) They are the smallest bird in New Zealand.

(c) The name is also used to call a certain fruit.

(d) They are also present in China.

49 (3.5G +v/2) / 4(H20)3+3 = M, _____ that intrigued various chemists, _____, _____ and scientists. In the early 1970s, Parker launched an ad campaign of hand using a parker pen to write the formula _____. No one could figure out the formula was a recipe for a Martini: 3.5 shots of gin and half a shot of vermouth over 4 parts H2O3(water cubed = ice), finished off with three stirs (the 3×360°). _____, the campaign got one very critical letter asking "Whoever heard of a martini without an olive?"

Q What is the topic of the talk?

(a) A mathematical formula
(b) A unique advertisement
(c) A recipe for a Martini
(d) The popularity of parker pens

50 _____ of Aaliyah or the tragic circumstances of her demise. On the fateful day of August 25, 2001, the hit singer and a few of her record company colleagues _____ the Bahamas, having completed the filming of the video for "Rock the Boat." The aircraft, headed for Opa-locka near Miami, never made it. It crashed 200 meters from the runway, _____. All onboard, including the pilot and eight passengers, _____. The coroner's report from the Bahamas, _____, stated that Aaliyah suffered "severe burns and head trauma" _____.

Q What is the news report about?

(a) Plane drop
(b) Hijacking
(c) Airplane collision
(d) Air trip

51 In linguistics, the Sumerian language _____ a language isolate because _____ no known language family. Numerous attempts have been made to _____ Sumerian _____, but they all failed. The Sumerians invented picture-hieroglyphs that developed into cuneiform, and their language vies with Ancient Egyptian _____

_____. An extremely large body of hundreds of thousands of texts in the Sumerian language has survived and the great majority of these are on clay tablets.

Q What is the main topic of the lecture?

(a) Analysis of Sumerian language
(b) Sumerian culture
(c) Sumerians versus Egyptians
(d) The oldest written human language

52 Korean dance has its origins _____ from thousands of years ago. Gradually, through continuing patronage, particularly during the reign of the Goryeo and Joseon dynasties, _____ being a modest performance __ a highly stylized and refined art form. The Fan Dance best illustrates this rise to sophistication. _____ the simple nature rites of shamans and has grown to become _____ .

Q What is the main idea of the report?

(a) Korean dance plays a very important role in today's society.
(b) Many people like Korean dance.
(c) Korean dance has a very long history.
(d) Korean dance _____ .

53 _____ . But it is, not a prerequisite for developing a high level of talent as a musician or composer. Musicians do not see eye to eye _____ _____ the overall value and relevance of absolute pitch ability to musical experience. _____ determine whether famous composers and musicians had absolute pitch or not because of the uncertainty in the historical records and _____ . Since absolute pitch is rare in European musical culture, claims that any particular musician possessed it cannot be right away accepted, _____ .

Q What is the talk about?

(a) People with absolute pitch
(b) How to acquire absolute pitch
(c) The value of absolute pitch
(d) _____

54 Rachel Ray reflects her Italian and Cajun roots _____ that she teaches. These recipes, she claims are possible to be perfected _____ _____. She also states that measuring "takes away from the creative, hands-on process of cooking" and _____ such as "half a palmful and eyeball." According to her, _____ is the use of garlic and chicken.

Q What is the occupation of Rachel Ray?

(a) A cook
(b) A teacher
(c) An artist
(d) A businesswoman

55 _____ soma that was brought up in the Vedas as a sacred intoxicating hallucinogen _____ cannabis. _____ in a ritual brazier at an ancient burial site in Romania, charred cannabis seeds were found. This is an indication that the inhalation of cannabis smoke has been present _____ the Neolithic age. The most famous users of cannabis were the ancient Hindus of India and Nepal, and the Hashshashins of Syria of the present day.

Q What is the talk about?

(a) The use of cannabis
(b) The history of cannabis
(c) People who use cannabis
(d) Marijuana addiction

56 According to the British Medical Association, _____ the definition of binge drinking. The Journal of Studies on Alcohol on the other hand defines binge drinking _____, typically at least two days, during the time a person repeatedly becomes intoxicated and gives up usual activities and obligations _____. Binge drinking was often used to refer to in the past as an extended period of time, _____, during which a person repeatedly drank to intoxication, _____.

Q What is the main idea of the report?

(a) Binge drinking is dangerous.
(b) Binge drinking is popular in England.
(c) _____ of binge drinking yet.
(d) There are many institutions studying binge drinking.

57 Steve Jobs, in an executive conference in April 2003, _____ that tablet PCs and traditional PDAs _____ as high-demand markets for Apple to enter. _____ having Apple work on tablet PCs. The Apple CEO's initiation that Apple engineers investigate touch-screens gave birth to the genesis of iPhone. Steve Jobs did believe that mobile phones were going to become important devices _____.

Q Which is correct according to the report?

(a) PDAs are hot items.
(b) Steve Jobs invented iPhone for himself.
(c) Apple _____ in 2003.
(d) Touch-screens led to iPhones in the end.

58 The planet Pluto _____ a suggestion by an eleven-year-old English school girl, Venetia Burney. _____ came from her interest in classical mythology and astronomy. As an alternate name for Hades or the Roman god of the underworld, Pluto _____ for the planet that was considered cold, dark and lonely. Venetia first suggested it to her grandfather Falconer Madan _____. Madan, who had been librarian at Oxford University's Bodleian Library, communicated the name to Professor Herbert Hall Turner, who _____ scientists in America.

Q What can be inferred from the talk?

(a) It is difficult to give a name.
(b) Interest gives birth to surprising outcome.
(c) Effort is the key to success.
(d) Children have _____.

59 The American serial "Friends" is an Emmy Award-winning show telling the story of _____ Manhattan, New York City. _____ David Crane and Marta Kauffman, and _____ by Kauffman and Kevin S. Bright, it was first broadcast for ten years between 1994 and 2004. _____

_____ in over one hundred countries and its syndicated episodes are _____ .

Q What is the talk about?

(a) The sitcom entitled "Friends"
(b) The producers of "Friends"
(c) The award "Friends" won
(d) The stars of "Friends"

60 The first storehouses for ice _____ Mesopotamia, alongside the Euphrates River. _____ to make cold foods several thousand years ago. The pharaohs of Egypt are known to have had it shipped to them. Snow cones with honey and fruits _____ in the marketplaces of ancient Athens as far back as the 5th century B.C. The Roman emperor Nero got ice from the mountains and ate it with fruit toppings. _____

_____ over the storage of ice, the Persians are said to have enjoyed ice delicacies in the hot summer. It is possible that the ice creams we enjoy today

_____ .

Q Which is correct according to the talk?

(a) The first storehouses for ice existed in Egypt.
(b) The pharaohs of Egypt ate ice with fruit toppings.
(c) Ice cream _____ Rome.
(d) Persians could store ice in summer.

How to TEPS

영역별 끝내기

청해

더 이상의 영역별 텝스 모의고사는 없다!

대한민국 TEPS 청해 모의고사 No.1

국내 최다 실전 문제 수록

풍부한 최신 출제 경향 반영

대한민국 명강사가 소개하는 문제풀이 핵심 비법

독해 · 청해

기출문제집 1 · 2 | 서울대학교 TEPS관리위원회 문제 제공 | 272쪽 | 18,000원
기출문제집 3 | 서울대학교 TEPS관리위원회 문제 제공 | 272쪽 | 19,000원
NEXUS TEPS 기출 800 | 서울대학교 TEPS관리위원회 문제 제공 · 문덕 해설 | 580쪽 | 25,000원
서울대 텝스 관리위원회 최신기출 스피킹 · 라이팅 | 서울대학교 TEPS관리위원회 문제 제공 · 유경하 해설 | 340쪽 | 28,000원

How to TEPS 독해력 중급편 | 장우리 지음 | 360쪽 | 16,000원
How to TEPS 독해력 고난도편 | 넥서스 TEPS연구소 지음 | 324쪽 | 16,000원
How to TEPS 청해력 중급편 | 양준희 지음 | 276쪽 | 18,000원

어휘

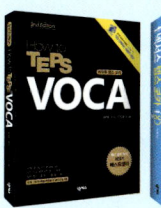  

How to TEPS 실전력 500 · 600 · 700 · 800 · 900 | 넥서스 TEPS연구소 지음 | 308쪽 | 실전력 500~800: 16,500원, 실전력 900: 18,000원
서울대 텝스 관리위원회 속성 실전테스트 | 서울대학교 TEPS관리위원회 문제 제공 | 164쪽 | 9,800원

How to TEPS VOCA 2nd Edition | 김무룡 · 넥서스 TEPS연구소 지음 | 320쪽 | 12,800원
How to TEPS 넥서스 텝스 보카 | 이기헌 지음 | 536쪽 | 15,000원
How to TEPS 어휘력 입문편 | 고명희 · 넥서스 TEPS연구소 지음 | 304쪽 | 15,000원
How to TEPS 어휘력 고난도편 | 김무룡 · 넥서스 TEPS연구소 지음 | 296쪽 | 16,500원

 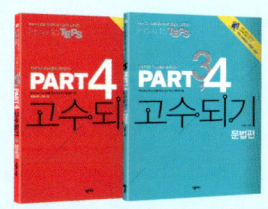

고급 (800점 이상)

How to TEPS 시크릿 청해편 · 독해편 | 유니스 정(청해), 정성수(독해) 지음 | 청해: 22,500원, 독해: 14,500원
How to TEPS Part 4 고수되기 청해편, How to TEPS Part 3, 4 고수되기 문법편 | 이성희(Part 4 청해편), 전종심(Part 3,4 문법편) 지음 | 청해: 9,500원, 문법: 9,500원

How to TEPS 실전 800 청해편 · 문법편 · 어휘편 · 독해편 | 강소영 · 서인석(청해), 김태희(문법), 넥서스 TEPS연구소(어휘), 한정림(독해) 지음 | 청해: 22,000원, 문법: 15,000원, 어휘: 12,800원, 독해: 22,000원
How to TEPS 실전 900 청해편 · 문법편 · 독해편 | 김철용(청해), 이용재(문법), 김철용(독해) 지음 | 청해: 16,000원, 문법: 16,000원, 독해: 17,500원

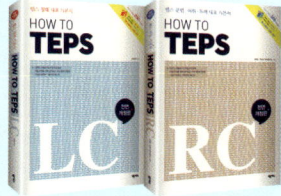

How to TEPS L/C | 이성희 지음 | 400쪽 | 19,800원
How to TEPS R/C | 이정은 · 넥서스 TEPS연구소 지음 | 396쪽 | 19,800원

How to TEPS Expert L | 박영주 지음 | 340쪽 | 21,000원
How to TEPS Expert GVR | 박영주 지음 | 520쪽 | 28,000원
How to TEPS Expert 고난도 실전 모의고사 | 넥서스 TEPS연구소 지음 | 388쪽 | 21,500원

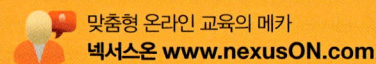